KB069907

KCA 한국상담학회 05
상담학 총서

부부 및 가족 상담 ^{2판}

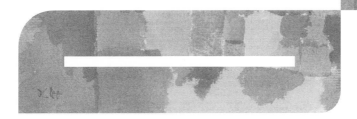

Marriage and Family Counseling

한재희 · 김영희 · 김용태 · 서진숙 · 송정아 · 신혜종
양유성 · 임윤희 · 장진경 · 최규련 · 최은영 공저

학지사

[2판 발간사]

　　2013년 상담학 총서가 출간된 후 어느덧 5년이라는 시간이 흘렀다. 1판 발간 당시에는 상담학 전체를 아우르는 상담학 총서 발간에 대한 필요성을 절감하며 한국상담학회 제6대 김성회 회장과 양명숙 학술위원장이 주축이 되어 학술위원회에서 13권의 총서를 발간하기로 하고 대표 저자 선생님들과 여러 간사의 헌신적인 노력으로 상담학 총서를 출간하였다. 이를 계기로 상담학 총서는 상담의 이론뿐 아니라 상담의 실제 그리고 반드시 알아야 할 상담학 연구 등 다양한 영역의 내용을 포괄하여 상담학이 독립된 학문으로 자리 잡을 수 있도록 기초를 다졌다. 이러한 첫걸음은 상담학에 대한 독자의 균형 있고 폭넓은 이해를 도와 상담학의 정체성을 확립하는 디딤돌이 되었다.

　　이번에 발간되는 상담학 총서는 앞서 출간된『상담학 개론』『상담철학과 윤리』『상담이론과 실제』『집단상담』『부부 및 가족 상담』『진로상담』『학습상담』『인간발달과 상담』『성격의 이해와 상담』『정신건강과 상담』『심리검사와 상담』『상담연구방법론』『상담 수퍼비전의 이론과 실제』의 개정판과 이번에 새롭게 추가된『중독상담학 개론』『생애개발상담』으로 구성되어 있다. 이처럼 여러 영역을 아우르는 총서는 상담학을 접하는 다양한 수요자의 특성과 전문성에 맞추어 활용될 수 있다는 장점이 있다. 각각의 총서는 상담학을 처음 공부하는 학부생들에게는 상담의 이론적 기틀 정립에 도움을 주고 있으며, 대학원생들에게는 인간을 보다 깊이 이해하고 상담학의 체계적인 연구 방법을 배울 수 있도록 한다. 또한 전문 상담자들에게는 상담의 현장에서 부딪힐 수 있는 다양한 어려움과 문제점을 해결할 수 있도록 구체적인 방안을 제공하는 실용서로 자리매김하고 있다. 이처럼 상담학 총서의 발간은 상담학의 학문적 기틀 마련과 전문 상담자의 전문성 향상이라는 학문과 실용의 두 가지 역할을 포괄하고 있어 상담학의 발전에 크게 기여하였다고 자부한다.

최근 우리 사회는 말로 표현하기 힘든 여러 가지 사건과 사고로 심리적인 어려움을 겪었고, 소통과 치유의 필요성은 날로 커지고 있다. 이에 따라 상담자의 전문성 향상에 대한 목소리가 높아지고 있으나, 이러한 때에도 많은 상담자는 아직도 상담기법만 빨리 익히면 성숙한 상담자로 성장할 수 있을 것이라 생각하여 기법 배우기에만 치중하는 아쉬움이 있다. 오랜 시간과 정성으로 빚어 낸 전통 장의 깊은 맛을 손쉽게 사 먹을 수 있는 시중의 장맛이 따라갈 수 없듯이, 전문 상담자로서의 전문성을 갖추기 위해서는 힘든 상담자의 여정을 견뎌 내는 시간이 필요하다. 선배 상담자들의 진득한 구도자적 모습을 그리며 성숙한 상담자가 되기 위해 노력하는 많은 분께 상담학 총서가 든든한 버팀목이 되었으면 한다.

1판의 경우 시작이 있어야 발전이 있다는 책무성을 가지고 어려운 난관을 이겨 내며 2년여의 노력 끝에 출판하였지만 좀 더 다듬어야 할 필요성이 제기되고 있었다. 이에 쉽지 않은 일이지만 편집위원들과 다시 뜻을 모아 각각의 총서에서 시대적 요구를 반영하고 새롭게 다듬어야 할 부분을 수정하며 개정판을 준비하였다. 개정되는 상담학 총서는 기다림이 빚는 우리의 장맛처럼 깊이 있는 내용을 담기 위해 많은 정성과 애정으로 준비하였다. 그러나 아직 미흡한 점이 다소 있을 수 있음을 양해 바란다. 부디 이 책이 상담을 사랑하는 의욕적인 상담학도들의 지적 · 기술적 호기심을 채워 줄 뿐 아니라 고통에서 벗어나 치유를 이루어야 하는 모든 사람에게 하나의 빛이 되기를 기원한다.

바쁜 일정 중에서도 함께 참여해 주신 여러 편집위원과 간사님들 그리고 상담학 총서의 출판을 맡아 주시고 물심양면으로 지원해 주신 학지사 김진환 사장님과 최임배 부사장님을 비롯하여 더 좋은 책이 될 수 있도록 그 많은 저자에게 일일이 전화와 문자로 또는 이메일로 꼼꼼한 확인을 마다하지 않은 학지사 직원 여러분께도 진심으로 감사를 전한다.

2018년 7월

한국상담학회 제9대 회장 천성문

[1판 발간사]

대화와 상호작용을 통해 도움을 주고받는 것이 상담이라고 정의한다면, 상담은 인류의 시작과 함께 시작되었다고 볼 수 있다. 그러나 우리나라에서 현대적 개념의 상담이 시작된 것은 1952년 미국 교육사절단이 정신위생이론을 소개한 이후부터라고 할 수 있을 것이다. 1953년 대한교육연합회 내부기관으로 중앙교육연구소가 설립되었고, 이 기관의 생활지도연구실을 중심으로 가이던스, 카운슬링, 심리검사가 소개되면서 상담에 대한 관심이 대단히 높아졌다.

상담에 대한 이러한 관심은 주로 교육학과나 심리학과를 중심으로 시작되어 그 밖의 분야까지 확산되었다. 1961년 중 · 고등학교 교도교사 100여 명이 '전국 중 · 고등학교 카운슬러 연구회'를 창립하였고, 이 연구회가 발전하여 1963년의 '한국카운슬러협회' 창립으로 이어졌다. 그리고 심리학회에서 1964년에 창립한 임상심리분과회의 명칭을 1974년에 '임상 및 상담심리분과회'로 변경하면서 상담심리가 그 이름을 드러냈다. 상담학이 교육학이나 심리학 등 특정 학문의 하위 학문으로 머물러 있는 한 발전이 어렵다는 공감대 아래, 2000년에 그 당시 이미 학회 활동을 하고 있던 대학상담학회, 집단상담학회, 진로상담학회 등이 주축이 되어 상담학의 독립화와 전문화 및 대중화를 목표로 한국상담학회를 창립하게 되었다.

현재 한국상담학회의 회원만 1만 4,000명이 넘는 등 상담의 대중화는 급물살을 타고 있다. 이러한 추세와 더불어 많은 대학에서 상담학과를 신설하고 있고, 전문상담사를 모집하는 기관도 늘어나고 있다. 그러나 아직도 상담학을 독립된 학문으로 인정하지 않는 사람들이 많고, 전문상담사들이 수혜자들의 요구 수준을 완전히 충족시키지 못하고 있다는 지적이 있다. 이러한 문제에 대해 한국상담학회에서는 수련 시간을 늘리고 전문상담사의 전문적 수준을 높이는 등 전문상담사의 자격관리를 철저히 함은 물론 상담학의 이론적 틀을 확고히 하려는 노력을 여러 방면에서 계속해 왔다.

그 노력 중 하나가 상담학 총서 발간이다. 우리나라에 상담학이 도입된 지 60년이 넘었고, 최초의 상담 관련 학회인 한국카운슬러협회가 창립된 지 50년이 다 되었지만 어느 기관이나 학회에서도 상담학 전체를 아우르는 총서를 내지 못한 것에 대해 전문상담사들의 아쉬움이 컸다. 상담학 총서 발간에 대한 필요성은 제4대 회장인 김형태 한남대학교 총장께서 제의하였으나, 학회 내의 여러 사정상 그동안 이루어지지 못하고 있던 차에 본인이 회장직을 맡으면서 학술위원회에 상담학 총서의 발간을 적극적으로 요구했다.

이에 따라 양명숙 학술위원장이 주축이 되어 학술위원회에서 13권의 총서를 발간하기로 하고 운영위원회의 위임을 받아 준비에 들어갔다. 가급적 많은 회원이 참가할 수 있도록 하기 위해 자발적 참여자를 모집하였고, 이들이 중심이 되어 저서별로 대표 저자를 선정하고 그 대표 저자가 중심이 되어 집필진을 변경 또는 추가하여 최종 집필진을 완성한 후 약 2년간에 걸쳐 상담학 총서의 발간을 추진했다. 그 사이 13권 각각의 대표 저자들이 여러 번의 회의를 했고, 저자들이 교체되는 등의 많은 어려움도 있었다. 그러나 양명숙 학술위원장을 비롯하여 학술위원이자 총서 각 권의 대표 저자인 고홍월, 김규식, 김동민, 김봉환, 김현아, 유영권, 이동훈, 이수연, 이재규, 임은미, 정성란, 한재희 교수와 여러 간사의 헌신적인 노력으로 상담학 총서를 출간하게 되었다. 이에 관련된 모든 분께 감사드린다.

상담학 총서 중 일부는 이전에 같은 제목으로 출판되었던 것도 있지만 처음

출판되는 책들도 있다. 처음 시도된 분야도 있고, 다수의 저자가 참여하다 보니 일관성 등에서 부족함도 있을 것이다. 그러나 시작이 있어야 발전이 있기에 시작을 하였다. 이후 독자들의 조언을 통해 더 나은 책으로 거듭나기를 기대한다. 이번 상담학 총서 발간은 상담학의 발전을 위한 하나의 초석이 될 것으로 확신한다.

끝으로, 상담학 총서의 출판을 맡아 주시고 물심양면으로 지원해 주신 학지사 김진환 사장님과 최임배 전무님을 비롯하여, 더 좋은 책이 될 수 있도록 그 많은 저자에게 일일이 전화로 문자로 또는 메일을 통해 꼼꼼하게 확인하는 것을 마다하지 않은 학지사 직원 여러분께 진심으로 감사드린다.

2013년 2월
한국상담학회 제6대 회장 김성회

[2판 머리말]

    한국상담학회 상담학 총서의 일환으로 집필된 본서의 초판이 발간된 지 어느 덧 5년이라는 세월이 흘렀다. 오늘날 우리 사회는 구조와 가치관에서 급격한 변화를 겪고 있다. 학문적 세계에서도 이러한 변화는 가히 상상할 수 없을 정도로 빠르게 진행되고 있다. 특히 한국의 가정은 21세기에 들어서면서 그 구조와 가치관에 있어 급격한 변화를 겪어오고 있다. 외견상으로 볼 때 가족의 구조는 한부모가족, 조손가족, 재혼가족, 고령부부가족, 무자녀부부가족 또는 고령 1인 가구와 미혼 1인 가구의 급격한 증가 등 매우 다양한 형태의 가족구조로 변화되었다. 또한 가족의 가치관 역시 대가족적 공동체 가치관과 핵가족의 가치관뿐만 아니라 개별화된 개인적 가치관이 혼합되어 존재하는 문화적 혼동을 겪고 있다. 이러한 변화 속에서 부부 및 가족상담의 분야 역시 다양한 이론과 관점들이 새롭게 등장하고 있으며, 그 영역은 신경 · 정신병적 증상에서부터 가족생활주기 전반에 걸친 문제들까지 다양하게 발전되고 있다. 특히 가족이 변화되지 않는 한 문제의 근본적인 해결이 불가능한 부부갈등, 청소년 문제, 아동 문제 등의 문제를 해결하는 데 더욱 크게 활용되고 있다.

    이번 개정판은 초판과 유사한 구성적 체계를 지니고 있다. 초판과 마찬가지로 13장으로 구성되었으며, 내용적 측면에서 네 가지 영역의 큰 틀로 나누어져 있다. 첫째는, 부부 및 가족상담에 대한 기본적인 철학과 부부 및 가족을 이해하는 이론적 기초에 대한 내용이다. 둘째는, 전통적인 가족상담뿐만 아니라 최근에 발전된 가족상담과 부부상담의 주요 이론들에 대한 기본적인 개념과 기법을 체계적으로 정리한 내용이다. 셋째는, 부부 및 가족상담의 실제적인 측면에서 일반적으로 적용할 수 있는 부부가족사정 과정과 이를 위한 체계적이며 구체적인 기법들 그리고 현재 우리 사회에서 활용되고 있는 구조화된 부부상담 프로그램을 구체적으로 소개하고 있다. 마지막으로, 현재 우리 사회에서의 부부 및 가족상담 전문가들이 주의 깊게 숙고해야 할 주제로서 수퍼비전과 현대 한국 가족문화의 특성에 따른 부부 및 가족상담에 대한 내용이다.

이번 개정판이 비록 구성적 체계에서는 초판과 크게 달라지지는 않았지만, 지난 5년에 걸쳐 각 이론들 속에서 진전되거나 새롭게 소개된 내용들이 첨가되었다. 또한 초판 작업 시 서술이 미흡하였거나 오류가 발견된 부분에 대한 수정과 현재의 상담환경의 변화에 따라 적절한 내용으로 보완을 하였다. 이외에도 부부가족 분야의 연구자나 상담 관련 종사자들로부터 피드백 받은 내용을 반영함으로써 더욱 완성도 높은 책이 되도록 노력하였다. 개정판의 완성을 위해 수고해 주신 공동필진들과 학지사 담당자 분들 모두에게 감사를 드리며, 이 책이 부부 및 가족상담을 공부하는 상담학도들과 상담 현장에서 활동하고 있는 상담 전문가 모두에게 좋은 안내서가 될 수 있기를 간절히 기대한다.

대표 저자 한재희 교수

[1판 머리말]

인간이 어떤 존재인지를 규명할 때 무엇보다도 관계적 존재라는 사실은 그 누구도 부인하지 못할 것이다. 인간은 관계적 틀 속에서 형성되고 그 틀을 통해 새로운 관계를 만들어 간다. 이러한 인간의 관계 가운데 특히 가족관계는 인간에게 가장 큰 영향을 주는 관계다. 인간은 태어나면서부터 가족이라는 최초의 구조적 소집단에 소속된다. 사티어(Satir)가 가정을 '사람 만드는 공장(peoplemaking)'에 비유하고 있듯이 인간은 가족이라는 소집단을 통하여 신체적·심리적 욕구를 충족해 나갈 뿐 아니라 세상 속에서 살아 나가는 생존 방식과 인격의 틀을 형성하게 된다.

인간의 심리적 문제를 해결하고 성장을 돕는 상담학에 있어서도 1950년대 이후 가족의 관계 구조적 시각에서 인간심리와 행동을 이해하는 가족상담의 학문적 발달이 왕성하게 전개되었다. 우리나라에서 가족상담은 1970년대부터 도입되어 오늘날 상담의 가장 넓은 패러다임 중 하나로 자리매김하고 있다. 모든 상담 이론과 마찬가지로 가족상담 역시 인간과 관계를 보는 철학적 배경에 따라 상담적 접근의 차이를 보이고 있다.

한국상담학회 상담학 총서의 일환으로 집필된 이 책은 부부 및 가족상담의 철학적·이론적 기초와 이에 따른 접근 방법, 그리고 현대 우리 사회에서 고려해야 할 가족관계에 이르기까지 부부 및 가족상담을 전반적으로 이해할 수 있도록 체계적으로 정리하려고 노력하였다.

이 책은 전체 13장, 내용면으로는 네 가지 측면의 큰 틀로 나누어 구성하였다.

첫째, 부부 및 가족상담에 대한 기본적인 철학과 부부 및 가족을 이해하는 이론적인 기초에 대한 내용을 담았다. '제1장 부부 및 가족상담의 이론적 기초'와 '제2장 가족생활주기'가 이 부분에 속한다.

둘째, 전통적인 가족상담뿐만 아니라 최근에 발전된 가족상담과 부부상담의 주요 이론들에 대한 기본적인 개념과 기법을 체계적으로 정리하였다. '제3장 대상관계 가족상담' '제4장 다세대 가족상담' '제5장 경험적 가족상담' '제6장 구조적 가족상담' '제7장 전략적 가족상담' '제8장 사회구성주의 가족상담' '제9장 부부상담'으로 구성되었다. 각 장마다 이론적 배경과 주요 개념, 상담의 목표, 상담자의 역할, 상담의 과정과 기법 등을 정리함으로써 각 이론에 대한 체계적인 이해를 돕기 위해 노력하였다. 특히 기본적으로 제공된 동일한 사례를 가지고 각 이론별로 접근하는 구체적인 과정을 제시하여 각 이론을 상담 현장에서 어떻게 적용할 수 있는지 실례를 보여 주고 있다.

셋째, 부부 및 가족상담의 실제적인 측면에서 일반적으로 적용할 수 있는 부부·가족사정 과정과 이를 위한 체계적이고 구체적인 기법들, 그리고 현재 우리 사회에서 활용되고 있는 구조화된 부부상담 프로그램을 구체적으로 소개하였다. '제10장 부부 및 가족사정' '제11장 부부 및 가족상담 프로그램'이 여기에 속한다.

마지막으로, 현재 우리 사회에서의 부부 및 가족상담 전문가들이 주의 깊게 숙고해야 할 주제로서 수퍼비전과 현대 한국 가족문화의 특성에 따른 부부 및 가족상담에 대한 내용을 담았다. 수퍼비전은 상담자가 부부 및 가족상담의 전문가로 성숙해 가는 과정에 있어서 필수적인 단계로서 그 필요성이 증대되고 있다. '제12장 구조적 가족상담 수퍼비전 모델'에서는 수퍼비전에 대한 이해와 방법을 제시하고 있다. '제13장 현대 한국 가족문화와 부부 및 가족상담'에서는 다양하게 변화된 현대의 가족문화에 대한 이해와 이에 따른 부부 및 가족상담에 대한 대안을 설명하고 있다.

　이와 같이 이 책은 부부 및 가족상담에 있어서 가장 기본이 되는 철학적 개념과 가족의 역동에 대한 이해로부터 중요한 부부·가족상담의 이론과 기법에 대한 정리, 가족상담 수퍼비전, 다양해진 현대의 가족문화에 따른 상담에 이르기까지 부부 및 가족상담 전반에 대한 핵심적인 틀을 제공해 주고 있다. 이 책을 통해 부부 및 가족상담을 공부하는 상담학도들과 이미 상담 현장에서 활동하고 있는 상담 전문가들 모두 좀 더 포괄적으로 가족과 인간을 이해하고, 부부 및 가족상담의 전반에 대한 개념적 틀을 확립하는 지침을 얻을 수 있기를 간절히 기대한다.

　끝으로 이 책이 완성되기까지 많은 도움을 주신 분들께 진심으로 감사드린다. 무엇보다도 강의와 연구 등으로 바쁜 가운데에서도 일정에 맞추어 정성으로 집필해 주신 공동 필진들에게 고마움을 전한다. 그리고 상담학 총서 전체의 책임을 맡아 섬세한 리더십으로 수고를 아끼지 않은 양명숙 교수님과 항상 편안한 웃음으로 보조해 준 조은주 간사님께 마음 가득 감사를 드린다. 또 이 책의 출판을 위해 수고해 주신 학지사의 김진환 사장님과 편집을 담당한 이하나 선생님에게도 진심으로 감사의 인사를 전한다. 이 책을 만나게 될 모든 분께 사랑과 평안, 그리고 삶의 기쁨이 충만하시기를 소망한다.

대표 저자 한재희 교수

[차례]

제1장
부부 및 가족상담의 이론적 기초

| 김용태 |

부부 및 가족상담(이하 가족상담)의 이론들은 몇 가지 관점에서 분류가 가능하다. 첫째, 시간의 관점에서 볼 때 초기 가족상담 이론과 후기 가족상담 이론으로 분류된다. 둘째, 인간의 내면세계에 대한 입장이라는 관점에서 볼 때 순수체계 이론과 심리역동 이론으로 구분된다. 셋째, 개인상담 이론과의 관련성이라는 관점에서 볼 때 개인상담적 가족상담 이론과 통합적 가족상담 이론으로 나누어진다. 이러한 구분에도 불구하고 가족상담의 이론은 철학적으로, 이론적으로 그리고 개념적으로 공통점을 갖는다. 철학적 공통점은 실증주의와 구성주의다. 초기 가족상담 이론들은 주로 실증주의 철학과 구성주의 철학이 혼합된 공통점을 가지고 있다. 후기 가족상담 이론들은 실증주의 철학을 철저하게 배제하고 구성주의 철학만을 공통점으로 가지고 있다. 이론적으로 볼 때 가족상담의 이론들은 사이버네틱스, 생태체계, 일반체계라는 공통된 이론적 배경을 가지고 있다. 각각의 이론들은 마치 메타 이론처럼 가족상담의 이론들에 대한 개념적 배경의 역할을 한다. 사이버네틱스 이론은 가족상담의 이론들로 하여금 체계가 어떻게 상호작용을 하는지에 대한 생각을 제공한다. 생태체계 이론은 가족상담

의 이론들로 하여금 가족 발달이 어떻게 일어나는지에 대한 생각을 제공한다. 일반체계 이론은 가족상담의 이론들이 어떻게 체계적 특성을 반영하는지에 대한 생각을 제공한다. 개념적으로 볼 때 가족상담의 이론들은 각각의 철학적 배경과 이론적 배경에 따라서 개념을 공유하고 있다. 순수체계 이론은 주로 사이버네틱스와 일반체계 이론에 의한 체계의 특성인 자율통제 기능, 항상성, 변형성과 같은 개념을 공유한다. 심리역동 이론은 주로 생태체계 이론에 의한 발달과 변화라는 개념을 공유한다. 또 다른 예를 하나 더 들어 보면, 대상관계 이론에서는 가족은 형상에 의한 관계라는 철학을 가지고 있다. 형상에 의한 관계인 투사, 내사 등과 같은 용어가 이 이론의 중요한 개념이다.

가족상담은 임상심리와 상담심리와 같은 개인상담의 영역과 다른 철학적 경향을 가지고 있다. 가족상담의 철학적이고 개념적인 공통점은 개인상담의 것과 다르다. 예를 들면, 개인상담의 여러 이론은 선형적 인과관계를 가지고 있다. 선형적 인과관계란 "A이면 B이다."라는 문장에서 B의 원인이 A라는 방식의 인과관계를 말한다. 즉, A와 B 사이에는 A와 B가 일직선상에 놓이고 A는 B를 가능하게 하는 원인의 역할을 한다. 이런 의미에서 A와 B는 선형적 인과관계를 갖는다. 반면, 가족상담의 여러 이론은 순환적 인과관계를 가지고 있다. 순환적 인과관계란 "A이면 B이고, 다시 B이면 A이다."라는 문장에서 A는 B의 원인이 되기도 하지만 다시 역으로 B는 A의 원인이 되기도 한다. 따라서 A와 B 사이에는 서로 순환적 연관성을 가지고 있다. 즉, A와 B에는 순환적 인과관계가 있다. 가족상담의 공통점은 가족상담의 배경 이론들로 인해서 발생한다. 일반체계 이론, 인공두뇌학, 생태체계는 모두 가족상담의 철학적·이론적 경향을 만들어 내는 이론들이다. 이들은 모두 각기 다른 학자들이 개발했음에도 불구하고 서로 많은 공통점을 가지고 있다. 일반체계 이론은 생물학 영역에서 개발된 이론이다. 인공두뇌학은 공학 영역에서 개발된 이론이다. 생태체계 이론은 심리학 영역에서 개발된 이론이다. 일반체계 이론은 세포들의 유기적 연관성을 설명하고 있다. 인공두뇌학은 환경과 유기체 사이의 정보를 교환하는 방식에 대한 설명을 하고 있다. 생태체계 이론은 인간과 환경과의 상호작용을 통해서 인간 발달을 설명하는 이론이다. 여기서는 가족상담의 이론들이 어떤 관점에서 어떤 범주로 묶이는지를 설명하고, 이들의 배경이 되는 세 가지 이론을 소개하기로 한다.

1. 이론적 경향과 철학적 관점

가족상담의 여러 이론은 관점에 따라서 여러 범주로 나누어진다. 첫 번째로, 시간의 흐름에 따라서 학자들은 가족상담을 다르게 바라본다. 가족상담의 이론들이 만들어지는 시대의 철학과 이론과 가족상담이 발전하고 번성하는 시기의 철학과 이론은 다르다. 이런 의미에서 가족상담은 시간의 관점에서 볼 때 초기 가족상담과 후기 가족상담으로 나누어진다. 두 번째로, 가족상담의 이론들은 인간의 내면세계에 대해서 어떤 입장을 갖느냐에 따라서 다르게 분류된다. 인간의 내면세계가 존재하지 않거나 있어도 별 소용이 없다고 보는 관점은 순수 체계 이론이라고 부른다. 그러나 인간의 내면세계는 존재하며 중요하다고 보는 관점은 심리역동 이론이라고 부른다. 세 번째로, 가족상담의 이론들은 개인상담과의 관련성에 따라서 다른 범주로 묶인다. 개인상담의 입장에서 가족상담을 하려는 개인상담적 가족상담의 이론이 있고, 개인상담과 가족상담을 합치려는 통합적 가족상담이 있다.

1) 초기 가족상담과 후기 가족상담

시간의 관점에서 보면 가족상담은 초기 가족상담의 이론들과 후기 가족상담의 이론들로 나누어진다(김용태, 2009: 1205-1206; 김유숙, 2002; 정문자, 정혜정, 이선혜, 전영주, 2012). 이 둘의 구분은 현대사회의 철학적 흐름과 관련이 있는데, 근대주의와 후기 근대주의라는 철학적 경향으로 인해서 구분되는 관점이다. 근대주의는 1950년대 이전의 철학적 사조를 말하고, 후기 근대주의는 1950년대 이후의 철학적 사조를 말한다. 근대주의의 철학적 경향 중 하나는 논리 실증주의다. 논리 실증주의(logical positivism)는 19세기 오귀스트 콩트(Auguste Comte)에 의해서 발생된 철학으로서 경험적으로 알 수 있는 자연적 법칙에 의한 지식만이 진정한 지식이라고 받아들이는 철학이다(Benner & Hill, 1999: 399; Geisler, 1999: 157). 논리 실증주의자들은 객관적으로 존재하는 현상에 관심이 있고, 이러한 현상들은 일정한 법칙을 가지고 있다고 생각한다. 자연적 법칙은 이러한 현상들을 대변하는 대표적 현상이다. 즉, 세상은 객관적으로 존재하는 현상이며 인간이 경험을 통해서 알 수 있는 현상이다. 논리적으로 그리고 합리적으로 설명이 가능하며 이를 다른 사람들에게 증명을 통해서 이해시킬 수 있다고 믿는 철학이 곧 논리 실증주의다. 논리 실증주의자들에게는 논리적 분석과 합리적 설명, 그리고 객관적 증명과 같은 개념이 중요하다. 이들은 객관적으로 존재하는 것들을 존재론적(ontological) 입장에서 세상을 설명하려고 한다.

후기 근대주의의 철학적 경향 중 하나는 구성주의 철학이다. 구성주의(constructionism)는 세상이 만들어진다고 보는 철학이다. 세상은 객관적으로 존재해서 인간이 알아가는 현상이 아니라 인간이 만들기 때문에 존재하는 현상이다. 여러 구성원에 의해서 집단적으로 그리고 사회적으로 만들어지는 세상을 설명하려는 철학이 곧 사회 구성주의다. 사회구성주의(social constructionism)는 세상이 언어를 통한 인지적 조작에 의해서 만들어졌다고 주장하는 철학이다(김용태, 2000; 김유숙, 2002; 정문자, 정혜정, 이선혜, 전영주, 2012). 세상은 사람들끼리 대화, 즉 의사소통의 상호작용을 통해서 만들어진 현상이다(Cheung, 1997: 332). 사회 구성주의자들은 논리 실증주의자들에게 질문을 던진다. 세상이 객관적으로 존재한다는 사실을 어떻게 알았는가라는 질문을 통해서 구성주의자들은 논리 실증주의자들의 주장을 반박한다. 논리 실증주의자들은 존재하는 세상을 가정하고 이를 알아가려는 철학이므로 존재론적이다. 반면, 사회 구성주의자들은 인간이 소유하고 있는 지식을 어떻게 알았느냐를 가장 중요하게 생각한다. 즉, '어떻게?'라는 질문은 인식론적(epistemological) 현상이다. 사회 구성주의자들은 인식론적 입장에서 볼 때 인간이 가진 지식들은 사회적으로 또는 반복적으로 경험을 통해서 만들어진 현상이다.

가족상담의 이론들은 근대주의적 경향을 가진 이론들도 있고, 후기 근대주의적 경향을 가진 이론들도 있다. 근대주의적 경향의 이론들은 개인상담의 이론들을 원용한 이론들, 즉 정신분석적 가족상담, 행동주의적 가족상담, 대상관계 가족상담 이론들이다. 정신분석, 행동주의 그리고 대상관계 이론은 모두 논리 실증주의적 입장의 철학을 가지고 있다. 이들은 모두 1950년대 이전에 개발된 이론들로서 분석을 통한 현상 이해나 경험을 통한 행동의 수정과 같은 입장을 가지고 있다. 존재하는 현상을 설명하기 위해서 분석을 하거나 경험을 통한 수정을 하려고 한다. 모두 존재론적 입장의 이론들이기 때문에 논리 실증주의적 철학을 가진 이론들이다. 가족상담은 각각의 이론들의 연장선상에서 진행된다. 정신분석적 가족상담이나 대상관계 가족상담은 모두 인간의 내면에 존재하는 심리적 요소를 발견하기 위해서 분석을 한다. 정신분석에서는 원욕, 자아, 초자아와 같은 요소들은 분석하고 대상관계에서는 형상을 통한 구조를 분석하고자 한다. 이러한 요소들이 가족들 간에 어떻게 진행되는지를 이해하고 밝히려는 입장에서 가족상담이 진행된다. 행동주의적 가족상담에서는 가족들이 가지고 있는 행동 유형을 교정하려는 입장에서 상담을 진행한다. 눈에 드러난 일정한 유형, 즉 가족들의 행동적 규칙들을 대상으로 이를 수정하려는 입장에서 상담을 진행한다. 이런 의미에서 정신분석적 가족상담, 대상관계 가족상담, 행동주의 가족상담들은 모두 논리 실증주의적 철학을 가진 이론들이다.

후기 근대주의적 경향을 가진 이론들은 두 영역으로 나누어진다. 근대주의 실증주의적 요소를 가진 이론들과 후기 근대주의 구성주의 철학에 근거한 이론들이다. 대화 이론, 전략 이론, 구조 이론, 맥락 이론, 보웬 이론, 경험 이론들은 모두 전자에 속한 이론들이다. 반면, 해결중심 이론과 이야기 이론들은 후자에 속한 이론들이다. 먼저, 실증주의적 요소를 가진 이론들은 두 가지 측면에서 이해가 필요할 수 있다. 하나는 실증주의적 요소를 갖긴 했지만 여전히 구성주의적 성격을 지닌다는 측면에서 후기 근대주의적 경향을 가진 이론이다. 이 이론들은 모두 가족상담자가 객관적으로 존재하는 가족들의 상호작용을 이해한다는 점에서 실증주의적 성격을 갖는다. 가족상담자는 가족들의 상호작용을 객관적으로 이해한다. 그리고 설명하거나 상담을 할 때도 객관적으로 발견된 상호작용 유형을 활용한다. 전문가 중심, 알아가는 상담, 진단적 성격과 같은 점들은 모두 실증주의적 철학을 반영하는 현상이다. 다른 하나는 이 이론들이 모두 가족들의 상호작용을 언급하고 있다는 점이다. 상호작용은 가족들이 가지고 있는 공통의 기제, 즉 공유된 현상의 산물이다. 가족들이 공유하는 단어, 규칙, 신념 등이 가족상담의 중요한 영역이 된다. 이런 점에서 이 이론들은 모두 구성주의적 경향을 가진 이론들이다. 가족들의 상호작용에 의한 공유된 현실, 가족 구성원들이 바라보는 가족 현실, 가족들의 믿음에 따른 상호작용 등은 모두 구성주의적 현상들이다. 앞에서 언급한 이론들의 일차적 초점은 가족들이 공유하는 현실이다. 객관적 진단이나 전문가 중심의 상담적 방법들은 이차적이다. 이런 의미에서 위의 이론들은 실증주의적 요소를 가진 구성주의적 상담이라고 말할 수 있다.

후기 근대주의 구성주의적 철학에 근거한 해결중심 가족상담 이론과 이야기 가족상담 이론들은 실증주의적 요소를 배제하였다. 이 이론들은 누가 가족들의 상호작용을 진단하고 설명하는 권위를 부여하였는가 하는 질문을 통해서 가족상담자의 전문적 권위를 부정한다. 이들은 가족상담자가 객관적으로 가족의 상호작용을 진단하지 않고 가족들과 협력을 통해서 가족의 상호작용을 결정한다. 그리고 상담도 가족들과 하나의 팀으로서 상담을 제공한다. 가족들이 현실을 구성하듯이 가족상담자와 가족이 같이 현실을 구성한다. 이런 면에서 이들 이론은 모두 철저하게 사회 구성주의 원칙과 철학을 따르는 상담을 진행한다. 이들 이론은 가족과 협력하는 상담, 경험하는 상담, 같이 해결을 찾는 상담을 제안한다. 따라서 이들 이론은 모두 협력상담(collaborative counseling)을 진행한다.

언급한 가족상담의 이론들은 모두 시간의 관점에 따라서 발생된 철학적 경향과 관련이 있다. 즉, 1950년대를 기준으로 해서 발생된 구성주의 철학적 경향에 따라서 가족상담의 이론들이 다른 범주로 분류된다. 이런 의미에서 실증주의적 요소를 가진 가족상담의 이론들은 모두 초기 가족상담으로 분류되고, 구성주의적 가족상담의 이론들은 모두 후기 가족상담으로 분류된다. 시간이 지나면서 가족상담의 이론들은 구성주의 철학을 더 철저하게 적용하기 시작했다. 즉, 시간의 흐름에 따라 가족상담의 이론들은 초기와 후기로 나누어진다.

2) 순수체계 가족상담과 심리역동 가족상담

가족상담의 이론들은 1950년대에 상담의 새로운 영역으로 자리를 잡게 되었다. 개인이 경험하는 심리적 증상을 해석하는 전통적 방법은 개인들이 내면적으로 문제가 있음을 가정하는 방식이었다. 이러한 방식의 증상 해석 방법을 심리내적 결핍 모델(intrapsychic deficit model)이라고 한다. 그러나 증상에 대한 연구가 더 진행됨에 따라 증상들은 가족체계의 역기능과 관련이 있음이 밝혀졌다. 이러한 노력의 결과로 가족상담의 영역이 하나의 공식적 전문 영역으로 인정을 받게 되었다. 가족상담이 상담의 한 영역으로 인정을 받으면서 많은 이론이 만들어지게 되었다. 학자들은 자신들이 개인의 내면세계에 대해서 어떤 입장을 취하는가에 따라서 서로 다른 이론을 만들게 되었다.

내면세계를 인정하지 않는 이론적 경향들은 순수체계 가족상담이라고 하고, 내면세계를 인정하는 이론들은 심리역동 가족상담이라고 한다. 순수체계 가족상담학자들은 인간에게는 내면이 존재하지 않으며 내면이 존재한다 하더라도 중요하지 않다는 철학을 가지고 있다. 내면세계가 존재하지 않는다는 생각을 무신론적(atheistic) 관점의 철학이라고 한다. 신이 존재하지 않는다고 믿듯이 인간의 내면은 존재하지 않으며, 인간은 오직 집합적으로만 존재한다고 믿는 철학을 무신론이라고 부른다. 다른 하나는 내면세계가 존재한다 하더라도 중요하지 않다는 입장이 곧 불가지론적(agnostic) 관점의 철학이다. 불가지론자들은 인간의 내면은 검은 상자(black box)와 같기 때문에 열어도 알 수 없거나 열 필요가 없다고 생각한다. 불가지론자들은 검은 상자가 어떻게 기능하는가 하는 점만을 중요하게 생각한다. 순수체계 가족상담은 인간의 내면세계에 대해서 무신론적 또는 불가지론적 관점을 가지고 있다. 순수체계의 가족상담은 대화 이론, 전략 이론, 구조 이론들이다. 이들 이론의 공통점은 모두 드러난 상호작용만을 다룬다는 점이다. 대화 이론에서는 가족들이 현재 진행하고 있는 대화 형태를 중심으로 가족상담을 진행한다. 가족들의 대화가 언어적으로 표현되는가 아니면 비언어적으로 표현되는가를 중심으로 가족상담이 진행된다. 전략 이론에서는 가족들의 문제 행동을 해결하는 방향으로 상담을 진행한다. 가족들의 문제에 대한 원인이나 역사성에 관심을 가지고 있지 않으며, 문제를 해결하는 데 집중을 한다. 해결을 위한 많은 전략을 수립하기 때문에 전략 이론이라고 한다. 구조 이론에서는 가족들이 현재 가지고 있는 구조적 측면을 다룬다. 구조 가족상담자들은 가족 구성원들이 각자의 위치에 알맞은 지위에 의한 체계를 가지고 있는지를 알아본다. 예를 들면, 부부체계가 가족의 전체 체계를 감독해야 함에도 불구하고 부모체계가 이를 대신하고 있다면 이는 문제가 있다. 구조 가족상담자들은 가족들의 체계를 바로 세우는 일을 하게 한다.

내면세계를 인정하면서 중요하게 생각하는 입장은 심리역동 가족상담이라고 부른다. 심리역동 가족상담학자들은 인간의 내면세계는 중요하며 내면세계와 가족관계가 서로 영향을 주고받는다는 입장을 가지고 있다. 가족관계를 통해서 가족 구성원들의 내면세계가 만들어지고 이렇게 만들어진 가족 구성원들의 내면세계는 다시 가족관계에 영향을 미친다. 이 입장의 학자들은 인간의 성격은 가족 구성원들의 상호작용을 통해서 형성된다고 믿는다. 심리역동 가족상담에는 대상관계 이론, 맥락 이론, 보웬 이론, 경험 이론들이 있다. 이 이론들은 대부분 역사적 관점을 가지고 있다. 심리역동 가족상담 이론가들은 인간의 성격이나 증상은 모두 오랫동안 가족들의 상호작용에 의해서 형성되었기 때문에 과거의 가족들 간의 상호작용을 중요하게 생각한다. 대상관계 가족상담 이론에서는 아이들이 태어나서 초기 3년 동안 부모와의 상호작용의 질에 따라서 성격 형성이 달라진다고 본다. 초기 3년 동안 부모에 의한 돌봄의 질은 아이들의 성격을 안정적으로 만들거나 아니면 비정상적으로 만든다. 이에 따르면 현재 경험하고 있는 문제나 증상들은 모두 과거 부모와의 상호작용에 의해서 만들어진 현상들이다. 맥락 가족상담 이론에서는 가족들 간의 실존적 질서를 중요하게 생각한다. 가족들의 실존적 질서는 부부간에 주고받는 관계인 대칭적 관계이고, 부모-자녀 간에는 일방적 돌봄인 비대칭적 관계다. 이러한 실존적 질서가 무너진 채로 오랫동안 가족들이 상호작용을 하면 가족 중 누군가는 증상을 갖게 된다. 보웬 가족상담 이론에서는 부모와 자녀 간의 분화 수준을 중요하게 생각한다. 아이들이 부모로부터 한 개인으로 분화를 하지 못하면 아이들은 증상을 경험하게 된다. 아이들이 한 개인으로 분화를 하기 위해서는 많은 시간 동안 노력을 해야 한다. 경험 가족상담 이론에서는 가족 내에서 진행되는 심리적 역할에 의한 가족관계를 중요하게 여긴다. 경험 이론에서는 심리적 역할들을 먼저 인식하고 이를 바꾸려는 노력을 함으로써 가족들의 역기능을 고쳐 나간다.

3) 개인상담적 가족상담과 통합적 가족상담

가족상담은 개인상담과 어떻게 관계 설정을 하는가에 따라서 이론들의 입장이 달라진다. 개인상담과의 관계 설정은 크게 세 가지 입장으로 나누어진다. 개인상담적 가족상담, 가족상담, 통합적 가족상담이 그 세 가지 입장이다. 각각의 입장은 철학적 경향과 밀접한 관련을 가지고 있다. 첫 번째로, 가족상담의 철학은 크게 논리 실증주의, 구성주의, 비판적 현실주의와 관련이 있다(김용태, 2009). 논리 실증주의에 근거한 가족상담은 정신분석적 가족상담, 행동주의적 가족상담, 대상관계적 가족상담 등이 있다. 이들 이론은 가족상담을 개인상담의 연장선상에서 생각한다. 가족상담이라는 영역이 따로 존재하기보다는 개인상담을 연장함으로써 가족상담을 할 수 있다고 본다. 따라서 개인상담적 가족상담은 정신분석, 행동주의, 대상관계의 개념들을 가족상담에 그대로 적용한다. 개인의 성격 형성에서 만들어진 개념을 그대로 가족상담에 적용한다.

두 번째로, 구성주의에 근거한 가족상담자들은 개인상담과 별개로 가족상담이 존재한다고 본다. 따라서 이들은 개인상담과 관계없이 가족상담만을 한다. 초기 가족상담의 이론들과 후기 가족상담의 이론들이 이 영역에 속한다. 이런 입장에서 보면 가족상담과 개인상담을 같은 책에 담는 경우에도 각각의 이론들을 서로 겹치지 않게 따로 소개한다(김유숙, 2012). 이러한 입장을 반영하는 학자들은 개인상담과 가족상담과의 관계가 명확하게 설정되어 있지 않기 때문에 각각을 고유한 영역으로 본다. 그럼에도 불구하고 가족상담의 이론 중 하나인 대상관계 이론은 개인상담, 즉 심리치료 이론에서도 중요한 이론이고, 가족상담, 즉 가족치료 이론에서도 중요한 이론이다. 대상관계 이론의 입장에서 보면 개인상담과 가족상담이 각각의 고유한 영역으로 분류되기 어렵다. 개인상담과 가족상담을 별개로 보는 학자들은 이런 점에 대해서도 입장을 분명히 할 필요가 있다.

세 번째로, 개인상담과 가족상담을 통합하려는 입장이다. 이러한 입장을 가진 학자들은 개인상담의 이론들과 가족상담의 이론들이 지나치게 구분되어 있으며 이러한 구분은 현실적으로 가능하지 않다고 본다. 이러한 입장을 통합적 가족상담이라고 한다.

통합적 가족상담의 학자들은 비판적 현실주의라는 철학을 자신들의 주장의 근거로 제시하고 있다. 비판적 현실주의(critical realism)는 실제로 존재하는 것들과 관념적으로 존재하는 것들을 독립적으로 연구할 수 있다고 생각하는 철학이다(김용태, 2009: 1209; Pilgrim, 2000: 18-19). 비판적 현실주의자들은 인간의 관념과 관계없이 현실이 존재한다고 믿는 순진한 현실주의자(naive realist)나 인간의 관념에 의해서만 현실이 구성된다고 믿는 구성주의자(constructivist)들을 모두 비판한다. 플라스카스(Flaskas, 2004: 15-18)는 근대주의적 상담 방법과 후기 근대주의적 상담 방법이 지나치게 구분되어 있다고 본다. 그에 따르면 근대주의 상담 방법은 전문가 중심 상담, 객관적 입장, 듣기, 투명한 상담 등이다. 후기 근대주의 방법은 협동 상담, 모르는 입장, 체험으로 말하기, 상담자의 임상적 사용이다. 실제로 상담을 할 때 상담자는 이 두 가지 방법을 모두 사용한다. 전문가 중심의 상담을 하는 상담자도 내담자와 협력적 관계를 유지한다. 또한 상담자는 내담자와의 상담에서 체험을 하면서 듣고 말한다. 이런 의미에서 개인상담과 가족상담을 통합하여 상담하려는 많은 학자들이 있다(Donovan, 2003; Fernando, 2007; Larner, 2000; Linares, 2001; McCurdy, 2006; Westheafer, 2004). 이들은 모두 새로운 관점을 제시함으로써 개인상담과 가족상담을 통합하려는 학자들이다.

새로운 관점은 윤리적 입장, 정서적 입장, 공통적 입장 등이 있다. 윤리적 입장에서 보면 근대주의 상담의 방법은 모두 해석적이고, 후기 근대주의 상담의 방법들은 모두 관념을 바꾸려는 상담 방법이다. 근대주의 상담자는 해석하고 설명을 함으로써 잘못된 상호작용을 바로잡으려고 하고, 후기 근대주의 상담자는 서로 관념과 믿음을 공유함으로써 잘못된 상호작용을 바로잡으려고 한다. 각각의 방법은 모두 잘못된 상호작용을 바로잡으려는 노력이라는 점에서 윤리적이다. 상담 활동 자체가 윤리적이라는 인식에 근거해서 개인상담과 가족상담을 통합하려고 한다. 윤리적 입장의 통합은 구성주의적 실체와 후기 구성주의적 관념을 동시에 취급한다는 면에서 비판적 현실주의 성격을 지니고 있다. 비판적 현실주의는 실체와 관념을 구분하면서 실체는 실체대로 관념은 관념대로 개입하는 방식의 상담방법을 구현하고 있다. 개인상담에서는 실체적 접근을 하여 주로 해석적 방법을 사용하고 가족상담에서는 주로 관념적 접근을 하여 공유적 방법을 사용한다. 이 둘은 분리되어 있는 현상이 아니라 서로 연관성을 가지고 있다. 인간은 실체와 관념이 동시에 있는 존재다. 마찬가지로 가족도 실체와 관념이 동시에 있는 공동체다.

정서적 입장을 가진 학자들은 개인이 내면에서 느끼는 감정과 가족체계 내에서 역할과의 관계를 밝히려고 한다. 근대주의 상담자들은 감정만을 다루려고 하고 후기 근대주의 상담자들은 역할만을 다루려고 한다. 감정과 역할과의 관계를 밝히는 이론을 만듦으로써 개인상담과 가족상담을 통합하려고 한다. 이러한 입장의 통합은 감정적 관계에 의한 가족 역동을 중요하게 다룬다. 이러한 점을 시도하는 이론 중 하나가 보웬 이론이다. 이 이론에서는 감정 과정이라는 단어를 통해서 가족이 어떻게 감정적으로 관계를 맺는지 밝히고 있다. 감정을 통한 생존체계 구축이 가족의 체계로 작동을 한다. 보웬 이론 자체가 가족상담과 개인상담의 통합을 말하고 있지는 않지만, 이 이론은 감정을 통한 개인상담과 가족상담의 통합 가능성을 감정과 역할이라는 면에서 열어 두고 있다. 인간은 불안해지면 누군가에게 의지하려는 경향을 갖는다. 불안에 의한 밀착관계는 종속적 의존과 지배적 의존이라는 가족관계를 형성한다. 종속적 의존을 하는 사람은 따르는 역할을 하고 지배적 의존을 하는 사람은 통제하는 역할을 한다. 불안에 의한 밀착관계는 개인상담의 영역 중 하나인 감정과 가족상담의 영역 중 하나인 관계적 특성을 통합하는 하나의 방법을 나타내고 있다.

마지막으로, 공통적 입장의 학자들은 개인상담 이론들의 공통점과 가족상담 이론들의 공통점을 찾으려고 한다. 각각의 공통점이 충분히 강조되면 개인상담과 가족상담의 통합적 모델을 찾아서 서로를 하나로 묶을 수 있다. 개인상담은 심리구조를 다루는 분야고, 가족상담은 역할 구조를 다루는 분야다. 각각은 구조를 다루는 분야로서 구조의 영역이 심리인지 아니면 역할인지만을 구분하고 있다. 개인상담과 가족상담의 공통점인 구조를 통해서 서로 통합을 할 수 있다. 역할과 심리를 마치 동전의 앞뒷면과 같이 생각하면 구조적 측면에서 개인상담과 가족상담을 통합할 수 있다. 역할은 심리를 담는 틀로서 작용을 하고 심리는 역할을 채우는 내용으로서 작용을 할 수 있다. 역할과 심리를 이렇게 불가분의 관계로 설정을 하면 이를 통해서 개인상담과 가족상담을 구조적으로 통합할 수 있다. 타인 지향적 성향의 심리는 필연적으로 의존적 관계를 형성하게 된다. 이러한 사람은 역할 면에서 구원자 또는 중재자 역할을 할 가능성이 많다. 타인지향적 성향과 구원자 또는 중재자 역할은 동전의 앞뒷면과 같은 구조적 관계를 형성한다. 역기능적 관계는 심리에 의해서 유지되고 심리는 역기능적 관계에 의해서 강화된다. 심리에 의한 정신구조와 역할에 의한 역기능적 구조는 서로 상호보완적 구조를 형성하게 된다.

2. 이론의 기초가 되는 개념

가족상담은 여러 다른 분야의 개념들과 이론들의 영향을 받아서 탄생하였다. 이러한 개념들과 이론들은 모두 가족상담의 배경 이론이라고 부를 수 있다. 가족상담의 여러 이론은 이러한 이론들의 기본적 개념들을 차용함으로써 각각의 이론들을 형성할 수 있었다. 가족상담 이론들의 성격을 이해하기 위해서는 배경 이론들의 개념을 알아야 한다. 가족상담의 대표적인 배경 이론으로는 사이버네틱스, 생태체계 이론, 일반체계 이론들이 있다.

1) 사이버네틱스

인공두뇌학이라고 일컬어지는 사이버네틱스(cybernetics)라는 단어는 1946년 수학자 노버트 와이너(Norbert Weiner)가 동물, 인간, 기계, 조직체의 통제와 대화를 연구하면서 사용하였고, 그리스어인 *Kybernetes*라는 단어에서 유래했는데, 피드백(feedback)이라는 뜻이다(Benner & Hill, 1999: 312). 어떤 조직체가 스스로를 통제하기 위해서는 환경과의 피드백을 필요로 한다. 인간은 생물학적 체계를 유지하기 위해서 환경으로부터 공기, 물, 음식, 햇빛 등과 같은 많은 것을 공급받아야 한다. 이러한 공급을 유입(input)이라고 한다. 동시에 인간은 환경에 일정한 영향을 미친다. 공기를 마시고 난 뒤에 이산화탄소를 배출한다든지, 음식을 먹고 배설물을 내보낸다. 또한 나무를 잘라서 집을 만드는 행위, 농작물을 재배하기 위해서 논과 밭을 개간하는 행위 등은 모두 환경과의 관계에서 일어나는 현상이다. 인간이 환경으로 내보내는 정보들, 즉 행동들은 분출(output)이라고 한다. 인간은 이러한 유입과 분출을 통해서 자신을 통제하며 환경과 대화를 계속한다. 마찬가지로 가족들은 가족체계를 유지하기 위해서 가족을 둘러싸고 있는 여러 체계와 지속적으로 유입과 분출을 통해서 피드백을 하게 된다. 피드백에는 긍정 피드백(positive feedback)도 있고 부정 피드백(negative feedback)도 있다. 여기서 주의할 점은 긍정과 부정이라는 단어는 윤리적/도덕적 관점과 아무런 관련이 없다는 것이다. 긍정과 부정이란 피드백의 결과를 체계가 어떻게 반응을 하는가의 개념이다. 피드백으로 인해서 정보나 활동의 양이 줄어들면 부정 피드백이라고 하고, 정보나 활동의 양이 많아지면 긍정 피드백이라고 한다(김용태, 2000: 85-86). 즉, 가족관계에서 박수를 치도록 함으로써 가족들의 상호작용이 많아졌다고 한다면 박수는 가족들에게 긍정 피드백의 역할을 한 것이다. 반대로 누군가 가족들을 비난함으로써 가족들의 상호작용이 줄어들었다고 한다면 비난은 가족에게 부정 피드백의 역할을 한 것이다.

사이버네틱스에는 일차와 이차가 있다(Becvar & Becvar, 1997: 72; Goldenberg & Goldenberg, 2000: 12-19). 일차 사이버네틱스는 일반적으로 체계가 어떤 패턴을 가지고 움직이는지를 기술한 단어다. 일정한 피드백을 주었을 때 어떤 규칙성을 보이는지 그 규칙성이 체계를 어떤 방식으로 움직이는지를 이해하도록 하는 개념이 일차 사이버네틱스다. 예를 들면, 내담자 가족에게 상담자가 지속적으로 칭찬을 했다고 하자. 지속적으로 칭찬을 받은 내담자 가족이 지속적으로 상호작용이 증가했다고 한다면 이 가족은 칭찬을 통한 상호작용의 증가라는 일정한 형태를 가지고 있다. 칭찬이라는 유입이 가족에게는 증가된 상호작용이라는 패턴을 갖게 한다. 이차 사이버네틱스는 사이버네틱스에 대한 사이버네틱스로서 체계를 바라보고 있는 자신도 하나의 체계를 형성하고 있음을 알게 해 주는 개념이다. 가족을 칭찬하는 상담자는 일차 사이버네틱스에서는 객관적 관찰자로 남아 있게 된다. 그러나 이차 사이버네틱스에서는 가족상담자도 가족의 또 다른 체계임을 알게 한다. 이차 사이버네틱스에서는 객관적 관찰자는 존재하지 않고 오직 여러 다른 체계가 존재하게 된다. 여러 다른 체계란 곧 다른 현실을 의미한다. 이차 사이버네틱스에서는 객관적 현실은 존재하지 않고 가족들의 체계에 의한 현실, 가족과 상담자 간의 관계에 의한 현실이 존재한다.

2) 생태체계 이론

생태체계 이론은 유리 브론펜브레너(Urie Bronfenbrenner)에 의해서 발달된 이론이다. 그는 『인간 발달의 생태학(The Ecology of Human Development)』이라는 책을 통해서 인간의 발달을 생태학적으로 설명하고 있다. 브론펜브레너(1979: 21)는 인간 발달의 생태학을 다음과 같이 정의하고 있다.

인간 발달의 생태학은 적극적이고 성장하는 인간과 그 인간이 살고 있는 변화하는 환경이 서로 점진적이고 상호적으로 순응하는 과정을 연구하는 분야다. 인간이 살고 있는 환경은 즉시적 환경과 즉시적 환경이 속한 좀 더 커다란 환경으로 나누어진다. 순응 과정은 즉시적 환경과 더 큰 환경과의 상호작용에 영향을 받는다.

여기서 정의한 인간 발달의 생태학은 세 가지 특징을 가지고 있다(Bronfen-brenner, 1979: 21-22). 첫째, 인간은 성장하면서 환경(environment)과 역동적 관계(dynamic relations)를 갖는다. 인간은 백지에 그림을 그리듯이 발달하는 존재가 아니다. 인간은 환경으로부터 영향을 받아서 성장하지만 다시 환경에 영향을 주면서 발달을 하는 존재다. 즉, 인간은 수동적으로 영향을 받기만 하는 존재가 아니라 환경에 적극적으로 영향을 주는 존재인 것이다. 예를 들면, 아이들은 태어나서 부모나 주변 사람들의 영향을 받으면서 성장한다. 아이들은 부모의 말과 행동을 흉내 내기도 하고, 부모의 가치관을 내면화함으로써 한 인간으로 성장한다. 그러나 아이는 동시에 부모에게 영향을 미치는 사람이기도 하다. 아이가 성장함에 따라서 가족은 그 모양과 형태 또는 삶의 방향이 달라진다. 아이는 자신이 속한 환경에 의해서 영향을 받기도 하지만 다시 환경에 영향을 줌으로써 자신이 살아가는 환경을 재구조화하기도 한다.

둘째, 발달하는 인간이 속한 환경은 발달하는 사람에게 영향을 주기도 하지만 동시에 영향을 받기도 한다. 즉, 인간과 환경 사이에는 상호성(reciprocity)이라는 역동적 순응을 갖는다. 역동적 순응(dynamic accommodation)이란 서로 주고받으면서 적응하고 변화하는 과정을 말한다. 예를 들면, 부모는 자녀에게 일방적으로 영향만을 주는 존재가 아니라 동시에 아이에게 영향을 받는 존재다. 부모는 자녀에게 즉시적 여건(immediate setting)으로서 발달에 일차적으로 많은 영향을 미친다. 그러나 부모는 동시에 자녀가 성장하면서 영향을 받고 부모도 변화를 한다. 자녀는 즉시적 여건에 적응하면서 순응하지만 부모 역시도 자녀에게 적응하면서 순응한다. 부모와 자녀 사이에는 역동적 순응 과정이 형성된다.

셋째, 발달과 관련된 환경은 즉시적 여건과 즉시적 여건 간의 상호작용 그리고 즉시적 여건을 포함하고 있는 좀 더 큰 주변 상황(surrounding)과의 상호작용을 모두 포함한다. 환경(environment)은 발달하는 인간, 그 인간이 속한 즉시적 여건, 즉시적 여건 간의 상호작용, 그리고 즉시적 여건을 둘러싸고 있는 상황 모두를 말한다. 각각의 여건과 상황은 독자적으로 발달하는 인간에게 영향을 주기도 하지만 상호작용을 하면서 영향을 주기도 한다. 즉시적 여건은 미시체계(microsystem)라 부른다. 즉시적 여건 간의 상호작용을 중첩체계(mesosystem)라 부른다. 즉시적 여건을 둘러싼 사회구조를 외적 체계(exosystem)라 부른다. 마지막으로 이 모든 여건과 사회구조를 포함한 상황을 거시체계(macrosystem)라 부른다.

브론펜브레너(1979: 22-26)는 미시체계, 중첩체계, 외적 체계, 거시체계 등이 인간의 발달과 어떤 관련이 있는지를 밝히고 있다. 즉시적 여건이라고 불리는 미시체계는 얼굴을 맞대고 상호작용을 하는 관계를 말한다. 이러한 곳은 가정, 학교, 놀이터, 학원, 친척집 등과 같이 다양하다. 미시체계에는 역할이 있고 역할을 규정하는 활동이 있으며, 이러한 활동은 모두 상호작용 속에서 이루어진다. 아이들은 미시체계 내에서 일정한 역할을 부여받는다. 아이들은 자녀로서 어떻게 행동해야 하는지 그리고 학생으로서 자신의 미래를 어떻게 준비해야 하는지 등과 같은 역할을 부여받는다. 이러한 역할이 부여되면 아이들은 일정한 활동을 해야 한다. 자녀들은 부모에게 일정한 예절을 배운다든지 그리고 학교생활을 위해서 필요한 학습을 하게 된다. 자녀의 역할과 활동은 모두 부모나 주변 사람들과의 상호작용을 통해서 이루어진다. 즉, 자녀들은 부모나 주변 사람들과 상호작용을 경험하면서 발달을 이루어 간다. 상호작용의 경험 중에서 심리적 상호작용은 자녀의 발달과 성장에 많은 영향을 미친다. 미시체계는 일차적으로 아이들이 심리적 성숙을 할 수 있는 상호작용을 경험하는 하는 장이다. 미시체계를 그림으로 표현하면 [그림 1-1]과 같다.

그림에서 보는 바와 같이 각각의 조직들은 모두 따로 존재한다. 아이들은 가정에서 얼굴을 맞대고 상호작용하고 학교에서도 얼굴을 맞대고 상호작용을 한

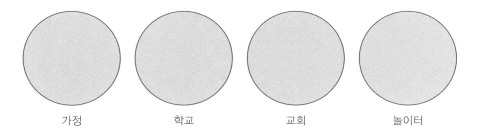

[그림 1-1] 가정, 학교, 교회, 놀이터 등의 미시체계

다. 이렇게 얼굴을 맞대고 직접적 상호작용을 하는 조직체 각각 모두를 미시체계라 한다. 인간의 미시체계는 직접적 상호작용을 하는 관계의 숫자만큼 많다.

중첩체계는 미시체계들이 겹쳐지면서 발생되는 환경을 말한다. 아이들이 직접적으로 경험하는 미시체계의 장들에는 여러 가지 종류가 있다. 학교, 가정, 교회, 친척, 학원 등은 각각으로도 존재하지만 겹쳐지면서 아이들의 발달에 영향을 미친다. 아이들은 가정에서 가지고 있던 습관을 학교로 가지고 간다. 그 습관에 대해서 학교 교사들은 아이들과 직접적 상호작용을 한다. 아이들은 습관을 형성하는 데 있어서 부모의 영향만을 받지 않고 학교 교사의 영향도 받는다. 즉, 아이의 습관 형성은 자녀와 학교 교사의 상호작용에 의해서 이루어진다. 예를 들어서, 부모가 아이에게 인사를 정중히 하는 방법을 가르쳤다고 하자. 아이는 부모가 가르쳐 준 대로 학교 교사에게 깍듯하게 인사를 한다. 학교 교사가 그렇게 깍듯이 인사를 하지 않아도 된다고 말을 했다고 하자. 그러면 아이의 인사하는 습관은 부모와 학교 교사의 상호작용에 의해서 결정된다. 자녀들은 자신들이 속한 환경에 따라서 많은 수의 중첩체계를 가지고 있을 수도 있고 적은 수의 중첩체계를 가지고 있을 수도 있다. 많은 수의 중첩체계를 가진 아이들은 적은 수의 중첩체계를 가진 아이에 비해서 좀 더 복잡한 환경 속에서 성장하게 된다. 복잡한 중첩체계를 가진 아이들의 발달은 그렇지 않은 아이들에 비해서 다양한 경험과 그것들을 교정하고 수정하면서 성장할 수 있는 여건 속에서 이루어진다. 어른들은 아이들에 비해서 더 복잡한 중첩체계를 가진다. 어른들은 더 많

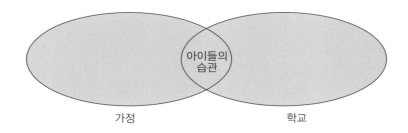

아이들의
습관

가정   학교

[그림 1-2] 가정과 학교의 중첩체계

은 미시체계에 참여함으로써 다양하고 복잡한 경험을 한다. 예를 들면, 직장인 가장은 직접적으로 참여하는 미시체계로 가정, 직장, 동창회, 동우회, 인터넷 모임, 지역 주민들의 모임, 전문인들의 모임 등을 들 수 있다. 이러한 미시체계들은 직장인 가장이 참여할 때마다 상호작용을 하고 직장인 가장의 행동에 영향을 준다. 중첩체계를 그림으로 표현하면 [그림 1-2]와 같다.

앞에서 설명한 아이들의 습관 형성은 가정과 학교와의 중첩체계에 의해서 형성된다. 아이들은 가정과 학교 모두에 속해 있기 때문에 각각의 미시체계에서 습득한 행동들은 서로 영향을 받는다. 따라서 아이들의 습관 형성과 같은 행동 발달은 미시체계에 의해서만 이루어지지 않고 학교와 가정의 상호작용, 즉 중첩체계에 의해서도 이루어진다.

외적 체계는 발달하는 사람이 직접적으로 참여하는 즉시적 여건이 아닌 주변 환경을 말한다. 그 주변 환경은 즉시적 여건에게 간접적으로 영향을 주거나 영향을 받는 상황을 말한다. 예를 들면, 어떤 아이에게 외적 환경은 아버지의 직장, 어머니의 동창회 등이 될 수 있다. 또한 아이의 형제나 친척 등이 가지고 있는 환경들이 아이에게 외적 환경으로 작용을 하게 된다. 예를 들면, 아버지의 직장은 아이가 아버지의 직장에 직접적으로 참여를 하지 않지만 아버지에 의해서 간접적으로 많은 영향을 준다. 아버지의 심리적 측면, 경제적 측면, 사회적 측면 등이 아이의 발달에 많은 영향을 준다. 예를 들면, 아버지가 직장에서 승진을 했다거나 포상을 받으면 아버지는 심리적으로 아이에게 좋은 환경의 역할을 하게

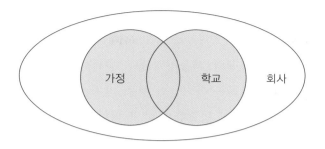

[그림 1-3] 아버지에 의한 아이의 외적 체계

될 것이다. 반대로 아버지가 직장에서 승진에서 누락되거나 스트레스를 받으면 아이에게 나쁜 영향을 미치게 된다. 아이는 아버지의 직장으로부터 영향을 받을 뿐 아니라 영향을 주기도 한다. 아이의 성적이나 학교 교사로부터 칭찬은 아버지에게 영향을 미쳐서 아버지로 하여금 직장생활을 더 열심히 하도록 할 수 있다. 이러한 환경을 외적 체계라 부르고 그림으로 표현하면 [그림 1-3]과 같다.

[그림 1-3]에서 아이의 행동에 아버지의 회사가 간접적으로 영향을 미치게 된다. 아버지가 회사에서 경험하는 많은 것들은 아버지와 아이와의 직접적 상호작용, 즉 미시체계를 통해서 전달된다. 아버지의 회사는 아이와 직접적으로 상호작용을 하지 않지만 아이의 발달에는 아버지를 통해서 영향을 미치게 된다. 즉, 외적 체계는 아이의 발달에 있어서 가정이나 학교에 간접적으로 영향을 주는 사회적 체계들이다.

거시체계는 발달하는 사람이 직간접적으로 경험하는 미시체계, 중첩체계, 외적 체계를 모두 포함하는 상황을 말한다. 이러한 상황은 흔히 문화라는 이름으로 불린다. 문화는 한 인간이 발달을 하도록 하는 시대사상, 관습, 관념, 전통 등과 같은 모든 것을 포함한다. 한국에서 태어난 아이들은 한국 문화 속에서 성장한다. 한국 문화는 아이들을 한국인으로 규정하는 모든 것을 담고 있다. 한국어를 통해서 한국 사람들과 일차적으로 의사소통을 할 수 있도록 한다. 언어 속에 담겨진 한국인의 습관, 생활 방식, 사상, 관습, 전통 등과 같은 많은 것들에 영향을 받으면서 아이들은 성장하고 발달한다. 이러한 문화는 문화가 홀로 영향을 미치지 않고 미시체계의 여러 인물, 즉 부모, 교사, 친척, 돌보는 사람 등이 가지고 있는 내면화된 세계관, 생각, 행동양식 등을 통해서 발달하는 아이들에게 영향을 미친다. 반면에 발달하는 아이들의 행동, 생각, 신념, 관계양식들은 이제 문화에 영향을 미친다. 이렇게 발달한 문화 중 하나가 청소년 문화다. 청소년들은 자신들의 독특한 문화를 형성하고, 사회에 그리고 기존의 문화에 영향을 미친다. 부모들이나 사회의 어른들은 청소년들의 문화적 행동에 영향을 받으면서 자신들이 순응하는 과정을 거친다. 이러한 문화적 환경을 거시체계라 부른다. 이를 그림으로 표현하면 [그림 1-4]와 같다.

[그림 1-4]에서 아이는 미시체계인 가정과 학교에 의해서 직접적으로 영향을 받기도 하고 주기도 한다. 다른 한편으로 아이는 아버지의 회사를 통해서 간접적으로 영향을 주기도 하고 받기도 한다. 마지막으로, 아이는 자신이 살고 있는 공동체의 문화에 영향을 받으면서 영향을 주기도 한다. 아동의 발달은 미시체계, 중첩체계, 외적 체계, 거시체계와의 상호작용 속에서 일어나는 현상이다.

인간은 발달을 할 때 생태적 환경에서 그 위치가 달라진다. 이러한 현상을 생태적 전이(ecological transition)라고 한다(Bronfenbrenner, 1979: 26). 인간의 생태적 전이는 삶의 전 영역에서 일어난다. 한 사람이 결혼을 하면 이미 역할이 달

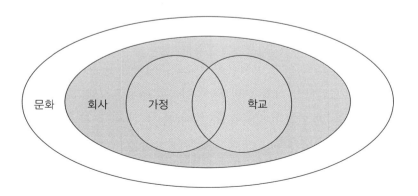

[그림 1-4] 아버지에 의한 아동의 거시체계

라진다. 결혼을 한 사람은 남편이나 아내 또는 사위, 며느리와 같은 역할을 하게 된다. 결혼을 한 사람이 아이를 낳으면 또한 위치가 달라진다. 남편과 아내 또는 사위나 며느리 외에 아버지나 어머니와 같은 역할을 수행하게 되는 것이다. 삶의 전 영역에서 이렇게 생태적 전이가 발생한다.

인간은 생태적 전이를 통해서 생태적 발달을 계속하게 된다. 브론펜브레너 (1979: 27)는 생태적 발달을 다음과 같이 정의하고 있다.

> 성장하는 인간이 생태적 환경에 대해서 좀 더 확장되고 분화되면서 타당한 개념화를 하는 과정을 인간의 발달이라고 한다. 개념화가 된 인간은 자신이 속한 생태적 환경을 재조직하거나 유지하는 특성들과 활발한 상호작용을 하게 된다. 이러한 상호작용은 형태나 내용에 있어서 단순한가 복잡한가의 차이만 있을 뿐이지 그 구조는 같다.

브론펜브레너(1979: 28)가 정의하는 생태적 발달은 다음과 같은 세 가지 특징을 가지고 있다. 첫째, 인간의 발달은 자연적으로나 사회적으로 일어나지 않고 생태적으로 일어난다. 자연적 발달이란 인간 속에 들어 있는 유전자에 의해서 일어나는 성장을 의미한다. 태어난 아이가 시간이 지나면서 몸이 커지는 현상이 곧 자연적 발달이다. 사회적 발달이란 사회에 의해서 영향을 받는 발달을 의미한다. 즉, 아이는 성장하면서 사회에 적응을 한다. 적응하기 위해서 특정한 언어를 습득하거나 여러 사회의 규칙을 습득한다. 아이가 사회에서 필요한 것들을 습득하는 방식을 사회적 발달이라고 한다. 생태적 발달은 이 둘의 상호작용을 의미한다. 유전적 발달은 사회적 환경에 영향을 받는다. 다른 한편으로 사회적 발달은 유전에 의해서 제한된다. 이 둘은 한쪽으로만 영향을 주지 않고 서로 각각 영향을 준다. 생태적 발달이란 이렇게 상호작용, 즉 피드백을 통해서 서로 영향을 주고받는 발달을 의미한다. 다른 말로 표현하면 발달하는 아동들은 환경에 의해서 발달하는 특징이 달라지기도 하지만 자신이 속한 환경을 재조직하기도 한다. 인간의 발달은 생태 환경의 재조직과 더불어 일어난다.

둘째, 발달적 변화는 행동과 지각이라는 두 영역에서 동시적으로 일어난다. 인간의 발달은 행동화와 개념화라는 두 가지 축으로 이루어진다. 태어난 아이들은 행동을 통해서 환경에 적응을 한다. 환경에 적응을 하면서 동시에 아이들은 환경에 대해서 배우게 된다. 환경을 배우는 것은 주로 자신을 돌보는 사람들과 상호작용을 통해서 이루어진다. 아이들은 언어를 통해서 자신을 돌보는 사람들과 대화를 한다. 이러한 대화는 곧 자신이 속한 환경에 대한 개념화를 지속시킨다. 개념화를 통해서 아이들은 자신이 속한 환경에 여러 가지로 피드백을 준다. 질문, 대화, 반항, 순응 등과 같은 여러 가지 방법은 모두 환경을 재조직하는 현상들이다. 아이들의 발달은 행동적으로 순응하기도 하지만 인지적으로 개념화를 하면서 자신이 속한 환경 속에서 생태적 발달을 한다.

셋째, 각각의 영역에서 발달적 변화는 생태적 환경의 네 가지 수준 속에서 동형적으로 일어난다. 먼저, 어떤 사람이 한 곳에 살다가 다른 곳에 사는 경우를 생각해 보자. 생태적 발달 현상은 이해하면서 행동할 때 일어난다. 한 지역에 살던 사람들은 그 지역의 생태적 환경으로 인해서 발생된 지각 방식과 행동양식을 가지고 있다. 이 사람은 다른 지역에 이주를 했기 때문에 생태적 발달 과제를 갖게 된다. 어떻게 하면 이전 지역에서 가지고 있던 지각체계와 행동양식을 손상하지 않으면서 다른 지역의 생태적 환경에 적응하면서 새로운 영향을 미칠 것인가 하는 발달 과제를 갖게 된다. 만일 이 사람이 이전의 지각 방식과 행동양식만을 고수하려고 하거나 새로운 생태 환경에 적응하려고만 하면 이 사람은 문제를 경험하게 된다. 즉, 생태적 발달을 경험하기 어렵게 된다. 처음에는 이 사람이 자신이 직접적으로 경험하는 사람들, 즉 미시체계적으로 관계를 맺는 사람들을 통해서 새롭게 확장된 이해를 갖게 된다. 이렇게 확장된 이해는 여러 중첩체계를 통해서 확인하는 과정을 갖게 되고, 이를 외적 체계나 거시체계로 확장하게 된다.

이러한 과정은 행동양식에서도 동일하게 발생된다. 새롭게 확장된 이해에 따라서 관계 맺는 방식이나 행동하는 양식이 달라지고, 이는 다시 중첩체계를 통해서 수정, 보완을 거쳐서 외적 체계나 거시체계로 확장된다. 이런 의미에서 지각체계에서 일어나는 구조는 행동양식에서 일어나는 구조와 동일하다. 이제는 시간상으로 발달이 일어나는 경우를 생각해 보자. 아동이 청소년이 되는 것은 시간에 따른 발달 현상이다. 아동과 청소년 사이에는 많은 차이가 발생한다. 아동들은 자신들만의 지각 방식과 행동양식을 가지고 있다. 이제 청소년이 되면 자신들의 지각 방식을 확장해야 하고 새로운 행동양식을 습득해야 하는 새로운 발달 과제를 갖게 된다. 만일 아동이 자신들의 지각 방식과 행동양식을 완전히 버리고 새롭게 청소년으로서 지각 방식과 행동양식을 가지려고 하면 이 아동은 발달적 단절 현상을 경험하게 된다. 아동의 지각 방식에 청소년의 지각 방식을 더하여 이해의 확장이 필요하다. 이에 따라서 새로운 행동양식이 필요하다. 예를 들면, 아동의 지각 방식 중 하나가 "어른들의 말을 잘 들으면 된다."라는 신념이다. 아동이 청소년이 되면 이 지각 방식에 대한 확장이 필요하다. 청소년들의 지각 방식 중 하나가 "어른들의 말을 가려서 들으면 된다."라는 신념이다.

행동에 있어서도 마찬가지 현상이 일어난다. 행동도 무조건 따라 하던 방식에서 어른들의 말이나 행동을 바꾸어 가면서 따라서 하면 된다. 생태적 발달은 지각 방식의 변화와 행동양식의 변화를 동시에 필요로 한다. 이러한 변화는 미시체계, 중첩체계, 외적 체계, 거시체계 속에서 동형적으로 일어난다. 생태적 발달 현상인 개념적 변화와 행동적 변화는 각 수준에 따라서 같은 방식으로 일어난다. 동형적이라는 말의 의미는 같은 형태라는 뜻으로서, 각각의 수준에서 같은 방식의 생태적 변화가 일어난다.

3) 일반체계 이론

일반체계 이론은 1940년대에 루트비히 폰 버틸란피(Ludwig Von Bertalanffy)가 세포의 원리를 연구하여 발표하였다. 그는 생물학자로서 세포들이 스스로 자기 자신을 조절한다는 점에 주목하였다. 자기조절 능력을 가진 건강한 세포들은 자기성장을 하게 된다. 세포에 필요한 영양분들을 피를 통해서 공급을 받고 노폐물들은 다시 피 속으로 내보내게 된다. 또한 세포들은 성장을 하다가 다른 세포들을 만나면 스스로 성장을 조절한다. 이렇게 함으로써 세포는 자율통제 기능을 갖게 된다. 건강한 세포의 자율통제 기능은 조직의 원리를 이해하는데 중요한 개념이다. 모든 조직, 즉 체계들은 스스로를 조절하는 기능을 가지고 있다. 조직들은 세포와 마찬가지로 환경과 상호작용을 하게 된다. 필요한 정보들을 환경으로부터 받아들이고 필요 없는 정보들을 외부로 내보낸다. 정보의 유입과 분출은 모두 체계의 자율통제 기능에 의해서 이루어진다. 세포가 가진 원리를 조직에 적용함으로써 가족을 체계적으로 이해할 수 있게 되었다. 자율통제 기능에 의한 조직의 원리를 일반체계 이론(general system theory)이라고 부른다.

체계는 요소들과 요소들의 상호작용을 합한 개념이다(김용태, 2000: 80; Broderick & Smith, 1979: 112; Nichols & Everett, 1986: 69). 가족체계에서 보면 요소는 가족 구성원들을 말한다. 상호작용은 가족 구성원들의 상호작용을 말한다. 가족체계는 가족 구성원과 가족 구성원의 상호작용으로 나누어진다. 가족 구성원의 수는 시대에 따라서 많은 변화를 겪는다. 전통사회의 대가족에서는 삼대 이상의 가족 구성원이 한집에 살면서 거대한 체계를 형성하였다. 시간이 지남에 따라서 중가족에서 소가족으로 그리고 현대에 와서는 핵가족 형태의 가족 구성원을 갖게 되었다. 미래에는 가족들은 다양한 형태를 띠게 되면서 가족 구성원의 수는 가족의 형태에 따라서 달라질 것이다. 핵가족, 혼합가족, 부부가족, 한부모가족, 일인가족, 입양가족, 동성가족, 동성입양가족 등과 같이 다양한 형태의 가족으로 분화되면서 가족 구성원의 수는 가족의 형태에 따라서 다양해진다.

가족 구성원의 상호작용은 가족의 체계를 유지하는 역할을 한다. 가족 구성원들의 상호작용 형태나 방식은 곧 가족체계의 모양을 결정한다. 가족 구성원 안에서만 상호작용을 하면 가족체계는 닫힌 체계일 가능성이 높아진다. 반면, 가족 구성원이 가족 이외의 사람들과 활발하게 상호작용을 하면 가족은 열린 체계가 된다. 가족 구성원들끼리 상호작용이 줄어들고 개인적 활동이 많아지면 가족체계는 경직된 상태가 된다. 가족 구성원들이 혼자 있는 시간이 거의 없으면서 상호작용을 같이 하려고 하면 가족은 밀착되거나 융해되는 가족 형태를 갖게 된다. 일단 가족이 일정한 형태의 체계를 형성하면 가족 구성원들은 그 형태에 맞는 상호작용을 하려고 한다. 가족의 체계를 내면화한 방식으로 상호작용을 하게 된다. 그러나 기존의 가족 상호작용이 가족 구성원들을 힘들게 하면 가족 중 일부가 이러한 상호작용을 거부하는 방식으로 상호작용을 하게 되기도 한다.

(1) 경계선

가족은 경계선에 의해서 환경 또는 다른 체계들과 구분된다. 경계선은 환경과 가족체계를 구분하는 선으로 여러 가지 모양이 있다. 경계선은 가시성 여부, 유동성 여부, 기능성 여부, 병리성 여부 등과 같이 다양한 방식으로 이해될 수 있다(김용태, 2000: 82; Miermont & Jenkins, 1995: 45). 가시성 여부란 경계선이 눈에 보이는가 아니면 보이지 않는가의 여부를 말한다. 눈에 보이는 경계선은 물리적 경계선이고 눈에 보이지 않으면 심리적·사회적 경계선이다. 물리적 경계선이란 국경선, 집과 집의 경계선, 한 집에서 거실과 방을 구분 짓는 것 등을 말한다. 울타리, 벽, 문, 창문, 천장, 바닥 등과 같은 물체들이 곧 물리적 경계선이다. 심리적 경계선이란 사람과 사람 사이에 발생되는 일정한 거리를 말한다. 심리적 경계선은 주로 감정이나 애정 등과 같은 정서적 형태로 표현된다. 예를 들면, 어떤 사람이 무서워지면 그 사람을 경계하게 되는데 이 경우에 심리적 경계선은 무서움이라는 정서를 통해서 나타난다. 사회적 경계선은 어떤 조직이 다른 조직과 구분되는 독특한 상호작용을 위한 규칙으로 나타난다. 가족도 사회적 경계선인 가족규칙을 가지고 있다. 유동성 여부에 따른 경계선은 투과성의 정도를 말한다. 어떤 경계선이 외부의 어떤 정보도 유입되거나 분출되지 않는다면 유동성이 없는 경계선이고, 반면 그 경계선이 외부의 정보를 잘 받아들이면서 내부의 정보도 밖으로 잘 내보낸다면 이는 유동적이다. 경계선의 기능성은 내부와 외부의 정보를 어떤 방식으로 처리하는가의 여부를 말한다. 정보를 있는 그대로 받아들일 수 있고 정보를 변경할 수도 있다. 아니면 정보를 부분적으로 받아들이거나 내보낼 수도 있다. 경계선의 병리적 성격 여부는 체계가 외부로부터 정보를 받아들여야 함에도, 또는 외부로 정보를 내보내야 함에도 불구하고 이를 제대로 수행하지 못하는 경우를 말한다. 외부의 정보를 왜곡하거나 반드시 필요한 정보를 받아들이지 못하면 경계선은 병리적이 된다. 병리적 경계선은 불필요한 정보를 거르지 못하거나 내보내지 못하기 때문에 체계는 역기능적 상호작용을 갖게 된다.

경계선은 체계의 안과 밖을 구분하는 역할을 한다. 경계선에 의해서 체계는 자신의 독특한 영역을 확보할 수 있게 된다. 체계의 정체성은 상호작용의 방식이나 내용을 통해서 구분된다. 예를 들면, 부부간의 성적 접촉은 자녀들과 부부를 구분하는 경계선의 내용이나 방식이 된다. 부부는 자신들끼리만 성적인 내용들을 말하거나 성적 접촉이라는 방식을 통해서 성적 만족을 누린다. 부부는 자신들의 성적 만족을 위한 내용이나 방식에 대해서 자녀들과 상호작용을 하지 않는다. 경계선은 체계 내에서 전체 체계와 하위체계를 구분하는 역할을 한다. 가족이라는 체계 내에는 부부체계, 부모체계, 자녀체계 등이 존재한다. 마찬가지로 가족체계는 사회의 부분체계로서 역할을 한다. 가족체계는 사회의 부분체계이면서 가족체계 경계선에 의해서 다른 가족체계나 사회의 체계들과 구분된다.

(2) 가족규칙

여러 사람이 모인 사회에는 규칙이 필요하다. 사회적 규칙은 많은 사람들이 서로 갈등을 느끼지 않고 서로를 배려하면서 살기 위해서 필요하다. 사람들은 개인적으로 각각 욕구를 가지고 있고, 이러한 욕구를 충족하기 위해서 이기적 삶이 불가피하다. 사람들 간의 욕구가 충돌될 때 이러한 충돌을 조절하는 장치 중 하나가 곧 사회적 규칙이다. 사회적 규칙은 법률적으로 나타나기도 하고 도덕적으로 나타나기도 한다. 법률적인 면에서 볼 때 사회적 규칙은 성문법도 있고 불문법도 있다. 성문법은 헌법과 같이 글로 표현된 사회적 규칙을 말하고, 불문법은 관습으로서 글로 표현되어 있지는 않지만 대다수의 구성원들이 공유하고 있는 믿음을 말한다.

가족규칙은 성문법이나 불문법과 같이 가족 내에 존재하는 규칙을 말한다. 가족 구성원들이 합의를 해서 글로 써 놓은 규칙들이 있기도 하고, 가족 구성원들이 언제부터인지 서로 공유하고 있는 공통된 믿음을 곧 가족규칙이라고 한다. 성문법과 같은 가족규칙으로는 '아침에 일찍 일어나기' '집에 들어오면 인사하기' '밥을 먹기 전에는 손 씻기' 등과 같이 명백히 합의를 해서 글로 써 놓은 경우가 있다. 반면, 불문법과 같은 가족규칙은 '아버지의 비밀에 대해서는 아무도 말하지 않기' '동생에 대해서는 더 이상 언급하지 않기' 등과 같은, 언제인가부터 가족들이 공유하고 있는 믿음이다.

가족규칙은 공유된 가족 구성원들의 믿음 속에 존재한다. 이러한 믿음은 거의 자동적이어서 가족 구성원들은 자신이 어떤 믿음을 가지고 있는지 잘 인식하지 못하는 경향이 있다. 이러한 믿음을 가족공동기제(shared family mechanism)라고 부른다. 가족공동기제는 가족을 통제하는 역할을 하기도 하고 가족들의 정신세계를 형성하는 역할도 한다. 특히 부모들이 가지고 있는 가족공동기제는 자녀들을 사회화시키거나 문화화시키는 강력한 요인으로 작용한다. 부모들은 자녀들에게 자신들이 가지고 있는 공동기제를 통해서 자동적으로 할 것과 하지 말아야 할 것들을 가르친다. 이러한 공동기제에 어긋나는 행동을 하게 되면 화를 내기도 하고 갈등을 빚기도 한다.

(3) 체계의 변화

조직으로서 체계는 사회 환경의 변화에 따라서 일정하게 반응을 한다. 반응하는 방법은 교류, 유지, 변화, 완성 등과 같은 여러 가지 단계를 거친다. 브로데릭과 스미스(Broderick & Smith, 1979: 115-123)는 이러한 교류, 유지, 변화, 완성 등을 단순피드백, 사이버네틱 통제, 변형성, 재방향성이라고 부른다. 교류란 체계가 환경이나 사회와 반응하는 방법 중 가장 낮은 단계를 의미한다. 체계 내로 환경 정보가 유입되고 별다른 변화 없이 정보가 다시 환경으로 분출되는 과정이 교류다. 이러한 교류를 단순피드백이라고 한다. 유지라는 방법은 체계가 환경으로부터 유입된 정보를 통해서 자신을 점검하여 현재 상태를 유지하는 체계의 반응을 말한다. 체계는 스스로 자신을 유지하는 방법을 사용하여 환경에 적응하려고 하지 않고 자신을 유지하려고 한다. 이러한 유지를 항상성이라고 한다. 변화는 체계가 환경에 적응하기 위해서 자신을 바꾸는 과정을 말한다. 체계는 자신을 변화시키기 위해서 일정한 변화의 과정을 겪는데, 이를 변형성이라고 한다. 마지막으로, 체계는 자신의 변화를 완성하기 위해서 체계에 맞는 가치관을 형성하게 된다. 기존의 가치관을 버리고 새로운 가치관을 도입함으로써 변화를 완성하는데, 이를 재방향성이라고 한다.

① 단순피드백

단순피드백(simple feedback)은 체계가 외부에서 유입된 정보를 단순히 확장하거나 줄여서 외부로 분출시키는 과정을 말한다. 체계는 자신 안에 일정한 변화의 규칙을 가지고 있다. 변화의 규칙(rules of transformation)은 유입된 정보를 처리하는 가족 내의 규칙을 말한다. 정보가 유입되면 가족체계는 변화의 규칙에 의해서 단순히 정보를 확장하거나 줄이는 역할만을 한다. 분출된 정보가 커지면 이를 긍정 단순피드백이라고 하고 줄어들면 부정 단순피드백이라고 한다.

긍정 단순피드백과 부정 단순피드백을 삶의 현장에서 쉽게 찾아볼 수 있다. 자녀의 부진한 성적으로 인해서 가족 간의 갈등이 증폭되고 다시 자녀가 더 성적이 부진해지는 과정을 겪는다면 체계는 긍정 단순피드백 현상을 경험하고 있는 것이다. 자녀의 부진한 성적, 가족 간의 증가된 갈등들은 모두 부정적 현상이지만 체계가 가진 정보의 유입과 분출이라는 측면에서 볼 때 모두 정보의 양 또는 가족 갈등의 편차가 증가한 현상이다. 따라서 자녀의 성적 부진, 가족 간의 갈등 증가, 더 많은 자녀의 성적 부진 등으로 이어지는 현상은 긍정 단순피드백이다. 부정 단순피드백인 경우에는 반대의 현상이 발생한다. 자녀의 부진한 성적이 가족들 간에 더 단합된 행동을 유발하고 이를 통해서 자녀의 성적부진 현상이 줄어들었다면 이는 부정 단순피드백이다. 비록 분출된 결과가 바람직하기는 하지만 정보의 양이나 유입된 정보의 편차라는 측면에서 볼 때 유입된 정보의 양이 줄어서 분출된 경우다. 이런 경우를 부정 단순피드백이라고 한다. 부부 간의 관계에서도 이러한 현상은 쉽게 적용될 수 있다. 외부에서 유입된 스트레 스로 인해서 부부간의 갈등이 고조되는 경우는 긍정 단순피드백이며 부부간에 갈등이 줄어드는 경우에는 부정 단순피드백이라고 할 수 있다.

단순피드백 현상은 변화의 규칙이 단순하게 작용하는 경우다. 외부에서 정보 가 유입되면 가족이 가지고 있는 규칙이 이 정보를 검색하여 어떤 정보인지 객 관적으로 판단하여 이해한 다음 정보를 활용하는 규칙, 즉 메타 규칙이 작용하 지 않는다. 정보가 유입되면 단순하게 이 정보를 활용하여 상대방을 비난하거 나 자신을 비하하는 등의 과정을 거친다. 정보에 따라서 '단순하게' 서로에게 피 드백을 하는 가족체계를 갖는다. 이런 의미에서 가족체계는 단순피드백이라는 현상을 갖게 된다.

② 사이버네틱 통제

사이버네틱 통제(cybernetic control)는 단순피드백보다는 한 단계 높은 수준 에서 작동하는 체계의 현상이다. 사이버네틱 통제는 체계가 스스로 외부에서 유입된 정보를 검색하는 과정인 메타 규칙(meta rule)이 작동하는 현상을 말한 다. 메타 규칙이란 체계가 가지고 있는 규칙을 검토하고 비교하는 체계의 작동 원리를 말한다. 변화의 규칙이란 사회적으로 표현하면 국회에서 제정된 법률 을 의미한다. 메타 규칙이란 사회에서는 헌법을 의미한다. 헌법은 법률이 제대 로 되어있는지를 검토하는 법이다. 이런 의미에서 헌법은 메타 법이다. 예를 들 면, 어떤 가정에서 대학생 자녀가 밤 10시에 집에 들어와야 한다는 규칙이 있다 고 하자. 대학생이 집에 11시에 들어옴으로 인해서 가족 간의 갈등이 증가되었 다면 이는 단순피드백이다. 단순피드백은 대학생의 늦은 귀가와 가족의 규칙과 의 관계를 객관적으로 점검하거나 검증하는 메타 규칙이 작동을 하지 않는 경우 다. 그러나 부모가 대학생 자녀의 늦은 귀가와 가족의 규칙인 밤 10시 통금이라 는 두 가지의 관계를 객관적으로 검토를 하는 경우를 생각해 보자. 부모가 대학 생인데 이러한 통금이 필요한가 아니면 통금 시간을 좀 더 늦춰야 하지 않을까

등으로 고민한다면 이 가족체계는 사이버네틱 통제를 하고 있는 경우다. 단순 피드백보다는 한 단계 높은 수준에서 작동하는 가족체계다.

사이버네틱 통제에서는 항상성이라는 현상이 있다. 항상성(homeostasis)은 체계가 자신의 현재 상태를 유지하기 위해서 작동하는 과정 전체를 말한다. 앞에서 든 대학생 자녀의 귀가 시간을 다시 한 번 살펴보자. 대학생 자녀의 늦은 귀가 시간에 대해서 부모가 평가를 하였는데, 이는 가족이 공동으로 추구하는 가족 화합에 도움이 되지 않는다고 판단하면 가족체계는 현재의 상태를 유지하기 위해서 대학생 자녀에게 일찍 들어오도록 피드백을 하게 된다. 항상성은 가족들의 행동에 대한 변화를 다루는 규칙을 현재 상태로 유지하도록 메타 규칙이 작동하는 과정을 말한다. 가족 화합이라는 메타 규칙이 대학생의 늦은 귀가 행동을 허락하지 않으면서 가족은 이전과 같은 모습을 유지하려고 하는데, 이것을 항상성이라고 볼 수 있다.

항상성에는 일정한 범위가 존재한다. 항상성의 범위를 어떻게 주는가에 따라서 체계는 기능적일 수도 있고 역기능적일 수도 있다. 대학생 자녀의 늦은 귀가에 대해서 밤 10시가 통금 시간이기는 하지만 밤 10시 30분까지 허용한다면 이 경우에 항상성 범위는 밤 10시에서 밤 10시 30분이 된다. 이에 따라 대학생 자녀는 유연한 마음을 가지고 가족규칙을 지킬 수 있게 된다. 만일 밤 10시가 통금인데 1분이라도 늦으면 벌을 받는 경우에는 항상성의 범위가 전혀 없는 경우가 된다. 이 경우에 가족규칙이 엄격해서 부모나 자녀의 행동을 경직되게 만들 수 있다. 항상성의 범위는 기계에도 적용된다. 만일 냉방 장치의 작동 범위를 22도에서 28도로 맞춘다면, 이 경우에 항상성 범위는 22도에서 28도. 작동 온도를 23도에서 24도로 맞추어 놓는다면 냉방 장치는 너무 자주 켜지고 꺼져 쉽게 고장이 날 수 있다. 마찬가지로 가족체계도 항상성 범위에 따라서 가족체계의 유연성이 달라진다. 가족체계의 유연성은 가족이 추구하는 가치나 목표를 바꾸지 않으면서 가족의 변화의 규칙을 항상성 범위 안에서 바꾸는 경우에 발생된다. 앞에서 예를 든 대학생 자녀의 경우에 대학생 자녀가 밤 10시라는 통금 시간에 대해서 계속 문제 제기를 하면서 가족 갈등이 증가하는 경우에는 부모가 가족 화합이라는 가치를 손상하지 않는 범위 내에서 가족의 규칙을 조정할 수 있다. 대학생 자녀와 합의를 통해서 10시 통금을 11시로 바꾼다든가 하는 변화는 항상성 범위 내에서 이루어지는 가족체계의 변화다.

③ 변형성

변형성(morphgenesis)은 체계가 변화하는 과정 전체를 말한다. 체계는 환경의 변화에 따라서 변화를 계속한다. 환경의 변화에 따른 체계의 변화는 두 가지 측면이 있다. 하나는 항상성 변화이고 다른 하나는 체계 자체를 바꾸는 변화다. 항상성에 의한 변화는 항상성 범위 내에서의 변화를 의미한다. 그러나 환경에서 유입된 정보가 항상성 범위 내의 변화를 벗어나서 체계를 근본적으로 변화하도록 요구하는 경우가 있다. 앞에서 예를 든 대학생 자녀가 통금 시간에 반발해서 가출을 한 경우를 생각해 보자. 이런 경우에 가족은 항상성 범위를 벗어난 변화의 기로에 놓이게 된다. 이때 가족체계가 계속적으로 항상성을 유지하려고 하면 가족 구성원들은 대학생 자녀를 가족에서 제외할 것이다. 가족 화합이라는 가치관에 치명적으로 어긋나는 행동을 한 때문이다. 가족체계가 새로운 국면을 맞이해서 대학생 자녀와 함께 계속적으로 가족 구성원을 유지하려면 가족체계가 변해야 한다. 가족체계가 변하는 현상을 변형성이라고 한다. 이 가족에서는 통금을 유지하는 가족규칙을 바꾸어야 한다. 이러한 현상은 한국 사회에서도 경험되었다. 통금이 있던 한국 사회가 점차 민주화 과정을 거치면서 통금이 없는 사회로 바뀐 역사가 곧 변형성이다.

변형성의 경우에는 가족체계의 구조적 변화를 수반한다. 대학생 자녀의 가출로 인해서 가족체계가 변화를 하는 경우를 생각해 보자. 통금 시간이 있는 이 가족은 의사결정 과정이 모든 가족 구성원이 참여하는 민주적 형태의 구조가 아니라 부모 중 어느 한쪽 또는 양쪽에 의한 일방적 결정구조다. 일방적 결정구조라는 가족체계는 대학생 자녀의 가출로 인해서 변화를 겪게 된다. 대학생 자녀와 가족을 형성하기 위해서는 가족체계는 독재적 구조에서 민주적 구조로 바뀌게 된다. 다른 예를 들어 보자. 부모가 둘 다 직장생활을 하는 구조를 가지고 있는 가족의 경우에 자녀 중 누군가에게 문제가 발생을 했다고 하자. 처음에는 항상성 범위 내에서 변화를 꾀하려고 한다. 부모 중에서 어머니가 퇴근 시간을 약간 당긴다든지 아니면 회사의 회식 자리에 나가지 않으면서 자녀 문제를 해결하려고 한다. 그러나 아이가 계속 문제를 일으키는 경우에 결국 가족구조의 변화를 경험하게 된다. 부모 중 한쪽이 직장을 그만두면서 맞벌이 가족구조를 외벌이 가족구조로 변화를 시킨다. 즉, 부모 중 한쪽은 자녀의 문제를 전적으로 전담하는 방식의 가족구조를 갖게 된다.

④ 재방향성

재방향성(reorientation)은 가족체계의 변화를 완성시켜 주는 현상이다. 가족체계가 구조를 바꾸게 되면 구조의 변화에 따른 가치관의 변화가 수반되어야 한다. 체계들은 일정한 구조를 갖게 되면 그 구조를 유지하기 위해서 가치관을 형성하게 된다. 통금 시간이 있는 가족체계는 가족 안에서 화합 또는 가족 구성원들 간의 화합이라는 가치관에 의해서 유지된다. 어떤 체계가 일정한 구조를 형성하고 있다는 의미는 그 구조를 유지하는 가치관이 반드시 존재한다는 의미다. 변형성을 통해서 가족에서 통금이 없는 가족구조를 갖게 되었다면 이 가족은 통금이 없는 가족구조를 유지하는 가치관을 형성해야만 한다. 만일 이렇게 되지 않으면 가족체계는 구조와 가치관이 불일치하는 불안정한 형태의 체계를 갖게 된다. 통금이 없는 가족에서는 가족 화합보다는 가족 구성원들 개개인의 행복이나 자율성이 더 중요한 가치관으로 부상한다. 가족 화합이라는 가치관을 우선적으로 가지고 있던 가족은 자율성이나 개개인의 행복이라는 가치관을 우선적으로 가져야 한다. 이렇게 함으로써 통금이 없는 가족은 가족 구성원들이 스스로 화합을 추구하거나 서로에게 피해를 주지 않는 선에서 자율적 형태의 삶을 살아가게 된다.

구조적 변화는 쉽게 오지만 가치관의 변화는 느린 경우가 있다. 사회에서는 구조적 변화가 제도의 변화와 더불어 온다. 제도의 변화는 강제적으로 이루어지는 경우도 있고 자율적으로 이루어지는 경우도 있다. 강제적으로 변화가 이루어지는 경우는 외부의 압력에 의한 것이다. 한 나라가 다른 나라에 의해 식민지 지배를 받는다든지 아니면 어떤 조직이 다른 조직의 힘에 의해서 어쩔 수 없이 변화를 하는 경우가 강제적으로 변화가 이루어지는 경우다. 자율적으로 이루어지는 경우는 주로 민주적 참여에 의한 법률 제정에 의한 경우다. 가족체계의 경우에 외부의 압력이라면 갑자기 가족 구성원 중 하나가 불행한 일을 경험했다거나 가족 중 누군가가 갑자기 문제를 일으킨 후에 강제적으로 구조를 변화시키는 경우를 들 수 있다. 그러나 가족구조가 자율적으로 변화하는 경우는 가족 구성원들의 발달에 따라서 그리고 상황의 변화에 따라서 가족구조를 변화시키는 경우를 말한다. 강제적으로 구조가 변화를 한 경우에는 가치관의 변화가 늦게 온다. 가족 구성원들은 많은 혼란을 경험하면서 왜 자신들이 이러한 변화를 겪어야 하는지 이해하지 못한 상태에서 구조적 변화를 경험한다. 가치관의 변화는 많은 시간을 거치면서 이루어진다. 자율적으로 변화를 하는 경우에는 가치관의 변화가 순조롭게 진행되거나 구조적 변화를 하면서 동시에 가치관의 변화를 경험하기도 한다. 이렇게 되는 경우에 가족 구성원들은 혼란을 많이 경험하지 않으면서도 구조적 변화와 가치관의 변화를 경험하게 된다.

구조적 변화와 가치관의 변화가 일치되지 않으면 가족들은 역기능을 경험하게 된다. 이 경우는 주로 강제적으로 가족체계의 변화를 겪은 경우에 발생한다. 청소년 자녀의 갑작스러운 가출로 인해서 맞벌이에서 외벌이로 가족구조가 변화된 경우를 생각해 보자. 이 경우에 맞벌이 가족구조를 유지하는 가치관인 각자 자신이 좋아하는 일을 하는 자아실현의 가치관이거나 경제적 번영이라는 가치관을 가지고 있을 수 있다. 그러나 외벌이 가족구조인 경우에는 경제적 번영이나 자아실현과 같은 가치관보다는 가족 간의 유대나 자녀의 번성과 같은 가치관이 우선일 수 있다. 부모 중 한쪽이 직장을 그만두면서 자녀를 돌보는 경우에 여전히 맞벌이 부부의 가치관인 경제적 번영이나 자아실현의 가치관을 가지고 있다면 직장을 그만둔 부모는 갈등을 경험하게 된다. 이러한 갈등은 가족 전체로 확산될 위험을 가지고 있다. 따라서 가족구조의 변화에 따라서 가치관의 변화가 제대로 일어나지 않으면 가족은 역기능적 관계를 갖게 된다.

3. 다양한 가족상담 이론 속에 들어 있는 배경 이론들의 개념

가족상담의 이론들은 일반적으로 일반체계 이론의 체계와 인공두뇌학의 피드백에 의한 관계라는 개념을 반영하고 있다. 가족이 무엇인가라는 질문에 대해 각각의 이론은 체계라고 말하고 있다. 가족체계는 가족 구성원들이 공유하고 있는 믿음체계인 구성적 현상이다. 인공두뇌학에서는 이를 사이버네틱스라는 개념으로 표현하고 있고, 일반체계 이론에서는 이를 항상성을 위한 가족규칙이라고 표현하고 있다. 가족상담의 이론들이 기본적으로 가족체계를 표방하고 있기 때문에 가족원들에 의한 공유된 가족현실(shared family reality)을 반영하는 개념들을 가지고 이론화한다. 예를 들면, 전략 이론에서는 가족들의 역기능적 상호작용을 가족들이 공유하고 있다고 본다. 이들은 역기능적 상호작용을 통해서 가족관계를 하며, 이를 유지하기 위한 여러 가지 대처 방식을 가지고 있다. 밀란 그룹에서는 가족들이 공유하고 있는 현실 중 하나인 더러운 게임(dirty game)을 말하고 있다. MRI 그룹에서는 가족들의 공유된 현실 중 하나로 해결을 위한 노력을 말하고 있고, 제이 헤일리(Jay Haley)와 클로에 마다네스(Cloe Madanes)는 권력을 향한 가족들의 공유된 믿음을 말한다.

가족상담의 이론들은 어떤 가족체계를 가지고 있는가에 대해서 다른 방향의 개념들을 말하고 있다. 대화 이론에서는 대화체계를, 전략 이론에서는 방법론적 체계를, 구조 이론에서는 구조적 체계를, 대상관계 이론에서는 형상적 체계를, 맥락 이론에서는 맥락적 체계를, 보웬 이론에서는 감정적 체계를, 경험 이론에서는 심리적 역할체계를, 해결중심 이론과 이야기 이론에서는 협력적 체계를 이야기한다. 가족체계를 보는 관점이 다르지만 각각의 이론들은 체계가 가지고 있는 기본적 특성들을 이론에 반영하고 있다. 가족상담의 이론들은 기본적으로 가족들 간의 상호작용에 의해서 발생된 가족 유형을 통해서 각각의 이론들을 개념화하고 있다. 가족들이 가지고 있는 상호작용의 유형들은 가족규칙에 의한 믿음에 의해서 유지된다. 믿음에 따라서 경계선의 모양이 달라지고 주어진 역할이 달라진다. 예를 들면, "가족의 비밀을 지켜야 한다."라는 믿음을 가진 가족 구성원들은 가족들 간에 밀착된 상호작용을 하게 된다. 밀착된 상호작용 속에는 감시자의 역할, 의존적 역할, 방관적 역할 등과 같은 여러 역할이 존재한다. 가족들은 비밀을 지키기 위해서 이러한 역할들을 수행하면서 삶을 영위하게 된다. 감시자의 역할을 하는 사람은 수시로 가족들의 경계선을 침범하고 의존적 역할을 하는 사람은 자신의 경계선을 지키지 못하는 방식으로 삶을 살게 된다. 방관자의 역할을 하는 사람은 자신의 경계선을 확고하게 만들어서 아무도 자신 안에 들어오지 못하게 만든다. 이러한 역할에 따라서 서로 주고받는 피드백이 달라지고 상호작용의 방식도 달라진다.

생태 이론은 주로 발달적 관점을 가지고 있는 가족상담의 이론들에 적용된다. 대상관계 이론, 맥락 이론, 보웬 이론은 모두 역사적 관점을 가진 이론들이다. 역사적 관점이란 현재 발생된 가족의 상호작용은 오랜 역사를 통해서 발생된 현상이라는 입장이다. 이러한 이론들은 대부분 생태 이론의 미시체계와 중첩체계를 중심으로 이론화를 한 개념들이다. 직접적 상호작용을 하고 있는 가족 구성원들에 의해서 어떻게 인간의 성격이 형성되며 이를 통해서 어떤 상호작용을 하는가를 중심으로 개념화를 하였다. 대상관계 이론에서는 부모와 자녀의 관계를 중심으로 하는 상호작용을 통해서 이론화를 하고 있다. 맥락 이론에서도 주로 부부관계나 부모-자녀관계에서 반드시 있어야 하는 실존적 질서인 맥락을 중심으로 이론화하고 있다. 보웬 이론에서는 살아 있는 생명체들이 가지고 있는 자연적 체계인 감정체계를 중심으로 이론화하고 있다. 이러한 이론들은 모두 심리내적 특성과 환경적 측면 간의 상호작용을 통해서 개념 설정을 하고 있다. 예를 들면, 대상관계 이론에서는 내적 특성 중 하나인 전능의 환상이 어머니와 상호작용 속에서 어떻게 작용하는가를 공생애 관계라는 개념으로 말하고 있다. 공생애 관계란 아이가 어머니와 자신을 하나처럼 느끼는 관계를 말한다. 이러한 관계는 아이의 전능의 환상과 어머니의 돌봄이라는 두 현상이 맞물려서 발생된다. 아이가 어머니에게 영향을 받기도 하지만 어머니에게 영향을 주기도 한다. 아이의 발달에는 생태 이론의 두 축인 행동화와 개념화가 적용된다. 어머니와의 관계에 적응하기 위한 행동화의 노력과 이에 따른 어머니와의 관계에 대한 개념이 발생한다. 이러한 과정을 통해서 아이는 자신도 변하고 어머니도 변하게 만드는 생태적 발달을 하게 된다.

　　생태 이론의 발달적 관점은 가족생활주기라는 이론적 경향에도 녹아 있다. 가족생활주기는 가족상담의 중요한 영역으로 다루어지고 있다(Anderson & Sabatelli, 2016). 배우자 선택에서부터 노년기 가족에 이르기까지 가족이 겪는 다양한 변화와 과업을 다루는 분야가 가족생활주기다. 이 부분은 가족 발달이라는 면에서 생태 이론의 발달적 관점을 반영하고 있다. 가족 구성원 한 사람 또는 여럿이 여러 가지 체계들과 상호작용하면서 각각의 역할이 달라진다. 배우자 선택 단계에 있는 사람은 원가족과 분화를 하면서 새로운 가족을 형성한다. 아들 또는 딸에서 남편 또는 아내 그리고 아버지와 어머니로 역할 전이가 일어난다. 이러한 역할 전이는 새로운 가족관계를 형성하는 중요한 역할을 한다. 또한 원가족에서의 미시체계가 바로 남편과 부인의 미시체계에 영향을 미치는 중첩체계의 상호작용을 형성한다. 그리고 원가족은 새로 태어나는 아이들에게는 외적 체계로 자리를 잡는다. 이러한 변화들을 가족생활주기라는 영역에서 다루고 있지만 이는 생태 이론의 발달적 관점이 반영되고 투영된 가족상담의 한 분야다.

제2장
가족생활주기

| 신혜종 |

가족은 시간이 흘러도 지속적으로 존재한다. 가족의 생애를 연속적 단계의 개념으로 이해하는 것은 가족에 대한 개입을 고려할 때 매우 유용하다. 생활주기는 단계에 따라 가족 구성원 간의 상호작용의 형태와 내용이 달라진다는 것을 인식하면서 가족의 대내외적인 환경과의 호혜적 영향에 대한 이해를 높여 주는 개념이다. 특정 단계에 속해 있는 가족은 그 구성원의 욕구와 필요가 다른 단계에 있는 가족과는 다른 양상을 보이므로 가족 구성원들의 대내외적인 상호작용의 모습도 다를 수밖에 없다. 가족생활주기를 통해서 가족을 이해하고자 할 때 염두에 두어야 할 사항은 모든 가족들이 꼭 같은 단계를 거치는 것이 아니라는 것이다. 다양한 유형의 가족이 존재하는 만큼 다양한 가족생활주기가 존재할 수 있고, 사회문화적 변화에 의해 가족생활주기가 달라질 수 있다. 그럼에도 불구하고 가족생활주기는 각각의 단계에서 가족이 이루어 내야 할 책임과 과업을 제시하면서 가족 개입에 대한 방향을 제시하는 도구로 가족상담에서 유용하게 사용되고 있다.

가족생활주기는 시간의 경과에 따른 가족 내의 발달적인 경향을 묘사하기 위하여 일반적으로 사용하는 용어다. 즉, 인간이 가족생활에서 통상적으로 경험하는 결혼, 출산, 육아, 노후 등과 같이 중요한 단계의 시간적 연속을 의미한다(유영주, 1980). 가족도 개인과 마찬가지로 탄생과 죽음을 반복한다는 것을 전제로 한 가족생활주기는 두 사람의 결혼으로 시작되고 자녀를 출산하면서 그 규모가 확대되었다가 자녀들이 성장하여 독립하면서 축소되기 시작하여 본인의 사망으로 종결된다(Glick, 1977).

가족은 가족을 구성하는 개인의 단순한 집합체가 아니라 그 이상이다. 개인의 성장과 발달은 가족의 생활주기 안에서 발생하기 때문에 가족이야말로 인간발달의 가장 기본적인 환경이다(Carter & McGoldrick, 1999). 가족생활주기 모델은 가족 구성원 개개인의 생활 과정상의 모든 영역을 포함하는 동시에 전체로서의 가족을 강조하는데, 이는 가족생활주기의 단계 변화 과정에서 가족이 개인이나 전체가 적응상의 문제에 당면할 수 있고 이러한 위기는 구성원 개개인과 가족 전체의 행복과 발전에 영향을 미칠 수 있기 때문이다.

가족생활주기는 가족도 개인처럼 탄생에서 소멸까지의 단계를 거치며, 각 단계에서 가족들이 합심하여 이루어 내야 할 과업이 있다는 것을 보여 준다. 대부분의 가족들은 가족생활주기의 각 단계를 거치면서 새로운 상황에 처하게 되고, 각 단계에서 요구되는 과업을 수행함에 있어서 혼란과 스트레스를 경험한다. 가족생활주기를 이해하게 되면 가족이 현재 갖고 있는 문제가 생활주기상의 단계에서 자연스럽게 발생하는 것인지, 아니면 이와는 전혀 관계가 없는 새로운 문제인지를 알 수 있게 된다.

1. 이론적 배경

개인의 발달단계에 관한 논의는 에릭슨(1950), 레빈슨(1978), 길리건(1982) 등이 생애전환적 상황을 구체화하면서 더욱 활성화되었고, 켐벨(1975), 굴드(1972), 나델슨과 동료들(1984) 등의 연구를 통해 부부의 생활주기가 제시되었

으며, 가족생활주기에 관한 연구는 자녀를 중심으로 가족생활을 조직화한 듀발
(1977)을 시점으로 활성화되기 시작하였다. 이러한 가족생활주기 연구에 지대
한 영향을 미친 이론 중에 하나가 생태학적 관점이라고 볼 수 있다.

브론펜브레너(1979)는 한 개인이 성장, 발달하는 데 지대한 영향을 미치는 사
회문화적 환경요인들 간의 분석적이고 통합적인 접근이 가능한 생태학적 모형
을 제시하면서 인간 발달의 생태학을 "능동적으로 성장하는 인간과 끊임없이
변화하는 환경 사이에서 일생을 통하여 점진적으로 이루어지는 상호조절 과정
에 대한 과학적인 연구"라고 정의하였다. 생태체계학적인 모형은 가족을 환경
적인 요인이나 가족 구성원 개개인의 특성에만 초점을 두는 접근 방법의 한계를
극복하고 가족의 문제를 체계들 간의 상호작용으로 보도록 하며, 환경적 맥락에
서 벗어난 개인과 가족의 발달은 불가능하다는 점을 강조한다. 즉, 개인과 개인
이 속한 가족, 그 가족이 처해 있는 환경, 그리고 그러한 체계들 간의 상호작용
까지 포함하여 살펴보기 때문에 가족에 대한 다차원적인 이해를 가능하게 해 준
다. 가족생활주기는 이러한 생태체계학적인 이해를 바탕으로 시간에 따른 가족
내 · 외적 변화에 대한 가족 구성원의 역할과 과제를 제시하여 기능적 가족의 모
형을 제시한 것이다.

카터와 맥골드릭(1989)은 다양한 연구 결과를 제시하면서 생활주기의 전환점
에서 나타나는 가족 스트레스가 가족 내의 증상과 역기능을 유발한다고 주장하
였다. 그들은 카터의 이전 연구(1978)의 연구를 인용하여 가족 내 불안의 흐름을
'수직적' 측면과 '수평적' 측면으로 제시하였다. [그림 2-1]에서 보는 바와 같이
체계 내 수직적 흐름은 가족의 태도, 금기, 기대, 낙인 등 주로 정서적 삼각관계
를 통해 다음 세대에 전수되는 가족 구성원의 관계 및 기능 유형을 포함하고 수
평적 흐름은 시간이 흐름에 따라 가족이 생활주기의 전환에 대처해가면서 경험
하는 스트레스로 인한 불안 등으로 발달 과정상의 예상된 스트레스와 예기치 못
한 사건들로 인해 발생하는 위기를 모두 포함한다.

가족발달단계에서 예기치 못한 상황이 발생하여 수평축에 많은 스트레스가
주어질 때 가족은 역기능이 될 수 있으며, 수직축에 스트레스가 많은 가족에게

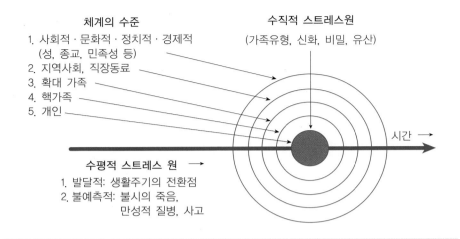

[그림 2-1] 수직적 · 수평적 스트레스원

출처: McGoldric, Gerson, & Shellenberger. (1999). p. 9.

수평축 스트레스가 더 가해지면 그 가족체계는 매우 위험할 수 있다. 수평적 스트레스와 수직적 스트레스가 교차할 때 가족체계 내의 불안은 급격히 상승하고 가족이 이 전환기를 얼마나 잘 지낼 수 있는지에 따라 가족의 기능 정도가 결정된다고 볼 수 있다(Carter & McGoldrick, 1989).

2. 가족생활주기의 효용성

가족을 가족생활주기와 같은 발달적 관점에서 살펴보는 것은 상담자로 하여금 대상 가족이 사회적인 틀 안에서 제시되는 기대에 적절하게 부응하고 있는지를 파악할 수 있게 해 준다. 가족생활주기는 가족 발달에 대해 예견할 수 있는 모습을 제시해 줌으로써 가족상담 현장에서 가족들이 보여 주는 증상과 역기능적인 상호작용을 가족생활주기에서 제시하는 발달 단계의 기능과 비교할 수 있도록 하여 해당 가족에 필요한 변화와 발달을 유도할 수 있다. 가족생활주기에서는 '적응'이 매우 중요한 개념이다. 가족의 적응력이란 가족이 일시적이거나 발달적인 긴장 상태에 대처하여 가족의 힘의 구조, 역할, 규칙 등을 변화시킬 수 있는 능력이나 유연성의 정도를 의미한다(정은, 2009).

가족생활주기는 가족 구성원의 증감, 소득의 변화, 의사소통 및 의사결정, 소비 패턴의 변화, 사회관계망의 변화, 부부 갈등, 결혼만족도 등과 같은 가족생활의 다양한 영역에 영향을 미치는데, 각각의 단계에서 가족이 보여 주는 취약점과 강점, 위험 요소와 대처 자원, 특수한 문제와 잠재적인 문제 등을 연구하는데 매우 유용한 도구로 사용될 수 있다(Duvall, 1977). 송성자(1998)는 가족 문제의 진단도구로 가족생활주기를 활용할 수 있다고 하였다. 첫째, 현재의 가족주기에 대한 파악, 둘째, 현재의 가족주기에 대한 가족 구성원들의 인식 정도, 셋째, 발달 단계에 따른 구성원들의 변화 능력, 넷째, 가족주기와 관련된 가족 문제 파악, 다섯째, 가족주기에 따른 상담 계획, 여섯째, 가족주기에 따른 체계 변화를 위한 상담 등이다.

가족생활주기는 체계 이론을 토대로 가족생활에서 발생하는 예측 가능한 위기를 이해하는 이론적 틀로서 특정 단계에서 일어나는 문제를 규명하는 데 도움이 되는 유용한 도구다. 하지만 가족생활주기를 모든 가족에게 무조건적으로 적용하기에는 어려운 점이 있다. 첫째, 각 가족은 고유하므로 발달 단계는 가족에 따라 상이할 수 있다. 둘째, 발달 모델은 한 개인, 대체로 첫 자녀의 이정표에만 초점을 두는 경향이 있다. 셋째, 다양한 형태의 가족이 증가하고 있으나 이러한 변화를 반영하지 못한다(이원숙, 2004). 대부분의 가족상담자들은 가족생활주기를 가족을 이해하고 사정하는 상당히 유용한 도구로 인식하여 자주 사용하는데, 이때 특히 유념해야 할 것은 가족생활주기가 가족의 유형에 따라 매우 다르다는 것이다. 즉, 한부모가족의 경우와 확대가족의 경우가 다르고, 외동자녀가족과 다자녀가족의 가족생활주기가 다르며, 이혼가족과 재혼가족이 경험하는 가족생활주기가 매우 상이하다. 이렇듯 가족의 생활주기는 매우 다양하고 복잡하기 때문에 가족생활주기를 활용할 때는 가족이 가지고 있는 다양한 사회문화적인 특성을 반드시 고려해야 한다. 삶의 전환기에 발생하는 사건들로 생기는 일들을 지나치게 단순화하거나 특정 현상을 '정상' 혹은 '비정상'으로 구분함으로써 정형화하는 오류를 범해서는 안 된다.

3. 주요 인물

가족생활주기의 개념을 처음 연구에 사용한 학자는 영국에서 도시빈민 유형 연구를 진행한 라운트리(Rowntree, 1902; 안종수, 2002 재인용)이지만 가족생활주기가 본격적으로 연구에 도입된 시기는 1930년대로 볼 수 있다. 초기의 연구들은 가족생활주기를 주로 자녀의 성장 단계와 교육 또는 구매나 여가생활과 같은 경제적 활동 등과 관련지어서 설명하였다. 이후 글릭(Glick, 1977)은 아내의 연령을 기준으로 7단계의 가족생활주기를 제시하고, 1890년, 1940년, 1950년도를 비교함으로써 가족생활주기의 변화를 실증적으로 제시하였다(이행옥, 박성연, 1989 재인용).

가족생활주기를 가장 먼저 상담과 관련지어 논의한 학자는 솔로몬(Solomon, 1973)이라고 볼 수 있는데, 그는 가족주기를 5단계로 나누어 각 단계의 과업을 제시하면서 이를 상담 계획을 위한 진단적 기준으로 삼아야 한다고 주장하였다. 현재 가족상담 현장에서 가장 보편적으로 사용되고 있는 것은 듀발(Duvall, 1957)이 제시한 가족생활주기와 카터와 맥골드릭(Carter & McGoldrick, 1989)이 제시한 가족생활주기다. 듀발은 정상적인 가족 발달을 개념화하려는 연구를 오랫동안 실행해 왔는데, 그 결과로 2세대 핵가족 중심의 가족생활을 8단계로 분류하고, 각 단계마다 가족 구성원의 변동과 관계된 사건들, 즉 결혼, 출산, 자녀 독립, 은퇴, 죽음에 대해서 언급하였다.

카터와 맥골드릭은 결혼한 성인자녀를 부모세대와 자녀세대를 연결하는 3세대 중심의 6단계 가족생활주기와 더불어 이혼가족 및 재혼가족의 발달 단계를 제시하였다. 한편, 콜린스와 동료들(Collins, Jordan, & Cloeman, 1999)은 듀발(Duvall, 1957), 카터와 맥골드릭(Carter & McGoldrick, 1989), 베크바와 베크바(Becvar & Becvar, 1999)의 세 개 모델을 바탕으로 결혼/파트너 되기, 학령전 자녀

가족, 학령기 자녀 가족, 십대 자녀 가족, 자녀 진수기 가족, 중년기 부모, 노년 가족을 포함하는 7단계 가족생활주기를 제시하였다.

미누친(Minuchin, 1974)과 헤일리(Haley, 1986)는 가족의 문제를 체계적으로 살펴보기 위한 도구로 가족생활주기를 활용하면서 가족 내 스트레스는 가족의 발달 단계에서 적응을 방해하는 장애요소가 나타났을 때 높아진다고 주장하였다. 월쉬와 앤더슨(Walsh & Anderson, 1987)은 가족생활주기의 전환점에서 나타난 가족 스트레스는 문제가 되는 증상과 역기능을 유발하고 생활주기상의 중요한 사건들이 시간적으로 근접한 경우, 이후의 가족생활주기에서 상호 관련적인 증상이 나타날 수 있다고 하였다.

우리나라에서는 한국인구보건원에서 핵가족주기 기본 모형을 설정하였는데, 혼인과 더불어 가족이 형성되어 첫아이 출산으로 확장기가 시작되고, 첫아이가 떠나는 것으로 축소기가 시작되며, 부부 중 한 명이 사망함으로써 해체된다는 WHO 모형과 일치하는 모형이다. 즉, 이는 부부의 결혼, 첫 자녀 출산, 단산, 막내 자녀의 결혼, 배우자의 사망 등을 기준으로 하여 단계를 구분한 것이다(성정현, 여지영, 우국희, 최승희, 2004). 공세권과 조애조(1985)는 인구센서스 자료를 기초로 6단계로 나누었으며, 유영주(1984)는 외국 학자들의 주기를 수정한 6단계 가족생활주기 모델을 제시하였다.

한편, 한국의 가족생활주기를 서구의 핵가족 중심으로 설명하는 것은 한계가 있다고 보고, 직계가족의 개념으로 가족생활주기에 접근해야 한다는 학자들도 있다. 즉, 한국 사회에서 핵가족이 많기는 하지만 가족 행사나 의례에서는 여전히 직계가족이념이 지배적으로, 혼인과 자녀 출산을 새 가족의 형성으로 보기보다는 조상의 가족을 계승하는 것으로 확대기의 연속으로 봐야 한다는 것이다. 부모의 사망 또한 지속적인 제례로 연결된다는 점에서 해체기로 보기 어렵다고 생각하여 손자녀의 출산을 포함하는 5단계 가족생활주기를 제시하였다(이경아, 1995).

4. 다양한 가족생활주기

가족생활주기는 가족상담 현장에서 가족의 수평적 스트레스*와 변화에 대해 구조적이고 전략적으로 접근하기 위해서 제시된 모형이다(Nichols & Schwartz, 2006). 가족생활주기의 세대 기준이나 단계별 특성은 학자마다 다소 다르게 나타난다. 주요 학자에 의해 제시된 가족생활주기를 살펴보면 다음과 같다.

듀발(1977)은 가족생활주기를 8단계로 나누었다. 각 단계에서 가족들에게 요구되는 과업과 적응을 살펴보면 다음과 같다. 신혼부부기는 결혼이라는 새로운 삶의 형태에 적응하는 시기로 남편과 아내로서의 역할과 앞으로 출산할 자녀에 대한 부모로서의 자세 등에 대해서 논의하면서 가족체계를 갖추는 시기다. 첫 자녀를 출산하기 이전까지의 시기로 대체적으로 부부관계 만족도가 높은 시기다. 자녀 출산기는 첫아이의 출생부터 시작하여 첫아이가 만 5세 정도가 될 때까지를 말하는데 자녀의 출산으로 부부만의 생활은 종료되고 부부간의 관계 및 생활 패턴이 급격하게 변하는 시기다. 자녀양육에서 발생하는 스트레스를 부부가 함께 대처하면서 효과적인 문제 해결 방법을 도출할 수 있어야 한다.

학령전 자녀기는 첫아이가 유치원에 입학하는 만 5세부터를 지칭하는 단계로 이 단계의 아동은 신체적·정서적·사회적으로 현저한 변화가 이루어지므로 부모가 전적으로 자녀들에 집중하는 시기다. 따라서 부부의 상호작용이 자녀를 중심으로 이루어지고 배우자에 대한 관심과 배려가 적어지는 시기다. 초등학교 자녀기는 자녀가 초등학교에 재학하는 기간을 지칭하는 단계로 자녀들이 학교에서 많은 시간을 보내기 때문에 일하지 않는 배우자는 상대적으로 시간적 여유를 갖게 된다.

청소년 자녀기는 첫아이가 중·고등학교를 다니는 시기로 자녀들이 성장함

---

* 수평적 스트레스는 가족이 시간의 변화에 따라 접하게 되는 스트레스를 말한다. 수평적 스트레스와 대비되는 개념으로 수직적 스트레스가 있는데, 이는 가족이 속한 상위체계, 즉 확대가족, 직장이나 학교, 사회 변화나 경제 여건 등으로부터 받는 스트레스를 말한다.

에 따라 부모도 중년기에 들어설 나이가 된다. 부모와 자녀가 큰 변화를 경험하는 시기로 두 세대 간의 갈등이 발생할 가능성이 매우 높은 때다. 성인 자녀기는 자녀가 성인으로 사회에 진출하는 시기를 말한다. 자녀들은 직업과 배우자에 대한 탐색에 많은 에너지를 투입하는 시기로 부모와의 관계가 크게 변화할 소지가 있다.

ooo **표 2-1** 듀발의 가족생활주기

가족생활주기	가족 내 지위	가족 발달 단계에 따른 과업
신혼부부기	아내남편	서로 만족스러운 부부관계 확립 임신과 부모가 되는 것에 적응 친족관계 참여
자녀 출산기	아내-어머니 남편-아버지 자녀	유아가 잘 성장하도록 환경을 조성하고 그에 적응하도록 격려 부모와 유아에게 만족스러운 가정 만들기
학령전 자녀기	아내-어머니 남편-아버지 자녀-형제/자매	성장을 촉진하는 방법으로 학령전 아동이 가지고 있는 욕구나 흥미에 적응 에너지의 고갈이나 개인적인 생활이 줄어드는 것에 대해 적응
초등학교 자녀기	아내-어머니 남편-아버지 자녀-형제/자매	학령기 가족들의 공동체에 참여 아이가 학업 부분에서 성취감을 갖도록 격려
청소년 자녀기	아내-어머니 남편-아버지 자녀-형제/자매	자유와 책임의 균형 유지 부모의 관심과 격려 형성
성인 자녀기	아내-어머니-할머니 남편-아버지-할아버지 자녀-형제/자매-이모/삼촌	적절한 예식과 도움으로 자녀 떠나 보내기 지지적인 가정의 토대 유지
중년기	아내-어머니-할머니 남편-아버지-할아버지	부부관계를 다시 확립 나이 든 세대와 젊은 세대와의 친족관계 유지
노년기	과부/홀아비 아내-어머니-할머니 남편-아버지-할아버지	사별과 혼자 사는 것에 적응가정을 종료하거나 노령에 적응 퇴직에 적응

중년기는 막내 자녀가 집을 떠나는 때부터 부부의 은퇴기까지를 말한다. 빈둥지 시기라고도 부르는 이 단계는 부부의 결혼 시 연령, 자녀의 수, 자녀의 교육기간, 자녀의 결혼 유무 등 여러 가지 요인에 의해 기간이 결정된다. 노년기는 은퇴부터 배우자의 사망까지를 이르는 시기로 만성적인 질병과 경제적인 문제, 지위와 역할과 관련된 문제들이 발생하기도 한다. 자녀들의 돌봄을 받아야 하는 시기이므로 자녀와의 관계가 변화하는 경우가 많다.

반면, 카터와 맥골드릭(1989)은 6단계 가족생활주기를 주장하였다. 첫 번째 단계는 결혼 전기 혹은 구애기로, 이때를 가족 형성에 매우 중요한 시기로 보았다. 이 시기에 개인은 일반적으로 교육을 마치고 부모의 슬하를 벗어난 경우가 많다. 결혼을 준비하면서 한 개인이 해야 할 가장 중요한 일은 정서적·경제적으로 부모에게서 독립하는 것이다. 결혼을 하기 전까지 부모와 함께 거주하면서 경제적으로 의존하는 경우에는 정서적으로 독립하기가 매우 어렵다. 물리적으로 부모와 분리되어 있는 경우라도 정서적으로 혹은 경제적으로 부모에게 의존하는 경우가 있고, 경제적으로 독립하였다 하더라도 정서적으로는 매우 의존적인 경우도 있다. 따라서 이 시기에는 가족들과는 지속적인 유대관계를 유지하지만 경제적·정서적으로 의존하지 않는 개인으로 독립하는 것이 주요 과제다.

두 번째 단계는 결혼 초기로 결혼 적응기라고도 한다. 이 시기에는 독립적으로 생활하던 두 개인이 하나의 체계를 이루어 새로운 체계에 대한 책임과 의무를 확인한다. 두 사람은 부부체계를 형성하고 강화하기 위해 자신 및 배우자의 원가족과 친구와의 관계를 재정비하고 정서적인 결합을 위해 노력해야 한다.

세 번째 단계는 자녀 아동기로서 새로운 가족 구성원을 수용하는 과제가 주어지는 시기다. 부부체계에 자녀가 포함되도록 정서적·물리적 공간을 만드는 것이 중요한 과제가 되는 이 시기에는 자녀양육을 위한 재정적 여력 확보 및 양육과 관련된 가사의 재구조화가 필요하다. 또한 조부모와 삼촌 및 사촌의 역할이 포함되도록 확대가족과의 관계 재정비가 필요하다.

네 번째 단계는 자녀 청소년기다. 이 시기의 가족은 청소년기의 자녀가 정체성을 확립하고 독립심을 키우는 과정에서 부모에 대한 애착과 분리가 적절하게 이루어지도록 경계선에 융통성을 증가시키는 것과 같은 과제에 당면하게 된다. 또한 부부가 중년기에 접어들면서 자신들의 향후 문제와 부모들의 문제에 대한 준비가 필요한 시기다.

다섯 번째 단계는 자녀 독립기로, 가족 구성원의 증감에 대한 수용이 주요 과제로 등장한다. 자녀들이 성장하여 독립하면서 부부만 남게 되므로 부부관계를 2인군체계로 재조정해야 한다. 또한 자녀들의 결혼으로 인해 새롭게 형성되는 가족관계, 즉 며느리 혹은 사위, 사돈, 손자녀와의 관계를 정립하고 적절하게 상호작용할 수 있어야 한다. 이와 더불어 부모세대의 노화로 인한 돌봄의무의 증가와 그들의 죽음에 대처해야 하는 시기다.

○○○ **표 2-2 카터와 맥골드릭의 가족생활주기**

가족생활주기	정서적 과업	다음 단계로의 성공적 전환을 위한 과제
결혼 전기	자신의 정서적 · 경제적 책임의 수용	원가족으로부터의 분화 친밀한 이성관계 발달 일과 경제적 독립 확립
결혼 적응기	새로운 체계의 수용	부부체계 형성 친족, 친구관계 재정비
자녀 아동기	새로운 가족 구성원의 수용	자녀를 포함하는 3인체계 형성 양육, 재정, 가사에 공동참여 조부모 포함하는 확대가족과의 관계 정립
자녀 청소년기	가족 경계의 융통성 증가	자녀의 자율성 허용 중년기 부부의 결혼 및 직업 재조명 노인세대를 돌보기 위한 준비
자녀 독립기	가족 구성원의 증감 수용	부부관계를 2인군으로 재정비 성인자녀와의 관계 재정립 사돈, 며느리, 손자녀와의 관계 재정비 부모의 의존과 죽음에 대처
노년기	역할 변화의 수용	신체 쇠퇴에 대처다음 세대의 지원 노인의 지혜와 경험을 활용 배우자, 형제, 친구의 죽음에 대처 자신의 죽음을 준비

여섯 번째 단계는 노년기로, 역할 변화와 관련된 과제가 제시되는 시기다. 가정과 사회에서 연장자로서의 역할이 요구되므로 자신의 경험과 지혜가 잘 활용될 수 있는 계기를 마련하고 가족이나 친지들의 죽음에 잘 대처할 수 있어야 한다. 은퇴와 더불어 발생하는 사회적 역할의 변화, 경제적 지위의 변화, 부부 상호작용의 변화 등에 적응하는 것도 매우 중요한 과제다.

콜린스와 동료들(1999)의 가족생활주기는 결혼/파트너 되기, 학령전 자녀 가족, 학령기 자녀 가족, 십대 자녀 가족, 자녀 진수기 가족, 중년기 부모 가족, 노년 가족을 포함하는 7단계 가족생활주기를 제시하였다(〈표 2-3〉 참조). 첫 번째 단계인 결혼/파트너 되기에서 두 사람이 직면하는 세 가지 주요 과업은 ① 서로

ooo **표 2-3** 콜린스와 동료들의 가족생활주기와 주요 과업

단계	과업
결혼	관계에 헌신하기 역할과 규칙 형성하기 원가족에서 분리하면서 부부로서 차별화하기 개인적인 욕구와 관련하여 타협하고 협상하기
학령전 자녀 가족	부부 단위를 삼각형으로 재안정시키기 자녀를 수용하고 가족에 통합하기 부부 서로에 대한 관계를 재고하기
학령기 자녀 가족	자녀의 독립을 좀 더 허용하기 자녀가 새로운 사회적 제도를 수용할 수 있도록 가족 경계 열기 역할 변화를 이해하고 수용하기
십대 자녀 가족	경계를 조정하여 십대의 독립에 대처하기 개인의 자율성에 대한 새로운 개념에 적응하기 규칙 변화, 한계 설정 및 역할 등에 대해 타협하기
자녀 진수기 가족	자녀에게 학업과 직업 훈련 등을 통해 독립생활 준비시키기 성인 자녀의 독립을 수용하기
중년기 부모 가족	빈 둥지에 적응하기
노년기 가족	자녀의 배우자와 손자녀와의 관계 설정하기 노화 문제에 대처하기

가 만족할 수 있는 관계의 수립, ② 확대가족과의 관계 재조정, ③ 부모기에 대한 결정이다. 부부는 결혼 이전에 각자의 원가족에서 습득한 생활 방식을 새로운 부부체계에 가져오기 때문에 모든 영역에서 갈등이 발생할 수 있다. 따라서 부부는 재정, 가사, 여가활동, 확대가족과의 관계 등에서 타협하고 조정해야 한다. 이 과정에서 발생할 수 있는 문제로 원가족에서 성공적으로 독립하지 못한 배우자는 분열된 충성심으로 부부관계를 위협할 수 있고, 독신생활에 대해서 미련이 남아 있는 배우자의 경우에도 새로운 체계에 스트레스로 작용할 수 있다. 또한 부부가 준비하지 못한 상태에서 자녀를 출산할 경우 핵심적인 사항에 대해서 합의를 도출할 시간을 갖지 못하는 경우도 발생할 수 있다(이원숙, 2004).

두 번째 단계는 학령전 자녀 가족기다. 첫 자녀 출산으로 새로 부모가 된 사람은 상호 만족할 만한 부모-자녀관계를 발달시켜야 한다. 자녀가 이후의 삶에서 다른 사람을 신뢰하며 살아갈 수 있도록 부모가 자녀의 욕구를 충족시켜 주어야 하는데 스스로가 충족되지 못한 부모는 자녀에게 일방적으로 주기만 해야 하는 부모-자녀관계의 특성상 매우 힘들 수 있다. 또한 부모와 배우자의 역할을 동시에 충족시키기 위해서는 많은 노력이 필요한데, 부부가 함께 노력하지 않으면 부부관계에 갈등이 발생할 수 있다. 학령전 아동은 점차 일과 놀이, 경쟁과 협동 등의 개념이 등장하는 복잡한 사회관계에 처하게 된다. 아동은 부모로부터 시작하여 형제자매, 그리고 또래 집단과의 접촉을 통해서 관계를 확장시키고 적응하는 것을 배우는 것이 필요하다.

세 번째 단계인 학령기 자녀 가족기는 아동의 학교 및 과외 활동에 따라 가족 패턴이 다시 변화해야 하는 시기다. 이 단계의 가족은 학교라는 새로운 환경에서 아동이 적응하고 발전하는 데 필요한 기술과 태도를 습득하도록 도와주고 또래와 부모 이외의 어른과의 관계를 잘 이루어 낼 수 있도록 지지해 주어야 한다. 학교에서의 성공은 인생에서의 성공과 직결되므로 부모의 자녀가 학교에서 잘 적응하도록 학구적인 분위기를 조성하고 공부에 관해 긍정적인 태도를 보여 줘야 한다(Collins, Jordan, & Coleman, 1999). 부모는 자녀가 자신의 학습에 대해 책임감을 가질 수 있도록 지지해 주어야 하고, 이와 동시에 자녀에게 학교의 스트레스에서 벗어나서 안전하게 쉴 수 있는 공간을 제공해 주어야 한다(이원숙, 2004).

네 번째 단계는 십대 자녀 가족기로, 이 시기의 자녀는 가족 모두에게 혼란을 야기한다. 일반적으로 이 시기의 가족은 자녀가 성장하여 독립할 수 있는 기술을 습득하도록 도와야 한다. 부모는 이전보다 더 많은 책임과 자율을 허용하면서 사회에 나가서 필요한 습관을 발달시킬 수 있도록 원조한다. 십대 청소년들은 미래의 방향을 설정하는 과정에서 중요한 질문들을 하고 그에 대한 답을 찾는데, 이때는 부모로부터의 승인보다는 친구들로부터의 승인을 더 중요하게 생각하므로 동년배의 기준에 의해 행동하게 된다. 이러한 행동들은 일부 부모에게는 받아들이기 어려운 변화일 수 있는데, 이때의 부모는 기본 틀은 유지하면서도 자녀들의 건강한 독립을 위해 지지하고 격려해 주어야 한다(Collins, Jordan, & Coleman, 1999).

다섯 번째 단계는 자녀 진수기다. 자녀들이 독립을 함에 따라 가족의 규모가 축소되고 부모의 책임이 줄어드는데, 이 시기의 부모는 자녀의 독립에 대해서 다양한 감정을 가질 수 있다. 자녀가 취업을 하거나 교육을 받기 위해서 독립을 미루기도 하는데, 이에 대한 감정도 부모에 따라 다를 수 있다. 부모는 자녀의 성공적인 독립과 안정적인 생활기반을 마련하기 위해 지지하고 후원해야 할 책임이 있으므로 미리 준비할 필요가 있다.

자녀가 독립해 나간 후의 중년기 부모에게는 부부로서의 체계를 재확립해야 하는 과업이 주어진다. 배우자와의 관계에서 새로운 역할과 규칙을 새롭게 정비해야 하며 자녀가 없는 상태에서 함께 잘살 수 있도록 같이 노력해야 하는 시기다. 이 시기의 부부 중 일부는 자녀를 돌보는 동시에 노년의 부모도 책임을 져야 하는 어려움에 처할 수 있다(Collins, Jordan, & Coleman, 1999).

노년 가족 단계는 부부 중 한 사람이 사망할 때까지 지속되는 시기로, 부부는 노화와 죽음에 대해 적응하고 준비해야 한다. 이전까지 돌봐주던 자녀로부터 돌봄을 받아야 하는 역할 전환이 발생하는 시기로, 이러한 상황은 부모와 자녀 모두에게 스트레스가 될 수 있다. 이 시기의 부부에게 경제적인 문제가 있는 경우에는 상황이 더 어려울 수 있는데, 자녀의 교육이나 혼인 등의 과도한 지출로 노후 준비가 부족하고 공적인 부양체계가 확립되지 않은 현실에서 부부의 스트레스는 더 클 수 있다(이원숙, 2004).

공세권과 조애조(1985)는 인구센서스 자료를 기초로 가족생활주기를 구분하였는데, 가족생활주기의 범위를 결혼 시점에서 남편 사망 시까지로 하였으며, 자녀 출산과 자녀 결혼을 감안하여 다음과 같이 6단계로 나누었다.

ooo 표 2-4 공세권과 조애조의 가족생활주기

가족생활주기	시작 시점과 종결 시점
형성기	부부가 결혼하여 첫 자녀를 출산할 때까지
확대기	첫 자녀 출산부터 막내 자녀 출생까지
확대 완료기	막내 자녀 출생부터 자녀 결혼까지
축소기	자녀 결혼 시작부터 자녀 결혼 완료까지
축소 완료기	자녀 결혼 완료부터 남편 사망까지
해체기	남편 사망부터 본인 사망까지

김혜경과 동료들(2006)은 공세권의 가족생활주기를 수정하여 네 개의 대분류 내에 여섯 개의 단계를 제시하고 각각의 단계에서 주어지는 과제에 대하여 〈표 2-5〉와 같이 정리하였다.

ooo 표 2-5 김혜경과 동료들의 가족생활주기와 과제

가족생활 단계		특징 및 과제
형성기	신혼기	새로운 가정과 부부관계의 기초 확립 부모가정과의 협력관계 가정의 장기 기본 계획(교육, 주택, 노후설계) 가족 계획(임신, 출산준비) 주부의 가사노동 합리화 부부와 함께하는 여가 계획 가계부 기록

형성기	유아기	영유아 중심의 생활 설계 유치원, 놀이방 활용 계획 조부모와의 협력관계 가사노동 능률화와 시간의 합리화 자녀의 성장에 대한 가계 설계 자녀 중심의 교육비와 주택 중심의 장기 가계 계획 재검토 부부역할의 재조정
확대기	학교교육 전기	가족 여가를 위한 지출 계획 자녀의 교육비와 부부의 교양비 설계 자녀 성장에 따른 용돈 계획 자녀의 공부방 계획 자녀 성장에 따른 부부역할 재검토
	학교교육 후기	단체 활동 참가 자녀의 진학과 교육비 계획 자녀의 학습 환경 설계 수험생 자녀를 위한 의식주 계획 자녀의 역할 분담 성인교육 참가 계획
축소기	자녀 독립기	부부관계 재조정 부인회 활동 등 단체 활동 참가 자녀 부부와의 역할 기대 관계 조정 노후를 위한 가계 소득, 지출 설계 자녀의 취직, 결혼 지도
관계 재정립기	노부부기	노후생활 설계 건강과 취미를 위한 자주적 생활 시간 설계 사회적 활동 시간 건강 증진 계획 취미 문화 그룹 참가 노인학교, 노인 그룹 참가

유영주(1984)는 외국 학자들이 제시한 가족생활주기를 일부 수정하여 시작 및 종결 시기를 조정하였다.

ㅇㅇㅇ **표 2-6 유영주의 가족생활주기**

가족생활주기	시작 시점과 종결 시점
형성기	결혼부터 첫 자녀를 출산할 때까지
자녀 출산 및 양육기	자녀 출산부터 첫 자녀가 초등학교 입학할 때까지
자녀 교육기	첫 자녀의 초 · 중 · 고교 교육 시기
자녀 성년기	첫 자녀가 대학에 다니거나, 취업, 군복무, 가사 협조 시기
자녀 결혼기	자녀 결혼부터 막내 자녀 결혼까지
노년기	막내 자녀 결혼부터 배우자 사망 및 본인 사망까지

　김민녀와 채규만(2006)은 유영주의 모형을 수정하여 결혼 적응기, 자녀 출산 및 미취학기, 자녀 학령기, 자녀 청소년기, 자녀 성년기, 자녀 결혼기 등의 6단계 모형을 제시하였다. 결혼 적응기는 자녀가 없는 신혼부부 시기로, 부부간의 적응이 이루어지는 시기이므로 매우 중요하며, 적응이 잘 안될 경우 결혼생활이 종결되는 확률이 매우 높은 시기다.

　자녀 출산 및 자녀 미취학기는 첫아이의 출산으로 결혼이 확대되면서 부부관계가 불안정해지는 시기다. 부부에게는 자녀의 출산과 함께 각자의 역할을 재인식하면서 새로운 가족구조에 대한 도전을 잘 이루어 내야 하는 과제가 주어진다.

　자녀 학령기는 자녀가 학교교육을 통해서 사회에서 요구되는 기본 기술과 지식을 습득하는 단계로 자녀가 초등학교에 입학하여 졸업하는 시기까지를 말한다. 이 단계에서는 가족 구성원의 수가 최대로 증가하며, 가족은 자녀의 교육과 사회화에 초점을 맞추어 운영된다.

　자녀 청소년기는 자녀가 아동에서 성인으로 전환되는 시기로, 첫 자녀의 연령이 만 13세부터 만 18세 사이에 있는 경우를 말한다. 이 단계는 자녀의 학습 및 대외활동이 활발하여 가족경제에 부담이 가중되는 시기이며, 자녀의 건강한 발달을 위하여 부모-자녀관계의 조정이 필요한 시기다. 이 단계의 부모는 자녀를 독립된 인격체로 존중하면서 점차 의존 정도를 감소시켜야 하는 과제를 안게 된다.

자녀 성년기는 자녀가 고등학교를 졸업한 이후부터 결혼하기 이전의 기간으로 본다. 이 단계의 부부는 이전의 자녀 중심 가족 형태에서 벗어나 자녀양육과 교육에 대한 책임과 의무를 다한 시기로, 부부만의 생활을 새롭게 정립하여야 하는 과제가 주어진다. 그러나 자녀가 대학을 다니거나 취업 준비를 하는 경우에는 여전히 경제적인 부담을 가질 수 있는 시기이기도 하다.

자녀 결혼기는 자녀가 결혼을 통하여 부모로부터 완전히 독립하는 시기로, 일반적으로 첫 자녀의 결혼부터 막내의 결혼까지를 자녀 결혼기로 구분한다. 이 시기는 자녀들의 결혼으로 인한 재정적 부담이 극대화될 수 있다. 이 시기의 부부는 손자녀의 출생으로 인해 조부모라는 새로운 역할을 갖게 되어 가족관계의 재정비가 필요한 시기다.

한편, 직계가족의 개념을 가족생활주기 모형에 도입한 이경아(1995)는 혼인으로 시작되는 형성기, 첫아이 출산으로 시작되는 제1확장기, 막내아이 출산으로 시작하는 제2확장기, 장남의 혼인으로 시작하는 제3확장기, 장손의 출산으로 시작하는 최대 확장기 등의 5단계 모형을 제시하였다.

5. 이혼가족 및 재혼가족의 생활주기

출생률의 저조, 생명의 연장, 여성의 역할 변화, 이혼율과 재혼율의 증가 등은 가족생활주기에 커다란 변화를 가져왔다(성정현, 여지영, 우국희, 최승희, 2004). 전통적인 가족생활주기와는 다른 단계를 경험하는 이혼가족 및 재혼가족의 경우, 새로운 발달 과정과 과업이 요구된다. 카터와 맥골드릭(1989)이 제시한 이혼가족과 재혼가족의 생활주기에 대해서 살펴보면 다음과 같다.

가족들이 이혼을 어떻게 처리하는가에 따라 구성원들의 회복과 적응에는 매우 큰 차이가 생긴다. 이혼 과정을 통해서 발생되는 실제적인 문제 해결도 중요하지만 정서적인 과제는 이혼당사자뿐만 아니라 자녀들에게도 매우 심각

ㅇㅇㅇ **표 2-7** 이혼가족의 생활주기

단계		바람직한 태도	발달상의 과제
이혼 결정		결혼관계를 유지하기 위한 문제 해결 능력이 없음을 인정한다.	결혼 실패에 각자가 책임이 있음을 수용한다.
가족 해체계획		체계의 모든 부분을 위해서 실행할 수 있는 준비를 한다.	자녀양육권, 방문, 경제문제에 대하여 협력적으로 일한다. 확대가족과 이혼문제를 다룬다.
별거		협조적인 공동부모관계를 지속하고 아동에 대한 재정 원조를 함께 한다. 배우자에 대한 감정을 해결하기 위해 노력한다.	함께 살아온 가족 성원의 상실을 슬퍼한다 부부관계와 부모-자녀관계 및 재정 문제를 재구조화하고 별거에 적응한다. 본인의 확대가족과의 관계, 배우자의 확대가족과의 관계를 재조정, 재정립한다.
이혼		정서적 이혼을 위해 더 노력하고 상처, 분노, 죄의식을 극복한다.	원가족 상실을 슬퍼하고 재결합에 대한 환상을 버린다. 결혼에 대한 희망, 꿈, 기대들을 회복한다 확대가족과의 관계를 유지한다.
이혼 후	자녀 양육한 부모	재정적인 책임감의 유지, 전 배우자와 부모로서 접촉, 전 배우자의 자녀와 그 가족과 지지적 접촉을 한다.	전 배우자와 그의 가족들의 방문을 융통성있게 허용한다. 자신의 재원을 재구축한다. 자신의 사회적 관계망을 재구축한다.
	한부모	전 배우자와 부모로서의 접촉을 유지, 자녀에 대한 보호적인 부모관계를 유지하려는 태도를 갖는다.	자녀와 효과적인 부모관계를 지속하는 방법을 찾는다. 전 배우자와 자녀에 대한 재정적인 책임감을 유지한다. 자신의 사회적 관계망을 재구축한다.

할 수 있다. 이러한 정서적인 문제를 적절하게 해결하지 않으면 가족체계는 위협을 받게 되고, 자녀들의 건강한 성장에 위기를 초래할 수 있다(Goldenberg & Goldenberg, 2000).

재혼가족은 초혼가족과는 다른 특징과 발달 단계를 가진다. 재혼가족은 구조와 기능뿐만 아니라 가족관계나 정서 측면에서 매우 복잡한 특성을 가지며, 이러한 특성은 준비가 되지 않은 많은 재혼가족들에게 갈등의 소지가 될 수 있다.

ooo **표 2-8 재혼가족의 생활주기**

단계	바람직한 태도	발달상의 과제
새로운 관계의 시작	이전 결혼의 상실로부터 회복한다.	결혼과 가족을 형성하기 위해서 재헌신하며 이를 위해서 복잡성, 모호성 등을 다룰 준비를 한다.
새로운 결혼생활과 가족에 대한 계획	자신의 두려움 및 재혼가족 형성에 대한 새 배우자 및 자녀의 두려움을 수용한다.	새로운 관계에 대하여 개방적인 태도로 접근한다. 전 배우자와 협력적인 재정 및 공동부모관계를 유지하기 위한 계획을 수립한다. 두 개의 가족체계 내에서 겪는 두려움, 충성심에 대한 갈등, 멤버십을 다룬다. 새 배우자와 자녀를 포함한 확대가족과의 관계를 재조정한다. 전 배우자의 확대가족과 자녀와의 접촉을 유지하기 위한 계획을 수립한다.
재혼과 가족의 재구성	전 배우자와 이상적인 '온전한' 가족에 대한 애착을 최종적으로 정리한다. 침투 가능한 경계를 가진 다양한 가족모델을 수용한다.	새 배우자와 계부모를 포함할 수 있는 가족경계선을 재구성한다. 몇 개의 체계를 서로 혼합하기 위하여 하위체계를 통한 관계와 재정적인 조정을 재편성한다. 친부모, 조부모, 다른 확대가족과 모든 자녀와의 관계를 위한 공간을 마련한다. 복합가족의 통합을 증진하기 위해서 추억과 역사를 공유하도록 한다.

자녀들은 친부모 사이에서 충성심의 갈등을 겪거나 친부모와 단절될 때, 혹은 계부모와의 친밀감을 강요받을 때 위기를 겪을 수 있다. 재혼가족에서 새로운 유대를 촉진하기 위해서는 상실감, 죄책감, 두려움 등을 충분히 다루어야 한다 (성정현, 여지영, 우국희, 최승희, 2004).

가족생활주기 단계에서 가족에게 요구되는 가족 발달 과업은 각 가족 구성원들이 가족생활주기의 단계에서 성장하는 데 직접적인 영향을 미친다. 가족 발달 과업을 성공적으로 성취할 경우 가족은 건강성을 유지할 수 있고 다음 단계의 과업에도 불안하지 않게 대처할 수 있다. 그러나 특정 단계의 과업을 성공적으로 성취하지 못하는 상황이 되면 구성원들은 긴장감과 불안을 경험하게 되고, 심한 경우에는 절망감과 열등감에 시달릴 수도 있다. 효과적인 가족상담을 위해서는 다양한 가족생활주기를 적절하고 유연하게 활용할 수 있어야 한다. 가족생활주기는 사회의 변화에 따라 함께 변화하는데, 이 변화는 많은 점을 시사한다. 가족상담자들은 사회 변화에 따른 가족생활주기 변화를 인지하여야 하고, 가족이 가지고 있는 사회문화적인 배경에 따른 가족생활주기에도 민감하게 반응할 수 있어야 한다.

6. 가족생활주기와 부부가족상담

정문자, 이현수, 김연희(2002)는 카터와 맥골드릭의 가족생활주기를 바탕으로 각 발달 단계에서 나타날 수 있는 임상적 문제와 이에 대한 개입을 제시하였다. 이를 정리해 보면 다음과 같다. 결혼 전기(독립기)는 결혼 전기 혹은 구애기로 자신에 대한 정서적·재정적 책임을 수용하는 시기다. 이 시기에 발생할 수 있는 문제로는 신체적 외모에 대한 콤플렉스, 원가족과의 분화 문제, 또래나 이성과의 관계 형성의 문제 등이 있다. 이에 대한 개입으로는 자신의 신체에 대한 재개념화 및 부적절함의 극복, 상담과 같은 지역사회의 자원 활용, 가족과의 유대를 통한 분리와 독립의 수용 등을 도와주는 작업이 효과적이다.

결혼 적응기(결혼 초기)는 결혼을 하고 자녀를 낳기 이전까지의 시기를 포함한다. 이 시기의 발달 과업에는 원가족으로부터 독립하기, 사랑과 일에 대한 자율성과 애착 키우기, 부부간의 새로운 관계 수립하기, 확대가족과의 관계 재조정하기, 공유된 재정적 체제를 확립하기, 서로 만족스러운 성적 관계를 확립하기, 만족스러운 의사소통 패턴을 확립하기, 누가, 언제, 무엇을 할 것인가에 대해 상호적으로 수용 가능한 패턴 확립하기, 미래에 부모역할을 어떻게 할 것인가를 결정하기 등이 포함된다. 이 단계에서 발생하는 주요 문제로는 원가족과 배우자의 마찰, 배우자의 성적 부적응 또는 혼외정사, 새로운 체계에 대한 헌신 부족 등이 있다. 이 단계에서는 정서적 힘의 근원을 부부관계에서 찾을 수 있도록 개입하는 것이 효과적이다.

자녀 아동기(자녀양육기)는 자녀를 낳아 자녀가 스스로 독립하기 전까지 온전히 부모의 돌봄이 요구되는 시기다. 아기가 태어나는 때만큼 핵가족과 확대가족체계에 본질적인 변화와 도전을 가져오는 시기는 없다. 발달 과업은 부부체계에 자녀를 위한 공간 만들기(산후우울증, 성적 친밀감에의 위협, 생활의 자유상실), 자녀양육 및 가사에 부부가 공동으로 참여하기, 확대가족과의 관계 재정비, 아동의 욕구에 적응하기, 성취감 고취, 새로운 사회제도 수용과 연계 형성, 청소년의 변화에 대응하기(성적 변화 수용, 십대의 독립 시도에 대처, 정체성 확립 원조), 가족규칙을 융통성 있게 변화시키기 등이 있다. 이 단계에서는 삼각관계로 인한 문제, 남편과 아내 각각의 원가족과의 문제, 습관적인 역기능적 의사소통 패턴, 세대 간의 연합으로 인한 가족 경계선의 파괴 등의 문제가 발생할 수 있다. 이에 대해 주변의 모든 상황적 맥락을 고려하면서 자녀의 행동을 수정한 이후에 부부의 문제를 다루는 것이 효과적이다.

자녀 청소년기(중년기)는 청년과 노년의 중간 시기이며, 인생의 전반에서 후반으로 바뀌어 가는 전환점으로 문헌에 따라 다양하고 광범위하게 정의되고 있다. 카터와 맥골드릭은 이 시기를 자녀들이 부모로부터 독립된 삶을 확립하는 단계로 자녀양육과 관련된 역할이 상당히 감소되면서 좀 더 부부관계 중심적 관계가 부각되는 시기라고 정의하였다. 발달 과업에는 결혼관계의 변화에 적응, 노년기의 부모와의 관계 설정, 자녀의 배우자와 손자녀와의 관계 설정 등이 포함된다. 이 단계에서는 부부간의 권력과 관련된 문제, 가족 경제의 경직으로 인한 문제, 청소년기 자녀의 애착과 분리에 관한 문제 등이 발생하며 이에 대해서 시간의 재구조화, 부부의 역기능적 관점의 수정, 직면 등이 효과적인 개입방법이다.

자녀 독립기(자녀 진수기)는 가족 구성원의 증감에 적응해야 하는 단계다. 부부체계를 2인군관계로 재조정하고 성인 자녀와 부모 간의 관계를 성인 대 성인으로 발전시켜야 하며, 사돈과 손자녀와의 관계도 형성해야 하는 시기다. 이 단계에서 나타나는 문제로는 자녀의 독립으로 인한 가족의 안정성 변화, 자녀에 대한 과보호로 독립을 방해하는 문제, 가족 구성원의 증감을 수용하지 못하는 데서 발생하는 문제들이 있다. 이 단계에서는 가족의 결합에 초점을 맞추는 것이 아니기 때문에 자녀를 따로 상담하기도 하고, 부모의 독립 시기의 경험을 나누기 위한 전체 가족을 상담하기도 한다.

노년기는 은퇴와 신체적 노화의 진행, 그리고 막내자녀의 결혼에 의하여 가족체계를 재조직화하는 시기다. 발달 과업은 노년기 부부관계, 노부모-성인자녀관계, 조부모-손자녀관계 등 노년기의 역할 전환과 가족관계에 적응하기, 노년기 가족의 부양, 죽음에 대한 적응, 사별과 애도 과정, 노년기의 재혼 등이 있다. 이 시기에는 역할 상실에 관한 문제, 부부가 항상 함께 있음으로써 나타나는 문제, 역할 변화의 수용과 관련된 문제 등이 발생할 수 있다. 이에 대한 개입으로는 피할 수 없는 것에 대한 수용, 상실의 수용, 부부의 상호이익이 되는 역할에 대한 이해, 사별에 따른 확대가족과의 관계 재정비 등이 있다.

가족생활주기별로 나타날 수 있는 문제를 예방하기 위한 노력으로 가족생활 교육이 제시되고 있다. 각각의 가족은 고유한 발달 단계를 가지는데, 가족체계의 특성이 다르고 외부와의 상호작용 방법 및 외부로부터 받는 영향력이 다르며 개별 구성원의 성향과 역량이 다르기 때문에 어떤 문제가 어떤 양상으로 나타날지 예측하기가 어렵다. 그러나 가족생활 교육을 통해서 문제 발생 가능성을 줄이고, 문제가 발생했을 때 대처할 수 있는 준비를 갖춘다면 좀 더 기능적인 가족이 될 수 있을 것이다.

일반적으로 가족생활 교육에 포함되는 내용은 대인관계 기술, 의사결정 기술, 가족상호작용, 자녀양육 및 지도, 가족자원 관리, 가족 구성원의 역할 및 책임 등의 전통적인 주제 이외에도 인지 발달, 가족과 사회, 결혼과 성, 부부관계, 부모되기, 노인과 가족, 여성과 가족 등의 새로운 주제들이 많이 다루어지고 있다(이영실 외, 2010). 생애주기별 가족생활 교육의 내용은 〈표 2-9〉와 같다.

ᵒᵒᵒ **표 2-9** 가족생활주기별 가족생활 교육

가족생활주기	가족생활 교육 내용
결혼 전기	배우자 선택, 결혼의 동기, 독신 생활, 미혼모 교육, 예비부부교육 등
결혼 적응기	신혼기 부부교육, 부부역할 정립, 부부규칙, 가족 계획, 태교, 고부 갈등, 부모 되기 준비, 가정폭력 예방교육 등
자녀 아동기	부모역할, 유아 창의성 개발, 영재교육 등
자녀 청소년기	자녀와의 의사소통, 자녀규칙, 민주적 가정 확립, 가정경제 교실, 비만 교실, 이혼/재혼 가족 교육, 아버지 교육 등
자녀 독립기	노후생활 준비, 자녀의 직업 및 결혼 준비, 가족법 교육 등
노년기	노년기 생활교육, 주거의 재조정, 웰다잉 교육, 노인의 건강 및 여가 생활 등

제3장
대상관계 가족상담

| 임윤희 |

대상관계 가족상담(Object Relations Family Therapy)은 대상(object), 환상(fantasy), 적절히 충분한 엄마역할(good enough mothering), 대상전이(transitional object), 내사(introjection), 동일시(identification), 내면화 과정(internalization process), 분열(splitting), 투사(projection), 투사동일시(projective identification), 팽창된 자기(inflated self), 축소된 자기(deflated self), 통합(integration) 등의 개념을 포함하고 있다. 대상관계 가족상담 기법으로 상담자는 가족 구성원에게 안전한 환경을 제공하고 공감과 지탱하기를 통하여 가족 구성원의 두려움과 불안을 줄여 주며, 관계를 변형시키기 위해 요구되는 돌봄의 활동인 해석의 기법을 통하여 문제의 원인을 인식하게 하고, 가족 간의 투사를 해석해 주는 활동을 한다. 상담자의 이러한 작업들을 통하여 가족 구성원이 새로운 가족관계를 형성하도록 돕는데, 이를 지속하는 일은 매우 어렵다. 상담자는 가족 구성원에게 충분한 적용과 토론의 시간을 통하여 새로운 가족관계 형성을 지속할 수 있도록 돕는다. 대상관계 가족상담에서 상담자는 가족 구성원의 관계적 발달에서 실패한 부분을 분석하여 재중재하는 역할을 한다. 이전에 부모와의 관계에서 통제와

공격성이 주된 상호작용이었다면, 가족 구성원은 상담자와의 관계를 통하여 존중과 수용을 경험하게 된다. 상담자는 가족 구성원 간에 상호역동이 일어날 때 중립의 역할을 유지함이 필요하다. 상담자의 객관성은 가족상호작용에서 투사와 전이를 관찰할 수 있도록 돕는다.

1. 이론적 배경

1) 이론 발달의 역사 및 배경

대상관계 가족상담은 지그문트 프로이트(Sigmunt Freud)의 정신분석적 생각에 기인하여 발달하였다. 프로이트는 성격의 형성은 개인의 초기 유아 시절 어떠한 경험을 했느냐에 따라 결정된다고 보았다. 프로이트는 대상이라는 용어를 1905년 『성에 관한 세 편의 에세이(Drei Abhandlungen zur Sexualtheorie)』에서 처음으로 사용하였으나, 대상의 의미를 사람과의 관계보다는 개인의 내면세계에 초점을 두었다(김용태, 2000: 199; Benner & Hill, 1999: 804). 프로이트는 인간의 자아는 성적 애착을 위한 내부적 대상이 될 수 있다고 보았다. 프로이트가 의미하는 대상은 인간의 내부에 있어서 본능과 관계되는 어떤 부분이었다. 프로이트는 기본적으로 성적 본능에 관심을 가지고 있었고, 대상이란 인간 내면에서 일어나는 성적 충동(libidinal instinct)을 충족시키는 어떤 것으로 보았다. 대상관계 가족상담 이론가들은 프로이트로부터 정신분석 이론을 배우던 제자들이었는데, 대상의 개념에 대해 프로이트와 달리 생각하기 시작하였다. 프로이트가 대상을 인간 내면의 성적 본능과 관련지어 생각하였다면, 대상관계 가족상담 이론가들은 대상의 개념을 타인과의 관계적 관점에서 이해하였다. 다시 말해서 프로이트의 정신분석은 철저히 개인의 내면세계에 집중하므로 가족을 이해하는 데 있어 그리 도움이 되지 못하며, 그에게 대상의 개념은 관계에 있지 않았다.

대상관계 가족상담 이론가들은 프로이트의 정신분석 이론을 바탕으로 이론을 확장시키면서 수정과 새로운 발견을 하였다. 대상의 개념에 대한 새로운 발견으로 그들은 프로이트의 개인 내적 의미와는 다른 가족관계로 확장하여 이해하였다. 이들은 대상을 유아를 돌보는 사람, 즉 부모로 보았다. 대상의 개념은 가족으로 확장되었고, 사물을 지칭하는 것(thing)에서 사람으로 보기 시작하면서 대상관계 가족상담 이론은 정신분석과 다른 새로운 학문의 영역으로 발달하였다.

2) 주요 인물

대상관계 가족상담 이론가들은 인간의 발달을 다른 사람과의 관계 안에서 보기 시작했다. 이들은 사람은 기본적으로 대상과 관계를 맺으려는 욕구를 가지고 태어난다고 보았다. 프로이트는 인간의 본능을 성적, 즉 개인의 육체적 욕구 측면에서 보았는데 대상관계 가족상담 이론가들은 인간을 관계를 향한 본능, 즉 사회적 욕구의 측면에서 이해하였다. 대상관계 가족상담은 한 사람의 이론가가 아니라 여러 사람에 의해 형성되었다. 이들은 특히 유아의 발달에 가장 큰 영향을 미치는 사람을 부모 혹은 돌보는 대상으로 보았으며, 유아가 부모와의 관계를 통해 자아가 형성, 발달되어 감을 강조한다. 주요 대상관계 가족상담 이론가는 도널드 위니컷(Donald Winnicut), 마가렛 말러(Margaret Mahler), 하인즈 코헛(Heinz Kohut), 멜라니 클레인(Melanie Klein), 오토 컨버그(Otto Kernberg), 해리 건트립(Harry Guntrip), 로널드 페어번(Ronald Fairbairn) 등이 있다(Scharff & Scharff, 1991: 16). 주요 이론가들을 소개하면서 각 학자들의 주요 업적을 간단히 설명하고자 한다.

위니컷(1986)은 부모-자녀관계에서 'holding(지탱하기)'의 중요성을 강조한다. 지탱하기는 유아와 엄마의 따뜻한 신체적 접촉과 더불어 심리적 접촉으로서 사랑의 형태다. 위니컷이 의미하는 지탱하기는 부모가 배워서 행하는 하나의 행동적 기술이 아니라 사랑의 마음에서 나오는 행위를 의미한다. 즉, 엄마가 유아에 대한 사랑이 부족하면 유아를 향한 지탱하기는 가능하지 않음을 알 수 있다.

지탱하기는 "good enough mothering"(Winnicut, 1986: 245), 즉 "이 정도면 충분한 엄마역할"(김용태, 2000: 211)과 연관이 된다. "이 정도면 충분한 엄마역할"은 지탱하기를 통해 가능해진다. 유아가 필요로 할 때 엄마가 함께 있어 주고 유아의 신체적·심리적 필요를 엄마가 적절하고 충분하게 공급해 줄 때 유아는 안정된 자아를 형성하게 되는데, 이때 중요한 것은 지속성과 동일성이다. 엄마는 몇 번의 '지탱하기'로 끝나는 것이 아니라 지속적이고 동일하게 돌봄의 행위를 반복하여야 한다.

말러(1986)는 유아의 심리 발달 과정에서 분리(differentiation)와 독립(individuation)의 개념을 강조한다. 유아의 엄마로부터의 분리와 독립은 생후부터 시작하여 세 단계에 거쳐 발달한다. 건강한 분리와 독립을 하기 위해서 엄마는 유아에게 안전한 기지(base)의 역할을 하여야 한다(Mahler, 1986: 223). 유아가 엄마로부터 분리를 할 때 심리적으로 많은 불안을 느끼게 되는데, 이때 엄마가 유아의 기지가 되어 유아가 불안하면 언제든지 다시 돌아올 수 있는 심리적으로, 환경적으로 안전한 기지가 되어 주어야 한다. 이러한 기지가 없거나 혹은 기지가 불안정한 유아는 두려움으로 인해 적절한 심리적 독립을 이루어 나갈 수 없게 된다. 유아는 발달을 하면서 자기를 돌보는 대상인 엄마와 자신을 구분하는 시점에 이르게 되는데, 엄마로부터의 심리적 독립은 한 번에 이루어지는 것이 아니라 여러 번의 과정을 거쳐서 단계적으로 이루어진다. 말러는 유아가 엄마로부터 신체적 독립과 더불어 심리적 독립의 과정을 정상적으로 가지게 될 때 비로소 한 인간이 되어 간다고 말한다.

코헛은 자기(self)의 개념을 연구하면서 자기대상(self object)이라는 개념을 통해 엄마와 유아 관계의 중요성을 말하였다. 코헛은 모든 유아는 자기를 돌보는 환경을 필요로 하는 정상적인 욕구를 가지고 태어난다고 보았다(Goldstein, 2001: 79). 코헛은 이러한 돌봄을 요구하는 유아의 정상적 욕구를 자기애성(narcissism)이라고 보았다. 유아의 자기애성은 발달을 통하여 여러 모양으로 변하여 가는데 엄마라는 환경이 공감적이면 건강한 자기애성으로, 그렇지 않고 엄마가 유아를 공감적으로 잘 받아 주지 않으면 병리적 자기애성으로 발달한다고 보았다. 자기(self)의 형성은 유아의 내면에 내재해 있는 잠재력과 더불어 엄마의 공감적이고 책임감 있는 돌봄, 상호작용과 관련이 있고, 이를 통해 유아는 건강한 자기/병리적 자기로 발달할 수 있다. 유아는 엄마인 자기대상을 자기와 떨어져 있는 독립된 인간으로 인식하지 못하고 자기의 일부분으로 지각한다. 따라서 안전한 환경인 공감의 결핍은 유아가 자기대상과 건강하게 분리하지 못하게 함으로써 건강한 자기발달을 이루지 못하게 된다.

클레인은 유아의 심리적 발달 과정에서 발생되는 좋음과 나쁨의 분열 현상을 개념화하였다(Greenberg & Mitchell, 1983: 124). 유아는 엄마와의 관계에서 내사와 투사를 통하여 자기를 돌보는 엄마와 하나가 되고자 하는 마음을 가진다. 프로이트가 인간은 외롭게 내적 투쟁을 하는 존재라고 보는 데 반해 클레인은 유아가 대상인 엄마와의 관계에서 겪는 내면적 경험을 연구하면서 유아는 자기의 환경과 적극적으로 관련을 맺으려는 환상(fantasy)을 가지고 태어난다고 보았다. 유아가 가지고 태어나는 환상의 힘은 편집(paranoia)과 우울(melancholia)을 거치면서 성장해 가는데, 이 과정에서 문제가 생기면 분열과 투사의 방어기제를 발달시킨다. 그 결과 다른 사람과의 관계에서 상대방을 그리고 자기를 있는 그대로 인식하는 데 어려움을 경험하게 된다(Klein, 1986: 43). 클레인의 이러한 생각은 정신분석가인 프로이트와는 급진적으로 다른 혁신적 개념이다. 프로이트는 성적 본능을 충족하기 위한 수단으로서 대상을 생각하였다. 그러나 아동 분석가였던 클레인은 대상과의 관계 속에서 여러 가지 본능이 생긴다고 보았다. 성적 본능을 이러한 여러 본능 중 하나로 보았다.

컨버그(1990)는 클레인의 영향을 많이 받아 분열의 개념을 통하여 경계선 성격을 이해하면서 개념화하였다. 경계선 성격장애자들은 어린 시절 성장 과정에서 환경적 요인들로 인해 형성된 공격성이 분열의 형태로 나타나면서 자기를 방어하는 형태를 갖는다(Kernberg, 1990: 198). 분열을 통해 자기의 부정적 모습을 보지 않으려는 시도를 함으로써 자기를 괜찮은 사람으로 유지하며 긍정적 자기를 보전한다. 분열을 통해 유지되는 자기는 결국 자기 내면에 동시에 존재하는 좋음과 나쁨을 통합하는 데 이르지 못하게 한다. 이에 따라 내면의 공격성이 중립을 이루지도 못하고, 결과적으로 건강한 자기(ego)를 형성하는 데 실패한다. 컨버그(1990)는 경계선 성격을 신경증(neurosis)과 정신증(psychosis)으로 구분한다. 신경증 상태에는 억압의 방어기제를 사용하고 정신증 상태에서의 사람은 기억 안에 있는 위협적 대상을 두려움 때문에 만나지 않으려 하여 방어를 하게 되는데 정신증 상태는 이러한 두려움을 방어하기 위한 일종의 분리 상태다. 유아의 발달 과정에서 부모 혹은 돌보는 사람 중 위협적 대상이 있었고, 그 대상으로 인한 두려움이 해결되지 않고 내재된 상태에서 경계선 성격을 발달시켜 나간다.

건트립은 페어번에게 개인 분석을 받으면서 정신분석을 접하게 되었고, 이후에 페어번과 함께 대상관계 가족상담 이론가로서 중요한 기여를 하였다. 건트립(1973)은 상담 이론은 이론가 자신의 개인적 경험을 토대로 만들어져야 함을 강조했다. 건트립은 분석을 통해 자신의 성장 과정에서 엄마와의 관계에 문제가 있음을 알게 되었고, 그런 자신의 경험을 개념화해 나가기 시작하였다. 그는 상담자는 내담자가 자기의 부모로부터 경험하지 못한 좋은 대상(good object)이 되어 줌으로써 내담자의 회복을 도울 수 있다고 강조한다. 이때 상담자와 내담자는 가상의 만남이 아닌 현실적 만남, 두 사람의 건강한 상호작용을 하면서 치료가 이루어진다. 한 사람이 아닌 두 사람의 상호작용이라는 맥락은 더 이상 정신분석의 개인상담의 맥락이 아닌 관계의 맥락으로 이해하고 있음을 볼 수 있다. 페어번은 프로이트가 주장하는 쾌락 원리(pleasure principle)의 개념을 대상을 추구하는 원리(object-seeking principle)의 개념으로 바꾸어서 사람을 이해하였다. 즉, 유아는 쾌락의 원리를 따라 반응하기보다는 대상(엄마와 돌보는 사람)과 관계를 맺고 상호작용하고자 하는 욕구를 가지는 존재임을 나타낸다.

대상관계 가족상담은 프로이트의 영향을 받은 정신분석가들이 프로이트가 초점을 둔 개인 내면의 역동을 관계적 측면에서 조명하기 시작하면서 가족상담의 영역이 되었다. 가족상담은 개인이 아닌 관계에의 역동을 다룬다. 대상관계 가족상담 이론은 개인이 주위의 다른 사람들과 어떠한 방식의 관계를 갖는가에 관심을 둔다. 가족 구성원이 현재 상황에서 겪는 관계에서의 문제를 호소할 때 상담자는 가족 구성원이 가지는 현재의 대인관계 방식은 어릴 적 대상인 부모와의 관계와 관련 있음을 인식한다. 유아 시절 부모와의 상호작용 패턴을 기초로 내면화된 대상관계들에 초점을 두며 현재의 호소 문제를 다루어 나간다. 관계에 문제를 호소하는 사람들은 비록 부모가 아닌 다른 사람, 즉 대상은 바뀌었을지라도 그들의 관계하는 패턴은 이전과 유사할 수 있다는 의미다. 앞서 소개한 대상관계 가족상담 이론가들은 대상관계(object relations)라는 공통된 개념을 가지고 유아와 그 대상인 부모와의 상호작용에서 발생하는 역동과 심리 발달을 다루고 여러 개념을 만들어 가며 하나의 이론을 구축하였다. 다음에서 대상관계 가족상담 이론의 주요 개념을 소개하고자 한다.

2. 주요 개념

1) 대상

대상(object)이라는 용어를 처음으로 사용한 사람은 프로이트다. 하지만 프로이트가 의미한 대상은 대상관계 가족상담 이론에서의 의미와 차이가 있다. 프로이트의 대상은 리비도 충족을 위한 수단으로서의 사물을 의미하지만 대상관계 가족상담 이론에서 대상은 유아의 외부 현실에 존재하는 사람, 즉 실체를 가리킨다(Slipp, 1991: 40). 프로이트의 대상의 개념은 신체적 욕구로서 생물학적 의미를 지닌다고 볼 때 대상관계 가족상담 이론가들의 대상의 개념은 존재로서, 관계를 추구하는 사회학적 의미를 지님을 알 수 있다(김용태, 2000: 208). 유아는 엄마의 젖가슴을 통하여 처음으로 대상인 엄마를 인식한다. 젖가슴을 통한 엄마에 대한 인식은 유아에게 엄마에 대해 좋고 나쁜 경험들로 연상되어 부분 대상으로서 존재한다(Klein, 1975). 유아는 처음부터 엄마를 전체로 인식하지 못하여 부분적 대상으로 경험하고 인식하다가 발달을 이루어 가면서 엄마를 전체로서, 그리고 일관된 형식으로 지각하는 능력을 갖는다. 이러한 전체로서의 대상

에 대한 인식은 한 대상 혹은 엄마 안에 좋음과 나쁨이 동시에 존재함을 인식할
수 있는 능력이 생길 때에 가능하다.

2) 환상

클레인은 유아는 태어나면서부터 대상을 추구하는 존재이며 환상(fantasy)을
가지고 태어난다고 보았다(Slipp, 1991: 43). 환상은 창조하는 본능으로서 유아의
발달에 중요한 역할을 한다. 환상은 유아로 하여금 환경에 적응하도록 한다. 모
르는 사람에 대한 신비로움은 그 사람과 관계를 맺고 싶은 마음으로 인도한다.
유아는 환상을 통하여 자기의 세계를 탐험해 나가며 또한 엄마와 소통한다. 이
러한 환상은 엄마와 하나가 되려는 마음으로 나타난다. 엄마와 하나가 됨으로
써 완벽을 이루고자 하는 마음이 바로 환상에서 나온다. 환상은 인간의 최초의
정신적 기제의 기초로서 사용되는데, 정신적 기제 중 두 가지는 분열과 투사적
동일시다. 유아는 쾌락의 원리에 따라 쾌락과 불쾌, 고통과 위로, 좋음과 나쁨의
느낌을 내면에서 서로 분리한다. 하지만 엄마에 대한 전능의 환상은 이러한 서
로 다른 두 개의 감정을 내면에 동시에 존재할 수 없게 만든다. 한편, 유아가 점
차로 성장을 하면서 유아는 엄마가 자기의 욕구를 모두 충족시킬 수 없음을 알
게 되고 자기의 환상이 충족될 수 없는 위기를 맞는다. 이때 엄마의 적절한 보살
핌이 결여되면 유아는 자기의 환상을 유지하기 위하여 분열과 투사 동일시의 방
어기제를 사용한다. 상담 시 가족 구성원의 환상이 무엇인지 그리고 그 환상이
현재 어떻게 작용하고 있는지를 알아봄으로써 내면의 역동을 관찰할 수 있다.

3) 이 정도면 충분한 어머니 역할

위니컷(1986)은 유아의 최초의 대상인 엄마의 역할 중 '이 정도면 충분한 엄마
역할(good enough mothering)'을 다음과 같이 설명한다. 엄마는 자기의 필요에
따라 유아를 돌보는 것이 아니라 유아의 필요가 무엇인지에 대해 민감하여 필

요를 채워 줄 수 있어야 한다. 예를 들면, 유아가 배가 고파서 울 때 유아의 욕구에 따라 먹을 것을 주고, 졸릴 때 재워 주어서 유아의 불안이 돌봄을 받을 수 있는 상태를 의미한다. 이렇게 함으로써 유아는 초기에 생기는 전능의 환상을 유지할 수 있다. 출생 초기에 혼자서 아무것도 할 수 없는 유아는 엄마와 전적으로 하나가 됨(전능의 환상)으로써 자기를 지탱하고, 자기와 엄마의 구분을 할 수 없는 상태로서 환상과 현실을 구분할 수 없기 때문에 엄마와의 연합은 중요하다. 좋은 엄마역할은 유아에게 좋은 대상으로서의 엄마의 기능을 내면화하게 하면서 동시에 기본적인 신뢰와 안전을 갖게 한다. 이렇게 될 때 유아는 엄마에 대한 전능의 환상을 포기할 힘을 갖게 된다. 엄마의 충분히 좋은 돌봄은 외부세계에 대한 두려움과 불안을 줄이고 유아가 활발하게 새로운 환경과 관계를 맺을 수 있도록 한다. 돌보는 사람과의 좋은 경험은 유아의 자아구조에 자연스러운 통합을 이루게 한다(김용태, 2000: 211).

4) 대상전이

충분히 좋은 엄마역할로 인해 유아는 엄마의 좋은 모습들을 내면화해 가면서 환상에 의한 엄마와의 융해된 관계에서 이제 다른 세계로 옮겨가게 된다. 엄마와의 좋은 상호작용은 유아가 또 다른 발달 단계로 나아갈 수 있도록 능력을 제공한다. 엄마로부터 분리되는 과정에서 나타나는 불안을 줄이기 위해 유아는 엄마의 따뜻함과 돌봄을 대신하는 대체물이 필요하다. 곰인형, 담요, 장난감 등이 그 대체물인데 위니컷은 그들을 '대상전이(transitional object)'라고 명한다(Slipp, 1991: 48). 이러한 대상전이는 유아의 자기구조 외부에 있고 내면화되지는 않으며, 자기구조를 일시적으로 유지하는 역할을 한다. 대상전이는 상징적인 기능으로서 자기 외부대상과 자기 내부대상 그리고 현실과 환상을 구분할 수 있도록 돕는다. 유아는 대상전이의 경험을 통해 환상의 세계와 현실의 세계를 구분할 수 있게 된다. 하지만 위니컷은 유아가 현실을 받아들이면서 현실감이 생기더라도 인간은 죽을 때까지 결코 현실의 상황을 있는 그대로 모두 받아들일 수 없음을 말한다. 인간이 경험하는 주관적인 내면세계와 객관적인 현실세계 사이에는 차이가 있을 수밖에 없기 때문이다.

5) 내사, 동일시, 내면화 과정

자신과 대상과의 관계 속에서 내사가 일어난다. 내사(introjection)는 외부에 있는 어떤 대상이 유아 내면의 세계로 들어옴을 의미한다. 이때 외부적 대상은 존재로서의 대상이며 내부세계로 들어오면서 이 대상은 유아 안에 하나의 정신적 형상으로 남는다(Benner & Hill, 1999: 649). 유아의 초기 발달 과정에는 좋은 대상과 나쁜 대상이 따로 공존하며 외부 대상의 경험들이 유아의 내면에 일정한 형식으로 통합되지 않은 채로 있다가 이후에 안정된 자아구조가 형성되면서 유아는 산재하던 경험의 통합을 이루어 나간다. 즉, 유아는 대상의 말과 행동, 감정 그리고 표정 등을 일정한 방식으로 조직되지 않은 채로 자기 안으로 던져 놓는 내사를 거치면서 내면화 과정(internalization)이 일어난다. 엄마의 웃는 형상이 내사되면 유아에게 따뜻함과 마음을 진정시키는 효과로 나타나며 내면에 좋은 자기의 이미지가 많이 형성된다(Goldstein, 2001: 56). 반면에 화내고 위협하는 엄마의 형상이 내사될 때 유아는 정서적으로 두려움과 불안 그리고 무서움의 감정이 함께 일어난다. 인간은 내적 투사로 인해 한 번 형성된 내면의 형상(image)은 외부의 현실이 바뀌어도 이미 내적 투사되어 정신적 형상으로 남은 그 대상의 이미지를 그대로 유지하려는 경향이 있다.

내면화 과정에서 두 번째 단계는 동일시(identification)다(Greenberg & Mitchell, 1983: 331). 이 단계에서 유아는 어머니와 자기가 구분되는 존재임을 알기 시작한다. 이때 유아와 관계하는 엄마의 역할이 중요하다. 예를 들면, 유아가 넘어져서 다쳤을 때 엄마가 유아에게 충분히 공감해 주면서 '많이 아팠지'라고 말하고, 약을 발라 주며 상처를 치료해 주었다고 하자. 이후에 유아는 인형을 가지고 놀면서 인형이 다쳤을 때 엄마가 자기에게 해 주었던 말과 행동을 동일하게 하며 인형과 상호작용을 하게 된다. 유아는 공감하는 엄마와의 상호작용을 여러 번 경험하고 엄마를 모방하는 과정을 거치면서 점점 자기의 내면적 구조를 만들어 간다. 유아는 외부의 대상과의 상호작용과 경험들을 자기 내면의 부분으로 만들어 나가며 일관적 형태의 통합을 이루어 나가게 된다. 이러한 내면화 과정은 무수한 수정과 보완을 거치면서 유아의 자아를 안정화한다.

6) 분열

유아는 발달 과정에서 내사, 동일시, 통합, 즉 내면화 과정을 거치면서 자아를 형성한다. 발달 과정에서 유아는 좋은 형상과 나쁜 형상을 일관적으로 통합하게 된다. 컨버그는 유아가 내면의 통합을 어떻게 이루는가에 따라 약한 자아 또는 건강한 자아를 형성한다고 본다. 미분화 상태에서 유아는 자기와 다른 사람 안에 좋음과 나쁨이 동시에 공존할 수 있음을 인식, 구분하지 못함으로 인해 '방어적 분열(defensive splitting)'을 한다(Greenberg & Mitchell, 1983: 330). 방어적 분열은 발달 초기 과정에서는 정상적 과정이지만, 만약 여기에서 발달이 더 이상 이루어지지 못하고 고착되면 병리로 발전하여 성인이 되어서 성격장애로 이어진다. 유아는 엄마와의 공생애 관계(symbiotic relationship)에서 심리적 분리를 하게 되는데, 이 과정에서 많은 불안과 두려움을 경험한다. 이때 대상인 엄마의 충분한 정서적 지지와 지탱해 주는 환경(holding environment)이 결핍되면 분열(splitting)을 통하여 고통을 맛보지 않으려 한다. 분열 현상의 흔한 예는 흑백논리다. 사람을 대할 때 좋은 사람과 나쁜 사람으로 나누어서 생각하는 흑백논리를 가지고 있는 사람은 대인관계가 매우 불안정하다. 자신에 대해서도 좋음과 나쁨으로 분리하여 자기를 지나치게 이상화하거나 또는 비하한다. 분열을 통하여 자기가 원하지 않는 자신 안의 부정적 감정은 다른 사람에게로 투사시키고, 자기는 부정적 감정을 가지고 있지 않다고 생각함으로써 자아를 유지한다.

7) 투사

내사가 외부의 경험을 유아 안으로 던져 넣는 현상인 데 비해 투사(projection) 는 내부적 상태를 외부로 "쏘는(shooting)"(김용태, 2000: 251) 현상이다. 분열을 통하여 자기의 부정적 감정을 외부의 대상에게 전가한다. 전가함으로써 자기를 좋은 사람으로 인식하는 것을 유지한다. 발달 과정에서 유아의 욕구가 자주 좌절되고 절망을 경험하게 되면 유아의 자아구조는 불안정해진다. 거절하거나 위협하는 부모와의 관계에서 유아는 부정적 감정을 많이 경험하게 되고, 이로 인해 내면화 과정에서 일어나는 자아의 통합을 하기 어려워진다. 이러한 유아는 발달 초기 단계의 분열의 자아구조에 머물게 됨으로써 좋음과 나쁨을 동시에 받아들일 수 없기 때문에 투사를 통해 나쁨을 외부로 던져 자아의 구조를 유지하려 한다. 어른이 되면 투사는 대인관계에서 다양한 모양들로 나타난다. 예를 들어, 학생이 시험에서 자기가 만족하는 성적을 얻지 못했다고 하자. 이 학생은 자신이 낮은 성적을 받았다는 사실을 인정할 수가 없어서 투사를 통하여 그런 시험 문제를 출제한 선생에게 문제가 있다고 생각하며 자기는 빠져나간다. 또 다른 예로는 화가 났는데 자신이 화를 낸다는 사실을 의식적으로 받아들일 수가 없어 상대방이 화가 났다고 생각하고 말한다. 이와 같이 부정적 감정을 타인에게 투사함으로써 자신에 대한 환상은 더욱 커지고 강화되어 간다.

8) 투사적 동일시

자기에게 있는 부정적 감정을 좋음과 나쁨의 분열을 통하여 외부로 내보내는 현상이 투사인데, 투사적 동일시(projective identification)는 자기의 부정적 감정이 다른 사람에게 실제로 있다고 믿고 사람에게 그러한 사실을 확인시키며 행동하도록 만드는 현상이다. 앞서 유아의 자아구조는 내사와 분열과 같은 발달 과정을 통하여 통합의 일관된 조직으로 형성되어 감을 보았다. 좋음과 나쁨으로 분열하는 과정에서 자기내면에 경험되는 나쁜 형상과 부정적 감정을 외부 대상에게 투사하여 내보내는데, 이 과정에서 투사적 동일시가 일어난다. 예를 들면, 유아는 자기 안에 있는 짜증을 수용하지 못하기 때문에 투사하여 대상인 어머니에게로 내보냄으로써 어머니를 짜증나게 만든다. 투사가 자기의 부정적 감정을 상대방에게 쏘는 현상이라면 투사적 동일시는 상대방이 자기의 부정적 감정을 실제로 가지도록 만드는 현상이다. 성인의 경우를 보자. 자기 안에 상대방을 향한 비난의 마음, 공격성이 일어났다. 이 사람은 이러한 공격성의 감정을 자신의 감정으로 수용할 수 없다. 그래서 상대방이 지금 자신을 비난하고 공격한다고 말하는데 상대방이 인정하지 않자 지속적으로 공격적인 말을 하면서 결과적으로 상대방이 화를 내도록 만든다. 상대방이 화를 내면 자신은 차분해지면서 더 이상 공격의 행동을 하지 않는다.

9) 팽창된 자기

유아가 초기에는 엄마와 자기를 하나로 인식하면서 자아를 유지하다가, 점차로 발달이 일어나면서 엄마와 분리를 하게 된다. 이 과정에서 유아는 엄마에 대한 환상이 조금씩 깨어지면서 불안 혹은 두려움의 감정을 경험한다. 이러한 감정은 분리의 과정에서 오는 감정으로서 자연스러운 것이다. 환상이 깨지면서 오는 불안과 두려움을 달래고자 유아는 엄마에게 다시 밀착하는데, 이것은 발달의 다음 단계로 가는 과정에서 오는 일시적 퇴행과도 같다. 이때 엄마가 유아의 두려운 감정을 수용하며 달래 주면, 그 과정에서 유아는 힘을 얻어 다시 분리를 시도할 수 있다. 부모가 지탱하는(holding) 환경을 제공하면 유아는 정신적으로 다시 안정감을 갖게 된다. 하지만 이 과정에서 부모가 지나치게 거부하는 모습을 보이거나 심하게 야단을 치는 등의 통제를 하면 유아는 이전보다 더 큰 무서움과 불안에 휩싸이게 된다. 유아는 야단치고 거부하는 부모의 형상들은 내면화하고, 반면 무서움 앞에 힘없고 초라한 자기의 모습은 보지 않으려 하게 된다. 유아는 이 과정에서 진짜 자기(real self)를 형성하는 대신 팽창된 자기(inflated self)를 내면에 형성하게 된다. 가짜 자기(pseudo self)를 형성함으로써 결국 내면의 통합을 위한 발달을 이루지 못하고 자신을 극대화하거나 다른 사람(극소수의 사람)을 이상화하여 부분적 융합(fusion)의 관계를 갖는다.

10) 축소된 자기

확장된 자기와 마찬가지로 축소된 자기(deflated self) 또한 자신 안에 좋음과 나쁨의 통합을 이루지 못한 결과로 인해 생긴다(Kernberg, 1990: 198). 엄마의 통제하는 모습에서 유아는 자신의 욕구에 반응하기보다 엄마의 욕구에 민감하게 되고, 한편으로 어머니의 욕구를 제대로 충족시키지 못함으로써 수치심이 발달하며 부적절감을 가지게 되면서 스스로 하는 일에 대해 자신감이 없고, 자기신뢰를 할 수 없게 된다. 부모의 잦은 야단과 비난으로 인해 자신감이 없어지고 자기신뢰를 할 수 없게 된 유아는 엄마에게 더욱 의존하는 행동을 하게 된다. 매달리는 행동에 대해 어머니는 다시 야단을 치고, 이때 엄마로부터 또다시 수용받지 못한 유아는 좌절감과 비참함의 감정을 경험하며 그것을 내면화하게 된다. 자기신뢰가 없고, 거절감으로 인한 창피함과 좌절감의 주된 정서로 인해 자아의 모습은 초라해지고 축소된다.

3. 상담 목표

대상관계 가족상담은 가족의 호소 문제를 대상과의 관계적 초점에서 조명하며, 현재의 갈등은 과거 부모 혹은 돌보는 대상과의 관계 패턴의 연장선상에 있다고 보아 최초의 관계를 형성한 부모와의 상호관계 양상을 분석함으로써 현재의 관계양식을 이해한다. 예를 들어, 결혼한 부부가 갈등으로 인해 상담실을 찾았다고 하자. 아내는 남편이 이기적이어서 자기 생각만 하고 가족들을 돌보지 않는다고 말하며 불평한다. 아내는 최선을 다해 가족에게 봉사하고 남편에게 잘하고 있다고 생각한다. 그리고 남편은 화가 나면 대화를 하지 않아서 그런 남편의 모습이 자신을 더욱 화나게 만들고 무시받는 느낌을 떨칠 수 없다고 호소한다. 아내는 대화하려고 애쓰고 있고 남편을 달래는데, 남편은 그런 자신을 거들떠도 보지 않기 때문에 그런 자신이 초라하고 또 억울하다. 아내는 남편은 고집불통이며 자기만 아는 이기주의자라고 말한다. 그래서 아내는 혼자서 자신이 애써 보았자 소용없다고 생각하며, 남편도 그렇게 하니 나도 똑같이 해 보자 하는 생각에 아내도 화가 났을 때 대화를 하지 않았다. 부부의 갈등은 고조되었으며, 아내는 이런 갈등을 자녀를 통하여 누그러뜨리고자 한다. 이때 아이는 부부 갈등에 자연스럽게 끼어들게 된다. 아내는 자신은 옳고 남편이 틀렸음을 호소하며 분열 현상을 보이고 있다.

이 사례에서 아내는 좋음과 나쁨을 분열적으로 생각한다. 남편은 이기주의자이고 자신밖에 모르고 자신을 무시하는 대상인 반면, 본인은 이런 남편에게 무시받는 불쌍하고 착한 사람이다. 남편의 행동 때문에 화가 나는 것이지 정작 자신은 화를 낼 줄 모르는 사람이라고 생각한다. 자신은 화를 내는 사람이 아니고 남편이 자신을 화나게 만든다고 생각하면서 자신의 부정적 감정을 남편에게 투사한다. 투사를 하면서 남편이 그렇게 하니까 자신도 똑같이 행동한다고 말하면서 투사적 동일시를 하고 있다. 그리고 부부 사이에 고조되는 갈등을 스스로 견디지 못하기 때문에 아이를 부부관계에 끌어들인다. 엄마는 자녀에게 자신은 잘못이 없고, 아빠 때문에 엄마가 힘들다고 말한다. 이에 따라 아이는 어느 한쪽 편을 들어야 하는 입장에 서게 된다. 한편, 아이가 엄마의 기대에 미치지 못할 때는 자신이 느끼는 남편에 대한 감정을 투사하여 아이에게 너도 아빠와 똑같이 나쁘다고 말한다. 따라서 엄마는 '이 정도면 충분한' 엄마 역할을 못하게 되고, 아이는 통합된 자아를 형성하기보다는 엄마는 좋고 아빠는 나쁘다는 분열된 자아구조를 형성하며, 자신의 욕구보다는 엄마의 욕구에 민감하도록 키워지면서 잘못된 자아(가짜 자기, pseudo self)를 형성하게 된다.

대상관계 가족상담의 목표는 통합된 자아를 만들어 가는 일이다(Kernberg, 1990: 375). 발달 단계에서 부모와의 관계를 통해 이루지 못한 분리와 독립을 이루도록 돕는다. 분리와 독립이 되지 않은 부분이 무엇이며 또한 그 과정에서 어떠한 정서적 경험이 있었는지를 탐색하고 인식하는 작업을 한다. 관계에서 발생하는 분열을 통한 투사를 인식하고 통합을 위한 노력을 한다. 나쁜 대상으로만 생각했던 남편에게 좋음의 측면도 있음을 인식하고 발견하려는 노력을 하고, 자신 안에도 나쁨이 있을 수 있음을 발견하고 확인해 나가는 작업이 분열을 통합하는 과정이다. 남편을 이해하고 받아들인다는 말은 남편의 좋은 점만이 아니라 나쁜 점들 또한 받아들인다는 의미임을 자각하게 한다. 즉, 상담자는 가족이 통합적으로 자신과 타인을 이해하고 인식하면서 발달을 이루어 나가도록 돕는다. 상담 목표를 설정하기 위해 참고해야 할 구체적 내용들은 다음과 같다.

- 호소 문제가 무엇인지 알아보고 그 배경이 무엇인지를 탐색하기
- 호소 문제와 관련된 가족의 문제 처리 능력을 알기
- 호소 문제를 위해 지금까지 노력해 본 일들을 알기
- 가족관계역동과 함께 문제 안에서의 가족 구성원의 역할 알기
- 호소 문제의 역사를 알기
- 투사적 동일시를 통해 지탱되어 온 가족관계가 구체적으로 무엇인지 알기
- 가족 구성원의 무의식적 욕구를 알기
- 무의식적 욕구를 충족하는 방법과 관계 양상을 알기
- 가족 구성원의 분리와 개별화를 막고 있는 요소가 있는지 알기
- 서로의 다름을 인식하고 협상하는 기술의 정도를 알기
- 문제 해결을 대화로 풀어 가는 가족 개인의 능력 정도를 알기
- 가족 안의 서로를 향한 정서적 지지의 능력 정도를 알기
- 자기의 부정적 감정을 표현할 때 가족 구성원들이 지탱해 줌으로써 버텨 주는 환경 만들기
- 가족 구성원의 내면적 역동과 더불어 관계적 문제에 초점을 두기
- 개인의 성장(발달)과 더불어 가족의 성장에 초점을 맞추기

4. 상담 기법

1) 안전한 환경 제공

유아가 발달 가운데 통합을 제대로 이루지 못한 이유 중 하나는 유아가 느끼는 환경이 안정적이지 못했기 때문이다. 유아가 활발하게 자기탐색을 이루고 엄마가 이를 허용하고 수용해 주는 환경이 주어지지 못한 것이다. 상담자는 가족 구성원에게 새로운 경험, 즉 안전한 환경을 제공하도록 하여야 한다. 안전한 환경을 제공하기 위해서 상담자는 첫째, 수용하는 말을 한다. 가족 구성원의 말과 감정을 있는 그대로 수용하는 모습을 다른 가족 구성원들도 보게 한다. 둘째, 가족 구성원이 말을 할 때 다른 가족 구성원이 평가하지 못하도록 한다. 셋째, 힘들어하면서 부정적 감정을 표현하는 가족 구성원에게 잘했다고 칭찬하여 줌으로써 자신의 감정을 있는 그대로 적극적으로 표현할 수 있도록 돕는다. 넷째, 말을 하고 싶으면 하고, 대답하고 싶지 않으면 안 해도 괜찮다고 말해 줌으로써 마음을 편하게 갖도록 해 준다. 이러한 안전한 환경의 제공은 가족 구성원으로 하여금 자기 자신이 될 수 있도록 돕고 거절당하지 않을까, 비판받을까 하는 걱정을 덜어 줌으로써 상담과 변화에 적극적으로 참여하도록 만든다.

2) 공감과 지탱

코헛(2010)은 엄마의 초기의 공감적 표현은 주로 피부 접촉을 통해 이루어진다고 말한다. 발달상에서 보면 초기 공감은 유아가 주로 엄마와의 피부 접촉을 통해서 많이 느끼는데, 이 공감은 발달하면서 언어적 표현으로 이어진다. 지탱하기를 껴안아 주고 버텨 준다는 의미에서 볼 때, 엄마가 안아 주고 잡아 주고 쓰다듬어 주는 행위가 공감적 행위 중 하나다. 유아는 이러한 엄마의 공감적 행동으로 인해 엄마와 친밀감을 느끼게 되고, 이러한 공감은 엄마와 유아가 결합할 수 있게 한다. 공감은 공감적 표정, 공감적 언어, 공감적 행동, 그리고 내면 감정과 생각의 이해 모두를 포함한다(임윤희, 2011). 상담자는 공감을 통해 가족 구성원들과 친숙해지고 가족 구성원들을 이해하고자 시도한다. 공감은 또한 지탱하기를 가능하게 한다. 지탱하기를 통해 상대방의 슬픔을 함께 견뎌 주고 버텨 준다. 상담자는 가족 구성원의 불안과 두려움을 공감하며 동시에 감정의 과정을 함께 해 주고, 자신의 감정을 표현하고 충실할 수 있도록 허용하며 함께 버텨 줌으로써 가짜 자신에서 나와서 진정한 자신이 될 수 있도록 돕는다. 공감의 구체적 방법은 다음과 같다.

첫 번째로, 상담자는 가족 구성원의 말과 행동을 주시하며 가족 구성원이 웃을 때 함께 웃고, 슬퍼할 때 함께 침울한 표정을 지어 줌으로써 신체적 공감을 한다. 한편, 슬픈 얘기를 하면서 웃는 가족 구성원이 있는데, 이때는 함께 웃기보다 말의 내용에 따라 슬퍼하는 반응을 함으로써 가족 구성원의 마음에 반응하도록 한다. 이때 다른 가족 구성원은 상담자의 공감적 반응의 모습을 보며 인식하며 배우는 등의 새로운 경험을 할 수 있게 된다. 두 번째로, 가족 구성원에게 감정을 물어봄으로써 자신의 감정을 인식하도록 하고 그 느낌에 동참하는 것이다. 예를 들어, 아버지가 딸에게 투사하면서 말하기를 "저 아이는 매사에 제대로 하는 일이 없어요. 고집만 세고 너무 게을러요."라고 한다. 상담자는 아버지에게 "그런 아이를 보면서 어떤 느낌이 드세요?"라고 감정에 대한 질문을 한다. 상담자는 아버지가 자신의 감정을 먼저 인식하고 그 감정을 나누도록 돕는다. 세 번째로, 상담자는 투사하는 아버지의 감정 이면에 있는 생각을 이해하도록 한다. 게으르다는 표현 안에 있는 가치관이 무엇인지, 고집이 세다고 하는 것이 무슨 의미인지를 알고 이해하도록 한다. 공감은 상대방의 느낌뿐 아니라 생각을 이해하는 능력이기도 하기에, 이 질문은 매우 중요하다(임윤희, 2011). 아버지가 가지고 있는 생각들이 어떻게 형성되었는지를 원가족과의 관계로 확장하여 생각하고 그것이 현재의 가족관계에 어떠한 영향을 미치는지를 알아본다. 그래서 아버지가 이렇게 말하고 생각하게 된 가족 배경을 가지고 있었음을 이해하고 공감한다. 네 번째로, 가족 구성원들을 서로 연결하여 반응하도록 질문한다.

아버지가 게으르다고 표현하는 말이 자녀에게 어떻게 들리는지, 어떤 느낌과 생각이 들게 하는지에 대해 질문할 수 있다. 자녀가 자신에 대해 무시하고 야단치는 아버지에 대해 어떤 형상을 가지고 있는지, 또 그런 꾸중을 듣는 자신에 대한 내적 형상과 느낌은 어떤지의 질문을 한다. 이를 통해 자신의 말과 행동이 다른 가족 구성원에게 어떻게 비치는지 그리고 무슨 생각과 느낌을 가지게 하는지를 알도록 한다. 마지막으로, 상담자는 가족 구성원의 말에 너무 이른 공감적 반응을 하지 않도록 하는 것이 중요하다. 즉, 공감의 내용도 중요하지만 공감의 적합한 시점(timing)을 찾는 것이 매우 중요하다. 상담자가 미리 개입하면 가족 구성원이 자신의 감정을 인식하고 탐색하는 데 있어 방해가 될 수 있고, 또한 불편한 감정을 진정시킴으로써(soothing) 그 감정을 비켜 갈 수 있기 때문이다.

3) 해석

대상관계 가족상담에서 해석(interpretation)은 상담의 필수적 기법 중 하나다(Greenberg & Mitchell, 1983: 391). 해석은 관계를 변형시키기 위해 요구되는 관련 맺는 일과 돌봄의 활동이다. 현재 호소하는 가족관계 문제의 원인을 과거 가족 구성원의 어린 시절 부모 혹은 자신을 돌본 사람과의 관계와 관련지어 해석, 이해하게 함으로써 문제의 원인을 알게 하는 방법이다. 예를 들면, 아내가 남편이 다른 사람들과 속닥거리며 재미있게 얘기하는 모습을 보았다고 하자. 아내는 그런 남편의 모습을 볼 때마다 못마땅해 하며 마음으로는 남편이 하찮게 보인다. 다른 사람들은 남편이 자상해서 좋겠다고 하는데 정작 아내는 남편의 그런 행동을 볼 때마다 화가 치밀어 오른다. 상담자는 아내가 남편을 볼 때 치미는 화가 어린 시절 부모와의 관계에서 어머니의 모습임을 관련지어 해석하여 화나는 자신의 감정에 대한 인식을 돕는다. 어머니로 인해 남자에 대한 환상을 가지고 있어서 남편이 그런 모습을 보일 때 화가 남을 이해하도록 한다. 상담자의 해석은 가족 구성원이 현재의 자신의 감정과 행동을 과거 부모와의 관계와 관련지어 해석하여 이해하도록 돕는 역할을 한다. 가족 구성원은 상담자의 해석의 도움을 받아 자신의 행동이 어머니의 생각에 따른 행동이었음을 인식함으로써 문제는 남편의 속닥거리는 행동에 있지 않음을 이해한다.

이상의 해석은 과거에서 원인을 찾아 관련을 지었는데, 해석은 또한 평행선상으로도 가능하다. 예를 들면, 어머니가 아이의 짜증을 견디지 못해 상담자를 찾았다. 어머니는 아이 때문에 미칠 것 같다고 호소한다. 아이의 짜증내는 얼굴을 보면 화가 나서 견딜 수가 없다. 이때 상담자는 아이 엄마에게 짜증내는 얼굴이 아이 이외에 또 누가 떠오르는지 질문한다. 아이의 엄마는 남편의 짜증나는 얼굴을 떠올리며 남편이 늘 짜증을 내고 있음을 말한다. 남편의 짜증내는 얼굴을 볼 때마다 아이 엄마는 기분이 나쁘고 화가 난다고 말한다. 그런데 그동안 표현하지 않고 참아 왔다. 이때 상담자는 짜증난 아이의 얼굴과 남편의 짜증난 얼굴을 평행선상으로 해석해 준다. 즉, 짜증내는 아이의 얼굴로 인해 화가 난다고 엄마가 인식하지만, 정작 짜증내는 남편과 평행선상에서 아이를 보며 자신의 화를 아이에게 투사하였음을 해석할 수 있다. 아이 엄마는 남편에 대해 화나는 자신의 마음을 아이를 보면서 아이의 행동 때문이라고 스스로 생각하고 느꼈던 것이다. 상담자의 이러한 평행적 해석의 과정을 통해 아이 엄마는 자신에 대한 새로운 성찰과 더불어 분리와 통합을 이룰 수 있다.

상담자는 또한 가족 구성원이 상담자 자신에게 투사하는 방식의 관계를 보며 해석할 수 있도록 한다. 가족 구성원은 상담자와 관계를 할 때 자기 안에 형성된 내면적 대상관계의 문맥에서 관계를 하게 된다. 상담자는 가족 구성원에게 내면화되어 있는 내면적 대상에 대한 감정이 상담자에게 투사되어 전달되는 부분이 있는지 인식하고 해석할 수 있어야 한다. 예를 들어, 가족 구성원이 원가족관계에서 권위적인 아버지에 대한 눌림의 경험을 내면화하여 권위적 인물에 대한 공격성을 가지고 있을 때 상담자에게 자신의 공격성을 투사할 수 있다. 이때 상담자는 확인 작업을 통하여 가족 구성원이 자기와 대상 형상에 대해 이러한 투사를 하고 있음을 인식시킬 수 있다. 투사의 해석은 매우 중요하다. 가족 구성원이 내면화한 형상들이 무엇인지, 그리고 자신의 어떤 부분(part) 혹은 모습을 거부하고 있는지를 해석하는 것이 필요하다(Greenberg & Mitchell, 1983: 391). 상담자는 투사하는 가족 구성원에게 다음과 같이 말함으로써 투사를 해석하며 인식시킬 수 있다. "나는 당신이 생각하고 경험한 아버지와 같은 대상이 아닙니다. 당신이 내면화한 아버지의 모습 그리고 당신이 싫어하는 자신의 부분들이 무엇인지 이해하고자 노력하고 있고, 우리가 함께 그 의미 있는 작업을 해 나갈 수 있기를 바랍니다." 이러한 상담자의 접근은 가족 구성원의 투사를 해석하는 데에만 그치지 않고 가족 구성원을 돌보며, 동맹의 관계를 이루고, 가족 구성원이 원가족의 아버지와 경험했던 이전 관계의 재현에서 그치는 게 아니라 더 나아가 새로운 경험의 관계, 즉 변형된 관계를 만들어 갈 수 있도록 한다.

4) 적용과 토론

가족 구성원이 부부 혹은 가족 구성원 간의 분열적 그리고 투사적 상호작용을 상담자의 도움을 받아 인식하고 재해석하여 새로운 관계를 만들어 가는 일은 상담에서 의미 있고 중요하다. 하지만 새로운 관계를 지속하는 부분은 쉽지만은 않다. 가족 구성원은 해석 이후 다시 이전 관계 상태로 되돌아가려는 경향이 있다. 따라서 새로운 관계 형성에 있어서 적용과 토론이 반드시 필요하다. 예를 들어, 가족 구성원이 상담자의 해석을 통하여 자신이 투사함을 알게 되었다. 하지만 또다시 남편이 하는 말이 권위적이라고 느껴지고, 공격하고 싶은 마음이 들었다고 하자. 비록 그것이 아버지에 대한 투사라고 해석하고, 이해는 하였지만 공격의 감정은 쉽게 사라지지 않는다. 이럴 때 상담자는 투사의 해석을 다시 상기시키는 작업이 필요하다. 한 번의 이해와 깨달음으로는 사람의 마음이 쉽게 변화되지 않는다. 문제에 대한 지속적인 적용과 상담자와의 피드백을 통한 상호작용이 필요하다. 또 다른 예로 자신이 화가 났는데, 화나는 자신의 모습(부분)을 받아들일 수 없어서 남편이 화가 났다고 투사를 하였다고 하자. 상담자의 해석을 통하여 남편이 화가 난 것이 아니고 자신이 화가 난 것임을 알았는데도 여전히 남편이 화가 났다는 마음이 든다. 이때 상담자는 아내에게 "남편이 화가 났다고 느껴질 때 혼자서 생각하여 단정 짓지 말고 직접 남편에게 확인해 보세요."라고 지시한다. 남편에게 가서 화가 났는지를 직접 물어보고 그렇지 않다고 하면 자신이 투사하였음을 해석하고 이해하는 방식의 작업을 다시 한다. 한편, 남편이 실제로 화가 났다고 하면 자신이 투사한 것이 아님을 확인하게 된다. 상담자는 가족 구성원이 일상생활에서의 경험을 상담자에게 가지고 와서 말하고 확인받을 수 있도록 한다. 상담자는 가족이 적용에 실패하였을 때 공감하고 다시 노력할 수 있도록 지지해 준다. 이러한 적용과 상담자와의 토론의 과정을 반복하여 나가면서 새로운 내면화 과정이 일어나고 새로운 관계의 형성이 이루어지게 된다.

5. 상담자 역할

대상관계 가족상담에서 상담자는 발달에서 실패한 부분을 분석하여 재중재하는 역할을 한다(Greenberg & Mitchell, 1983: 391). 발달을 이루지 못한 주된 원인 중 하나가 돌봄의 질(quality)이라고 볼 때 상담자가 치료 과정에서 질적 관계를 형성하는 것이 중요하다. 즉, 상담적 관계 자체가 치료적이라고 볼 수 있다. 상담자는 가족 구성원이 이전에 경험하지 못했던 전혀 새로운 관계 세계로의 가능성을 열어 주고 경험하게 한다. 이전에 부모와의 관계가 통제와 공격성이 주된 상호작용이었다면 가족 구성원은 이제 상담자와의 관계에서 존중과 수용을 새로이 경험하게 된다. 상담 과정에서 상담자는 가족에게 새로운 정보와 해석을 제공하게 되는데, 이것만으로 변화가 이루어지는 것은 아니다. 상담자와 가족 구성원의 새로운 상호작용 형성은 가족 구성원에게 새로운 관계로의 문을 열어 주고 다음 단계의 발달을 촉진시킨다. 가족 구성원이 어머니와의 상호작용에서 비난으로 인해 관계에 두려움을 많이 가지고 있었다면 상담자와의 새로운 관계는 비난 없이도 상호작용이 가능하다는 새로운 사실을 경험하게 된다. 가족 구성원은 상담자와의 상호작용을 통하여 관계의 본질을 발달시킨다. 즉, 상담자의 돌보는 행동, 이해 그리고 판단 없이 대하는 마음이 치료의 본질로서 작용한다.

상담자는 가족 간에 상호역동이 일어날 때 중립의 역할을 유지하는 것이 중요하다(김용태, 2000: 265). 상담자가 객관성을 유지해야 가족의 상호작용에서 투사와 전이를 관찰할 수 있기 때문이다. 상담자가 가족의 상호 갈등구조 안에 들어가면 객관적 입장을 유지하기 어렵다. 가족 구성원은 자신이 투사한다는 사실을 인식하지 못하는데, 상담자는 중립의 입장에서 가족 구성원의 투사가 다른 가족 구성원에게 전달되는 과정을 관찰할 수 있고, 투사하는 가족 구성원을 인식할 수 있게 도울 수 있다. 상담자의 중립적 태도는 가족 구성원들이 자신을 탐색하도록 하며, 가족 구성원이 다른 가족 구성원들의 감정과 생각으로부터 자유로울 수 있도록 돕는다. 상담자는 이러한 과정을 통해 가족 구성원들이 다른 사람이 아닌 자신의 생각과 감정을 인식하도록 할 수 있다. 상담자는 가족 구성원이 관계 안에서 드러난 자신의 내면을 탐색하는 과정을 경청하여 주고, 내용들을 해석해 주면서 함께 참여한다. 상담자의 이러한 참여는 가족 구성원에게 새로운 대상의 경험을 동시에 하게 한다.

대상관계 가족상담자는 가족 구성원들과의 상담관계에 있어서 제한선을 설정하는 것이 필요하다(Hamilton, 2007: 286). 상담자는 가족 구성원이 가진 모든 문제의 해답이 될 수 없다. 가족 구성원이 상담자에 대한 기대를 명확히 할 필요가 있다. 상담에 대한 기대가 이상적이면 현실적으로 조절하여야 한다. 가족 구성원이 상담자에게 계속적인 투사와 투사 동일시를 할 경우 상담은 지속되기 어렵다. 예를 들면, 자기애성 성격경향이 강한 내담자인 경우에 이 사람은 계속해서 상담자에게 시비를 걸어서 상담자를 화나게 만들고, 상담자가 무능함을 인식시키려 하며, 자신이 원하는 대로 상담을 주도하려는 경향이 있다. 한편, 경계선 성격경향의 내담자인 경우는 상담 약속을 계속 바꾸기도 하고 자주 취소하기도 할 것이다. 현재 이 두 가지 경우의 내담자는 상담 구조 안에 들어오지 못하고 있다. 상담자는 상담을 시작하기 전 구조화 작업을 분명히 하여야 하는데, 그렇지 못하면 상담 효과를 기대하기 어렵다. 상담자가 자신이 도울 수 있는 한계를 인식하고 가족 구성원들에게도 상담 제한성의 정보를 제공하는 것이 필요하다.

6. 사례를 통한 대상관계 가족상담 적용

상담에 참여한 가족의 기본 자료

내방 경위

큰아이(아들)가 공부에는 관심이 없고 학교를 가지 않으려 한다. 자기 방에서 게임만 하고 전혀 대화도 하지 않으려고 해서 아이 때문에 상담 신청을 하게 되었는데 상담자의 권유로 가족상담을 하게 되었다. 아내는 남편이 아이들을 심하게 때리고 화를 내며 통제한다고 불평한다. 아이들은 아빠가 집에 있으면 두려워하며 말을 하지 못한다. 큰아들은 아빠가 자기한테 하는 행동을 동생한테 한다. 남편은 아이들을 보면 화가 치밀어 오르고, 아이들뿐만 아니라 아내와도 말이 안 통해서 힘들다고 호소하고 있다.

현재 가족

남편(42): 대졸. 회사원. 어릴 때부터 성격이 급하고 욱하는 성격이 있다. 3남 1녀 중 둘째로 태어나 시골에서 살다가 중 2때 도시로 나와서 학교를 다녔다. 큰아이에게 기대가 많은데 아들이 이해가 되지 않는 행동을 할 때 화가 치밀어 올라 때린다. 자라면서 아버지와 말을 하지 않았고, 현재도 가족들과 대화가 잘 되지 않는다. 자신이 화가 나면 밥상을 엎고 아들들을 때렸던 아버지를 무의식 중에 닮았다는 느낌이 든다고 한다.

아내(39): 대졸. 공무원. 1녀 2남 중 맏이로 태어나 딸은 집안일이나 하고 공장가서 돈 벌어야 된다고 주장하는 아버지 밑에서 공장에 가지 않기 위해 열심히 공부하였다. 고졸 후 자신의 뜻대로 대학에 들어갔고 졸업 후 공무원 시험에 합격하여 공무원이 되었다. 친정어머니를 애틋하게 생각하고 친정아버지와는 사이가 좋지 않다. 남편과 자는 것보다 막내인 딸을 안고 자는 것이 더 좋다고 한다. 남편과 대화가 잘 되지 않아 말없이 지내며 육체적으로 항상 피곤하고 지쳐 있다.

아들(15): 중2. 게임을 좋아한다. 시골에서 살다가 초등학교 5학년 때 서울로 이사 왔다. 처음에는 늦게까지 공부도 열심히 하면서 욕심을 냈지만 현재는 공부에 취미가 없다. 친구들과는 대화가 잘 되는데 아빠와 대화가 되지 않는다고 하며 아빠와 말하는 것을 꺼린다. 아빠가 자신을 때린 것에 대한 기억이 생생하고 "아빠가 변하면 나도 변하겠다."고 말한다.

딸(11): 초4. 오빠가 게임하거나 잘못하는 것을 부모한테 일러 준다. 이로 인해 오빠한테 혼나고 얻어맞지만 그래도 눈치 보면서 말한다. 아기 같은 행동을 하고 늘 엄마와 잠을 자려고 한다.

원가족의 가족 배경 및 성장 배경

남편의 원가족

아버지(76): 고졸. 젊은 시절 중소도시에서 상업하다가 지금은 시골에서 농사를 짓는다. 성격이 급하였고 아이들을 많이 혼냈다. 자신이 말할 때 아내가 대꾸하면 밥상을 엎었고 아내가 집 밖에 나가지 못하도록 구속하였다. 남편 내담자는 어린 시절 공부를 열심히 하였는데 이러한 모습이 아버지한테는 좋아 보였던지 다른 형제들에 비해 칭찬을 많이 받았다.

어머니(67): 초졸. 친절하고 다정하며 항상 자녀들을 최우선으로 생각하였다. 노는 것을 좋아했지만 남편의 구속으로 인해 놀러 갔다 오면 부부간에 큰 싸움이 벌어졌다.

형(46): 대졸. 아버지한테 많이 혼나고 자랐지만 어머니의 사랑과 관심을 받아서 동생들의 부러움을 샀다. 고집이 세고 주관이 강하였다. 현재 이혼하여 혼자 살고 있다. 중학교 때 서울로 전학 가서 큰집에서 학교를 다녔다.

여동생(40): 고졸. 차분하고 꼼꼼하며 어린 시절에 집안일을 많이 도왔다. 큰오빠에게 많이 맞고 자랐다.

남동생(37): 대졸. 어렸을 때 큰형한테 맞고 나가서는 친구들을 때렸다. 지금은 회사원으로서 가정적으로도 가장 안정적으로 살고 있다.

아내의 원가족

아버지(73): 중졸. 술을 좋아하고 성격이 급하였다. 아내를 많이 때렸다. 아내 내담자인 큰딸에게 집안일을 하거나 공장에 가서 돈을 벌어 오라고 했다. 남아선호사상을 가지고 있어 큰아들에게 집착하였다.

어머니(68): 중졸. 남편에게 늘 눌려 지냈다. 남편에게 맞고 여러 번 가출하였지만 자식 때문에 살았다고 한다. 아내 내담자인 딸에게 여자도 능력이 있어야 한다고 대학에 가도록 격려해 주었고, 공무원이 되라고 하였다.

남동생 1(37): 대졸. 아버지의 남아선호사상으로 특별대우를 받았지만 아버지의 힘에 눌려 기죽어 살아 왔다. 자기밖에 모르는 자기중심적 특성이 있으며 학교생활에 적응을 하지 못했다. 미혼이고, 직장이 없으며, 집에서 말도 없고 사회생활을 못한다.

남동생 2(31): 대졸. 성격이 강하고 공무원이다. 막내이지만 큰아들 역할을 한다. 친구관계도 좋다.

1) 사례 분석

(1) 기본 정의

가족상담에서 누가 내담자이고 누가 호소 문제를 제기하고 있는지가 중요하다. 이 사례에서는 엄마(아내)가 내담자이고, 이에 따라서 호소 문제는 엄마가 제시하고 호소하는 아들의 컴퓨터 게임으로 정의한다.

- 내담자: 엄마
- 호소 문제: 아들의 컴퓨터 게임

(2) 가족관계 분석

사례를 통한 문제 상황을 종합해 보면 첫 번째는 공유된 가족현실(shared family reality), 두 번째는 통제중심 가족, 세 번째는 문제 대처 방법으로 정리해 볼 수 있다. 이 가족이 함께 공유하고 있는 현실이 무엇인지를 알아보는 일은 상담의 목표를 위한 이전 작업에 속한다. 가족 개개인이 속한 개인의 현실이 있는가 하면 가족 모두가 공통으로 가지고 있는 믿음과 생각, 가치가 있다. 통제 중심의 가족 형태와 아들의 컴퓨터 게임과는 직접적 관계가 있어 보인다. 정서적 지지가 있는 통제와 그렇지 않은 통제에는 큰 차이가 있다. 부모의 강한 통제는 자녀의 공격성을 자극할 수 있다. 가족에 문제가 생기면 그 문제를 가족이 어떻게 대처하는가를 알아보아야 한다. 현재의 대처 방법을 파악하여 그 대처 방법에 문제가 있는지를 살펴볼 수 있다.

- 공유된 가족현실
  - 남아선호사상
  - 여성차별
  - 총애를 받는 남자아이

공유된 가족현실은 남아선호사상, 여성차별, 총애를 받는 남자아이로 요약할 수 있다. 이 가족이 공유하고 있는 현실은 남아선호사상으로 가설을 세울 수 있다. 내담자의 원가족의 역사를 보면 아버지는 아들을 선호하여 장남인 남동생을 총애하였다. 내담자의 원가족에서 아버지가 어머니를 때리고 누르는 등의 여성차별과 가정폭력이 있었고, 이로 인해 어머니는 여자로서 힘든 시간을 보냈다. 여성차별을 느끼며 자란 내담자는 공부에 대한 집착과 관심이 높다. 내담자가 상담을 신청한 이유도 아들이 공부를 하지 않기 때문이다. 내담자의 남편의 가족을 보면 여성차별에 대한 구체적 기록은 없다. 하지만 여러 가지 여성차별적 행동이 보인다. 아버지가 어머니에게 폭력을 행사하고 꼼짝 못하게 한 점, 여동생이 가사일을 도우며 큰오빠에게 많이 맞고 자란 점, 어머니가 전통적 여성처럼 큰아들에게 특별한 사랑을 베푼 점 등으로 볼 때 내담자 남편의 가족에서도 여성차별적 의식을 볼 수 있다. 내담자의 현재 가족에서도 여성차별적 의식으로 인한 역기능적 가족 행동을 볼 수 있다. 남편이 큰아들에 대한 기대가 많다는 점, 남편이 아버지처럼 욱하는 성질을 부리는 점, 내담자가 남편과의 관계에서 자신의 어머니와 반대로 행동하는 점, 내담자의 어머니에 대한 애틋한 마음, 딸을 편안해 하고 잠을 같이 자고 있는 점 등은 내담자의 가족에서도 여성차별적 의식과 관련이 있는 행동을 보이고 있음을 나타낸다. 이러한 부모의 아들에 대한 기대는 관심(긍정적, 부정적)으로 작용하고 과다 통제로 이어진다.

- 통제중심의 가족
  - 정서적 지지의 부족
  - 폭력의 현실

– 공격성

　통제중심의 가족은 정서적 지지, 폭력의 현실, 공격성으로 요약된다. 내담자의 가족에서는 통제중심의 가족 형태가 있어 보인다. 남편은 화를 내거나 때려서 아이를 복종시키려는 방식으로 통제를 한다. 아들도 역시 공격성을 보이고 있다. 아들은 아빠가 변하면 나도 변한다는 방식으로 아빠에 대한 공격성을 표현하고 있다. 딸은 오빠의 잘못한 점을 부모에게 말하여 이득을 얻으려고 하고 있다. 내담자는 자신의 일에 전념함으로써 가족의 문제에서 약간 물러나 있다. 내담자는 남편과 대화를 하지 않는 상태로 따로 남편과 밀착되어 살고 있다. 이러한 형태는 내담자와 남편의 원가족에서도 쉽게 찾아볼 수 있다. 내담자의 아버지와 남편의 아버지는 모두 독재형 통제자들이다. 아내가 말을 듣지 않으면 때리고 통제를 하여서 자신이 원하는 대로 하는 사람들이다. 통제중심의 가족이기 때문에 남편, 내담자의 아버지, 내담자 남편의 아버지는 모두 폭력을 통해서 가족 구성원들을 통제하려고 한다. 통제중심의 가족이기 때문에 정서적 교류가 어려워 보인다. 내담자의 가족은 이미 내담자와 남편 사이에 대화가 거의 없다. 마찬가지로 내담자의 원가족과 남편의 원가족 모두 정서적 지지를 나타내는 대화가 거의 없는 실정이다.

- 대처 방법
  - 공부 안 하는 아들에게 화내는 아빠(내담자의 남편)
  - 차별당한 여자아이(엄마)가 살아남는 생존 방법 중 하나가 능력을 키우는 공부
  - 무기력하고 자존감이 낮은 아이
  - 살아남는 방법으로 환상의 세계로 도피

　이 가족의 문제 대처 방법은 이렇게 네 가지로 정리할 수 있는데, 먼저 아빠는 공부하지 않는 아들에게 화를 냄으로써 문제를 해결하려고 한다. 내담자는 원가

족에서 생존하는 방법 중 하나였던 능력을 키우는 공부에 집중하여 아들에게 공부만을 강요한다. 부모의 이러한 행동으로 인해 무기력감과 낮은 자존감을 경험하는 내담자의 아들은 생존하는 방법으로 컴퓨터를 통한 환상으로의 도피를 하고 있다. 내담자 가족의 여성차별, 통제에 대한 대처 방법은 먼저 일로써 나타난다. 공부는 내담자 가족이 가지고 있는 전형적이며 전통적 대처 방법이다. 남편은 원가족에서 자신이 살아남으려는 방법으로 공부를 하였고 이를 통해서 아버지에게 인정을 받았다. 동일하게 내담자도 원가족에서 어머니와 같은 방식으로 살지 않기 위해서 공부를 하였다. 아버지가 후원을 하지 않았음에도 불구하고 스스로 학비를 벌어 가며 공부를 하였다. 이후 내담자는 공무원이 되어 일을 하면서 살고 있다. 남편은 아들에게도 공부를 강요한다. 아들이 공부를 하지 않으면 화가 치밀어 오르고 아들을 때린다. 공부는 내담자 가족의 대처 방법 중 하나다. 내담자의 아들은 공부에 대한 중압감을 소화하지 못하면서 무기력의 증상을 나타내는 것으로 보인다. 정서적으로 지지가 없고 무기력한 아이들은 이에 대한 대처 방법으로써 환상의 세계로 도피한다. 컴퓨터에 의한 현실은 곧 환상의 세계이고 이곳에서 아들은 자신이 원하는 대로 살고 있는 것으로 보인다.

2) 사례개념화

(1) 분열

내담자의 가족 안에서는 분열이 진행되고 있다. 가족이 공유한 현실에서 보면 여성차별적 의식을 가지고 있으면서 통제를 통해서 자신이 원한 것을 이루려고 한다. 이러한 형태는 공부를 중심으로 이루어지고 있다. 즉, 공부를 잘하는 아이는 좋은 아이고, 공부를 못하는 아이는 나쁜 아이다. 내담자와 남편은 모두 이러한 분열을 공유하고 있어 보인다. 아들은 공부를 잘하지 않음으로 인해서 나쁜 아이로 인식되고 있다. 남편은 공부를 하지 않는 아들을 보며 화가 치밀어 오르고, 폭력을 사용함으로써 자신이 원하는 것을 관철시키려고 한다. 아들은 처음에는 공부를 열심히 하였다고 기록되어 있다. 아마도 처음에는 부모에게 인정을 받기 위해서 공부를 하였으나, 공부에 대한 중압감을 견디지 못하고 있는 것으로 보인다. 아들은 착한 아이로 인정을 받으려다가 포기하고, 이제는 컴퓨터 게임을 하면서 환상으로 도피하고 있는 것으로 보인다. 아들도 자신에 대해서 공부를 하면 착한 아이고, 공부를 하지 않으면 나쁜 아이라고 개념화하고 있을 가능성이 높아 보인다. 현실에서는 나쁜 아이, 즉 힘이 없고 무기력하며 무능력한 아이지만 환상의 세계인 컴퓨터 게임에서는 힘과 능력이 있고 자기 마음대로 하는 아이일 가능성이 높다.

(2) 내사

내담자의 가족 구성원들은 내사를 통해서 내면화를 했을 가능성이 높다. 내담자의 남편은 원가족에서 아버지의 폭력적인 모습을 내사했을 것으로 예상된다. 아버지의 급한 성격과 폭력적 형태는 남편의 마음속에 형상처럼 남아 있을 것이다. 폭력의 대상이 되는 사람은 나쁜 아이로 인식되고 있고 폭력의 대상이 아닌 아이는 좋은 아이로 인식되어 있을 가능성이 있다. 내담자는 공부를 중심으로 자신의 어려움을 극복한 사람이다. 즉, 내담자는 자신의 어머니가 무기력하게 폭력을 당하면서 살아가는 모습을 내사했을 가능성이 있다. 같은 여성으로서 차별을 당하지 않기 위해서 공부를 통해서 이러한 모습에 대한 보상을 하려고 했을 것이다. 여자도 능력이 있어야 하며 공부로서 자신의 능력을 증명하려고 한 삶을 살았다. 이런 면에서 내담자는 아들에게 공부를 강조했을 가능성이 높다. 내담자의 아들은 아빠의 폭력적 모습, 엄마의 공부에 대한 집착 및 강조 등과 같은 모습을 내사했을 가능성이 높다. 공부를 못하는 아이는 나쁜 아이로 내사되고 공부를 잘하는 아이는 좋은 아이로 내사했을 가능성이 높다.

(3) 투사

내담자의 가족에서 많은 투사 현상을 볼 수 있다. 내담자와 남편은 모두 공부를 못하는 아들을 견디기가 어렵다. 자신들의 분열된 모습 속에 공부를 못하면 능력이 없고, 대책이 없으며, 무기력하다고 느낀다. 특히 남편에게 공부를 못하는 아이는 자신의 모습 중에서 야단맞고 혼나며, 설 자리가 없고 대책이 없는 절망적 상태를 반영하는 것이다. 이러한 상태를 견디지 못하는 남편은 자신의 나쁜 상태를 아들에게 투사하고 있다. 아들이 밉고 견딜 수 없으며 아들만 보면 화가 나는 마음은 자신의 나쁜 형상을 반영한다. 남편은 분열된 자기 투사를 하고 있다. 이와 마찬가지로 내담자도 공부를 못하는 아들을 보면서 절망적 상태를 경험하고 있는 듯 보인다. 내담자에게는 공부를 못하는 것은 어떤 것도 할 수 없으며 출구가 없는 상태를 의미한다. 자신은 열심히 공부를 해서 출구를 찾아서 공무원으로서 살고 있다. 그러나 아들이 공부하지 않는 상태를 보이기 때문에 내담자는 절망적이면서 무기력한 상태를 경험하고 있다. 아들은 자신의 분열된 상태를 동생에게 투사하거나 환상의 세계에 투사한다. 아들은 아버지가 자신에게 하던 방식을 그대로 자기 동생에게 하고 있다. 아들은 동생의 모습 중에서 트집을 잡아서 화를 내는 행동을 한다. 이는 자신의 나쁜 모습을 동생에게 투사함으로써 자신이 괜찮은 것 같은 느낌을 가지려고 하기 때문이다. 이러한 투사는 또한 환상의 세계에서도 진행된다. 게임에 매달리면서 자신의 좋은 모습을 부각시키려고 한다. 능력이 있고 힘이 있으면서 자신의 마음대로 하는 게임의 세계는 자신의 좋은 점을 부각시키고 나쁜 점을 감추려고 하는 투사적 관계다.

(4) 투사적 동일시

　내담자는 아들에게 공부하지 않는다고 잔소리를 함으로써 아들을 결국 화나게 만든다. 화가 난 아들은 공부를 더욱더 안 하게 되고, 무기력한 모습을 보인다. 내담자는 자신의 생각 속에 있는 공부 못하는 아이에 대한 나쁜 형상을 아들에게 투사하여 동일시하고 있다. 남편은 공부를 안 하는 아들을 보면 무능력하고 무기력해서 견딜 수가 없다. 그래서 아들을 심하게 때리고 화를 내 버려 아이가 설 자리가 없도록 만든다. 남편은 자신의 생각 속에 있는 공부를 못함으로써 오는 자신의 절망적 상태를 아들에게 투사하여 동일시한다. 아빠의 야단으로 인해 아들은 자신의 무능력함을 느끼고 공부를 더 못하게 된다. 아빠는 공부를 더 시키기 위해서 야단을 쳤는데 결국은 공부를 더 못하는 아이로 만들어 버리게 된 것이다.

(5) 팽창된 자기와 축소된 자기

내담자의 남편은 공부를 못하는 아들을 보면 견디기가 힘이 드는데, 이는 공부를 못하는 아이는 축소된 자기를 나타내기 때문이다. 공부를 못하는 아이는 결국 무능력과 무기력으로 해석되고, 이러한 무능력은 축소된 자기를 다시 확인시키게 되며, 결국 내담자의 남편은 아들에게 이 감정을 투사하기에 이른다. 공부를 못하는 아이는 축소된 자기로서 남편에게는 절망적 상태로 지각되어 스스로를 지탱할 수가 없다. 남편은 공부를 잘했기 때문에 아버지로부터 인정받았으며 공부는 자기를 지탱해 주는 힘이었다. 즉, 공부는 자신이 아버지에게 인정을 받는 통로였으며 공부를 잘하는 아이는 팽창된 자기로 내면에 형성되었다. 공부를 못하는 아들은 내담자의 남편으로 하여금 축소된 자기를 보게 하여서 남편은 자신에 대한 절망적 감정을 투사를 통하여 아들에게 전달하고 있다. 내담자 역시 공부를 잘해야만 능력을 가질 수 있다는 팽창된 자기개념을 가지고 있어 보인다. 아들은 부모의 거부하는 모습에서 작아진 자신의 모습(축소된 자기)에 대한 불안과 두려움을 달래고자 더욱 게임에 몰두하게 된다. 게임 속 환상의 세계에 들어감으로써 자신의 초라한 모습을 잊고 팽창된 자기를 형성한다. 결국 게임이 아닌 현실 세계에서는 더욱더 좌절을 경험하게 되므로 통합된 내면을 이루어 가지 못하게 된다.

3) 상담 목표 설정

- 공부를 못하는 아이와 공부를 잘하는 아이를 통합시키기
  - 가짜 자신을 발견하고 진짜 자신을 형성해 나감으로써 좋음과 나쁨의 통합을 이루어 나간다.

4) 상담 전략

- 가족관계에 참여하기

- 가족 구성원들의 호소 문제를 경청

  → 가족 구성원들 각자의 어려움과 문제를 듣는다.

- 가족이 사용하는 용어를 같이 사용하기

  → 상담자는 가족이 공동으로 사용하는 언어가 무엇인지를 알도록 한다.

- 가족들의 비언어적 행동을 인식하기

  → 가족 구성원들의 행동을 통한 언어들이 무엇인지를 관찰한다.

- 공감을 통한 관계를 형성하기

  → 가족 구성원 간에 서로 공감하는 분위기를 형성하는 데 있어 치료자가 모델을 보여 준다.

• 중립적으로 듣기

  - 가족 구성원들과 골고루 관계 맺기

    → 상담자는 가족 구성원들과의 대화를 어느 한 명에게 치우치지 않고 골고루 할 수 있도록 돕는다.

  - 가족 구성원들 개인의 말하는 양을 조절하기

    → 말을 길게 하는 가족 구성원에게 치료자가 개입하여 말하는 양을 조절한다.

  - 말을 적게 하는 가족 구성원에게 말을 시키기

    → 상담자는 말이 없는 가족 구성원이 누구인지를 관찰하여 질문을 통한 개입으로 말을 하도록 유도할 수 있다.

  - 편안하게 말할 수 있도록 하기

    → 가족 구성원들이 긴장하고 있는지 등을 살피고 수용적 분위기를 통하여 편안하게 표현할 수 있도록 돕는다.

  - 아들에게 위협적인 느낌이 안 들도록 배려하기

    → 상담자는 아들이 편안하게 말할 수 있도록 부모들을 교육시키며 분위기를 조성한다.

- 가족의 투사관계 파악하기
  - 아들에게 왜 화가 나는지를 탐색하기
    → 부모에게 아들에 대해 화가 나는 이유를 물어본다.
  - 내담자의 어머니, 아버지와의 투사관계 탐색하기
    → 내담자의 원가족과의 감정적 관계를 알아보고 투사관계가 있는지 탐색한다.
  - 남편의 어머니, 아버지와의 투사관계 탐색하기
    → 남편의 원가족과의 감정적 관계를 알아보고 서로 투사관계가 있는지 탐색한다.
  - 아들의 투사관계 탐색하기
    → 동생과의 투사관계를 알아본다.
    → 게임에서의 투사관계를 알아본다.

- 해석하기
  - 가족 간의 공감적 반응을 하도록 시범 보이기
    → 상담자는 부모가 아들에게 어떻게 공감적 반응을 보일 수 있는지 직접 보여 줌으로써 부모가 배우고 알 수 있게 한다.
  - 투사의 이유에 대해서 원가족과 관련하여 설명하기
    → 아들에게 투사하고 있음을 인식하게 하고 각자의 원가족과의 관계와 어떻게 관련이 있는지를 설명한다.
    → 상담자가 설명하는 시범을 보이고 따라서 하도록 하게 한다.
  - 화의 역사, 즉 원인적 해석을 하기
    → 내담자와 남편의 원가족과의 관계에서 투사의 원인을 찾아보는 것을 상담자와 함께한다.
  - 평행적 해석
    → 현재 가족 안에서의 비슷한 형상 혹은 상황이 있는지를 탐색한다.

- 관계를 변화시키기
  - 남편의 투사 방식을 아들이 따라서 한다는 사실을 알고 인식시키기
    → 상담자는 남편의 투사 방식을 아들이 동생에게 그대로 따라서 하고 있음을 알게 한다.
  - 부모가 자신을 봄으로써 아들이 아닌 자신의 화를 먼저 조절하기
    → 아들 때문에 화가 난다기보다 자신의 투사가 있음을 알고 자신의 화를 먼저 조절하도록 돕는다.
  - 공부 못하는 아이에 대해서 다른 관점을 가지고 보기
    → 아들의 못하는 점에 초점을 두기보다는 잘 하는 점에 초점을 두고 보게 한다.
    → 아들이 게임을 통해 무엇을 하려고 하는지를 알아보고 탐색한다.

- 새로운 관계 형태를 지속적으로 유지하기
  - 관계 변화에 있어서 어려운 점을 말하기
    → 관계는 오랜 과정을 통하여 형성되었으므로 노력과 인내가 필요함을 알게 한다.
  - 왜 어려운지를 알아보고 토론하기
    → 변화에 어려움이 있는 부분을 치료 장면에서 자세히 말하고 토론한다.
  - 잘할 수 있도록 격려하고 지지하기
    → 치료자는 인내하며 변화를 유지해 갈 수 있도록 가족들을 격려해 주며, 가족 간에도 서로 격려와 지지를 하도록 한다.

제4장
다세대 가족상담

| 서진숙 |

다세대 가족상담은 일반체계 이론과 자연체계 이론을 바탕으로 가족을 하나의 체계로 보고 체계 안에서의 개인의 변화를 꾀하고자 하는 이론이다. 다세대 가족상담은 가족 구성원 한 사람에게만 치료의 초점을 맞추거나 핵가족 체계만을 보는 것 이상으로 원가족(family of origin)의 3세대 이상의 관계를 파악하여 가족의 역동을 이해하고자 하는 이론이다.

다세대 가족상담은 머레이 보웬(Murray Bowen)이 창시하여 지금까지 발달되어 온 이론으로 보웬 이론으로 불리기도 한다. 다세대 가족상담의 특징은 그 이름에서 밝혀지듯이 가족 문제를 바라볼 때 방계가족을 포함하여 3세대 이상의 가족구조와 관계를 분석하고 파악한다는 점이다. 가족상담 분야에서 많이 쓰이는 가계도(genogram) 분석도 다세대 가족상담 이론에 기반을 둔 것이다.

1. 이론적 배경

다세대 가족상담 이론을 뒷받침하는 중요한 배경 이론은 일반체계 이론이다. 체계 이론은 수학과 물리학에서 출발한 이론이지만, 가족관계를 이해하고 가족의 문제를 설명하는 데 많은 도움을 주었다. 체계 이론의 핵심은 "전체는 부분의 합 이상이다."라는 명제다. 이것을 가족에게 적용하면 "가족은 각 구성원들의 합 그 이상이다."라는 명제를 만들 수 있다. 즉, 가족은 각 구성원의 정보만 가지고 이해할 수 없으며, 구성원들 간의 관계나 구성원들이 만들어 낸 규칙 혹은 문화 등 다양한 질적 특성을 통해서 이해할 수 있다는 것이다. 따라서 가족은 하나의 관계망(relationship network)이라고 표현할 수 있다. 관계망 안에서 구성원들의 행동이나 정서는 독립적으로 만들어져 표현되는 것이 아니라 서로 얽혀진 관계 속에서 만들어진다. 예컨대, 십대 자녀의 문제는 흔히 생각하듯이 사춘기이기 때문에 어쩔 수 없이 생겨나는 것이라고 보는 것이 아니라 가족 구성원들 간의 얽혀진 관계 속에 표출되는 체계의 문제라고 보는 것이다.

체계 이론과 연결된 중요한 사고방식은 순환적 인과론이다. 가족관계를 체계 이론의 시각에서 보면 한 사람이 문제의 원인이고 또 다른 사람이 그 결과로서 문제를 나타내는 사람이라고 보기 어렵다. 왜냐하면 가족관계는 단 두 사람만이 만들어 내는 것이 아니며, 연결된 관계망과 가족 문화의 영향을 받기 때문이다. 순환적 인과론은 이처럼 다양한 원인과 다양한 결과들이 존재할 수 있다는 것을 가정한다. 이는 우리가 습관적으로 물들어 있는 단선적 인과론과 다르다. 단선적 인과론은 원인과 결과를 뚜렷이 구분하며 하나의 원인이 하나의 결과를 일으켰다는 방향성을 중요하게 여긴다. 그렇기에 문제가 생겼을 경우 빠른 해답을 찾기 원하는 우리의 습성상 단선적 인과론으로 생각하는 것은 어쩌면 세상을 이해하는 더 용이한 방법일 수 있다. 그러나 이것을 가족관계 안에 적용할 경우, 가해자와 피해자를 찾아내고 구분하는 오류를 범하게 만들 수 있다. 몇몇 예외적인 경우를 제외하고는 가족관계 안에서 가해자와 피해자가 명확히 구분되지 않기 때문이다. 따라서 가족의 문제를 한두 사람이 일으켰다고 비난하기보다는 그 문제가 어떤 체계적 특성 안에서 발생되었는지를 보아야 한다.

체계 이론은 또한 가족이 홀로 존재하는 것이 아니라 더 큰 상위체계와의 관계를 고려해야 한다는 것을 보여 준다. 예컨대, 가족은 남성과 여성의 결합을 통해 구성되고 이들은 하나의 부부체계를 형성한다. 이 부부가 자녀를 낳으면 가족 안에 자녀체계라는 새로운 하위체계가 형성된다. 하나의 가족이 부부 하위체계와 자녀 하위체계로 구성되는 것이다. 이 가족체계는 핵가족이므로 핵가족을 포함하는 방계가족체계가 상위체계가 된다. 그리고 방계가족은 지역사회에, 지역사회는 도시와 국가에 포함된다. 이와 같이 하나의 체계는 그 안에 하나 이상의 하위체계들이 포함되어 있으며, 그보다 더 큰 상위체계에 포함된다. 이것은 가족문제를 바라볼 때 언제나 시대와 문화까지도 고려해야 한다는 것을 의미한다.

보웬의 이론은 진화론에서 보다 직접적인 영향을 받았다. 다윈의 진화론은 체계 이론을 기반으로 하여 자연세계 역시 체계의 특성을 지닌다고 본다. 그래서 다윈의 진화론은 자연체계 이론이라고도 불린다. 각 유기체 혹은 종(species)은 하나의 체계이며, 전체 자연체계의 하위체계가 된다. 체계 간에는 유기적인 상호보완적 관계가 있으며, 그 관계의 질에 따라 환경에 대한 적응성이 달라진다. 더 나아가 적자생존이라는 용어를 통해 하나의 개체 혹은 종의 생존의 중요성을 강조한다. 이것은 다른 의미로 보면 모든 종이 거친 자연환경 속에서 생존하기 위해 본질적 불안을 경험할 수밖에 없다는 점을 내포한다. 보웬은 가족 역시 자연체계 안에 속한 하나의 체계로서 같은 체계적 특징을 가지며 생존과 연결된 불안을 겪을 수밖에 없다고 보았다.

보웬 이론에서 '불안'이라는 개념은 매우 중요하다. 다만 주의할 점은 우리가 흔히 '불안장애'라는 진단명을 통해 이해하는 '불안'과 보웬 이론에서의 '불안'은 그 의미가 완전히 일치하지는 않는다는 것이다. 진화론에서 개체가 생존하기 위해 위험 상황에서 '싸우거나, 도망치거나, 그 자리에 얼어붙는(fight, flight, or freeze)' 과정에서 생기는 불안은 좀 더 동물적인 생존본능에서 비롯된 불안이다. 생존 혹은 생활을 하는 가운데 위협(혹은 위험)이라는 요소는 늘 있기 때문에 보웬 이론에서의 '불안'은 자연체계 속에서 누구에게나 있는 보편적인 현상이다. 생존이나 공격과 관련된 불안은 인간뿐 아니라 모든 동물에게도 있는 변연계(limbic system)의 편도체와 관련이 있다. 편도체가 활발히 움직일 때 인간에게만 있는 전두엽이 제대로 기능하지 못하면 우리는 불안에 휩싸여 반응적(reactive)으로 행동하게 된다. 보웬은 가족 구성원들이 어떠한 위기 상황에서 불안에 휩싸이며 불안을 감당하지 못할 때 문제가 발생한다고 보았다. 반대로 위기 상황에 잘 대처하는 가족은 전두엽의 활동이 왕성하여 불안한 마음을 이성적으로 잘 다스리며, 현명하게 상황에 대처하는 가족이다. 이는 마치 인지주의의 합리적 사고와 비슷하다고 볼 수도 있다. 그러나 보웬이 인간의 고유 뇌 영역인 전두엽의 기능만을 강조하고 감정을 무시한 것은 아니다. 그보다 보웬은 사고와 감정의 통합적인 통찰을 중요하게 생각했다. 사고와 감정의 균형을 보여 주는 개념도 자아분화로서, 불안을 다스릴 수 있는 가장 좋은 방법은 자아분화 수준을 높이는 것이다. 자아분화에 대한 설명은 주요 개념에서 제시할 것이다.

다세대 가족상담 이론 안의 또 다른 진화론의 개념을 살펴보자면 개별성과 연합성이다. 마치 생태계 안에서 생물이 서로 영향을 주고받고 상호보완을 해 주며 발달하는 것처럼 가족 또한 구성원들 간에, 체계들 간에 상호보완성을 가지고 영향을 주고받는다. 그 영향 속에서 하나의 체계 혹은 가족 구성원이 추구하고자 하는 것은 '개별성(individuality)'과 '연합성(togetherness)'이다(Nichols & Schwartz, 2006). 이 두 가지 특성은 서로 상반되는 것으로 하나의 체계는 지나치게 개별성만을 추구해도 전체 사회체계에서 살아남을 수 없고, 지나치게 연합성만을 추구해도 개별적 존재감을 잃어버리므로 건강한 삶을 살 수 없다. 자신이 현재 가족 안에서 원하는 바를 생각한다면 개별성과 연합성 두 가지가 모두 조화롭게 이루어지는 것이 얼마나 중요한지 알 수 있을 것이다. 때로 어떤 가족은 개별성만을 강조해서 위기 상황에 대처하는 능력이 부족하며, 때로 어떤 가족은 연합성만 중시하여 각 개인의 고유한 능력과 자질을 발휘하지 못하는 경우가 있다. 보웬은 생태계에서 다양한 개체 혹은 종이 변화하는 환경에 적응하며 조화롭게 살아가듯 가족 또한 전체 사회에서 기능적인 삶을 영위하기 위해 변화와 적응을 지속하며 살아가야 한다고 보았다.

보웬이 체계 이론의 개념을 적용하여 가족을 이해하려는 시도를 한 것은 가족상담학의 시발점이 된 '정신분열증 가족 프로젝트'를 통해서였다. 보웬은 정신과 의사였으며, 그 당시 대부분의 정신과 의사들이 그러했듯이 주요한 이론적 접근은 정신분석이었다. 보웬은 정신분석을 통해서는 이해할 수 없는 정신분열증환자 가족의 특성을 발견하게 되었다. 그것은 환자와 어머니의 지나친 공생관계로 인해 성인 아들(adult son)이 마치 개인적 자주성이 전혀 없는 사람처럼 행동하는 모습을 보이는 것이다. 이 환자는 가족체계의 정서적 영향력 안에 휩싸여서 자신의 존재감을 드러내지 못했으며, 마치 그의 어머니가 그것을 조정하는 것처럼 보였다. 계속되는 연구를 통해 보웬은 가족이라는 관계체계는 자연체계 안의 다른 동식물과 달리 정서적인 힘에 의해 지배받는 정서적 체계(emotional system)라는 통찰을 얻게 된다. 가족 정서체계는 많은 것을 포함하고 있는데 가족 구성원의 생각, 감정, 꿈, 외모, 유전, 출생순위, 투사, 정서적 역사, 문화, 가족규칙 등이다(Friedman, 1991). 다음에서는 가족 정서체계의 특징을 보여 주는 여덟 가지 주요 개념을 살펴보도록 하겠다.

2. 주요 개념

다세대 가족상담 이론의 주요 개념들은 각기 분리된 것이 아니라 서로 연결되어 있는 개념들이다. 따라서 개념에 대한 충분한 이해를 바탕으로 가족의 문제가 무엇인지, 상담의 방향은 어떻게 잡아 나가야 하는지 알 수 있다. 각 사례는 저마다 다른 이야기를 담고 있는 것 같지만, 모든 가족체계들은 유사한 정서과정과 관계 특성을 보인다. 더 심각한 문제를 겪고 있는 가족과 조금은 가벼운 문제를 갖고 있는 가족의 차이는 상호작용의 질이 다른 것이 아니라 역기능적인 상호작용의 정도(degree)가 다른 것이다. 따라서 보웬 이론의 핵심개념들을 이해하는 것은 우리가 만나게 될 어떤 사례라도 같은 틀로 해석할 수 있으며, 일관성 있게 도울 수 있다는 것을 의미한다.

1) 자아분화

다세대 가족상담에서 가장 중요한 개념은 '자아분화(differentiation of self)'다. 자아분화란 정서적인 부담이나 스트레스를 주는 문제가 발생했을 때에도 불안에 의해 자동적으로 반응하지 않고 온전히 내가 되어 유연하고 현명하게 사고하고 반영(reflection)할 수 있는 능력이다(Kerr & Bowen, 2005). 프리드먼(Friedman, 1991)은 자아분화란 자신의 반응성(reactivity)을 조절할 수 있는 능력이라고 하였다. 자아분화 수준이 낮은 사람은 자신을 보호하기 위해 과도하게 방어적이거나 과도하게 맹목적이 된다. 과도하게 방어하는 사람은 원가족으로부터 스스로를 정서적으로 단절시키면서 문제가 없는 것처럼 생각하지만 자세히 들여다보면 가족에 의해 흔들리는 것이 두려워 피하는 사람이다. 과도하게 맹목적인 사람은 원가족과 융합(fused)되어 자신의 고유한 생각이나 감정을 주장하지 못한다. 융합이란 낮은 자아분화 수준을 가진 사람이 보일 수 있는 다른 사람에 대한 의존 정도다(Papero, 1995). 반면에 자아분화 수준이 높은 사람은 나의 행복뿐 아니라 다른 가족 구성원의 행복도 고려한다. 앞서 설명한 '개별성-연합성'의 개념으로 보면 자아분화 수준이 높은 것은 이 두 가지의 에너지가 적절하게 조화를 이룬 것이라고 할 수 있다.

자아분화는 상당히 이상적인 개념이다. 따라서 '완전한' 자아분화를 이룬다는 것은 불가능한 일이고, 목표하는 바도 아니다. 보웬은 자아분화를 평생의 과제라고 보았으며 이는 상담자에게도 마찬가지로 평생의 과제다. 자아분화는 '수준(level)'이라는 단어와 종종 함께 쓰이기 때문에 자아분화를 하나의 점수 척도로만 이해하려는 경우가 있다. 그러나 이 개념은 좀 더 철학적이며 과정적인 개념으로 '점수'로 측정하여 '점수'로만 이해하는 것이 핵심은 아니다. 다만 대체적으로 자아분화 수준이 높은 쪽에 속하는 사람들과 낮은 쪽에 속하는 사람들의 특성을 구분하는 이유는 자아분화 수준이 사람마다 다르다는 것을 강조하기 위해서다. 〈표 4-1〉은 자아분화의 개념을 이해하기 위하여 자아분화가 많이 이루어진 사람들과 그렇지 않은 사람들이 어떻게 다르게 보이는지를 정리한 것이다.

ㅇㅇㅇ **표 4-1 자아분화 수준에 따른 특성의 차이**

자아분화 수준이 높은 사람의 특성	자아분화 수준이 낮은 사람의 특성
장기적인 관점을 가지고 행동함	주변의 사람이나 사건에 충동적으로 반응하고 당장의 불안만을 해소하려고 함
불안한 상황에서도 자기조절을 하며 자신의 신념에 따라 행동함	불안한 상황에서 자신의 자주성을 유지하지 못함
충분한 사고 과정을 통해 자신의 생각을 펼쳐 나감	주위 사람들에게 맹종하거나 무조건 반항함
객관적인 사실과 주관적인 감정을 잘 구별하며 균형을 이룸	객관적인 사실과 주관적인 감정을 잘 구분하지 못함
다른 사람의 시선이나 평가에 과도한 관심을 보이지 않음	다른 사람의 시선이나 평가에 예민함
다른 사람의 기대보다 자신의 기대가 무엇인지 알고 그것을 충족시키려고 함	다른 사람의 기대를 충족시키려고 과도하게 노력함

　자아분화에 대해 갖는 오해 중 하나는 자아분화 수준을 높이는 것이 마치 가족과 물리적·정서적 단절을 이루거나 독립적으로 사는 것과 같은 것이라고 생각하는 것이다. 그리고 원가족에게 의지하지 않는 것만으로도 자아분화 수준을 높인 것이라고 생각하는 경우도 있다. 자아분화는 단지 '나' 중심으로 살아갈 수 있는 능력을 의미하는 것은 아니다. 오히려 '나'도 희생시키지 않고 '타인'도 희생시키지 않으면서 환경의 요구에 가장 적절하게 대처하는 능력이다. 앞서 이론적 배경에서 밝혔지만 가장 건강한 가족 구성원들의 관계는 개별성과 연합성이 균형을 이루는 것이다. 이는 가족 구성원들 간의 친밀성 그리고 의존성도 필요하다는 것을 말한다.

　그렇다면 친밀하게 보이지만 실제로는 역기능적인 관계는 어떻게 구분할 수 있을까? 이러한 관계는 종종 융합된 관계로 불리는데, 융합된 관계는 불안이나 걱정을 바탕에 깔고 있다. 불안하기 때문에 함께 있고, 걱정하기 때문에 간섭하고, 또 반대로 같이 있으면 자신의 모든 에너지가 그 사람에게 향할까 봐 두렵고 불안해서 때로는 극단적으로 단절하는 등의 모습을 보이는 것이다. 즉, 융합의 관계든 단절의 관계든, 그 밑바탕은 불안이라는 정서적 원천을 가지고 있다. 자아분화는 바로 이러한 불안으로부터 자유로워지는 것이다. 정서적 단절을 이루었던 사람은 좀 더 편안하게 친밀한 관계를 맺으면서, 반대로 지나치게 융합된 관계를 가졌던 사람은 적절하게 안정적인 독립성을 보이면서 자아분화를 이루어 가는 것이다.

자아분화와 관련되어 기억해야 할 또 다른 개념은 과대기능(overfunctioning)과 과소기능(underfunctioning)이다. 과대기능과 과소기능을 하는 구성원들은 모두 자아분화 수준이 높지 않다는 공통점을 가지고 있으나, 나타나는 정서와 행동양식은 매우 다르다. 과대기능을 하는 구성원은 다른 사람의 기대를 모두 충족시키기 위해서 부지런히 움직이고 종종 아낌없는 희생을 한다. 이에 반해 과소기능을 하는 구성원은 보통 상담소나 병원을 찾는 '문제'를 드러내며, 다른 사람들의 요구에 반응하는 것을 매우 버거워한다. 이름에서도 예상할 수 있듯이 과대기능과 과소기능은 대개 짝을 지어 있는 경우가 많다. 여러분의 가족 구성원을 생각해 보라. 아버지가 과소기능을 하는 경우, 어머니는 과대기능을 하면서 힘들어한다(아마 이런 푸념을 들어봤을 것이다. "내가 이렇게 가족들을 위해 희생하는데 아무도 내가 힘든 걸 몰라 준다."). 그리고 자녀들 중 한 명은 과소기능을 하면서 부모의 속을 썩이고, 또 다른 자녀는 과대기능을 하면서 힘든 부모의 위로가 된다. 과소기능을 하는 자녀에게는 과보호라는 반응이 올 것이며, 과대기능을 하는 자녀에게는 때로 무관심이나 방임이라는 반응이 따라올 수 있다. 자녀로서 과대기능을 했던 구성원은 과소기능을 하는 배우자를 만날 가능성이 높으며, 그럴 경우 결혼을 해서도 과대기능을 반복할 수 있다. 과대기능을 하는 구성원은 다른 가족 구성원을 변화시키기 위해 무던히도 애쓰나 실제 변화가 잘 일어나지 않으므로 결국 자신이 피해자라고 생각하게 된다. 과소기능을 하는 배우자나 자녀는 가족 중 누군가가 과대기능을 하면 할수록 더 기능을 안 하려는 모습을 보이며 내현적인 심리 문제, 예컨대 우울증이나 무기력감을 나타내기도 한다. 어떤 경우이든 과대(over)로 혹은 과소(under)로 기능을 한다는 것은 환경적인 요구를 위협으로 받아들여 불안해하고, 그 불안이 각기 다른 반응적 행동을 일으키는 것이다.

2) 정서적 삼각관계

정서적 삼각관계(emotional triangles)는 어느 가족체계에서나 찾아볼 수 있는 기본적인 가족구조 중 하나다. 삼각관계는 안정적이지 못한(갈등이나 무시, 무관심의 형태로 나타남) 관계를 가진 두 사람이 자신들의 관계를 안정적으로 유지하기 위해 제3자를 끌어들여 만드는 관계다. 두 사람은 자신들의 역기능적인 관계에 에너지를 쏟기보다 제3자에게 에너지를 돌리면서 본래의 갈등을 피하고자 한다. 삼각관계가 이루어지는 과정을 삼각화(triangulation)라고 한다. 삼각화가 시작되는 원동력은 2인관계에서의 불안이다. 불안이 전제가 된다는 점에서 삼각관계는 세 사람이 모여서 만드는 단순한 3자관계 이상이라고 할 수 있다. 3자관계에서 만들어지는 세 쌍의 2인관계는 각기 독립적이며, 하나가 다른 하나에 종속되거나 영향을 받지 않는다. 그러나 삼각관계는 두 사람의 관계를 기본으로 하여 출발하며, 이 두 사람은 자신들의 관계를 직접적으로 해결하는 것을 회피한 채 제3자를 이용하여 그 안정성을 유지한다. 겉으로는 2인의 관계가 큰 문제가 없어 보이나, 이는 갈등이 없는 것이 아니라 갈등의 열기가 잠시 얼어붙었을 뿐이다. 삼각관계에서 2인관계는 제3자와의 관계의 질에 의해 영향을 받으며 본래 2인의 관계는 더욱더 역기능적으로 고착된다. 세 사람 간에 유기적인 관계를 맺고 있는 삼각관계는 완강하게 굳어져 해체 불가능하게 보일 수도 있다. 그러나 삼각관계 안에 내표되어 있는 기본적인 체계적 특성 때문에 의외로 한 사람의 변화가 전체 삼각관계에 변화를 일으킬 수도 있다.

가장 대표적인 삼각관계의 예가 바로 갈등이 있는 부부와 자녀가 만드는 삼각관계다. 부부간에 충족되지 못한 기대나 욕구 혹은 분노, 두려움 등이 기능적으로 다루어지지 못한 채 겉으로는 큰 문제가 없는 듯 상호작용을 할 수 있다. 부부 중 한 사람은 아이와 정서적으로 융합되어 아이의 성공이나 행복이 자신의 주요 목표가 되면서 아이의 말 하나 행동 하나에 예민하게 반응한다. 이 경우 나머지 한 사람은 아이와 갈등을 일으키거나 무관심할 수 있다. 삼각관계에 끌어들여진 아이는 부모의 불안을 감당해 내지 못하면서 정서적 · 행동적 문제를 일으킬 수 있는데, 부부는 이에 대해 걱정하면서 연합하는 듯이 보이지만 피상적인 수준에 그치게 된다. 만약 자녀가 두 명 이상일 때 부모와 함께 삼각관계를 이루는 자녀를 제외한 다른 자녀들은 부모의 불안으로부터 상대적으로 자유로워진다. 이것은 문제 있는 부모의 모든 자녀가 문제를 일으키지 않고 때로 건강하게 자라나는 자녀도 있는 이유를 설명해 준다.

물론 제3자가 반드시 가족 구성원이어야 하는 것은 아니다. 남편이 외도를 하는 것도 삼각관계를 이루는 것으로 제3자는 내연녀가 된다. 혹은 사람이 아니라

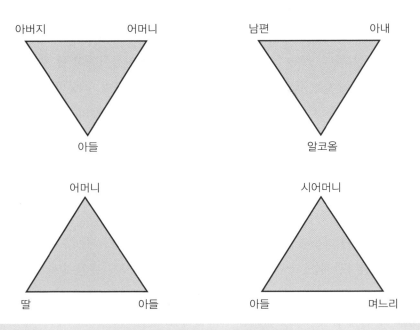

[그림 4-1] 다양한 삼각관계의 예

일중독이나 알코올중독 혹은 쇼핑중독 등도 삼각관계의 한 꼭짓점이 될 수 있다. 그것이 무엇이든 기본적으로 불안한 2인관계를 적극적으로 해결하지 못하도록 하는 것은 삼각관계를 만드는 요소가 된다. 삼각관계는 한 가족에 하나만 있는 것이 아니며 핵가족 내에도 다중으로 있을 수 있고, 원가족 내에 세대 간 다양하게 나타날 수 있다. 많은 경우 삼각관계의 특성이 세대에서 세대로 전수되어 내려오기도 한다(예: 고부간의 갈등).

3) 핵가족 정서 과정

핵가족 정서 과정(nuclear family emotional process)이란 핵가족 내에서 만들어지는 다양한 정서 과정을 의미한다. 대표적인 핵가족 정서 과정은 정서적 단절, 갈등, 배우자의 역기능, 자녀에 대한 투사다. 먼저, 정서적 단절은 다른 가족 구성원들과의 접촉을 최대한 피하고자 하는 모습 속에서 발견될 수 있다. 반면에 갈등은 갈등을 일으키는 상대방과 접촉은 하나 상대방의 잘못만을 계속해서 지적한다. 상대방만 잘못을 고치면 모든 사람이 행복해질 수 있다고 믿는다. 특히 부부간에 갈등이 심해지면 배우자 중 한 명은 심리적·신체적 역기능을 보인다. 신체화 증상으로 병원을 자주 다니거나 우울증이나 불안 등 정신병리적 문제를 드러내기도 한다. 갈등이 있거나 서로 무관심한 부부 사이의 자녀는 부부간의 불안이 투사되어 생활에서의 문제를 일으키며 건강하지 못한 방식으로 부부의 관심을 받게 된다.

이러한 예들은 핵가족 정서 과정이 각각 분리된 특성이 아니라 서로 연결되어(interlocking) 있다는 것을 보여 준다. 다시 말해, 부부간의 갈등, 배우자의 무관심으로 인한 다른 배우자의 심리적·신체적 문제들, 부모의 역기능적 관계로 인해 삼각화가 된 자녀의 무기력함이나 문제 행동 등은 따로 따로 설명할 수 있는 것이 아니라 전체 가족 내에서 체계적인 관점으로 바라보아야 한다는 것이다. 이것은 마치 가족이 하나의 미분화된 정서적 덩어리처럼 움직이면서 그중 취약한 가족 구성원이 문제를 나타내는 것과 같다고 볼 수 있다(Titelman, 2014).

이러한 핵가족 정서 과정은 하나의 세대에서 나타나는 것이지만 이것은 이전 세대에서부터 존재해 온 정서 과정의 결과물이며 다음 세대에도 전수될 수 있다.

4) 가족 투사 과정

가족 투사 과정(family projection process)은 가족 내에서 불안이 투사되는 과정을 말한다. 앞에서 설명한 핵가족 정서 과정 중 부모가 자녀에게 전수하는 불안을 강조하는 것이다. 불안의 수준은 자아분화 수준과 밀접히 관련되므로 다르게 표현하자면 부모의 자아분화 수준이 다음 세대로 전수되는 것이라고도 할 수 있다. 특히 여러 명의 자녀 중 한 사람에게 더 많은 불안이 투사될 경우, 그 자녀의 자아분화 수준은 더 낮아질 수밖에 없다. 때로는 부모가 모든 자녀에게 똑같은 투사를 한다 하더라도 유난히 스트레스에 취약한 아이가 부모의 미성숙한 특성에 더 많은 영향을 받기도 한다(Papero, 1995). 가족 투사 과정이라는 개념에서 주의할 점은 자녀의 문제가 부모로부터 왔다는 일방적인 비난이다. 가족체계 이론 자체가 단선적 인과론을 받아들이지 않고 순환적 인과론을 받아들이기 때문에 아이의 문제가 부모의 잘못이라고 한마디로 정의내릴 수 없다. 부모의 불안이 높고 자아분화 수준이 낮은 것은 부모만의 잘못이라기보다 각각의 원가족에서 내려오는 정서적 흐름이기 때문이다. 다만 가족 투사 과정은 하나의 부모-자녀체계 내에서 이루어지는 투사 과정을 설명하는 개념이다.

5) 다세대 전수 과정

다세대 전수 과정(multigenerational transmission process)이란 원가족의 불안, 자아분화 수준, 그리고 관계 특성이 전세대에서 후세대로 유사하게 이어져 내려오는 과정을 말한다. 핵가족 정서 과정이 한 세대, 하나의 핵가족에서 일어나는 정서 과정을 설명한다면, 다세대 전수 과정은 다양한 정서 과정이 세대에서 세대를 거쳐 어떻게 반복되는가를 보여 주는 개념이다. 다세대 전수 과정은 가족을 이해함에 있어 규칙적이고 예측 가능한 정서 과정이 있음을 전제로 한다 (Kerr & Bowen, 2005). 예를 들어, 아버지가 알코올중독으로 가장의 역할을 제대로 못했을 경우, 이 가정은 여러 가지 갈등과 불안을 안고 살게 된다. 아버지를 비난하는 어머니의 반응, 그리고 아버지를 닮아 비행을 저지르는 아들, 어머니를 위해 자신을 희생하고 모범생으로 자라나는 딸 등은 하나의 정서체계 안에서 유기적으로 움직인다. 이것은 딸이 결혼을 해서 자신의 가정을 만들었을 때 다시 반복될 수 있다. 딸은 무능한 남편을 만나 과대기능을 하며 상대방을 비난하는 역할을 계속하게 되고, 그의 자녀들은 어머니에게 반항하거나 극단적으로 희생적인 모습을 보일 수 있다. 이러한 정서적인 특성들과 그 강도는 마치 과거가 현재에 살아 있는 것처럼 현세대에서 생생하게 나타난다. 물론 세대가 바뀐다는 것은 사회가 발전하면서 가족의 모습도 바뀔 수 있다는 것을 의미한다. 그러나 그러한 변화 속에서도 근원적인 불안이나 자아분화 수준, 그리고 융합이나 정서적 단절은 반복된다. 다세대 전수 과정은 각 세대가 분리된 것이 아니라 하나의 정서적인 흐름 속에 계속적으로 연결되는 과정을 보여 준다. 즉, 문제라는 것이 어느 한 순간 갑자기 발생하는 것이 아니라 이미 가족 속에 잠재적으로 흐르고 있다가 어느 특정 순간에 일어나는 위기나 극단적인 불안 상황으로 인해 찾아오게 되는 것이다.

6) 출생순위

보웬은 자아분화 수준과 출생순위(sibling position)가 관련이 있다고 보았다. 우리는 가정에서 어떤 아이는 왜 다른 아이에 비해 더 많은 취약성(vulnerability)을 가지고 있는가 하는 궁금함을 가진다. 출생순위, 출생 시 부모 간의 부부관계, 출생 당시의 가족 상황, 다른 형제자매와의 나이 차이 등 다양한 요인을 고려해야 한다. 부부가 모두 자아분화 수준이 낮은 상태에서 결혼했을 경우, 대개 결혼 후 불안과 긴장은 첫째 아이에게 많이 투사된다. 첫째 아이는 성인아이처럼 행동하면서 부모의 불안을 잠재우거나 정반대로 문제를 일으키면서 부모가 자신들의 문제는 잠시 미루어 두고 아이에게만 집중하도록 만들기도 한다. 첫째 아이가 모범생 같은 역할을 감당할 경우, 문제를 드러내는 것은 둘째나 셋째다. 만약 자신의 동생이 문제를 일으킬 경우, 첫째는 더욱더 모범생 역할에 집착할 수밖에 없게 된다. 그뿐 아니라 원치 않는 임신이었거나, 출생을 할 때 가족에게 위기 상황이 있었거나, 출산 자체가 의학적으로 매우 힘든 사건이었거나 하는 등의 미리 예견하지 못했던 스트레스가 있을 경우 특정 자녀의 자아분화 수준은 영향을 받게 된다.

7) 정서적 단절

진화론에서 보면 새로 태어난 생명체가 그 부모와 애착을 형성하는 것은 매우 자연스러운 발달 과제다. 애착관계가 충분히 이루어지지 못했다고 생각하는 구성원은 어떤 식으로든 이것을 가족의 관계망 안에서 표현하게 된다. 정서적 단절(emotional cut-off)은 이러한 미해결된 애착 문제를 다루는 방식 중 하나다. 정서적 단절을 하는 구성원은 자신의 (원)가족으로부터 벗어나고자 물리적인 단절을 취하려고 노력한다(Papero, 2012). 물리적인 단절이 이루어질 경우 자신은 문제 많은 가족을 떠나 평온해졌다고 생각한다. 물리적인 단절을 현실적으로 이룰 수 없을 경우에는 한지붕 아래 함께 살면서도 남남인 것처럼 매우 무관심하게 대하며 자신이 독립적인 사람이 되었다고 생각한다. 물리적인 단절이 있든 없든 정서적인 단절은 자아분화 수준이 낮은 것을 의미한다. 가족 구성원들의 요구나 기대에 민감하고 그들의 불안으로 인해 자신의 불안 수준이 너무 높아지기 때문에 자신을 보호하고자 정서적인 단절을 취하는 것이다. 특히 물리적인 단절을 이룬 경우에는 자신의 원가족과 직접적인 상호작용을 하는 것이 아니므로 주체적으로 행동하는 사람이 되었다고 자부하나 이는 잠시 문제를 피한 것에 불과하게 된다. 즉, 미해결된 정서적 과제는 그대로 남아 있는 것이다. 부부간의 경우에도 애착의 문제는 중요하다. 상대방으로부터 충분히 사랑받고 있지 못하다고 느낄 경우 오히려 냉정하게 거리를 두는 반응양식을 보일 수도 있다.

8) 사회적 정서 과정

보웬의 이론에서는 사회적 정서 과정(societal emotional process)이 가족의 정서 과정과 매우 유사하다고 본다. 가족이 하나의 정서체계이듯, 사회도 하나의 정서적 체계(emotional system)라는 것이다. 특별히 한국사회 속에서 흐르는 정서적 영향력과 힘을 생각해 본다면 사회적 정서 과정이 간과할 수 없는 개념임을 알 수 있다. 가족에게 있어 환경에서의 적응이 때로 위협으로 다가오듯이 수많은 사람이 상호작용을 하고 시대의 변화가 끊임없이 이루어지는 사회체계도 때로는 그 건강성을 잃고 여러 가지 사회 문제를 만들어 내기도 한다. 앞서 가족체계에서 설명한 바와 같이 핵심 이슈는 사회가 과연 생존적 불안에 의해 움직이느냐 아니면 사회 구성원들이 서로를 고려하며 최선의 방식을 찾아 움직이느냐이다. 가족들이 모여 하나의 사회를 만드는 것이므로 가족들의 기능성이 떨어지면 전체 사회의 기능성도 약해지게 된다. 반대로 사회 전체가 어떤 위기(예: 자연재해 혹은 경제난)에 부딪히면 사회적 불안이 높아지면서 개개의 가족이 영향을 받는다. 예컨대, 저출산을 해결하기 위해 많은 예산이 쓰이고 있지만 청년 실업 문제와 경제난으로 미래에 대해 부정적 전망을 하는 젊은 세대들이 결혼이나 출산을 기피하고 있다. 이러한 분위기는 하나의 정서적 힘이 되어 계층 간, 세대 간 갈등을 지속적으로 만들어내고 있다.

가족과 사회는 계속해서 서로에게 영향을 미치며 관계양식, 행동양식을 변화시켜 간다. 예컨대, 우리나라의 가장 대표적인 사회적 정서 과정은 바로 교육열이다. 우리나라는 전통적으로 교육을 많이 강조해 왔다. 하지만 일제강점기와 한국전쟁을 거치면서 생존에 대한 불안이 최고조가 되었고, 교육열도 그 강도가 높아져 건강하지 못한 모습으로 나타나게 되었다. 문제는 사회가 불안하면 불안할수록 가족은 더욱더 자녀 중심적이 된다는 것이다(Kerr, 2008). 부모들은 자녀들을 불안한 사회 속에서 보호해야 한다는 생각하에 과도하게 개입하고 걱정한다. 아이들은 부모의 불안을 전수받고 서로를 보호하기 위해 또래 집단의 경계를 분명하게 세우고 몇몇 아이를 따돌린다. 또한 학교에서 문제가 생길수록 학교와 정부의 불안 수준은 높아지게 되며 더 강한 제약과 세부적인 개입을 통해 간섭하려고 한다.

이렇듯 보웬의 이론은 단순히 가족의 개별적인 문제만을 바라보는 것이 아니라 인간이라는 유기체가 전체 사회에서 어떤 영향력을 주고받으며 살아가는지를 보고자 한다. 따라서 보웬의 이론은 가족 문제뿐 아니라 사회 문제에도 적용 가능한 이론이라고 할 수 있다.

3. 상담 목표

다세대 가족상담에서 추구하는 목표가 무엇인지 알기 위해서는 먼저 이 이론에서 문제를 무엇이라고 보는가에 대한 이해가 선행되어야 한다. 보웬은 가족체계가 세대에서 세대로 전수되어 오는 불안을 감당하지 못할 때 가족 구성원 중 한 명 혹은 그 이상에게 어떤 증상이 나타난다고 보았다. 이 증상은 외현적이어서 다른 사람에게 쉽게 관찰될 수도 있고, 내현적이어서 숨겨져 있을 수도 있다. 또한 증상은 한 세대의 한 명 이상의 구성원에게 나타날 수도 있지만 똑같은 영향을 받았음에도 불구하고 한 명에게만 문제가 드러날 수도 있다. 이는 구성원들 간의 특성과 관계의 질에 따라 차이를 보이는 것이다. 특히 가족 구성원 중 자아분화 수준이 낮은 사람이 있다면 그 사람이 원가족의 문제에 가장 민감하게 반응할 가능성이 높다.

그렇다면 이미 세대 간 어떤 정서 과정이 전수되었어도 상담서비스를 찾을 정도로 문제가 드러나지 않던 것이 하나의 시점에서 왜 갑자기 문제가 발생하는 것일까? 그것은 현 시점의 위기 상황을 만났을 때 가족체계 안에 내재되어 있던 불안이 감당할 수 없이 커져 버리기 때문이다. 위기 상황은 갑작스러운 사고나 사건이 될 수도 있지만 가족생활주기의 전환점도 될 수 있다. 예컨대, 청소년기나 청년기의 전환점은 그동안 안정적이었던 가족체계를 크게 뒤흔드는 시기가 된다. 특히 물리적인 거리를 둘 수 있는 청년들은 자신이 원가족으로부터 분리되었다고 생각하나 실제로는 여전히 원가족의 정서적 힘에 좌지우지되는 경우가 많이 있다. 이 경우 물리적인 거리를 두었던 자녀가 다시 원가족을 방문했을 때 예전과 똑같은 갈등 양상을 보이게 된다.

다세대 가족상담에서의 상담 목표는 각 구성원의 자아분화 수준을 높이는 것이다. 다세대 가족상담은 가족상담 이론 중에서 가족의 체계적 특성을 가장 강조하는 이론이지만 역설적으로 그 체계를 변화시키기 위해 초점을 두는 것은 바로 개인 구성원의 자아분화 수준이다. 원가족 전체를 변화시키는 것보다는 각 구성원이 원가족의 영향력으로부터 자유로울 수 있도록 돕는 것이 훨씬 더 효과적이라고 보는 것이다. 그리고 구성원들의 변화는 곧 체계의 변화를 의미하므로 한 사람 한 사람의 자아분화 수준을 높여 간다면 궁극적으로는 원가족의 문화가 변할 수 있다고 본다. 이는 타인을 비난하거나 가족에 대해 무관심해하는 것을 벗어나 내가 가족 안에서 담당하는 역할이 무엇인지, 나와 각 가족 구성원 간의 관계는 어떠한지를 살펴볼 수 있는 능력을 갖는 것을 의미한다. 또한 자아분화 수준을 높이기 위해서는 원가족에 대한 충분한 이해가 선행되어야 한다. 원가족에 대한 이해가 높아지면 한 사람에게 모든 비난의 화살을 돌리던 것에서 벗어나 나와 다른 가족 구성원과의 상보적 관계, 그리고 원가족체계의 특성과 문화 등의 큰 그림을 보는 시각을 갖게 된다.

자아분화 수준을 높이는 것은 내담자가 자신의 사고와 감정을 구분할 줄 아는 능력을 갖는다는 것을 의미한다. 다른 말로 표현하면 자동적인 정서적 반응성을 줄이고 사려 깊게 생각할 수 있는 능력을 높이는 것이다(Papero, 2012). 이것은 결국 내담자의 원초적 불안 수준을 낮추게 된다. 자신의 생각이 이성적인 사고에 의한 것인지 아니면 단순히 상황에 대한 감정적 반응에서 나온 것인지 구별하는 것은 문제에 대한 통찰을 이끌어 낼 수 있는 중요한 기초가 된다. 자아분화 수준이 높아지면 불안한 상황에서도 자신의 마음속에 어떠한 정서적인 흐름이 있는지, 그것이 어떠한 배경에서 나오는 것인지를 인지적으로 이해할 수 있다. 마이클 커(Michael Kerr)는 가족관계에서 보이는 상호작용의 과정과 그 안에서 자신이 담당하는 역할이 무엇인지를 객관적으로 관찰할 수 있는 능력을 정서적 객관성(emotional objectivity)이라고 하였다(Kerr, 2008). 정서를 부정하고 억압하는 것이 아니라 오히려 그것을 이해하고 받아들이면서 기능적인 방법으로 정서를 다루고자 하는 것이 그 핵심이다. 이러한 과정 속에서 감정적 불안의 반응이 줄어들게 된다.

다음으로 중요한 상담 목표는 가족관계의 변화다. 대표적인 역기능적 가족관계는 삼각관계이므로 삼각관계를 해체하고 본래 갈등이 있었던 2자 간의 관계를 개선시키는 것이 중요하다. 많은 경우에 불안한 두 사람의 관계를 지속시키기 위해 포함되는 제3자가 실질적인 증상을 나타내므로 문제를 나타내는 제3자에게만 집중하는 것이 아니라 삼각관계 전체에 개입하는 것이 필요하다. 이는 또한 제3자가 삼각관계에 머물러 있지 않고 자유로워질 수 있도록 제3자의 분화 수준을 높이는 것을 통해서도 이루어질 수 있다. 이 밖에도 정서적 단절이 있거나 심한 갈등이 있을 경우 원가족체계 내에서 역기능적인 관계를 개선해야 한다.

자아분화 수준이 높아지고, 불안이 줄어들며, 삼각관계에서 벗어나게 되면 원가족의 정서적인 힘으로부터 자유로울 수 있게 된다. 원가족의 역기능적인 모습들이 단기간에 해결되지 못할 수는 있으나, 상담을 받는 내담자는 그 문제로 인해 이전만큼 크게 감정적으로 동요되지 않게 된다.

4. 상담 기법

다세대 가족상담이 정신분석 이론과 비슷한 점 중의 하나는 정신분석 이론이 인간에 대한 이해가 매우 깊은 반면, 기술적인 상담 기법이 많지 않은 것처럼 다세대 가족상담도 가족에 대한 이해가 깊은 반면, 기법은 세세하지 않다는 것이다. 실제로 보웬은 기법을 가치가 없다고 생각했다(Nichols & Schwartz, 2006). 그 이유는 상담을 '자기탐색 과정'이라고 보기 때문이다. 상담의 목표는 상담자가 이해하는 원가족의 관계 특성, 자아분화 수준, 가족구조 등을 내담자가 스스로 깨달을 수 있도록 돕는 것이다. 즉, 행동적 변화보다 통찰을 강조하고, 통찰이 충분히 이루어지면 행동하고자 하는 동기가 생기게 되어 실제적인 행동 변화가 나타난다고 보는 것이다.

내담자가 통찰해야 하는 것은 자기 자신의 분화 수준, 감정적 대응의 패턴, 그리고 삼각관계 등의 구조적 특징 등이다. 내담자 가족이 자신과 원가족에 대해 충분한 통찰을 이루면 위기 상황에서 본능적인 불안에 지배당하지 않으며, 현명한 판단력과 사고력을 활용할 수 있다. 또한 문제가 있을 때 문제가 있는 사람만 바라보는 경향이 있는데, 보다 더 큰 안목에서 문제를 이해할 수 있다. 구체적인 증상을 가지고 있지 않다 하더라도 가족의 문제가 만들어지는 데 자신이 어떤 기여를 했는지 그 역할을 파악할 수 있다. 종종 가족의 문제를 '가해자-피해자' 구도로 분석하는 경우가 있으나, 다세대 원가족이라는 숲을 바라보면 일방적으로 누군가를 비난하는 것에서 벗어날 수 있다. 또한 수동적인 피해자에서 능동적인 변화 주체자로서의 역할을 시작할 수 있다.

다세대 가족상담 이론은 행동주의처럼 기술적인 기법이 다양하지는 않으나, 보웬의 제자들은 자아분화 수준을 끌어올릴 수 있는 여러 가지 방법을 고안했다. 예컨대, 베티 카터(Betty Carter)는 원가족에게 편지를 쓰게 하거나 원가족을 방문하도록 했고 필립 게린(Philip Guerin)은 갈등이 있는 부부에게 평소와는 정반대의 방식으로 갈등에 대처해 보라는 '관계 실험(relationship experiment)'을 고안했다(Nichols & Schwartz, 2006). 그중에서도 다세대 가족상담 이론의 가장 대표적인 상담 기법이라고 불릴 수 있는 것은 다음의 가계도와 과정 질문이다.

1) 가계도

가계도는 보웬이 가족도(family diagram)라는 이름으로 가족체계의 정보를 수집하면서 시작된 기법이다. '가계도(genogram)'라는 용어를 사용하기 시작한 것은 보웬의 제자이자 동료였던 게린이었다. 이후 맥골드릭과 동료들(McGoldrick, Gerson, & Shellenberger, 1999)은 가계도의 목적과 사용 방법, 분석 방법 등을 체

계적으로 정리하였다. 여기에서는 가계도의 기본적인 개념과 사용법에 대해 간
단하게 설명하도록 하겠다.

가계도는 다세대 가족상담 이론과 분리될 수 없는 기법이다. 다세대 가족상
담은 미시적인 이론이기보다 거시적인 이론으로 서너 명의 가족 구성원들의 특
성과 관계를 보는 것 이상으로 3세대 이상과 방계가족의 특성을 두루 살펴본다.
만약 가계도 같은 기법이 없다면 우리는 마치 경찰이나 변호사가 된 것처럼 정
보를 수집하는 데에만 많은 시간을 할애해야 할지도 모른다. 그리고 정보를 충
분히 수집했다 해도 정보의 홍수에 빠져 혼란스러울 수 있다. 가계도는 다세대
가족체계를 효과적으로 이해하기 위해 하나의 그림으로 가족 구성원의 특성과
관계양상을 보여 주고자 하는 것이다(McGoldrick, Gerson, & Shellenberger, 1999).
가계도를 통해서 상담자는 내담자와 함께 여러 가지 관점을 보여 주고 가설을
세우며 가족의 상황을 전체적인 그림 안에서 볼 수 있도록 돕는다. 가계도는 반
드시 한 회기에 끝내야 하는 것은 아니며, 대체적으로 초반 1~2회기에 기본적
인 정보와 관계도를 그린 후 상담을 하면서 내용을 수정하거나 첨가한다. 가계
도를 그릴 때는 내담자와 함께하는 것이 바람직한데, 내담자는 자신의 원가족
에 대한 이해가 늘어나면 늘어날수록 정서적인 흐름도 스스로 통찰할 수 있게
된다.

가계도에 포함되는 내용은 우선 내담자를 중심으로 위로 3세대에 걸친 가
족 구성원들의 관계도다. 즉, 누가 누구의 아들/딸이며 형제자매인가, 그 부모
는 누구인가 등 마치 족보 그림을 보는 것 같은 관계 그림이 필요하다. 각 가
족 구성원(남성은 네모, 여성은 동그라미로 표시한다)을 그리고 나면 기본 인구학
적 정보(성별, 나이, 결혼/이혼/별거 연도, 사망 연도, 학력, 종교 등)를 첨가한다. 무
엇보다 중요한 것은 관계 특성을 보여 주는 선을 추가하는 것이다([그림 4-2] 참
조). 관계 특성을 보여 주는 선을 그릴 때는 세대에서 세대로 반복되어 전수되는
정서 과정이 있는지 확인하는 것이 중요하다. 예컨대, 삼각관계가 반복되어 나
타날 수 있으며 부모-자녀 간 정서적 단절이 반복되어 나타날 수도 있다. 또한
고혈압이나 암 등의 질병도 반복되어 나타날 수 있다. 유전적인 문제라 할지라

도 그것이 결국 가족의 문화와 규칙에 영향을 미치므로 관심을 가지고 탐색해야 한다.

물론 모든 가족 구성원의 자녀 수나 결혼 연도, 종교, 학력, 사는 지역, 질병 등을 알 수는 없다. 그리고 가족에 대해 잘 모르는 것 자체가 상담자에게는 정보가 될 수 있고, 내담자에게도 통찰을 가져오는 계기가 된다. 가계도는 상담 과정 내내 사용되는 기법이므로 부족한 정보가 있을 경우에는 내담자에게 요청하여 다른 가족 구성원과 만나 가족에 대해 물어보도록 할 수 있다. 이러한 만남은 정보 수집 뿐 아니라 정서적 단절을 해결하는 시초가 되기도 한다. 또한 적극적인 정보 수집을 통해 원가족을 객관적으로 바라볼 수 있는 주체성을 가지므로 자아분화 수준을 높이는 데 도움이 된다.

주의할 점은 가계도가 반드시 객관적이면서 정확한 정보만을 담아야 하는 것은 아니라는 점이다. 특히 관계에 대한 평가는 가족 구성원마다 다를 수 있다. 구성원들의 생각이 다를 경우에는 상담을 요청한 사람 혹은 문제를 가장 많이 가지고 있는 구성원을 중심으로 하여 관계 패턴을 그린다. 또한 가계도를 그리다 보면 상담자도 내담자도 문제 중심으로 가족의 모습을 생각하게 되는 경우가 있다. 가계도는 세대에 걸쳐 어떤 역기능이 존재해 왔는가를 보는 것도 중요하지만, 여러 가지 위기 상황이 있음에도 불구하고 어떤 회복성을 가지고 스트레스에 대처해 왔는가를 찾는 것도 중요하다. 또한 앞서 세대 간 반복의 패턴이 중요하다고 했는데 반복되지 않는 특이사항도 주의해서 보아야 한다. 예를 들어, 대부분의 가족이 불교인데 한 명의 자녀만 기독교라고 했을 때 이 자녀는 원가족과의 관계가 편하지 않을 것임을 예측할 수 있다. 만약 한 명만 박사학위가 있고 나머지 가족들은 대부분 고졸 학력에 농촌에 거주한다면 이 정보는 우리가 가족관계에 대한 가설을 세우는 데 도움을 줄 수 있다.

무엇보다 가계도를 사용할 때 가장 유의해야 할 점은 상담자가 가계도를 '채우기 위해서' 정보를 구하지 않는 것이다. 가계도는 상담자의 만족을 위해서 만들어 나가는 것이 아니라, 상담자가 내담자의 가족을 체계적으로 이해하고 궁극적으로는 내담자 스스로가 체계적 시각을 가지며 자아분화 수준을 높이기 위한 것이 되어야 한다. 가계도는 평가 도구인 동시에 내담자의 변화를 일으킬 수 있는 도구가 된다. 따라서 가계도를 사용할 때는 상담자의 융통성이 필요하며, 내담자가 취조당하는 느낌을 받지 않도록 부드러운 태도로 접근할 필요가 있다. 가계도를 그리는 구체적인 방법과 과정은 제10장에서 더 자세히 언급하고 있다.

2) 과정 질문

과정 질문(process questions)이라는 용어에서 '과정'이란 우리가 일상생활에서 쓰는 의미인 '무엇이 되어 가는 움직임이나 정도'를 말하는 것이 아니라 '내 마음속의 생각이나 감정의 흐름, 혹은 체계 간이나 구성원 간의 유기적 관계의 움직임'을 의미한다. 다른 말로 표현하면 관찰 가능한 혹은 관찰되지 않는 모든 종류의 상호작용의 흐름이라고 할 수 있다. 과정 질문은 내담자로 하여금 자신의 가족 구성원들이 서로 어떤 유기적인 관계에 있는지 그 상호작용의 특성을 통찰할 수 있도록 돕는 질문이다. 이것은 정서적 과정을 상담 장면에서 실행해 보여 주는 것이 아니라 과정 자체에 대해 이야기하고 생각해 볼 수 있도록 하는 것이다(Papero, 1995). 예컨대, 아내에게 "남편이 아이를 심하게 혼내고 있을 때 어떤 마음이 드나요?"라는 질문은 단순히 아내의 마음속을 들여다보는 것이 아니라 가족 내 상호작용에 대한 생각과 감정을 물어보는 것이다. 혹은 남편에게 "아이가 공부도 안하고 게임만 하고 있을 때 어떻게 대처하시나요?"라고 물어보면서 남편과 아이와의 상호작용을 탐색할 수 있다. 단순히 2인이나 3인관계를 벗어나 4인 이상의 관계에 대해서도 과정 질문을 할 수 있다. 예를 들면, 아내에게 "큰아이가 게임만 한다고 아빠에게 혼나고 있을 때 동생은 무엇을 하고 있나요? 그런 모습을 보면 마음속에 어떤 생각이 드나요?"라고 물어볼 수 있다. 이 질문은 4인 가족 구성원의 상호작용 혹은 과정(process)을 모두 담고 있다. 과정 질문은 결국 내담자가 가족의 '체계적 특징'에 대해 깨닫고 한두 사람만을 비난하는 것에서 벗어나 체계 전체를 바라볼 수 있도록 도와주면서 과정의 변화를 꾀하도록 하는 것이다. 또한 질문에 대해 답을 하는 동안 내담자는 반응적인 불안을 느끼는 것에서 벗어나 자신의 인지적인 기능을 활용할 수 있는 시간을 갖는다. 따라서 상담자가 어떤 질문을 하는가는 매우 중요하다. 상담자의 질문에 따라 내담자가 가족체계의 관계 특성을 더 분명하게 깨달을 수도 있고, 반대로 여전히 사고와 감정이 구분되지 못한 채 불안에 반응적으로 움직일 수 있다.

3) 개인상담과 부부상담

가족상담은 원칙적으로 가족 구성원 모두가 참석한 가운데 이루어지는 상담을 의미한다. 그러나 1인 이상 가족 구성원이 모든 회기에 참석하는 것은 현실적으로 쉽지 않다. 가족상담 이론에 따라 여러 명의 가족 구성원 참석을 필수로 하는 경우도 있으나, 다세대 가족상담에서는 참석하는 가족 구성원의 수가 그리 중요하지 않다(Papero, 2012). 개인으로 상담을 받는 경우에도 얼마든지 다세대 가족상담 이론을 적용할 수 있다. 왜냐하면 상담을 요청한 개인을 통해 가족의 체계를 바라보고 내담자와 체계의 변화를 동시에 꾀할 수 있기 때문이다. 따라서 상담에 대해 여전히 소극적이며 부정적인 입장(예: 상담실에 가면 뭔가 자신의 잘못이 드러나지 않을까 하는 생각)을 취하는 우리나라 풍토에서 잘 활용될 수 있는 이론이 바로 다세대 가족상담이다. 내담자 한 명과 함께 원가족의 가계도를 그릴 수 있으며, 가계도를 완성하기 위해 다른 가족 구성원들을 만나면서 원가족의 정서적 흐름과 문화로부터 객관적이 될 수 있고 자신의 분화 수준을 높일 수 있다. 다만 주의할 점은 상담자가 만나고 있는 내담자의 이야기가 모두 객관적인 사실일 것이라고 가정하지 않는 것이다. 내담자가 한 명일 경우 상담자가 내담자의 가족체계를 볼 수 있는 창구는 하나인 것이다. 내담자가 한 명이라는 이유로 내담자가 하는 이야기에 빠져 버리면 내담자를 '피해자'나 '문제의 주원인'으로 '간주'하고 가족체계를 바라보게 되면서 체계적 관점을 잃어버리게 된다. 상담자는 내담자가 어떠한 이야기를 하든 미시적인 관점에서 벗어나 거시적인 관점으로 가족체계를 바라볼 수 있도록 노력해야 한다.

다세대 가족상담은 부부상담에도 매우 효과적이다. 상담 전문가뿐 아니라 비전문가도 부부의 연합이 단순히 남성과 여성의 연합이 아니라 남성의 가족과 여성의 가족의 연합이라는 것을 잘 알고 있다. 다시 말해, 원가족에 대한 이해가 부부를 이해하는 데 기초가 된다는 것이다. 실제로 보웬은 핵가족 정서 과정 중에서 부부관계에 대한 정서 과정(부부 갈등, 배우자의 역기능 등)을 강조했다. 다세대 가족상담 이론을 기반으로 한 부부상담에서 가장 중요한 점은 부부와 상담자가 삼각관계를 형성하지 않는 것이다. 갈등이 있는 부부는 제3자(혹은 제3요소)와 이미 삼각관계를 이루고 있을 가능성이 많다. 상담에서 도와줄 영역 중 하나는 삼각관계를 벗어나 남편과 아내의 관계가 안정적으로 회복되는 것이다. 그런데 때로 상담자의 자아분화 수준이나 개인적 경험에 따라 부부의 이야기를 들을 때 한쪽 배우자에게 정서적으로 더 민감하게 반응할 수 있다. 이는 부부가 모두 상담에 오지 않고 배우자 한 사람만 왔을 경우에는 더 그렇다. 이때에 상담자가 이 부부와 함께 또 다른 삼각관계를 형성한다면 삼각관계의 제3요소만 달라질 뿐 부부관계 회복에 어려움이 생길 수밖에 없다. 또한 부부상담을 받는 부부들은 대개 갈등이 극에 달해 행동과 언어가 감정적이 되는 경향이 많다. 따라서 상담실에서는 가능한 한 서로가 언성을 높이지 않고 객관적인 사고를 할 수 있도록 돕는 것이 중요하다. 이를 위해 가계도나 과정 질문 등의 상담 기법 등이 사용될 수 있다. 언쟁적이지 않은 대화를 통해 부부는 관계 안에서 자신이 담당하고 있는 역할이 무엇인지, 그리고 각자의 원가족의 영향이 현재 부부관계에 어떻게 나타나고 있는지를 이해하게 된다.

5. 상담자 역할

대부분의 상담 이론에서 상담자의 역할이 중요하지만, 다세대 가족상담에서는 더욱더 상담자의 역할이 중요하다. 상담자의 역할이 중요한 것은 상담자가 기법적으로 무엇을 많이 제공하고 실행해서라기보다 자아분화 수준이 높은 존재가 자아분화 수준이 낮은 가족과 함께 상호작용을 한다는 자체로서 의미가 있는 것이다. 상담자가 보웬 이론을 얼마나 잘 이해하고 적용하고 있는가는 그 상담자가 자신의 자아분화 수준을 얼마나 높였는가와 일맥상통한다. 즉, 상담자의 자기 개발과 상담 실제가 구분될 수 없다는 것을 의미한다. 보웬은 이러한 개념을 스스로에게 적용해 아주 오랜 기간에 걸쳐 자신의 원가족을 분석할 뿐 아니라 자아분화 수준을 높이기 위한 다양한 활동을 했다(Titelman, 2014). 이는 치료자의 자아분화 자체가 상담기법이 되기 때문이다(Friedman, 1991). 실제로 상담자의 분화 수준이 높지 않다면 상담자는 내담자의 호소를 들을 때 감정적인 반응을 보이기 쉬우며 이러한 반응이 자신의 원가족 문제로부터 기인할 수 있다는 통찰을 하지 못한다. 감정적인 반응이 주를 이룰 경우 내담자의 통찰을 적극적으로 돕지 못하고 내담자와 융합이 되거나 정서적 단절을 이루려는 등의 역기능적인 태도가 만들어질 수 있다. 또한 가계도를 그리고 분석하는 능력은 지속적인 임상 경험과 관심을 통해서 발달할 수 있음에도 상담자가 자신의 원가족을 분석해 보지 않고 내담자의 가계도를 이해하려고 시도한다는 것은 약점을 안고 상담하려는 것과 같다. 따라서 다세대 가족상담을 적용하는 상담자는 자신의 자아분화 수준을 높이기 위해 끊임없이 노력해야 한다.

다세대 가족상담의 상담 목표 중 하나가 이성적인 사고를 통해 원가족체계를 파악하는 것이므로 상담자 역시 정서적으로 반응적(reactive)이기보다는 이성적이며 객관적인 태도를 취하는 것이 좋다. 상담자의 궁극적인 목표는 상담자가 볼 수 있는 원가족체계의 모습과 현재 문제 간의 관계를 내담자 스스로도 볼 수 있도록 돕는 것이다. 따라서 때로는 원가족의 관계 특성이나 문화, 가족의 규칙 등을 지시적으로 보여 주고 분석의 틀을 제공해 주기도 한다. 이것은 상담자가 코치나 컨설턴트의 역할도 담당할 수 있음을 보여 준다. 또한 가족 구성원이 다수로 참석했을 경우에는 여러 명에게 동시에 질문하고 토론하는 식보다는 일대일로 질문하고 답을 듣는 방식을 취한다.

자아분화 수준이 높은 상담자라면 삼각관계의 특성을 역으로 이용하여 내담자들과 삼각관계를 이루면서 체계를 변화시킬 수 있다. 체계의 특성 중 하나는 한 사람이라도 변화하면 그 체계 안에 있는 다른 구성원들이 영향을 받는다는 것이다. 따라서 인지적 기능을 잘 활용하면서도 관계를 잘 맺는 상담자가 내담자 가족체계 안에서 덜 감정적으로 반응하고 인지적으로 사고하는 것을 보여 주면 구성원들이 점차 객관성을 갖게 된다. 이것을 치료적 삼각관계(therapeutic triangle)라고 한다. 치료적 삼각관계에서는 내담자들과의 라포를 잘 형성하면서도 내담자들이 가지고 있는 불안에 휩싸이지 않도록 객관성을 잘 유지해야 한다. 객관성을 유지하는 방법 중 하나는 내담자들이 말하는 내용에 집중하기보다는 내담자들이 보여 주는 상호작용이나 의사소통 양식 등 과정(process)에 집중하는 것이다. 또 다른 방법은 상담 기법에서 소개한 과정 질문을 하는 것이다.

6. 사례를 통한 다세대 가족상담 적용

다세대 가족상담에 대한 이해를 돕기 위해 이 책에서 공통으로 사용하는 사례*를 중심으로 하여 이론 적용을 하고자 한다. 이 사례는 15세 큰아들(가계도에서 네모가 두 개 그려진 IP)이 공부도 하지 않고 학교도 가려고 하지 않으며 방에 틀어박혀 게임만 하여 의뢰가 된 사례이다. 다세대 가족상담에서는 큰아들의 증상을 '큰아들만의 문제'로 보지 않고, 큰아들의 핵가족 그리고 방계가족의 정서 과정의 산물로 본다. 이를 이해하기 위해 큰아들로부터 위로 3대에 걸친 정보를 수집하며 가계도를 완성한다. 여기에서 이미 주어진 내방 경위와 가족 배경을 중심으로 가계도를 그려 보면 [그림 4-2]와 같다.

---

* 사례에 대한 기본 자료는 제3장의 104~106쪽을 보기 바란다.

1) 주요 개념의 적용

가계도를 살펴보면 큰아들의 원가족에는 정서적 단절, 융합, 통제 등 역기능적 관계양식이 주를 이루는 것을 알 수 있다. 먼저, 큰아들의 부모는 정서적 단절이라는 역기능적 부부관계를 보이고 있다. 부부관계가 역기능적이라는 것은 부부간의 관계가 불안정하여 자녀와 삼각관계를 이루기 쉽다는 것을 의미한다. 이 가족에서는 엄마가 딸과 융합이 되면서 아빠, 엄마, 딸 간의 삼각관계가 만들어졌고, 아들과는 갈등과 통제의 형식으로 삼각관계가 형성되었다. 부부간 관계가 건강하지 못할 때 배우자 중 한 사람은 말을 잘 듣는 한 명의 자녀와 융합하거나, 혹은 말을 잘 듣지 않는 자녀에게 불만을 토로하면서 갈등관계를 만든다. 이때 갈등관계가 되는 자녀는 다양한 생활 영역에서 '문제'나 '증상'을 보이게 되는데, 이러한 문제는 정서적 단절이 되어 있는 부부가 서로 의사소통을 하

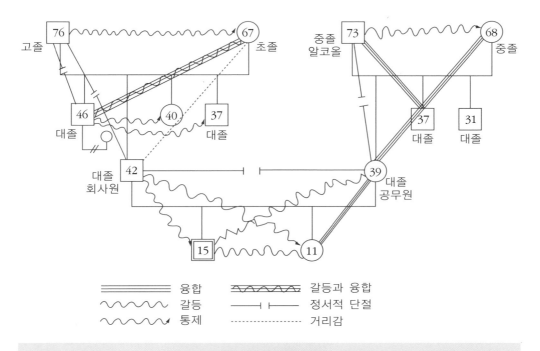

[그림 4-2] 가계도의 예

게 되는 하나의 기회가 된다. 따라서 어떤 면에서는 자녀에게 문제가 있는 것으로 인해 정서적 단절이 되어 있는 부부가 자녀 문제를 가지고 그나마 대화를 하게 되는 것이다. 또한 자녀에게 문제가 있을 때는 부부간의 문제는 잠시 잊어버릴 수 있으므로 자녀의 '문제'는 가족체계를 '유지하는 기능'을 하게 된다.

아들의 입장에서는 핵가족 구성원 중에서 어느 누구도 자기편이 되어 주지 않으므로 게임에 중독되거나, 자신이 힘을 발휘할 수 있는 유일한 존재인 동생을 괴롭히거나, 정서적으로 단절하는 등의 정서 과정을 보이게 된다. 이 모든 것은 큰아들의 자아분화 수준이 매우 낮으며 더 나아가 부모의 자아분화 수준도 낮음을 보여 준다. 즉, 가족 투사 과정이 나타나고 있는 것이다. 그렇다면 왜 여동생이 아니고 큰아들이 더 낮은 자아분화 수준을 가지고 '문제'를 일으키게 되었을까. 이는 큰아들을 임신했을 때의 상황, 출생했을 때와 큰아들을 양육할 때의 부부관계, 원가족 상황 등에서 어떤 위기나 스트레스가 있었는지를 살펴보아야만 더 정확히 알 수 있다. 일단 가계도를 보았을 때는 이미 자아분화 수준이 낮은 상태에서 부부가 결혼을 했기 때문에 두 사람 간에 흐르는 불안이 가장 먼저 태어난 아들에게 더 많이 투사되었을 것이라고 가설을 세울 수 있다. 또한 큰아들의 나이를 보았을 때 사춘기 시기이므로 가족생활주기의 전환기가 위기로 다가왔을 수 있다고 볼 수 있다.

이 사례에서 발견되는 중요한 개념은 많은 정서 과정이 세대에서 세대로 전수되고 있다는 점이다. 가계도에서도 여러 가지 다세대 전수 과정을 찾을 수 있는데, 우선 부부간의 관계가 역기능적이며 이에 따라 삼각관계가 형성되어 왔다는 점이다. 큰아들의 친가쪽 원가족을 살펴보면 친할아버지 부부는 강한 통제와 순응의 상보관계를 갖고 있었으며, 친할아버지는 친할머니뿐 아니라 가족들을 모두 통제하며 왕처럼 군림하려고 했다. 친할머니는 남편과의 갈등에 대처하는 방식으로 장남과 융합되어 장남에게 불안을 투사했고, 장남의 자아분화 수준은 매우 낮아져 결국 장남의 이혼에 영향을 미치게 되었을 것이라고 추측된다. 장남은 어머니가 아버지에게 늘 구박받고 살았기 때문에 자신이라도 잘하려는 마음은 있으나 자신의 성공이나 행복에 너무 일희일비하는 어머니의 모습 때문에 때로는 화도 내게 되었다. 이는 단순히 융합뿐 아니라 때로는 갈등의 모습으로도 나타나게 되는데, 이는 자아분화 수준이 매우 낮은 사람들 간에 보일 수 있는 관계양식이다. 친할아버지의 태도는 큰아들의 아빠가 가족들을 통제하려고 하는 모습으로 전수되었다. 친할아버지의 지나친 통제와 폭력은 자녀들 간의 관계에도 영향을 미쳐 장남이 동생을 통제하려는 모습으로 전수되었고 이는 현재 큰아들과 여동생의 관계에도 전수되었다. 친할머니는 남편과의 갈등에 대처하는 방식으로 장남과 융합되어 장남에게 불안을 투사했고 장남의 자아분화 수준은 매우 낮아져 결국 장남의 이혼에 영향을 미치게 되었다.

큰아들의 외가쪽 원가족을 살펴보면 친가쪽 원가족과 비슷하게 외할아버지가 외할머니를 통제하고 외할머니는 순응하면서 그 불안과 갈등을 모두 장녀(큰아들의 엄마)에게 투사하는 삼각관계의 모습을 볼 수 있다. 장녀는 아버지에게 맞고 구박받는 친정어머니에 대해 구원자적인 역할을 해야 한다는 강한 집념으로 과대기능을 하는 딸이 되었다. 그리고 친정아버지와 정서적 단절로 미움과 불안을 해소하려고 해 왔다. 친정아버지는 장녀보다는 장남에게 더 많은 관심을 기울이면서 모든 에너지를 장남에게 쏟아 왔다. 즉, 외할아버지 부부간의 역기능이 두 개의 서로 다른 삼각관계를 만든 것이다. 친정어머니의 불안을 고스란히 전수받은 큰아들의 엄마는 자신의 아버지와는 다른 좋은 남자를 만나야 한다는 마음이 강했으나, 오히려 그것이 더 큰 불안을 만들면서 현재의 단절된 부부관계가 형성되는 데 영향을 미쳤다.

2) 상담 목표

다세대 가족상담 이론을 적용한 이 사례의 상담 목표는 내담자 가족의 자아분화 수준을 높이고 불안을 낮추는 것이다. 이와 함께 여러 가지 삼각관계에서 벗어날 수 있도록 도와야 한다. 가장 직접적인 영향을 미치는 삼각관계는 큰아들과 큰아들의 아빠, 엄마가 만드는 것이므로 아빠, 엄마의 부부관계를 건강하게 만들면서 자신들의 불안을 큰아들에게 투사하지 않도록 하는 것이 중요하다. 큰아들은 사춘기 시기여서 자아가 성장하는 과정에 있으므로 자신에 대한 탐색을 깊이 있게 하면서 개별성과 연합성의 조화를 이루도록 도와야 할 것이다. 또한 여동생도 함께 상담을 하면서 여동생이 할 수 있는 역할에 대한 탐색도 잊지 말아야 할 것이다. 이를 통해 가족 구성원 모두가 자아분화 수준을 높이면서 가족의 위기가 왔을 때 불안으로 대처하는 것이 아니라 이성적인 사고를 통해 유연한 대처를 할 수 있도록 도와야 한다.

3) 상담 기법

다세대 가족상담 이론을 적용할 때는 깊이 있는 탐색과 통찰을 이끌어 낼 수 있도록 융통성 있는 상담 진행을 할 필요가 있다. 처음부터 모든 가족 구성원을 참여시키는 것은 불안과 긴장을 조성할 수 있으므로 개별 회기와 부부 회기, 그리고 가족 회기를 적절하게 조화시키는 것이 좋다. 다만 가계도는 일관성 있게 하나를 만들면서 서로가 가족에 대해 어떤 다른 시각을 가지고 있는지 볼 수 있도록 한다. 가족 구성원 중 자아분화 수준이 너무 낮다고 판단이 될 경우, 개별 회기를 여러 차례 가지면서 더 많은 탐색과 통찰을 가질 수 있도록 도와야 할 것이다. 가계도와 더불어 과정 질문 등 앞서 설명한 기법을 사용할 수 있다. 그러나 가장 중요한 도구는 상담자 자신이므로 상담자가 삼각관계에 휘말리거나 가족의 불안을 높이지 않도록 유의해야 하며, 스스로의 분화 수준을 높일 수 있도록 해야 한다.

제5장
경험적 가족상담

| 한재희 |

경험적 가족상담(experiential family counseling)은 체계 이론과 의사소통 이론을 중심으로 하여 개인의 자기성장과 가족원 간의 상호존중감 및 의사소통을 증진시키기 위한 경험적 성장 모델이다. 경험적 가족상담자는 현재 가족이 지니고 있는 특정한 갈등과 행동양식에 적합한 경험을 지금-여기에서 제공함으로써 가족원 간의 경험적 관계를 촉진시키고 개인의 성장이 이루어지도록 돕는 것이다. 따라서 경험적 가족상담은 가족원들에게 통찰이나 교육적 설명을 해 주기보다는 가족원의 자아성장을 위한 잠재적인 욕구와 관계적 변화를 위한 감수성을 높이고, 진정성과 개방성을 바탕으로 한 일치적 의사소통의 경험을 제공하려고 노력한다. 가족원에게 제공되는 경험은 가족 구성원이 자의적으로 자신의 내면을 열어 보일 수 있는 기회 및 표현의 자유 등을 포함한다. 경험적 가족상담자는 가족 구성원들의 현재적 상황에 초점을 맞추고 있다. 즉, 지금-여기에서 경험되는 가족상담자와 가족 구성원 그리고 가족 구성원들 사이에 순간순간 일어나는 상황을 중시한다. 경험적 가족상담의 대표적인 인물로 칼 휘태커(Carl Whitaker)와 버지니아 사티어(Virginia Satir)가 잘 알려져 있다. 특히 사티어는 성

장적 경험의 과정을 연습하는 것이 치료라고 강조하였으며, 가족상담자는 가족 구성원들이 성숙한 인간으로 성장하는 데 도움을 주어야 한다는 성장 모델을 강조하였다.

1. 이론적 배경

1) 이론 형성의 역사적 배경

경험적 가족상담은 실존주의적 철학과 인본주의적 인간관을 바탕으로 개인의 정서적 경험과 가족체계에 대한 이중적 초점을 강조하는 접근이다(이영분, 김유순, 신영화, 최선령, 최현미, 2015). 특히 경험적 가족상담은 자아존중감과 의사소통 유형을 이론적 기반으로 하여 체계론적 상담 이론과 기법을 확립하였다. 경험적 가족상담은 무엇보다도 가족상담자와 가족 구성원 그리고 가족 구성원들 사이에 지금-여기에서 매순간 일어나는 경험과 상황을 중시하였으며, 이러한 경험을 통해 성장이 촉진된다고 보았다. 이러한 경험을 촉진시키기 위해 경험적 가족상담자들은 가족조각, 빈의자 기법, 심리역할극, 가족그림, 신체접촉 등의 다양한 표현 기법을 활용한다.

대표적인 경험적 가족상담자로는 칼 휘태커와 버지니아 사티어를 들 수 있다. 가족상담에 있어서 두 사람 모두 상담 현장에서의 직접적인 체험과 가족의 변화를 위해 상담자가 직접적으로 개입하는 것에 대한 공통점을 지니고 있다. 그러나 방법에 있어서 서로 다른 입장을 견지하고 있다. 임상적 경험을 통해 가족이 정신질환의 기본적 원인임을 확신한 휘태커는 치료적 초점을 내담자뿐만 아니라 가족의 성장에 맞추었다. 두 명의 상담자가 공동작업할 것을 적극적으로 권장한 휘태커는 내담자 가족의 변화를 위하여 상담자 자신이 개방적으로 진솔해야 한다고 주장하였다(정문자, 정혜정, 이선혜, 전영주, 2012). 따라서 휘태커는 상담자인 자신을 적극적으로 활용하여 가족 구성원과 실존적 관계에서의 개인적 만남과 은유적 기법을 활용하였다. 그는 이러한 자신의 상담적 접근을 상징적 가족상담으로 정의하였다.

반면, 사티어는 가족상담의 현장에서 내담자 가족이 정서적 경험을 나누고 가족 구성원 간의 의사소통을 개선하는 것에 강조점을 두었다. 사티어는 위스콘신 대학교에서 교육학을 전공하고 6년간 초등학교 교사로 근무하였다. 그 후 그녀는 1948년 시카고 대학교 대학원에서 사회사업을 전공하여 임상사회사업가로 활동하던 중 많은 임상적 경험을 통해 가족체계에 대한 관심을 가지게 되었다. 특히 사티어는 1955년 일리노이 정신의학연구소의 회원으로 있으면서 가족상담에 대한 지대한 관심을 갖게 되었다. 또한 그녀는 1959년 돈 잭슨(Don Jackson)이 설립한 MRI(Mental Research Institute)에 합류하여 의사소통 가족상담에 대하여 체계적이고 심층적인 연구를 수행하였다. 그러나 1960년대 중반기에 사티어는 인간 성장 운동에 더 깊은 관심을 기울이게 되었으며, 1966년 캘리포니아 빅서(Big Sur)에 있는 에살렌 연구소(Esalen Institute)를 이끌기 위해 MRI를 떠났다. 에살렌 연구소에서 사티어는 인본주의적 개념을 바탕으로 강의와 훈련을 하면서 성장 모델을 개발하는 데 많은 관심을 가졌다.

1960년대 후기부터 사티어는 성장 모델(growth model)을 발전시켰는데, 이 모델은 경험적 과정에 초점을 두었다. 이는 가족상담자와 가족이 함께 힘을 모아 가족의 상호교류를 촉진시켜 성장을 자극하는 것이다. 특별히 사티어의 주요 관심 사항은 가족 구성원의 자존감과 자기가치, 가족 구성원의 상호존중감을 증진시키는 의사소통의 질과 양상, 가족의 행동과 규칙, 가족 구성원이 사회와 어떻게 연결되어 있는가 등에 관한 것이었다(한재희, 2006a). 사티어 사후 현재는 그녀의 후계자인 존 밴맨(J. Banmen)을 중심으로 하여 사티어의 성장 모델이 지속적으로 발전 · 보급되고 있다.

2) 철학적 기초 및 이론적 가설

경험적 가족상담은 가족에게 통찰적 설명이나 해석을 해 주기보다는 가족의 특유한 갈등과 행동양식에 적합한 경험을 제공하려고 노력한다. 경험을 제공한다는 것은 가족 구성원이 자발적으로 자신을 개방할 수 있는 기회, 의사소통 및 표현의 자유, 개인적 성장을 위한 시도를 지금-여기에서 수행할 수 있도록 격려하는 것을 의미한다. 경험적 가족상담에서 상담자는 어떤 경험을 제공하든지 간에 과거에 몰입하기보다는 현재에 초점을 맞추고 있다.

무엇보다도 사티어는 가족상담의 철학적 기초로서 현상학적인 안목과 인본주의적인 입장을 견지하고 있다. 따라서 사티어는 경험적 가족상담에서 삶에 대한 긍정적인 사고를 통해 가족 구성원에게 소망과 용기, 그리고 가능성을 부여해 주고자 하였다. 그녀는 인본주의적 세계관에서 제시하는 것과 동일하게 인간을 기본적으로 실현 가능성을 지닌 선한 존재로 인식하였다. 경험적 가족상담에서 이러한 인간의 자아실현 가능성은 경험을 통해 가족 구성원의 잠재력이 개발되고 강화될 때 성장할 수 있다고 가정한다. 따라서 성장 모델의 경험적 가족상담자인 사티어는 가족 구성원 각자의 독특한 가능성을 깨닫게 하기 위해 가족의 경험과 가능성을 확장시켜 주어야 한다고 보았다.

이 밖에도 사티어의 경험적 가족상담 모델은 자아심리학, 학습 이론, 의사소통 이론, 일반체계 이론 등 다양한 이론을 기반으로 하고 있다. 무엇보다도 인간은 내면의 감정을 선택하고 스스로 통제할 수 있으며, 자신의 의사를 결정할 수 있는 권한과 능력이 있다. 학습은 이러한 인간의 잠재적 능력을 가능하게 하며, 인간은 학습을 통해 다르게 느끼고 반응하며 행동할 수 있다. 그러므로 경험적 가족상담의 주요한 상담 목표 중 하나는 가족 구성원들이 스스로 자신의 감정과 관계양식의 선택적 결정권자가 되도록 하는 것이다.

경험적 가족상담에서 자아존중감과 효과적인 의사소통은 서로 깊은 관련이 있다. 의사소통 역시 학습되며 의사소통의 유형과 교류 방식은 변화될 수 있다. 따라서 자아존중감의 향상은 의사소통 유형의 효과적인 변화를 촉진시키는 원동력이 된다. 또한 사티어는 과거에 대한 수용이 현재의 자신을 성장시킬 수 있는 능력이 된다고 주장하였다. 원가족 역사에 대한 긍정적 수용은 현재의 나를 발전시킬 수 있는 기본적인 역량이 된다. 가족의 성장을 위해서는 부모의 역기능적인 모습이나 문제 해결 방식을 비난하기보다는 부모의 인간적인 모습과 그 수준을 이해하고 수용하는 것에 초점을 두어야 한다.

2. 주요 개념

경험적 가족상담에서는 경험이라는 용어가 의미하는 것처럼 이론적인 접근보다는 가족이 직접 깊이 교류하는 것을 통한 변화에 관심을 갖는다(김유숙, 2015). 이러한 가족원의 경험에서 사티어는 무엇보다도 자아존중감과 효과적인 의사소통의 상호 관련을 중시하고 있다. 사티어는 자아존중감과 효과적인 의사소통 능력이 비례한다는 점을 강조하며, 이에 따른 가족체계와 가족규칙을 점검한다. 사티어는 건강한 가정의 조건으로 양육과 지지, 정서적 성숙 등을 강조하면서 이것을 위한 중요한 요인을 의사소통으로 보았다. 경험적 가족상담에서는 역기능적인 가족의 공통적인 문제를 가족들의 낮은 자아개념과 자기존중감, 이중적이거나 모호하고 솔직하지 않은 의사소통, 매우 엄격하고 융통성이 결여된 가족규칙, 매우 강하게 통제하며 폐쇄적인 가족체계 등으로 보고 있다(김혜숙, 2016). 사티어의 경험적 가족상담에서 중요하게 취급하는 개념인 자아존중감, 가족체계, 가족규칙, 의사소통 유형을 살펴보면 다음과 같다.

1) 자아존중감

자아존중감(self-worth or self-esteem)이란 개인이 자신에 대해 가지고 있는 태도 속에 표현되는 개인적인 가치판단을 뜻하는 용어다. 이는 일반적으로 자신이 중요하고 유능한 존재이며 사랑받을 만한 가치 있는 존재라는, 즉 자신의 소중함에 대한 자신의 심리적 태도를 의미한다. 사람은 기본적으로 자아존중감 없이는 심리적으로나 대인관계적으로 성숙한 모습이 될 수 없다. 사티어는 결혼관계에 있어서도 자아존중감이 낮은 부부는 스스로에 대해 부정적인 감정을 쉽게 가지며 자신의 배우자를 존중하지 못한다고 설명하였다. 이러한 자아존중 감의 기본적인 틀은 발달의 생애초기 단계에서 이루어지며, 일반적으로 부모와 의 관계에서 학습되고 발달하게 된다. 따라서 자녀의 낮은 자아존중감의 주된 원인은 미성숙한 부부관계다. 가족체계에서 가장 중요한 관계는 부부관계로서 부부간에 문제가 발생할 때 어떤 형태로든 역기능적인 부모됨이 초래되고, 이로 인해 가족의 낮은 자아존중감과 가족 내 IP(identified patient)를 발생시키는 원인 이 된다(Reiter, 2016). 사티어의 경험적 가족상담은 개인의 낮은 자아존중감을 회복시켜 자신의 가치를 인정하고 자신의 장점을 인식시켜 자원으로 활용할 수 있도록 도와준다. 성숙한 자아존중감을 위한 조건으로 사티어는, 첫째, 자신에 대한 가치의식, 즉 개인으로서 개성이 있고 가치가 있다고 하는 확신감, 둘째, 자신이 남자 또는 여자로서의 느낌을 수용하는 성에 대한 자아정체의식(sense of self-identity), 셋째, 다른 사람과의 동질성과 차이점에 대한 인식과 수용, 넷 째, 다른 사람과의 상호작용, 다섯째, 가족 내에서의 상호적이고 성숙한 의사소 통 등을 언급하고 있다(한재희, 2006a).

2) 가족체계

사티어는 가족체계(family system)를 폐쇄체계(closed system)와 개방체계(open system)로 나누어 구분하였다. 가족의 역기능을 유발하는 폐쇄체계는 가족이 외 부세계와 단절되어 변화를 허용하지 않는 특징이 있다. 따라서 폐쇄체계의 가 족은 외부세계의 상황과 무관하게 동떨어진 가족체계를 형성하고, 더 나아가 가족 구성원 간에도 상호작용이 막혀 있다. 이러한 가족체계에서는 억압과 복 종, 신경증적 의존, 권력 그리고 죄책감에 지배되며, 의사소통은 비난과 회유 그 리고 간접적이며 불명료한 특징이 있다. 이러한 폐쇄체계는 가족체계에 변화 가 올 때 지탱하기 어려울 정도로 균형이 깨진다. 폐쇄체계의 가족은 가족 구 성원들 간에 서로 경계하고 적대적이다. 즉, 거리감(distance)이 있고 분화감 (differentiation)이 없다. 또한 가족 구성원 간에 힘의 불균형으로 인해 힘이 약한 개인은 통제감(control)을 느끼며 수동적이다. 이들 간에는 이중적 메시지를 전달하여 가족 구성원 간의 불신감, 좌절감, 거절로 인한 자존감 저하, 자기가치에 대한 의심 등을 경험하게 된다.

반면, 개방체계는 상호작용 및 반응이 상황의 변화에 적절히 적응하며 융통성이 있다. 이 체계는 가족의 욕구에 적응하는 신축성 있는 규칙이 있고, 현실적이며 가족 구성원의 자기존중감이 대체적으로 높다. 의사소통에 있어서는 직접적이고 명료하며 수평적인 특징이 있다. 개방체계의 가족은 가족 구성원 간의 문제를 건설적으로 해결하고, 융통성이 있으며, 서로에게 도움을 주고자 한다. 건강한 가족의 구성원들은 서로 간에 관심과 따뜻함을 경험한다. 가족 구성원들 간에는 감정이입적이며, 신뢰감을 갖고 있다. 이들의 대화는 솔직하고 개방적이며, 이 가운데 유머와 즐거움이 있다. 또한 의사소통에 있어 즐거움과 성취뿐 아니라 슬픔, 상처, 분노 등 모든 감정을 이야기할 수 있다. 그리고 가족 구성원 각자의 개별성도 인정한다(한재희, 2006a).

3) 가족규칙

가족규칙은 원가족에서 가족 구성원 사이에 경험한 행동 및 태도, 관계적 반응이 내면화된 것으로서 가족 구성원의 행동을 지배한다. 이러한 규칙은 가족 내 분명하고도 명시적인 요소만이 아니라 암묵적으로 학습되며 대인관계적 태도와 습관, 가치체계, 교육 방식, 의사소통 유형 등 개인의 내면적 규범과 대인관계 행동을 통제한다. 규칙은 사람들의 공동체에서 자연스럽게 형성되고 학습되며 전수된다. 일반적으로 부모는 자라면서 자신이 어렸을 때 원가족에서 배운 규칙을 현재의 가족에 적용하게 된다. 이러한 가족규칙이 합리적일 경우, 적절한 양육 환경을 제공하여 인간의 성장을 촉진시켜 주는 역할을 한다. 하지만 가족규칙이 비합리적이고 적절하지 않을 경우 가족 구성원, 특히 자녀에게 혼란과 갈등을 유발하며 성장을 방해하고 낮은 자아존중감을 형성하는 요인이 되기도 한다. 사티어의 성장 모델에서 가족상담자는 가족규칙을 면밀하게 살펴보면서 현재 가족이나 가족 구성원 각자에게 미치는 영향을 점검한다. 대부분의 가족규칙은 무의식적 행동처럼 매우 자연스럽게 적용되기 때문에 주의 깊은 탐색 과정이 필요하다. 또한 개인의 성장과 가족의 기능에 방해가 되는 가족규칙은 적절하게 수정되어야 한다. 가족상담자는 가족 스스로 규칙이 타당한지를 질문하고 평가하며, 그 규칙이 역기능일 경우 거부할 수 있도록 돕는다. 가족규칙을 평가하기 위한 지침으로는 인간적으로 가능한 규칙인지, 상황에 맞게 변동 가능한 융통성이 있는 규칙인지, 차이에 대한 수용적 규칙인지, 가족 내 정보공유와 비밀과 관련된 문제가 발생되지 않는 규칙인지, 경험과 감정의 개방적 표현이 이루어지는 규칙인지 등에 대한 것이다(이영분, 김유순, 신영화, 최선령, 최현미, 2015).

4) 의사소통과 유형

의사소통(communication)은 사람들이 메시지를 교환할 때 사용되는 모든 암시와 상징을 포함하는 상호작용으로서 언어적 의사소통과 비언어적 의사소통을 모두 포함한다. 한 개인이 보여 주는 의사소통은 인간 상호작용의 관계 수준과 개인적 특성을 잘 드러내 주고 있다. 또한 가족관계 내에서 가족 구성원들의 의사소통은 가족체계를 유지하는 기본적인 요인으로서 의사소통이 단절되면 가족체계는 더 이상 존재하기 어렵게 된다.

사티어는 가족체계를 이해하는 과정에서 상호작용의 핵심적 요소로 의사소통에 초점을 두었다. 가족 상호 간의 의사소통은 단순히 자신의 생각이나 의사를 전달하는 상호적 교류의 방식만이 아닌 일종의 생존 방식으로 원가족에서 습득된 것이다. 따라서 의사소통은 개인이 인간관계의 긴장과 갈등을 처리하는 과정에서 타인이나 상황에 대해 대처하는 독특한 방식이 될 수 있다.

특히 사티어는 역기능 가족들과 만나는 수많은 임상적 경험을 통해 가족 구성원들이 일관성 있는 의사소통을 하지 않는다는 사실에 주목했다. 이러한 특성은 언어적 메시지와 비언어적 메시지의 불일치, 행동과 말의 불일치, 실제 원하는 내면적 의도와 표출되는 말의 불일치 등으로 나타난다. 사티어는 의사소통의 여러 가지 특성과 요인을 종합하여 네 가지 역기능적 의사소통 유형과 기능적인 의사소통 유형 한 가지로 분류하여 설명하고 있다. 역기능적 의사소통 유형은 회유형, 비난형, 초이성형, 산만형으로 분류되며, 기능적 의사소통 유형은 일치형으로 명명된다(김유숙, 2015; 김혜숙, 2016; Satir, 1988; Satir, Banmen, Gerber, & Gomori, 1991).

(1) 회유형

회유형(placating)의 사람들은 자기를 부인하며 다른 사람에게 자신은 별로 중요하지 않다는 메시지를 준다. 따라서 이들은 자신의 내면적 감정이나 생각을 중요시하기보다는 상대방의 마음이 불편하지 않도록 상대방의 비위를 맞추려 한다. 이러한 의사소통을 하는 사람들은 상대방의 의견에 동조하며 순종적이고 타인을 돌보는 데 익숙하다. 갈등의 상황에서 이들은 낮은 자세로 변명하고 사죄하는 등 지나치게 착한 행동을 보인다. 이러한 성향 때문에 회유형의 사람들은 감정이 억압되어 있고 자살사고 및 우울한 성향을 보이며, 소화기관의 장애나 편두통 등의 고통을 호소하기도 한다. 이들이 지니고 있는 내면의 주된 신념은 "나는 항상 좋은 사람이어야 한다." "나는 모든 사람에게 칭찬을 받아야 한다." 또는 "나는 가치가 없다." 등이다. 즉, 회유하는 사람은 다른 사람과 상호작용하는 상황과 타인을 중요하게 생각하지만 실제 자신의 감정은 존중하지 않는 특징이 있다. 타인에 대한 섬세한 돌봄과 민감한 정서는 이들의 자원이 될 수도 있다.

(2) 비난형

비난형(blaming)은 회유형과는 정반대의 특성을 지닌다. 비난형의 사람은 독선적이고 지배적이며 다른 사람들을 무시하는 태도로 주로 자기만을 생각하는 사람이다. 따라서 이들의 외적인 행동은 매우 공격적이고 통제적으로 보이며, 실제로 상대방에게 쉽게 분노하고 다혈질적인 특성을 드러낸다. 이로 인하여 그들은 적의를 가지고 잔소리하는 난폭한 폭군으로 표현되기도 한다. 그러나 이들의 내면에는 외로움과 불안이 자리 잡고 있으며, 세상의 피해자 또는 실패자라는 패배감과 열등감을 지니고 있다. 사티어는 이들의 거친 비난은 도움을 요청하는 호소라고 지적하였다. 이들은 고혈압이나 혈액순환의 어려움을 호소하는 경향이 있으며, 분노와 짜증, 공격성 등의 특성을 보이지만 이는 자기주장을 할 수 있는 내면적 힘과 추진력, 지도력의 자원이 될 수 있다. 비난형의 사람은 다른 사람과 상호작용하는 상황과 자신을 중요하게 생각하지만 타인의 감정은 존중하지 않는 특징이 있다.

(3) 초이성형

초이성형(super-reasonable)의 사람은 감정적으로 냉정하며 합리적인 객관성과 논리성을 중시하는 특성을 지닌 사람들이다. 이들은 대화에 있어서도 자신과 상대방의 감정 모두를 거부하며, 객관적이고 합리적인 의사소통 패턴을 보인다. 이런 유형의 사람들은 의사소통에 있어서 오직 논리와 상황만 있을 뿐이지 자신과 다른 사람은 그 내용에 존재하지 않는다. 이들의 행동 패턴은 권위적이고 강박적이며 경직되어 있어서 자신의 감정을 드러내기를 두려워하거나 꺼려하는 사람들에게 주로 나타난다. 이들에게 나타나는 심리적 특성은 주로 강박적 사고, 사회적 소외, 공감력 부족 등이며, 근육경직이나 심장마비, 성기능 저하 등의 신체적 어려움이 쉽게 나타날 수 있다. 초이성형의 사람은 다른 사람과 상호작용하는 상황은 매우 중요하게 생각하지만 자신뿐만 아니라 타인의 감정도 존중하지 않는 특징이 있다.

(4) 산만형

산만형(irrelevant)은 초이성형의 정반대 유형으로 특정한 주제나 상황에서 적합하지 않은 행동과 말을 한다. 이들은 지나치게 즐거워하거나 익살맞은 행동을 하기 때문에 심도 있는 의사소통을 하는 데 방해를 받는다. 또한 산만형의 사람은 대화 시 주제를 자주 바꾸고 일관성이 없는 말을 나열한다. 이들은 정서적으로 혼란된 심리 상태를 보이거나 무관심한 태도를 지닌 사람들로서 현재 일어나고 있는 일에 부합하지 못하는 경향이 있다. 이들의 심리 내면에는 타인의 인정을 갈구하며 소외되는 것에 대한 두려움이 있다. 산만형의 사람들은 주로 신경계통의 장애 또는 당뇨나 비만, 위장장애 등의 신체적 어려움을 겪기도 한다. 이들은 다른 사람과 상호작용하는 상황뿐만 아니라 자신과 타인의 감정 모두를 중요시하지 않는 특징이 있다.

(5) 일치형

일치형(congruent)은 앞의 네 가지 비일치적 의사소통과는 달리 기능적인 의사소통 유형으로서 개인의 내면적 감정과 생각이 표출하는 내용과 일치하는 유형이다. 일치형의 사람들은 자신의 생각과 감정, 그리고 자신이 원하는 것에 대해 민감하게 알아차리며 이를 진술하면서도 적절하게 표현한다. 또한 이들은 상대방의 의견을 경청하고 감정을 존중하고 배려함으로써 진정한 관계를 형성한다. 따라서 이들은 자신뿐만 아니라 타인의 특성을 존중하고 자신의 내적·외적 자원을 사용하며, 개방적인 대화로 상호작용한다. 이들의 감정은 안정적이고 수용적이며, 자신과 타인을 사랑함으로써 서로에게 도움이 되는 대화를 하려고 노력한다. 일치형의 사람들은 다른 사람과 상호작용하는 상황뿐만 아니라 자신과 타인의 감정 모두를 중요시하고 존중하는 특징을 지니고 있다.

3. 상담 목표 및 치료 과정

사티어의 경험적 가족상담은 가족을 안정된 상황에 머무르게 하는 것이 아니라 성장 모델에 근거하여 가족을 성장시키려는 목적을 지니고 있다. 따라서 사티어의 가족상담은 개인과 가족 구성원 모두의 성장, 개인의 경험 확대, 증상 완화와 사회적 적응, 통합력 증진, 외적 행동과 내적 경험의 일치, 폭넓은 선택의 자유, 의존성 탈피 등을 목표로 한다(김유숙, 2015). 이를 위해 가족상담자는 가족의 문제들을 기초로 하여 가족 구성원 자신들의 의사소통 방식이나 행동을 스스로 인식할 수 있도록 도와준다. 이를 통해 가족 구성원들이 자신의 행동과 선택에 책임을 지고, 일치적인 표현과 태도를 통해 자아존중감을 높이도록 한다. 따라서 가족 구성원들은 새로운 의사소통 방법이나 감정 표현에 대한 기술을 학습하고 자신과 상대방을 존중하는 방식을 체험할 수 있는 기회를 갖게 된다. 대략적으로 사티어 모델은 가족체계 내에서 세 가지의 변화를 시도한다. 첫째, 가족 구성원 각자가 자신의 경험과 생각, 감정을 일치적이며 분명하게 말할 수 있게 한다. 둘째, 가족 구성원 각자의 고유성을 존중하고 강압적이지 않으며 의사결정을 위한 협상을 가능하게 한다. 셋째, 가족 구성원 간의 차이점을 개방적으로 인정하고 성장을 위해 사용하도록 한다(이영분, 김유순, 신영화, 최선령, 최현미, 2015). 경험적 가족상담에서 지향하는 상담의 목표를 세부적으로 구체화하면 다음과 같다(김유숙, 2015; 김혜숙, 2016; 정문자, 정혜정, 이선혜, 전영주, 2012).

- 가족 구성원의 자아존중감을 높인다.
- 가족 구성원이 자기 인생에 대한 선택권을 스스로 갖도록 한다.
- 가족 구성원의 의사소통 유형을 일치형으로 만든다.
- 가족규칙을 합리적이고 현실적으로 하며 분명히 한다.
- 가족 구성원이 서로의 차이점을 이해하고 성장할 수 있도록 서로 지지해 준다.
- 가족 구성원이 스스로의 의사결정을 할 수 있도록 하며 결정에 대한 책임을 지도록 한다.
- 부모의 통제를 융통성 있게 한다.
- 역기능적인 대처 방식을 자각하고 새로운 방식을 시도한다.

이상과 같은 목표를 이루기 위해 상담자는 가족 구성원 간의 상호 과정에 초점을 둔다. 상담 과정은 역기능 현상을 제거하려 하기보다는 가족 구성원이나 가족이 보이는 역기능적 요인을 가족의 성장과 목적을 위해 유용하게 활용될 수 있도록 한다. 사티어 모델의 일반적인 상담 진행 단계는 ① 첫 면담 후 상담의 목표, 횟수, 기간 등을 합의하며 기초적 계획을 수립하는 초기 접촉의 단계, ② 가족생활역사, 가족체계 및 규칙, 가족 의사소통, 가족 구성원의 자기존중감 등에 대한 조사와 평가를 하고 개입하는 탐색의 단계, ③ 가족체계 내에 혼란과 내면의 비밀 감정이 드러나며 행동규칙을 깨뜨리고 새로운 것을 표현하며 가족 구성원 간의 정서적 접촉을 요구하는 등 여러 가지 장애적 요인이 발생하는 혼돈의 단계, ④ 새로운 경험과 변화에 대한 긍정적인 적응이 이루어지며 가족 구성원들이 대상과 상황을 명확하게 수용하고 판단하며 명백한 자기표현을 하는 통합의 단계로 나누어질 수 있다(한재희, 2006a).

또한 상담자와 내담자의 상호작용을 중심으로 하는 시각에서 상담의 초기 과정을 좀 더 살펴보면 다음과 같다(Banmen, 2002).

- 상담자는 안정적인 상담실의 분위기를 제공하며, 자연스런 대화 분위기를 이루어 내담자와 신뢰할 만한 관계를 형성한다.
- 내담자에게 상담에 대한 동기를 부여하여 내담자로 하여금 변화 가능성을 기대할 수 있도록 한다.
- 내담자의 호소 문제나 현재의 어려움을 파악한다. 그러나 문제 중심적 차원이 아닌 해결 중심적 차원으로 전환하여 현재의 문제가 성장의 기회가 될 수 있도록 한다.
- 내담자의 기대와 열망, 자존감 수준, 의사소통 유형 및 대처 방식, 가족규칙 등 가족의 전반적인 특성을 평가한다.
- 상담의 초점을 내담자와 함께 결정하며, 내담자의 변화의지를 확인하고 상담자의 역할에 대해서도 명료화한다.
- 변화를 위해 걸림돌이 되는 장애물에 대해 이야기함과 동시에 내담자의 장점 및 자원을 발견하여 자각하고 표현한다.
- 상담 내용에 대해 요약하고, 상담에 대한 피드백을 내담자와 함께 상호교환한다.

- 다음 상담에 대한 일정을 확인하고 과제를 준다.

4. 상담 기법

사티어 모델에서 가족상담자는 다양한 경험적 수준에서 가족 구성원의 심리내적 역동과 상호관계적 역동을 활용하도록 하는 개입 기법을 활용한다. 사티어 모델에서 활용하는 대표적인 개입 기술로 빙산 기법, 가족 재구조화 기법, 가족조각 기법 등을 들 수 있다.

1) 빙산 기법

빙산 기법은 가족 구성원의 심리내적 역동을 구체적으로 살펴볼 수 있는 기법으로서 개인의 행동과 태도의 내면에 자리 잡고 있는 진정한 느낌과 생각, 기대, 열망 등을 자각할 수 있도록 도와주는 기법이다. 개인이나 가족에 대한 개입에서 개인의 경험은 다양한 수준에서 이루어지는데, 이것은 빙산에 비유되어 설명될 수 있다. 수면 위에 보이는 것은 사람의 행동과 생존유형이라 할 수 있는 대처 방식을 의미한다. 그리고 수면 밑에는 감정, 지각, 기대, 열망의 수준이 탐색되며 빙산의 가장 밑바닥에는 내적 경험의 근원이라 할 수 있는 자기(self)가 자리 잡고 있다(이영분, 김유순, 신영화, 최선령, 최현미, 2015). 일반적으로 가족 구성원들은 빙산의 극히 일부분인 수면 위에서 이루어지는 행동과 의사소통만을 보게 된다. 그런데 경험의 대부분은 수면 아래에 있는 자신도 잘 알지 못하는 수준에서 이루어지고 있다. 빙산 탐색을 통해 가족 구성원들은 문제 행동과 대처 양식에 대한 변화를 가져올 수 있다. 이를 위해 가족상담자는 빙산을 탐색하는 과정에서 가족 구성원들의 변화와 성장의 가능성에 대한 깊은 신념을 갖고 의사소통의 내용보다 과정에 초점을 둔다. 사티어의 빙산 탐색 과정을 간략히 요약하면 다음과 같다(Satir, Banmen, Gerber, & Gomori, 1991).

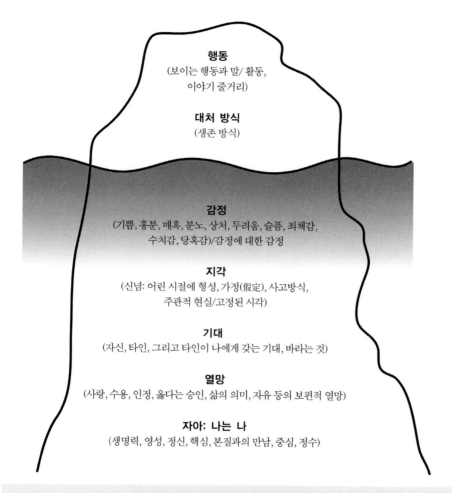

[그림 5-1] 사티어 모델의 빙산 탐색

- 행동(behavior): 빙산 위에 나타난 개인이나 가족의 어떤 사건에 대해 보여
  지는 행동양식과 활동, 그리고 객관적인 삶의 이야기와 의미 등을 살핀다.
- 대처 방식(coping): 수면에 나타난 사건에 대처하는 방식과 의사소통 유형,
  방어기제 활용 및 생존 유형을 검토한다.
- 감정(feelings): 발생한 사건에 대한 내담자의 감정, 즉 기쁨, 홍분, 분노, 두
  려움, 상처, 외로움, 슬픔, 아픔 등을 말한다. 또한 발생한 사건의 감정

에 대한 결정을 의미하는 감정에 대한 감정(feelings about feelings)을 탐색한다.

- 지각(perceptions): 가족의 규칙이나 논란, 신념, 사고, 가정에 대해 자신이 갖고 있는 주관적 해석을 탐색한다.
- 기대(expectations): 자신과 타인에 대한 기대 그리고 자신에 대한 타인들의 기대가 무엇이었는가를 탐색한다.
- 열망(yearnings): 내담자 자신이 이루고자 하는 소망과 충족하지 않은 건전한 기대들을 열망으로 전환하도록 한다.
- 자아(self): 내담자 자신을 지탱하게 하는 생명력, 정신력, 영혼 깊숙한 곳에서 솟아나는 에너지의 근원을 탐색하게 한다.

이와 같은 빙산 기법을 통하여 상담자는 내담자의 내면과 외적 행동양식의 일치를 이루어 가며, 이를 통해 역기능 가족 구성원 사이의 교착상태를 풀기 위한 가능성을 발견하여 문제를 해결해 나가도록 도와준다. 가족 구성원들에 대한 빙산 탐색은 단순히 개인을 위해서만이 아닌 부부나 가족이 함께 공유함으로써 자신과 상대방에 대한 감정이나 지각, 기대와 열망 등을 분명하게 인식하고 공감하는 데 유용하게 활용된다.

2) 가족재구조화

가족재구조화(Family Reconstruction) 기법은 1960년대 후반 사티어에 의해 개발된 기법이다. 일반적으로 가족재구조화 기법의 주요한 도구와 내용으로는 내담자의 원가족 도표, 가족생활사건연대기(family life fact chronology) 그리고 영향력의 수레바퀴(the wheel of influence)다. 가족상담자는 가족재구조화 기법을 통해 내담자의 원가족에 대한 이해와 영향력, 내담자의 충족되지 못한 기대나 열망, 자아존중감, 의사소통 및 대처 방식 등 가족의 역동성을 이해하고 바람직한 변화를 시도할 수 있다.

(1) 원가족도표

사티어는 중심 내담자인 IP(identified patient)를 스타(star)라고 명명한다. 원가족도표는 이 스타를 중심으로 이루어진다. 가족 재구성 과정에서 원가족 도표는 스타의 현재 핵가족, 스타의 어머니 원가족, 스타의 아버지 원가족 도표를 나타내며, 이름, 나이, 종교, 직업, 교육 정도 등 개인의 인구학적 정보뿐만 아니라 대처 유형, 성격 특성, 관계양상을 표시한다. [그림 5-2]는 이 장의 뒷부분에서 다루는 상담 사례에 나타나는 스타의 가족을 예로 보여 준다. 원가족도표를 통한 구체적인 가족사정 과정은 제10장에서 살펴볼 것이다.

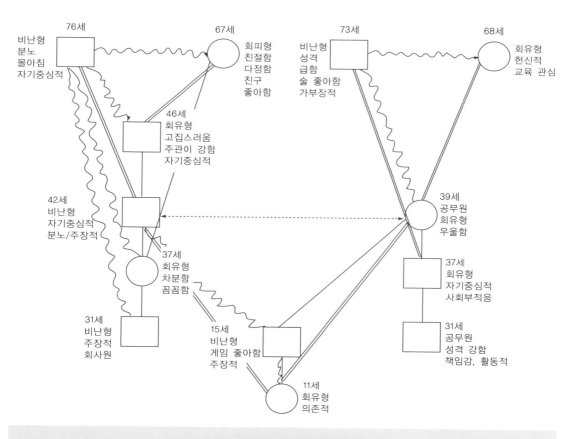

[그림 5-2] 스타의 원가족 도표

(2) 가족생활사건연대기

　가족생활사건연대기는 가계도와 같이 3대 가족들의 중요한 사건을 열거하여 다루는 것이다. 스타는 조부모의 출생에서부터 자신까지 대가족 역사 속에 나타나는 의미 있는 사건을 연도별로 기록하여 작성한다. 가족생활사건연대기는 다음과 같은 가족의 중요한 사건들이 열거된다.

- 가족 구성원의 출생, 결혼, 이혼, 죽음, 재혼
- 이사, 입학, 졸업, 유학, 취업, 승진, 해고, 은퇴
- 자연재해, 전쟁, 경제위기 등의 사회적 사건

　가족생활사건연대기를 작성하는 과정에서 스타가 알지 못하는 부분은 가족의 역사를 잘 아는 가족 구성원을 통해 작성하게 된다. 스타는 가족생활사건연대기를 작성하는 과정에서 가족들이 경험한 개인적 사건과 함께 사회적·역사적 상황을 이해할 수 있게 된다. 이를 통해 스타가 자신의 문제를 가족의 역사적 상황과 연관지어 이해하게 되면 가족의 재구조를 위한 도움을 얻을 수 있다.

(3) 영향력의 수레바퀴

　영향력의 수레바퀴는 스타가 성장하는 과정에서 긍정적이든 부정적이든 자신에게 영향을 주었던 사람이나 사건을 바퀴 모양의 그림으로 나타낸 것이다. 이 그림에서 내담자를 원형으로 중앙에 표시하고, 그 주변에 내담자의 성장 과정에서 현재까지 영향을 끼친 사람들을 모두 원형으로 작성한다. 이때 애완동물이나 소중한 물건 등도 포함하여 표현하고, 다른 사람과의 관계성을 선으로 표현한다(김혜숙, 2016). 이 그림을 통하여 스타가 의식적으로 인식하지 못했던 경험과 관계 그리고 그 영향을 이해할 수 있게 된다. 영향력의 수레바퀴를 그리는 방법은 다음과 같다(정문자, 2003).

- 먼저, 스타를 중앙에 그린 다음 스타에게 영향을 준 사람이나 사건을 바퀴

모양으로 적는다.

- 스타와 이들 간의 친밀도를 선으로 표시한다. 굵은 선은 더욱 밀접한 관계를 드러내 주며, 물결선은 갈등을 나타내 준다.
- 영향을 준 사람과 사건의 특성을 형용사로 서너 가지 정도 묘사한다. 어휘의 특성상 수용되는가 또는 수용되기 어려운가에 따라 형용사에 긍정(+), 부정(−)으로 표시한다.

3) 가족조각

가족조각(family sculpture) 기법은 경험주의 가족상담에 있어서 대표적인 기법으로서 데이비드 캔터(David Kantor)와 프레드 덜(Fred Duhl)이 고안한 것으로, 1960년대 말부터 사용되어 왔다(정문자, 정혜정, 이선혜, 전영주, 2012). 사티어는 언어적 의사소통을 통하여 가족의 경험이 변화되지 않을 때 가족조각을 적극적으로 활용하였다. 가족조각은 상담 장면에서 한 명의 가족 구성원 또는 그 이상의 사람들로 하여금 어느 시점을 선택하여 자신의 이미지에 따라 가족의 실제적 관계를 상징적으로 배열하고 조작해 보도록 하는 것이다. 이 기법은 가족 구성원들 간의 거리감, 밀착된 몸짓, 자세, 표정 등을 취하는 무언의 동작과 신체적 표현을 통해 의사소통과 관련된 가족의 관계를 가시적으로 드러내 보여 준다. 또한 이 기법은 현실의 공간 속에서 가족 구성원을 직접 활용하기 때문에 가족 내의 특정한 관계를 볼 수 있으며, 이를 조각해 봄으로써 개인의 인식이나 감정을 엿볼 수도 있다(한재희, 2006a). 사티어가 원가족 3인군 치료나 가족의 재구조화를 위해 가족조각 기법을 활용하는 대략적인 순서는 다음과 같다(정문자, 2003).

- 가족상담자는 눈 접촉이나 신체적 접촉 등을 활용하며, 스타와 연결하여 가족조각을 위한 준비를 한다.
- 스타가 갈등을 가졌던 어느 한 시점을 선택한다.

- 스타로 하여금 갈등 상황이나 갈등관계를 가급적 사실적으로 묘사하도록 한다. 이를 통해 마음속에 상황적 장면이 분명하게 떠오르도록 한다.
- 스타의 마음속에 분명하게 떠오른 상황을 재현하기 위한 역할자를 선정하고 배치한다.
- 스타는 배치된 역할자들에게 비언어적으로 지시하여 좀 더 역할에 집중할 수 있도록 한다.
- 스타는 역할자들의 자세와 세부사항을 점검한 후 뒤로 물러서서 조각을 살펴보며 과거의 감정을 회상한다.
- 스타는 관찰하는 동안 억압되어 있던 감정을 표출하는 과정을 거치게 된다. 이때 가족상담자는 어느 특정 역할자의 위치를 과장시키거나 동결시킨다.
- 가족상담자는 스타가 느끼는 것에 대해 말하게 하며 그 당시의 사건이나 상황을 표현하도록 하고 피드백을 주면서 진행한다.
- 역할로 인한 감정이 역할자에게 영향을 줄 수 있는 점을 고려하여 역할자들이 역할 벗기 의식을 치른다.
- 끝맺음 하는 단계로서 모든 가족조각 과정이 끝난 후, 가족상담자는 스타에게 경험을 통해 배운 것과 변화할 수 있는 것이 무엇인지를 물어본다.

이 밖에도 사티어의 경험적 가족상담 모델에서는 역할극(drama), 가족그림(family drawings), 인형 인터뷰(puppet interviews), 유머(humor), 접촉(touch), 명상(meditations), 마음 읽기(temperature reading) 등 다양한 기법을 개발하여 활용하고 있다.

5. 상담자 역할

가족상담자로서 사티어는 인간의 잠재력에 관심을 가졌으며, 이 잠재력을 발전시키고 실현할 수 있도록 도움을 주는 것에 상담의 가치를 두었다. 따라서 사티어는 상담자의 역할을 통해 인간에 대한 존엄성과 존재 가치, 성장과 변화를 위한 인간의 욕구와 잠재력에 무한한 가능성과 동기를 제공해 주고자 하였다.

이를 위해 사티어는 가족상담실 현장에서 내면으로부터 나오는 따뜻한 정서적 지지를 보여 주었다. 또한 사티어는 가족은 직접적이며 '지금-여기'에서의 만남을 통하여 성숙한다고 보았기 때문에 가족 구성원들이 자신들의 감정을 나눌 수 있는 모험을 감행할 수 있도록 직접적이며 정직한 의사소통을 격려하였다.

따라서 사티어의 전통에 따른 경험적 가족상담자는 가족들에게 지지적이면서도 가족 구성원들이 긍정적인 모험을 감행할 수 있도록 적극적으로 개입하여 도전적인 역할을 수행하기도 한다. 가족상담자는 무엇보다도 가족 구성원들이 진솔한 감정을 경험하고 자발적으로 개방하는 참만남이 이루어지도록 스스로 모범을 보이는 모델링 역할을 하여야 한다.

또한 경험적 가족상담자는 가족 구성원들이 의사소통을 명확하게 하도록 하고 가족의 시야를 바꾸기 위한 촉진자와 교육자로서의 역할을 한다. 이를 위해 가족상담자는 정확하고 민감한 의사소통을 할 수 있도록 적극적인 질문을 한다. 가족상담자는 부드럽고 사실적인 질문을 통하여 서로의 관점과 행동을 이해할 수 있도록 하며, 가족 구성원 간에 경청하는 자세를 보이도록 한다(한재희, 2006a). 더 나아가 가족상담자는 가족 구성원들에게 이중 메시지나 의사소통 방식을 해석해 주며, 가족 구성원들의 관계를 조각하여 가족 구성원들이 스스로 역기능적 패턴을 보고 느끼며 관여할 수 있는 시각적 접근을 시도하는 촉진자의 역할을 적극적으로 시도한다. 경험적 가족상담자의 역할을 구체적으로 정리하면 다음과 같다(김혜숙, 2016; 이영분, 김유순, 신영화, 최선령, 최현미, 2015; Satir, 1988).

- 가족상담자는 가족 구성원들이 마음의 문을 열 수 있도록 공감과 수용, 지지를 해 주어야 한다.

- 가족상담자는 자신 스스로가 내담자 가족의 변화를 위한 촉매제가 되어야 한다.
- 가족상담자는 내담자 가족에게 적극적이고 지지적이고 긍정적인 감정을 부여할 수 있도록 모델이 되어야 한다.
- 가족상담자는 가족 구성원들이 감정적인 접촉을 이룰 수 있도록 가족조각, 역할극, 신체접촉 등 다양한 기법을 활용한다.
- 가족상담자는 역전이 감정을 줄이기 위해 내담자 가족과 개방적으로 감정을 나눈다.
- 가족상담자는 내담자 가족과 함께 지금-여기에서 매순간 일어나는 상황과 경험을 바탕으로 창의적이면서도 적절하게 경험을 재구성하도록 한다.
- 가족상담자는 이미지를 활성화시키는 은유기법 등을 활용하여 시각, 청각, 신체감각 등 지각의 변화 과정을 통해 내담자 가족에게 새로운 관점과 희망을 제공한다.
- 가족상담자는 가족원의 저항과 방어기제를 감소시키기 위해 개개인 내면의 정서적 경험에 다양한 수준으로 접촉한다.
- 가족상담자는 성장과 변화의 잠재력과 선택의 자유에 대한 신념을 치료적으로 활용한다.

6. 사례를 통한 경험적 가족상담 적용

1) 사례에 대한 경험적 가족상담자의 상담적 개요

이 사례*는 충동적으로 분노와 폭력적 행동을 드러내는 아빠와 막내딸과 밀착되어 있는 엄마 사이의 15세 아들이 집안에서 IP(스타)로 인식되어 상담이 시

---

* 사례에 대한 기본 자료는 제3장의 104~106쪽을 보기 바란다.

작된 경우다. 가족 내 역기능을 드러내 보이는 아들은 모든 가족과 관계를 단절하고 학교 출석도 하지 않으려 하며, 게임에 빠져 있어서 가족이 아들의 문제에 집중하게 되었다. 그러나 경험적 가족상담자는 단순히 아들의 문제로 인식하기보다는 가족의 역기능적 관계양식과 구조가 문제임을 인식하고, 가족 전체를 상담 현장에 끌어들여 가족상담을 진행하기 시작하였다. 가족상담자는 이들 가족 구성원들의 낮은 자아존중감, 역기능적 의사소통과 대처 유형, 부모의 원가족 영향이 현재에 미치는 요인들에 대해 관심을 갖고 탐색하며, 가족의 재구성을 위해 개입하고자 하였다. 따라서 가족상담자의 목표는 빙산 탐색 과정을 통해 무엇보다도 가족 구성원들의 기대와 열망을 인식시키며, 일치된 의사소통과 대처 유형을 학습하고 훈련시킴으로써 가족 구성원들의 자아존중감을 높이는 것이다. 또한 단절된 가족관계의 복원을 위해 가족조각을 통해 현재의 가족관계에 대한 내면의 정서와 생각을 표출하여 가족관계의 친밀도를 상승시킨다. 그리고 이러한 갈등과 역기능적 가족관계가 부모의 원가족으로부터 학습된 경향이 있기에 남편과 아내의 원가족의 가족도표와 가족규칙 및 영향력의 수레바퀴를 통해 원가족의 역기능이 현재 가족에 미치는 영향을 탐색하고 현재 가족의 재구성을 시도한다. 이와 같은 작업들을 통해 궁극적으로 아들의 긍정적 행동 패턴을 이끌어 낼 뿐만 아니라 가족의 역기능을 순기능으로 전환하며 일치된 의사소통과 갈등을 극복하는 대처 방안을 학습할 수 있게 된다.

2) 상담의 진행 과정

(1) 가족상담 초반에 가족지도를 작성함

현재 가족이 함께 상담을 받으러 왔으므로 우선 현재 가족의 가족지도를 그린다. 그러나 부모의 원가족이 부부에게 끼친 영향이 큰 것을 알 수 있다. 따라서 부부의 원가족을 통합해서 가족지도를 그릴 필요가 있다([그림 5-2] 참조).

- 내담자가 내면화한 가족에 대한 주관적 정보 첨가
- 성격적 특징에 대한 형용사 붙이기, 세 개의 긍정적 형용사, 세 개의 부정적 형용사
- 가족관계: 18세가 되기 전 가족 간의 스트레스나 의견 불일치의 상황에서 가족 간의 관계는 어떠했는지 일반화시켜 봄

(2) 가족 구성원의 서로에 대한 기대 및 목표 설정

'상담한 후에 어떤 변화가 일어나기를 바라십니까?' '어떻게 달라지기를 원하십니까?' '행복한 가족을 원한다면 그 그림은 어떤 것입니까?' 등의 질문을 통해 서로에 대한 기대와 목표를 설정한다.

> **예** 서로에 대한 기대
> - 남편: 아들이 학교생활과 공부를 열심히 하기를 원함. 딸 혼자 잠자기를 원함
> - 아내: 남편이 아이들을 때리지 않고 대화가 통하기를 원함
> - 아들: 아빠가 때리지 않았으면 좋겠고 부모님이 서로 잘 지내기를 원함
> - 딸: 오빠가 자신을 괴롭히지 않았으면 좋겠고 우리 가족이 화목하기를 원함

(3) 가족지도를 통한 진단 및 가설 세우기

- 각 구성원의 대처 방식을 파악, 힘의 균형, 상호작용 패턴 파악
- 각 개인의 빙산 역동 파악
- 3인군, 2인군, 상호작용의 역동 파악
- 개인의 자원과 가족의 자원과 힘을 파악
- 가족 구성원의 미해결 탐색(충족시키지 못한 기대가 무엇인지, 원가족과 현재 가족 그리고 내담자의 어린 시절의 경험을 탐색함)

⇒ 결핍된 열망을 보게 함

(4) 상담 과정 진행하기

먼저, 현재 문제에 대한 아들과의 상호작용을 변화시켜 가면서 부부의 원가족에서 경험한 양육 과정, 부부관계 양육 태도를 탐색해 갈 수 있으며, 또는 부부 각각의 빙산 탐색, 부부의 상호작용과 그리고 부모의 원가족 상호 패턴과 충격적 사건의 미해결 과제, 가족규칙 등을 통해 부부가 자녀들에게 영향을 끼친 것이 무엇인지 재경험하도록 이끌어 갈 수 있다.

- 가족조각 작업을 통한 가족치료
  - 각자에게 가족으로 사는 것이 어떠했는지에 대한 질문
  - 한 가족 안에서 가족 구성원들은 각각 다르게 경험하기 때문에 한자리에서 각자 경험한 것을 나눔으로써 서로의 빙산을 알게 함(큰아들 또는 오빠로 사는 것, 남편 또는 아빠로 살아가는 것, 아내 또는 엄마로 살아가는 것, 딸 또는 동생으로 살아가는 것)
  - 가족들이 내면에서 경험한 것을 들은 후 내담자(남편, 아내)의 내면에서 어떤 경험을 하는지 탐색
  - 내담자(남편, 아내, 자녀)의 기대를 명료화함
  - 내담자의 의사소통 방식에 대한 질문/좋은 의도이지만 자신의 전달 방식에 대한 질문
  - 부부의 상호작용을 탐색하고 언제부터 서로에게 실망하고 그 상황에 어떻게 대처했는지 알기 위해 질문
  - 결혼 초기에 경험한 것들/결혼에 대한 기대
  - 부부의 대처 방식 확인
  - 부모의 감정을 다룰 때 억압 또는 표현하지 않았던 방식을 자녀들이 그대로 배웠다는 사실을 자각시킴
  - 대처 방식 조각을 통해 부부의 상호작용을 신체적으로 보여 주기(비난/회유, 회유/비난)

예 가족조각 형태

☐ 내담자가 다루고 싶은 시점의 가족 상황을 선정함

☐ 남편은 식구들을 비난하면서 한쪽에 홀로 서 있음

☐ 아내는 남편을 회유하고 있음

☐ 아들은 아빠와 엄마에게서 떨어져 있고 엄마를 향해서는 회유하고 있으며 아빠를 향해 비난하고 있음

☐ 딸은 엄마와 엉켜 있고 아빠를 회유하고 있음

　▶ 부부의 부정적 상호작용/자녀들의 대처 방식을 확인

　▶ 가족의 빙산을 읽어 주고 역기능 대처 방식을 명료화하고 가족이 취했던 대처 방식을 확인시키면서 가족의 역동을 보게 함

　▶ 변화를 위한 상담 목표 세우기

　▶ 가족에서 큰 힘을 가진 자를 지지하면서 변화에 도전하도록 함

　▶ 어떻게 변화하기를 기대하는지 구성원 각자에게 구체적으로 표현하도록 함

　▶ 부부로 하여금 자신들의 변화가 나머지 구성원들에게 미치는 긍정적 영향을 깨닫도록 하면서 부부의 변화의지를 강화시킴

　▶ 부모의 변화와 더불어 자녀들의 변화도 끌어내고자 함

　▶ 변화에 대한 지지

• 가족조각 작업 실시하고 가족상담 후 내담자와 나누기(역할인 경우)

－'가족조각을 통해, 가족상담을 통해 무엇을 경험하였습니까?'라는 질문을 통해 자각, 통찰, 경험한 것을 확인하고 뿌리내리는 작업

－가족 전체를 보면서 경험한 것은 무엇입니까?/가족에 대한 이해 높임

－가족 안에서 살아오면서 힘들었던 것은 어떻게 해결했는지?/대처 방식을 확인하면서 가족 구성원의 내적 자원을 찾는 작업

－자신의 긍정적인 자원을 확인시킴

－가족 구성원의 자원 지지

－가족으로부터 스스로 변화해야 할 부분을 결정하도록 함

－관계 변화에 대한 의지를 확인하는 것으로 종결

제6장
구조적 가족상담

| 신혜종 |

　미국의 정신과 의사인 살바도르 미누친(Salvador Minuchin, 1921-2017)에 의해서 개발되고, 그의 동료들에 의해서 발전된 구조적 가족상담은 체계론적 관점에서 가족의 관계, 구조, 기능, 문제 등을 조직적으로 살펴보고 접근할 수 있는 이론적 모델을 제시하였다.

　미누친은 일관되고 반복적이고 조직화되어 있어 예측이 가능한 가족 행동의 양식은 기능적 의미에서 구조를 가지고 있으며, 이러한 구조는 가족을 진단하고 치료하는 데 필요한 지침을 제공해 줄 수 있다고 주장하였다. 가족의 구조를 설명하는 경계, 연합, 하위체계 등은 추상적인 개념이지만 이러한 개념을 사용함으로써 가족 상호작용을 이해할 수 있고, 필요한 개입이 가능해진다.

　구조적 가족상담은 1970년대 가장 영향력 있는 모델로 자리매김하면서 현재까지도 많은 임상가들이 선호하는 가족상담의 모델 중 하나다. 가족상담자들이 구조적 접근 방법을 적극적으로 활용하는 이유는 짧은 기간 동안 가족의 문제점을 파악하여 역기능적인 가족구조를 변화시키고, 그것을 통하여 구성원들의 변화를 유도할 수 있기 때문이다.

1. 이론적 배경

1) 이론적 기초

구조적 가족상담은 1967년에 미누친과 그의 동료들이 함께 저술한『빈민가의 가족(Working with Families of the Poor)』이라는 저서를 통해서 처음 모습을 드러낸 이후 필라델피아 아동지도센터(Philadelphia Child Guidance Clinic)에서 활동한 미누친과 그의 동료들을 통해서 발달하였다(Minuchin, Colapinto, & Minuchin, 1998).

구조적 가족상담은 벡(Beck)의 인지치료와 엘리스(Ellis)의 합리적 정서치료에 기반한 인지행동적 접근법의 영향으로 가족의 역기능적인 사고와 행동에 초점을 두고, 체계적 관점에서 가족관계, 가족 기능, 가족 문제 등을 구조화하였다(강문희, 박경, 강혜련, 김혜련, 2006).

구조적 가족상담은 구조주의의 이론적 전제를 기초로 한다. 구조적 가족상담은 가족을 내·외부의 상황으로부터 영향을 받는 사회적 체계로 인식하며 세 가지의 기본 전제를 포함한다. 첫째, 가족구조는 지속적으로 변화하는 개방형 사회문화체계다. 둘째, 가족은 재구조화가 필요한 단계를 거치면서 발달한다. 셋째, 전체 체계는 부분과 부분 간의 관계를 통해서만 적절하게 설명할 수 있다(Minuchin, 1974). 이 전제에 의거하여 미누친은 건강한 가족을 대내외적 스트레스가 발생하였을 때 가족 성원 간의 지지, 협력, 조화로 새로운 상황에 적응하면서 긴장을 극복하는 가족으로 개념화하였다.

구조적 가족상담은 사회성 모델, 구조 모델, 발생 모델, 변화 모델 등을 기초로 하여 구성되었다고 볼 수 있다(김용태, 2000). 사회성 모델의 기본 전제는 개인과 가족은 주변의 사회환경으로부터 많은 영향을 받는다는 것이다. 빈곤, 폭력, 범죄 등과 같은 사회 문제는 개인에게뿐만 아니라 개인이 속한 가족에게도 영향을 주어 또 다른 사회 문제에 쉽게 노출되도록 한다. 전통적 상담 및 심리치료 이론은 개인 내적인 측면에 초점을 두어 심리 내적인 문제를 주로 다루지만 구조적 모델에서는 개인과 가족의 상호작용을 매우 중요하게 생각한다. 즉, 개인의 행동에 관심을 갖기보다는 가족 구성원들의 상호작용 양식에 관심을 갖는다. 이는 가족 구성원들의 상호작용 방식에 따라 개인의 가치관과 행동양식이 달라질 수 있기 때문이다.

구조 모델을 통해서 보는 가족구조는 가족 구성원들이 상호작용하는 방식을 지배하는 일련의 보이지 않는 요구다. 가족은 이러한 상호작용 패턴을 통해서 작동하는 체계로 반복적인 상호작용이 언제, 누구와, 어떻게 상호작용하는지에 대한 유형을 만들어 낸다(Minuchin, 1974). 체계의 특정 형태로 오랜 기간 동안 반복되면서 형성되어 일정한 방식으로 존재하기 때문에 예측이 가능하다(Nichols & Schwartz, 2009). 가족의 구조에는 구성원 간의 상호작용을 다루는 일련의 규칙이 포함되어 있는데, 기능적인 가족의 규칙은 가족 구성원으로 하여금 표면 행동과 이면 행동이 일치하도록 유도하지만 역기능적인 가족의 규칙은 내면의 정서와는 다른 표면 행동을 보이도록 하는 경우가 많다.

발생 모델은 가족구조가 부모-자녀관계의 발생적 차원에서 형성된다고 주장한다. 결혼한 부부는 아이를 낳고 부모와 자녀 사이에는 자연적으로 권위체계가 형성되면서 아이는 부모가 갖고 있는 가치관과 보여 주는 행동양식을 배우게 된다. 부모에게 주어지는 발생적 권위하에서 자녀에게 보여지는 기대에 따라 자녀들의 행동 유형은 매우 달라질 수 있다(김용태, 2000).

변화 모델은 가족의 역사적인 측면을 다룬다. 가족구조가 시간의 흐름에 따라 변화하면서 가족 내 상호작용과 규칙들이 달라진다. 변화 모델은 구조의 시간에 따른 변화와 적응에 관한 것으로 구조적 모델에서는 순응이라는 개념을 가족구조에 적용하였다. 가족체계는 스스로 존재를 지속하기 위해서 외부의 요구와 내부의 변화에 따라 적응을 계속해 나간다. 그런 의미에서 가족이라는 체계는 살아 있는 유기체로서 환경과의 상호작용에서 생존해야 하는 목적을 갖는 것이다.

2) 주요 인물

구조적 가족상담의 주요 인물은 미누친이다. 그는 1921년에 아르헨티나의 작은 마을에서 러시아계 유대인 이민자의 세 자녀 중 첫째로 태어났다. 구성원들의 친밀도가 상당히 높은 유대인 정착마을에서 사업을 하는 아버지 밑에서 어린 시절을 유복하게 보냈지만 대공황의 영향으로 어려운 시절을 겪기도 했다. 고교졸업 후 의대에 입학한 미누친은 독재자 페론에 대항하는 학생운동에 가담하면서 3개월간의 옥고를 치르기도 하였다. 졸업 후 소아과 의원을 시작하려던 그는 이스라엘 독립전쟁 소식을 듣고 이스라엘 군대에 자원을 해 의무병으로 복무하였다(Minuchin & Nichols, 1993).

1950년에 정신과 공부를 위해 미국으로 건너간 그는 뉴욕 벨뷰(Bellevue) 병원의 소아병동에서 정신과 레지던트로 근무하면서 유대인협회(Jewish Board of Guardians)의 아동그룹홈에서 일하였다. 이후 몇 년간은 이스라엘에서 생활하면서 전쟁으로 인해 가족과 헤어진 아동들을 돌보는 일을 하였다. 1954년부터 뉴욕의 알랜슨 화이트 정신분석연구소(William Alanson White Institute of Psychoanalysis)에서 훈련을 받으면서 일을 시작한 그는 개인만을 대상으로 하는 정신분석이 효과적이지 않음을 인지하고 환자 가족을 상담 과정에 포함시킬 필요성을 절실히 느끼게 되었다.

브롤리오 몬탈보(Braulio Montalvo), 제이 헤일리(Jay Haley), 버니스 로스맨(Bernice Rosman), 해리 아폰테(Harry Aponte), 메리앤 월터스(Marianne Walters), 스티븐 그린스타인(Stephen Greenstein) 등과 함께 가족상담 방법을 개발하기 시작한 미누친은 그들이 주로 상담하는 지역의 아동과 가족들에게 언어를 주로 사용하면서 지적으로 접근하는 기존의 방법이 효과적이지 않다는 사실을 파악하였다. 그리하여 상담 과정에서 상담자가 매우 적극적이고 지시적인 역할을 하면서 내담자의 의사소통과 행동양식에 초점을 맞추어 즉각적으로 개입하고 실행을 요구하는 방법을 활용하는 상담 모델을 개발하였다. 그들은 가족 역동에 관한 이해를 증진하기 위하여 베이트슨(Bateson)의 체계 이론과 액커먼

(Ackerman)의 가족 내 하위체계와 구성원 간의 상호작용 개념을 가족상담 모델에 접목시켰다.

미누친은 1975년에 10년 동안 재직했던 필라델피아 아동지도센터에서 은퇴하였으나, 명예소장으로 관여하면서 펜실베이니아 대학교에서 계속 강의하였다. 1981년에 뉴욕 시에 가족연구소(Family Studies, Inc.)*를 설립하여 가족상담자를 육성하기 시작하였으며, 1983년에는 뉴욕의대에 자리를 잡고 연구를 시작하였다. 1996년에 은퇴한 이후에도 보스턴에서 살면서 왕성한 활동을 하다가 2017년 10월 29일에 영면하였다.

2. 주요 개념

구조적 접근에서는 가족 내부의 구조나 가족 구성원 간의 상호작용뿐만 아니라 가족과 외부 환경과의 관계도 중요하게 생각한다. 미누친(1974)은, 첫째, 가족구조는 지속적으로 변화하는 개방된 사회문화체계이고, 둘째, 가족은 재구조화를 통해서 발달할 수 있으며, 셋째, 가족은 구성원들의 성장을 위한 방향으로 환경에 적응한다고 주장하였다. 구조적 가족상담자들은 가족의 문제가 역기능적인 가족구조에 의해서 유지된다고 보고, 가족의 구조를 변화시키는 것을 치료 목표로 삼는다. 가족의 문제와 상호작용을 이해하기 위해서 사용되는 개념으로 가족구조, 하위체계, 경계선, 위계구조 등이 있다.

---

* 미누친이 은퇴한 이후에는 The Minuchin Center for the Family로 이름을 바꾸었다.

1) 가족구조

구조적 가족상담에서의 가족구조는 가족 내 상호작용을 이해하는 기본 개념으로 가족 구성원이 상호작용하는 방식을 조직화하는 개념이다(Minuchin, 1974). 가족구조가 구성원들의 행동을 결정하거나 통제하는 것은 아니지만, 일정한 방식으로 반복되는 행동양식은 구성원들로 하여금 예측 가능하도록 하고 특정 행동을 기대하게 하여 상호작용의 유형을 만들어 낸다. 시간이 흐르면서 정형화된 유형은 특정 상황에 직면했을 때 다른 행동이 가능함에도 불구하고, 일정한 행동양식을 선택하도록 만든다. 즉, 반복되어 고착된 유형에 의해 가족 구성원 각각은 어느 때에 누구와 어떠한 방식으로 상호작용하는가가 결정된다(Nichols, 1984). 예를 들어, 어머니가 장난감을 치우라고 말해도 듣지 않는 자녀가 아버지의 호통에 의해서 장난감을 치우는 상호작용이 정형화되면, 시간이 지나면서 아버지는 자녀를 성공적으로 훈육하고 어머니는 훈육을 잘하지 못하는 부모로 인식되는 한편, 자녀를 감싸고 옹호하는 어머니는 자녀와 친밀한 관계를 유지하게 되지만 야단치고 혼내는 아버지는 가족관계에서 소외되는 결과를 가져올 수도 있다.

가족구조는 가족의 상호작용을 규정하는 일단의 암묵적 규칙을 포함한다. 예를 들어, "가족은 울타리가 되어 서로를 지켜야 한다."라는 규칙은 다양한 방법으로 표현될 수 있다. 어머니가 몸이 약해서 장보기나 집안일 하는 것이 어려울 때에는 자녀들이 도와주고, 아들이 학교에 늦을 때는 아버지가 차로 등교시키고, 부부 사이에 갈등이 생기면 자녀들이 나서서 화해를 시키는 등의 행동으로 가족을 지켜야 한다는 규칙을 표현할 수 있다. 가족구조의 표면에 나타나는 이러한 행동을 바꾸는 경우, 저변에 존재하는 가족구조에 영향을 줄 수도 있지만 그렇지 않을 수도 있다. 그러나 가족의 기본구조를 바꾸면 가족 간의 상호작용에는 매우 큰 변화가 발생한다(Piercy, Sprenkle, & Wetchler, 1986).

가족구조는 쉽게 설명하기는 어렵기 때문에 가족구조를 알아보기 위해서는 구조를 설명하는 이론적 체계와 가족들이 실제로 보여 주는 상호작용을 관찰할 필요가 있다. 세 자녀가 있는 한부모가정이라든가 자녀 문제를 가진 부모라는 사실을 안다고 해서 특정 가족의 구조에 대해서 알 수 있는 것은 아니다. 시간을 두고 가족 구성원들 간의 실제적인 상호작용을 관찰한 후에야 가족구조에 대해서 알 수 있다. 일개의 상호작용은 특정 상황에 영향을 받을 수 있기 때문에 반복적인 행동양식을 통해서만이 가족구조를 정확하게 파악할 수 있다(Nichols, 1984).

2) 하위체계

가족은 세대, 성, 흥미, 기능 등에 따라 형성되는 다양한 하위체계로 분화되는데, 개별 구성원은 둘 혹은 그 이상의 개인으로 이루어진 하위체계에 소속되어 있다. 개인은 각각의 하위체계 안에서 각기 다른 권력과 역할을 갖게 되며, 고유의 기능을 수행하면서 상보적인 관계를 맺는다. 미누친은 부부, 부모, 부모자녀, 형제자매 등의 하위체계가 제 기능을 잘 수행할 수 있어야 건강한 가족임을 강조하면서 개개의 가족 구성원이 성숙하고 유연한 적응력을 가진 건강한 개인이라면 자신이 속한 여러 하위체계에서 조화롭고 안정적으로 행동할 수 있다고 하였다(Minuchin & Nichols, 1993).

하위체계는 부모나 자녀 혹은 여성 구성원처럼 명백하게 구분되는 특성을 가진 구성원에 의해 만들어질 수도 있지만, 암묵적인 연합에 의해서 만들어지는 모호한 하위체계도 존재한다. 예를 들면, 어머니와 막내아들이 하위체계를 구성하고 다른 성원들의 접근을 차단하는 경우도 있고, 어머니와 아버지를 주축으로 두 개의 진영으로 나뉘어서 하위체계를 형성하는 경우도 있다.

(1) 부부 하위체계

가족은 두 사람의 성인이 부부체계를 이루면서 시작된다. 부부는 각자 원가족의 영향에서 어느 정도 독립적이고 적절히 분화되어야 하며, 어느 한쪽의 희생이 아닌 각자의 능력, 자원, 고유성을 서로 존중하고 지원함으로써 서로의 자아실현과 성장을 위해 함께 노력해야 한다. 또한 부모, 자녀, 외부로부터 분리되는 경계선을 가지고 있어서 건강한 부부 하위체계를 유지해야 하며, 이는 가족 내 위계질서 확립의 기초가 된다. 부부 하위체계의 주요 기능은 성, 사랑, 친밀감이며, 협상과 조정을 통해서 건강한 체계를 유지할 수 있다.

(2) 부모 하위체계

자녀의 출생과 함께 가족의 구조는 변화한다. 즉, 부부에게 부모의 역할이 주어지면서 부모 하위체계가 형성되어 자녀의 건강한 사회화를 위한 자녀양육, 자녀지도 및 통제와 연관된 과제를 수행하게 된다. 자녀의 성장과 발달에 부모의 적절한 애정과 통제는 매우 중요하기 때문에 부모 하위체계는 자녀의 연령 및 발달 단계에 따라 부모 간의 의견 차이를 협상조정하며 재구조화해야 하는데, 건강한 가족이라면 부모 하위체계와 부부 하위체계가 분리되어 존재하면서 부부 하위체계가 부모 하위체계보다 더 상위에 존재하여야 한다.

(3) 부모-자녀 하위체계

부모-자녀 하위체계는 아버지와 아들 혹은 딸, 어머니와 아들 혹은 딸과 같이 세대가 다르게 구성된 체계를 말하는데, 이 체계의 중요한 기능은 가족 내의 위계구조 확립에 있다. 가족은 민주주의가 아니며, 권위와 통제가 적절하게 사용될 필요가 있어서 이를 통해 가족 구성원 모두가 행복하고 발전적으로 기능할 수 있다. 만일 지나치게 통제적인 부모가 중심이 되는 가족의 경우, 그 자녀는 독립적인 존재로 성장하기가 어렵고 그 과정에서 부모와 갈등을 겪으며 역기능적인 부모-자녀관계를 형성하게 된다. 반대로 자녀가 중심이 되는 가족의 경우 부모-자녀 하위체계에 의해 부부체계가 약화되면서 자녀에게 건강한 성인관계의 모형을 보여 주지 못하는 경우가 발생할 수도 있다.

(4) 형제자매 하위체계

형제자매 하위체계는 동일한 세대에 속한 구성원으로 이루어지지만, 성, 역할, 권력 등에 따라서 자체적인 위계질서를 형성하면서 하위체계 안에서 협동과 경쟁, 양보와 타협, 갈등해결, 희생과 우정 등을 배우는 사회적 실험실과 같다. 형제자매 하위체계가 기능적이기 위해서는 자녀들이 부모에 대항하여 자신들만의 세계와 흥미를 개발하고 확립할 수 있어야 하며, 부모는 자녀에 대해서 비교하거나 자녀들의 싸움에 끼어들어서 판단하지 말고 공평하게 대하고 스스로가 문제를 해결할 수 있도록 유도하여야 한다. 형제자매 하위체계가 지나치게 밀착되어 있는 경우, 외부 사람들과의 관계 형성에 어려움을 경험할 수 있고, 지나치게 소원한 경우에는 유대감이 약해서 대인관계에 부정적인 모습을 보일 수도 있다.

3) 경계선

경계선은 가족원 개인과 하위체계를 둘러싸는 보이지 않는 테두리로 체계의 안과 밖을 구분하는 선을 말한다. 경계선은 해당 체계와 외부체계의 상호작용의 양과 성격을 규정하는데 경계선을 통하여 구성원 간 혹은 구성원과 외부체계와의 정보, 에너지, 자원의 교류 정도와 질을 파악할 수 있다. 경계선은 가족과 가족 내 하위체계의 자율성과 구별성을 보호하는 역할을 한다(Nichols, 1984). 인간은 기본적으로 자율, 독립에 대한 욕구와 친밀감, 소속감에 대한 욕구를 동시에 가지고 있는데, 이 두 가지 욕구의 조화와 균형은 개인과 하위체계의 건강한 성장에 매우 중요하다.

(1) 경직된 경계선

경계선이 경직된 체계의 구성원들은 교류가 없는 상태로 서로 개입하지 않고 지나치게 독립적인 태도로 서로를 대하는데, 그 결과 유리된 체계를 형성하게 된다. 이렇게 경직된 경계선(rigid boundary)을 가진 가족은 의사소통이나 상호 교류가 없고 온정과 애정이 존재하지 않으므로 서로에게 거리감을 많이 느끼게 된다. 구성원들은 소속감이 부족하여 소외감을 느끼며 상호 간에 지지, 격려, 도움이 필요한 경우에도 적절하게 제공하지 못하여 문제 발생 시 해결이 어려워지게 된다.

(2) 명확한 경계선

기능적인 가족은 명확한 경계선(clear boundary)을 가지는데, 이러한 가족은 구성원 개개인의 독립성을 보장하면서도 필요한 경우에는 서로에게 관여하여 도움을 주고 지지해 준다. 자율성과 응집력을 동시에 보유하고 있는 가족 구성원들은 '우리'라는 집단의식과 함께 '나'의 정체감을 잃지 않은 건강한 개인이다. 대부분의 경우 명확한 경계선이 바람직하나, 가족이 직면한 발달 상황이나 스트레스 상황을 고려하여 융통성 있게 조정하는 능력이 필요하다.

(3) 산만한 경계선

산만한 경계선(diffuse boundary)을 가진 체계는 구성원들이 지나치게 융합되어 있다. 구성원들이 지나치게 감정적으로 밀착되어 있어서 필요 이상으로 서로에게 개입하고 관여한다. 이러한 가족은 가족으로서의 일체감을 앞세워서 개인의 독립성을 허용하지 않고, 모든 구성원이 같이 생각하고 느껴야 한다고 생각하여 개별성을 인정하지 못한다. 그 결과 개개인의 정체감 확립에 어려움을 겪으며, 정서적으로 자립할 수가 없어서 문제를 자율적으로 해결하는 능력을 갖기가 어렵다.

[그림 6-1] 가족관계의 여러 가지 상징적 기호

4) 위계구조

가족의 위계구조는 하위체계의 기능에 의해 발생되는 가족 내의 권력 및 책임과 관련이 있다. 위계구조는 집이 갖는 물리적 구조의 '층'을 생각하면 쉽게 이해할 수 있다. 즉, 1층 위에 2층이 있는 것처럼 가족도 각층에 해당하는 위계구조가 있다. 가족이 기능적이기 위해서는 부모와 자녀가 1층과 2층처럼 분화된 구조와 권위를 가져야 하며, 자녀의 성장과 발달에 책임을 지는 부모 하위체계가 자녀 하위체계보다 위계구조의 위쪽에 위치해야 한다. 부모 하위체계는 자녀들에 대한 의사결정권을 갖고 자녀들의 행동을 통제하고 지배하는 규칙을 만들고 시행하지만, 자녀 하위체계는 일부에 국한된 의사결정권을 갖게 된다. 부부 하위체계는 부모 하위체계보다 상위에 존재하는 체계로 가족 전체를 책임지는 위치에 있으며 전체 가족이 나아가야 할 방향에 대해서 규칙을 정하고 행동한다(김용태, 2000).

만약 이러한 위계구조에 문제가 생기면 가족 구성원 사이에 제휴라는 역기능적인 현상이 나타나게 된다. 제휴(alignment)란 가족 구성원이 서로 연결되는 방법을 의미하는데, 이러한 연결은 협력관계 혹은 대립관계를 가질 수 있다. 제휴에는 연합과 동맹이 있다(Nichols, 1984).

(1) 연합

연합은 두 사람이 제3의 구성원에 대항하기 위해서 협력하는 것을 말한다. 연합에는 안정된 연합과 우회 연합이 있다. 전자는 제3의 가족원을 밀어내기 위해 두 사람이 밀착된 관계를 지속적으로 형성하는 현상을 말하고, 후자는 가족원 간에 갈등이 생길 경우 제3자와 연합함으로써 근본적 갈등 해결이 아닌 순간적으로 문제 해결을 하는 것을 말한다. 안정된 연합의 전형적인 예로는 남편이 자신의 어머니와 밀착된 관계를 맺고 아내를 통제하는 것이다. 그 과정을 통하여 남편은 어머니께 의지하면서 심리적인 안정감을 느끼지만, 부부 하위체계는 약화되고 아내는 소외감과 외로움 등 정서적인 어려움을 겪게 된다. 우회연합의 예로 대표적인 것은 부부 갈등이 생기는 경우 아내가 자녀를 끌어들여 문제를 회피하는 경우다. 우회연합도 빈번하게 발생하여 오래 지속이 되면 안정적 연합으로 변환된다(Nichols & Schwartz, 2009).

(2) 동맹

동맹은 두 사람이 공동의 이익이나 목적 때문에 제휴하여 제3자와 대항하는 것으로 반드시 제3자와 적대적인 관계인 것은 아니다. 예를 들면, 형제가 부모로부터 용돈을 올려 받기 위해 제휴를 하거나 부모가 자녀를 통제하기 위해 협력하는 것을 말한다. 그러나 동맹이 세대 간을 넘어서 형성되는 경우에는 하위체계가 약화되어 위계구조가 망가질 수 있다.

5) 가족 정서 조절

최근의 구조적 가족상담에서는 가족 구성원 사이에 발생하는 정서와 관련된 경험을 다루는 것이 매우 중요한 과제로 제시되고 있다(Jones & Lindbald-Goldberg, 2002). 구조적 가족상담에서 중요하게 생각하는 정서 조절 영역은 구성원 개개인이나 가족체계가, 첫째, 자신이나 다른 사람의 느낌이나 정서를 알아차리는 능력, 둘째, 자신과 타인이 경험하는 정서의 종류를 구별하고 강도를 평가할 수 있는 능력, 셋째, 그러한 정보를 이용하여 생각하고 행동할 수 있는 능력, 넷째, 강력한 정서적 자극이 발생하는 가운데서도 자신을 진정시키고 안정을 찾을 수 있는 능력, 다섯째, 다른 사람의 정서에 공감하고 그들을 돌볼 수 있는 능력 등이다. 이러한 능력이 있는 개인이나 가족은 그렇지 못한 사람들에 비해 건강하고 행복한 가족을 구성할 수 있다.

6) 가족 역기능

구조적 가족상담자는 가족이 하나의 사회적 체계로서 가족 안과 밖의 상황

속에서 움직이며 변화하는 것을 기본 전제를 하고 있다. 가족도 외부의 자극에 의해서 균형을 상실할 수 있으며, 항상성이 깨질 수 있다. 심한 스트레스 상황이나 위기 상황에서 가족의 구조가 적합하게 재적응을 하지 못하면 불균형 상태로 고착되어 역기능적인 가족이 된다. 가족의 체계적인 속성을 기본 전제로 구조적 가족상담자가 보는 기능적인 가족은 다음과 같은 특성들을 갖는다. 첫째, 가족은 각 발달 단계별 또는 특별한 상황에서 탄력성 있게 변화할 수 있는 융통성이 있어야 한다. 둘째, 가족 내의 구성원들 사이에는 분명한 경계로 자아정체성을 상실하지 않으면서 정서적인 상호작용이 있어야 한다. 셋째, 가족 안에서 부모의 권력과 결정권, 그리고 권력과 위계질서가 자녀들에게 방해받지 않아야 한다. 넷째, 부부간의 욕구 충족과 문제 해결을 위하여 공정한 협상과 조정 능력이 있어야 한다. 다섯째, 가족이 내적·외적 환경으로부터 많은 스트레스를 받을 때 가족은 새로운 기능을 발휘하여 상황에 잘 적응해야 한다.

기능적인 가족과 역기능적인 가족의 특성은 〈표 6-1〉에 제시한 바와 같다.

ㅇㅇㅇ **표 6-1 역기능적인 가족과 기능적인 가족의 특성 비교**

역기능적인 가족	기능적인 가족
가족의 규칙, 역할이 너무 완고함	가족의 규칙, 역할이 융통성이 있음
세대 간의 경계가 불분명함	세대 간의 경계가 명확함
폐쇄적인 의사소통	열린 의사소통, 협동적
가족의 주기 단계에 고착	가족의 주기 단계에 변화
강한 통제나 강한 의존성	자율적인 책임 강조
한 사람이 희생양	적절히 분배된 문제
가족체계가 폐쇄적	가족체계가 개방적
상호 간의 협상과 조정이 어려움	상호 간의 협상과 조정이 가능
가족의 비현실적이며 이상적인 기대나 욕구	가족의 현실적인 기대나 욕구
가족의 자원이 결핍, 고립	가족의 자원이 풍부, 사회관계망 형성

(1) 경계선과 가족 역기능

가족들 간의 분명한 경계선은 가족들로 하여금 자신의 역할이 무엇인지 또는 가족 내에서 자신의 위치가 어디인지를 알려 주는 역할을 한다. 경계선의 설정은 가족들 간의 다양한 관계를 만들어 낸다. 앞에서 설명한 바와 같이 경직된 경계는 분리된 가족관계를 만들어 내고, 산만된 경계는 융합된 가족관계를 만들어 낸다.

분리된 관계의 가족은 가족체계가 외부와 매우 경직되어 있는 가족으로서 외부로부터 소외되어 있고, 가정 안에서는 부모의 권위가 매우 강조된다. 또 상호의사소통이 결핍되어 있고, 가족 간의 친밀함이 유아적이며, 정서적으로 상호지지를 받기를 원하지만 실제적으로는 받기 힘들다. 가족이 서로 격리된 가족들로, 가족 구성원 간에 관심이 없고 부모와의 관계도 소원하며 부모에 대한 존중감도 없다. 부모-자녀관계에서 부모는 부모이고 자녀는 자녀로, 상호 정서적 상호작용이 전혀 없다. 이런 가족구조에서는 가족원이 강한 유대관계와 밀착성을 나타내는 비행집단에 쉽게 빠져들 수 있다.

융합된 관계의 가족 구성원들 간에는 감정들이 지나치게 얽혀 있어 사소한 일에도 갈등이 발생한다. 모든 문제에도 서로가 깊이 관여하고 구속과 간섭이 심해서 너의 일과 나의 일이 구분이 없고, 너의 감정과 나의 감정, 너의 욕구와 나의 욕구가 분명하지 않다. 하위체계 간에 서로 지나치게 밀착되어 있어서 개인의 자아의식과 책임감이 발달하지 못한다. 따라서 가족 하위체계 간의 적절한 분리가 필요하다.

(2) 제휴와 가족 역기능(김용태, 2000)

가족 구성원들이 상호작용하는 제휴 과정에서 격리되거나 밀착된 관계는 가족 구성원 사이에 여러 가지 종류의 역기능을 만들어 낸다. 현장에서 주로 볼 수 있는 현상으로 안정 연합, 우회 연합, 삼각관계, 세대 간 안정 연합 등이 있다.

① 안정 연합

부부간의 갈등이 심한 경우에 부모 중 한 사람은 가족 내의 다른 가족 구성원과 안정된 연합에 들어간다. 안정 연합(stable coalition)이란 가족 내 두 사람이 다른 한 사람을 배타적으로 밀어내면서 두 사람 사이에 밀착된 관계를 형성하는 현상을 말한다. 즉, 연합하는 두 사람은 정서적으로 심하게 밀착되어서 서로의 욕구나 이해관계에 민감하게 반응한다. 반면, 다툼의 대상이 되는 제3자인 가족 구성원과는 격리된 관계를 형성한다. 즉, 두 사람은 정서적으로 연합하여 제3자인 가족에 대해서 지배와 통제를 한다. 이러한 안정 연합의 예는 [그림 6-2]와 같이 표현할 수 있다.

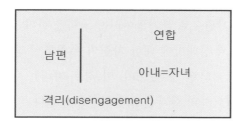

[그림 6-2] 안정 연합

② 우회 연합

우회 연합(detouring coalition)은 가족 구성원들 간에 갈등이 생겼을 경우에 이를 피하기 위한 수단이다. 예를 들면, 남편과 아내가 갈등이 심한 경우에 아내가 남편과의 갈등을 직접 대화를 통해서 해결하지 않고 자녀 중 하나를 선택하여 자녀와 정서적으로 연합한다. 이러한 정서적 연합은 아내 자신에게 갈등이 있을 때 그것을 해결하는 하나의 방편이다. 우회 연합의 예는 [그림 6-3]과 같다.

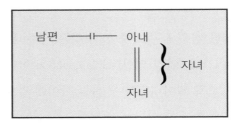

[그림 6-3] 우회 연합

③ 삼각관계

삼각관계(triangulation)는 서로 갈등하고 있는 두 사람이 똑같은 제3자를 통해서 상대방을 제압하려고 하는 연합의 관계다. 부부간 갈등이 심한 경우에 부부는 각자 한 자녀를 자기편으로 끌어들이려는 노력을 한다. 제3자인 자녀를 자기편으로 끌어들임으로써 상대방에 대한 자신의 우위를 주장하려 한다. 삼각관계는 [그림 6-4]와 같이 나타낼 수 있으며, 이 경우 자녀는 부모의 관심 집중으로 정신적 스트레스를 경험하며 삼각관계의 희생양이 된다.

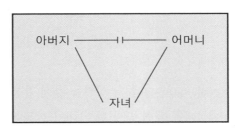

[그림 6-4] 삼각관계

④ 세대 간 안정 연합

세대 간 안정 연합(transgenerational stable coalition)이란 세대에 걸쳐서 연합이 일어나는 현상을 말한다. 남편과 아내의 갈등이 심한 경우에 남편이나 아내 또는 둘 다 자녀와 정서적 연합을 하려고 한다면, 이를 세대 간 연합이라 부른다.

세대 간 안정 연합은 위 세대 또는 아래 세대 어느 방향으로든 일어날 수 있다. 아래 세대와 세대 간 안정 연합이 일어나는 것이 흔한 경우다. 남편이 아내와 갈등이 생겼을 때 자녀들과 정서적으로 연합을 하는 경우는 아래 세대와 안정된 연합을 갖는 것이다. 아래 세대와의 안정 연합은 [그림 6-5]와 같이 나타낼 수 있다.

한국 사회에서 나타나는 고부간 갈등은 이러한 세대 간의 안정 연합 현상으로 이해할 수 있다. 남편과 아내 사이의 갈등이 심한 경우에 남편은 자신의 어머니와 연합하여 아내를 지배하고 통제하려 할 수 있다. 남편은 자신의 불편한 마음을 어머니에게 털어놓음으로써 어머니와 정서적으로 연합하려 한다. 위 세대와의 안정 연합은 [그림 6-6]에 제시하였다.

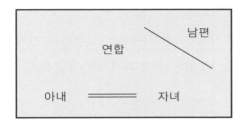

[그림 6-5] 아래 세대와 안정 연합

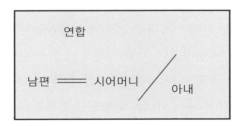

[그림 6-6] 위 세대와 안정 연합

3. 상담 목표

구조적 가족상담자는 역기능적 가족구조에 의해 문제가 지속적으로 유지된다고 본다. 그러므로 구조적 가족상담의 목표는 가족구조를 변화시켜서 가족의 문제를 해결할 수 있도록 하는 것이다. 다시 말하면 상담 목표는 구조의 변화이며 문제 해결은 목표 달성의 부산물이다. 구조적 가족상담자는 가족 구성원들이 구조를 변화시키는 것을 돕기 위해서 가족체계에 참여한다. 경계선을 바꾸고 하위체계를 재조정함으로써 가족 구성원들의 행동과 경험을 바꾸게 되는 것이다. 상담자가 문제를 해결해 주는 것이 아니라 가족들이 직접 해결하도록 한다. 상담자는 그들이 스스로 문제를 해결할 수 있도록 가족의 기능을 조금 수정해 주는 역할을 할 뿐이다(Nichols, 1984).

증상의 완화와 가족 기능의 변화는 서로 밀접하게 연결되어 있는 상담 목표다. 증상을 변화시키는 데 있어 가장 효과적인 방법은 그러한 증상을 유지하는 정형을 파괴하는 것이다. 구조적 가족상담의 목표는 가족 구성원의 문제를 해결하고 발전하도록 도와줄 수 있는 체계가 되도록 가족체계를 성장하게 하는 것이다. 가족의 재구조화를 위해 공통적으로 적용할 수 있는 상담 목표는 다음과 같다(Becvar & Becvar, 1999).

첫째, 가족 위계구조를 적절히 확립한다. 부모가 권위와 책임을 맡고 부모의 권위를 바탕으로 부모-자녀가 세대 간 차이를 인정하는 구조가 되어야 한다.

둘째, 부모가 연합한다. 부모는 서로 지원하고 서로에게 적응함으로써 자녀에게 통일된 모습을 보여야 한다. 부모 간 연합이 이루어지지 않을 때 자녀가 힘을 갖게 되거나 부모 중 한쪽이 자녀와 연합하므로 부모가 제 기능을 할 수 없고 가족 상호작용은 역기능적이 된다.

셋째, 부모가 연합된 모습을 보일 때 자녀들은 동년배의 형제자매체계로 기능할 수 있다. 부모는 자녀끼리 협상하고 지원하고 갈등이나 차이를 해결하고 서로를 존중하도록 지원할 수 있어야 한다.

넷째, 부부 하위체계는 부모 하위체계와 분리되어 존재한다. 부부 하위체계는 사랑과 친밀감, 그리고 서로의 자아실현을 돕기 위해 형성되지만 부모 하위체계는 자녀의 성장 발달을 지원하기 위해 형성된다. 따라서 부모 하위체계와는 별도로 부부만의 독립적인 영역과 시간을 가지고 부부만의 친밀감과 사랑을 증진시킬 수 있어야 한다.

다섯째, 경계선이 경직되거나 분리된 가족을 대상으로 치료할 경우 가족원 간의 상호작용 빈도를 증가시킴으로써 분명한 경계선을 갖도록 돕는다. 가족원이 각기 독립적이고 자율적으로 존재하면서도 서로에 대한 보살핌과 지원을 제공할 수 있도록 한다.

여섯째, 경계선이 밀착된 가족을 대상으로 치료할 경우 개인이나 하위체계가 서로 분화하도록 돕는다. 특히 자녀의 발달 단계에 따른 차이를 존중하고 자녀의 연령에 맞는 활동을 독자적으로 시도할 수 있도록 돕는다.

4. 상담 과정 및 기법

구조적 가족상담은 크게 세 부분으로 이루어진다. 첫째는, 상담자가 리더십의 위치에서 가족에 참여하는 것(상호작용과의 합류)이고, 둘째는, 가족 내부에 존재하는 구조를 파악하는 것(상호작용의 창조)이며, 셋째는, 그러한 구조를 변화하기 위해 개입하는 것(상호작용의 재구조화)이다(Minuchin, 1974). 이 세 가지 범주에 속하는 기법을 〈표 6-2〉에 제시하였고, 기법에 대한 상세한 설명은 상담의 단계에서 다루었다. 상호작용의 창조는 치료적 효과와 연결될 수 있는 가족 구성원 간의 상호작용을 상담자가 의도적으로 만들어 내는 기법이다. 상호작용과의 합류는 목표에 도달하려는 전문가가 창출하는 가족과의 인간적 상호작용에 관한 기법이다. 상호작용의 재구성화는 보다 기능적인 가족구조를 향하여 가족 구성원 간의 상호작용 유형을 변화시키기 위한 기법으로 정의할 수 있다. 그러나 이러한 세 가지 범주의 기법은 서로 독립된 것이 아니라 상호 보완적인 역할을 한다. 실제로 몇 개의 다른 범주의 기법이 동시에 또는 연속적으로 상담의 목적인 가족구조의 기능화를 위해 사용되기도 한다.

○○○ **표 6-2 구조적 가족상담의 기법**

범주	기법
상호작용과의 합류 (Joining with the Transaction)	추적(tracking) 유지(maintenance) 모방(mimesis)
상호작용의 창조 (Creation of Transaction)	구조화(structuralization) 실연화(enactment inducement) 가족 내의 과제 설정(task setting within the family)
상호작용의 재구조화 (Restructuring the Transaction)	체계의 재편성(system recomposition) 증상 초점화(symptom focusing) 증상의 과장(exaggerating the symptom) 증상의 축소화(deemphasiging the symptom) 새로운 증상으로의 이행(moving to the new symptom) 증상의 재정의(relabeling the symptom) 구조의 수정(structural modification) 가족지도(family map) 상호작용의 분해(disassembling) 상호작용 유형의 차단(blocking transactional pattern) 차이의 과장(exaggerating differences) 잠재적 갈등의 표면화(developing implicit conflict) 유형의 구성(constructing) 유형의 강화(reinforcing) 유형의 재조직(reorganizing)

니콜스(Nichols, 1984)는 가족구조의 변화를 효과적으로 유도할 수 있는 구조적 가족상담의 여섯 단계를 제시하였다. 첫째, 합류하기와 수용하기, 둘째, 상호작용에 관여하기, 셋째, 진단하기, 넷째, 상호작용을 부각하고 수정하기, 다섯째, 경계선 만들기, 여섯째, 인지적 구성 더하기다.

1) 합류하기와 수용하기

상담 초기의 가족은 불안하면서 약간의 죄책감을 가진 비환자 집단으로, 가족상담에 저항하면서 협조하기를 꺼릴 수 있다. 또한 오랜 기간 동안 고착된 행동양식을 가지고 있는 가족들은 쉽게 변화하기가 어려울 수 있다. 효과적인 가족상담을 위해서는 강력한 도전과 직면이 필요한데, 그러한 도전과 직면이 무모한 시도로 끝나지 않도록 하기 위해서 상담자는 해당 가족에 영향력을 발휘할수 있어야 한다. 영향력은 가족상담자가 가족과 그 구성원을 이해하고 받아들인다는 것을 보여 줄 수 있을 때, 즉 가족체계에 효과적으로 합류할 수 있을 때에야 가질 수 있다. 가족체계에 합류하기 위해서는 가족의 조직과 유형을 수용하고 직접 경험해야 한다. 상담자는 가족의 사랑, 갈등, 아픔 등을 함께 느낄 수 있어야 한다. 상담의 초기 과정을 단축시키고 상담 효과를 극대화하는 합류의 기술에는 유지, 추적, 모방이 있다.

(1) 유지

유지(maintenance)는 가족상담자가 가족의 구조를 분석할 때 의도적으로 현재의 구조를 지지해 주는 것을 말한다. 가족 하위체계에 대한 승인과 적극적 지지와 함께 구성원 개개인의 장점과 잠재 능력을 확인하여 지지하고 필요한 경우 구성원의 가족 내 지위를 강화하기도 한다. 가족상담자가 특정 하위체계를 지지하는 경우, 가족 내 다른 체계들은 암묵적으로 재구조화의 요청을 받게 된다. 예를 들어, 부모 하위체계가 상담자의 지지를 받는다면 자녀 하위체계는 자신들의 행동이나 태도에 대한 변화를 암시받게 되는 것이다.

(2) 추적

추적(tracking)은 가족들이 하는 이야기를 명확하게 이해하기 위해서 질문을 하고, 가족이 말하는 내용을 추적해서 핵심을 파악하는 작업을 의미한다. 추적은 가족의 구조에 적응하는 또 다른 기법이라고 볼 수 있다. 가족상담자는 추적을 하는 동안 가족들의 이야기에 도전하거나 직면하지 않고 가족의 이야기에 관심이 많다는 것을 언어적/비언어적 방법으로 전달하면서 가족들이 이야기를 지속할 수 있도록 유도한다. 상담자는 회기를 이끌어 가기보다는 따라감으로써 가족의 의사소통을 격려하고 가족의 역동을 수용한다. 추적을 통해서 상담자는 보다 많은 정보를 찾을 수 있고, 가족 구성원에 대한 이해를 높일 수 있다.

(3) 모방

가족상담자가 가족의 의사소통 방식과 내용을 모방하고 공통된 경험에 대해 이야기함으로써 가족에 합류하는 방법이다. 모방(mimesis)을 통해 상담자는 가족 구성원과 동질감을 형성하고 가족의 친밀감을 확보할 수 있다. 모방은 가족상담자로 하여금 가족의 일원으로서 행동할 수 있도록 해 준다. 가족들은 자신들이 사용하는 단어를 사용하면서 자신들이 말하는 방식으로 이야기하는 상담자를 거부감 없이 받아들이게 된다. 그렇게 되면 상담자는 자연스럽게 가족의 하위체계에 합류하면서 가족들의 상호작용을 파악하고 필요한 경우 지시적인 자세를 취할 수 있는 영향력을 얻게 된다.

2) 상호작용에 관여하기

가족의 구조는 가족 구성원들의 서술이나 이전 상황의 실연을 통해서 알 수 있는 것이 아니라 상호작용의 관찰을 통해서 좀 더 명확하게 드러난다(Nichols, 1984). 따라서 "두 분이 이 상황에 동의하시나요?" "누가 결정권을 갖고 있으세요?" "어제 하신 부부싸움을 한번 재연해 보실까요?"라는 등의 상황은 별로 생산적이지 않다. 왜냐하면 사람들은 대체로 실제의 자신보다 근사하게 포장된 모습으로 자기 자신을 남에게 보이고 싶어 하기 때문이다.

가족역동은 가족 구성원들이 행동할 때 나타나는 것을 말한다. 자신들끼리 이야기하고 행동할 때 역동이 나타나므로 가족상담자는 누가 누구와 이야기하고, 언제 이야기하며, 어떠한 방식으로 대화하는지에 대해서 관찰하면 된다. 가족상담자가 가족들의 상호작용을 볼 수 있는 방법에는 실연(enactment)이 있다. 가족들에게 주제를 주고 서로 얘기해 보라고 하는 즉시 가족들의 저항에 부딪힐 것이다. 그보다는 가족상담자가 먼저 구성원 중에 한 명과 대화를 시도하고, 다른 사람들을 끌어 들이다 보면 가족의 평소 모습을 볼 수 있을 것이다. 예를 들면, 자녀 중 한 명이 부모님이 너무 엄하다고 하면 "따님이 너무 엄하시다고 하는데 어떻게 생각하세요?"라고 질문을 하면서 "두 분이 그것에 대해서 한번 얘기해 보시면 어떨까요?"라고 실연을 유도한다. 실연이 시작되면 가족상담자는 가족구조에 관해서 상당히 많은 정보를 얻을 수 있다. 실연을 통해 가족의 경계선은 명확한지, 가족의 중심은 누구인지, 부모가 자녀를 대화에 끌어들이는지 등을 관찰할 수 있다(Nichols, 1984).

실연의 상담 효과는 여러 가지가 있을 수 있으나, 다음의 네 가지로 요약할 수 있다(Minuchin & Fishman, 1981). 첫째, 상담자와 가족들 사이에 발생하는 치료적 동맹(therapeutic alliance)을 촉진시킨다. 상담자의 요청으로 가족들이 연기를 하는 과정에서 하나의 팀으로 작용하는데, 상담자는 연출가로, 가족들은 연기자로 연합할 수 있기 때문이다. 둘째, 가족상담자는 실연을 통해서 가족들의 신념에 도전할 수 있다. 가족 구성원들이 가지고 있었던 자기중심적인 문제의식은 실연 과정에서 도전을 받게 된다. 그 과정을 통해 문제가 한 개인이 아니라 가족체계 전체의 역기능에 있음을 깨닫게 되어 문제에 대한 의식을 확장할 수 있다. 셋째, 가족들은 새로운 상호작용과 가족구조를 실험해 볼 수 있는 기회를 갖게된다. 구성원들은 이전에는 할 수 없었던 말들을 안전한 세팅에서 상담자의 지시에 따라 서로에게 할 수 있게 된다. 넷째, 상담자는 가족들에게 그들만의 상호작용을 해 보도록 지시함으로써 상담자가 가족의 제휴 대상자가 되는 것을 피할수 있다. 갈등이 발생했을 때 연합을 통해 그것을 피해 가려고 하는 가족 구성원에게 상담자는 매우 강력한 연합 대상자가 될 수 있다. 가족들은 경쟁적으로 상담자와 연합하려고 시도할 수 있고, 갈등을 우회하는 삼각관계에 연루하려고 할수 있다. 실연은 가족으로 하여금 자신들의 상호작용에 상담자는 포함되지 않는다는 사실을 깨닫게 해 준다.

3) 진단하기

진단은 회기 중에 일어나는 상호작용에 대한 관찰을 토대로 만들어진 작업가설이다. 이는 가족상담자가 상담의 구조화를 위해 가족에 대한 이해를 정리한 것으로서 모든 구성원의 이익을 위한 가족으로 변화하기 위한 목표를 근거로 만들어진 것이다. 진단의 목적은 문제의 개념화로 가족상담자가 주의를 기울여야 할 영역들로 이루어져 있다. 구조적 가족상담에서는, 첫째, 가족의 구조와 선호하는 상호작용 유형, 대안적 유형, 둘째, 체계의 동맹 및 연합 방식, 가족체계의 융통성 및 재구조화 능력, 셋째, 개개의 구성원에 대한 가족체계의 감수성 및 분리 상태, 넷째, 가족의 스트레스 및 지지체계, 다섯째, 가족 발달 단계의 과제 수행 여부, 여섯째, 상호교류 유지를 위한 IP의 증상 등에 대해서 진단한다.

4) 상호작용을 부각하고 조정하기

가족이 상호작용을 시작하면 문제가 되는 상호작용이 나타난다. 상호작용을 정확하게 이해하기 위해서는 내용보다는 과정에 집중해야 한다. 가족구조는 누가 누구에게 어떤 방식으로 말하는 것을 통해서 나타난다. 예를 들어, "우리 부부는 의사소통에 문제가 있어요. 우리 집사람은 말을 잘 안 합니다. 무슨 생각을 하는지 도무지 알 수가 없어요."라고 호소하는 남편과 아내에게 실연을 하도록 요청하고 상호작용을 살펴보면 대화가 진행될수록 남편은 점점 지배적이고 비판적이 되어 가고 그럴수록 아내는 점점 말이 적어지고, 남편은 더 잔소리를 하고, 부인은 더 위축되는 것을 볼 수 있다. 이러한 상황에서 가족상담자는 상호작용 유형을 부각(증상의 초점화)시키고 조정하는 역할(구조의 수정)을 해야 하는 것이다.

가족이 오랫동안 지켜 오면서 평형을 유지하던 패턴을 깨뜨리기 위해서는 강력한 개입이 필요하다. 구조적 가족상담자는 이러한 개입을 위해서 '집중(intensity)'이라는 방법을 사용한다. 집중은 주제의 반복, 상호작용의 반복, 시간의 반복을 선택적으로 조절해서 사용함으로써 이루어질 수 있다. 주제의 반복은 상담자가 가족에게 전달하려고 하는 내용을 반복적으로 전달하는 방법이다. 이는 내용과 구조를 모두 포함하는데 특정 주제를 가지고 반복적으로 질문하면서 필요한 역동을 끌어내는 기법이다(Minuchin & Fishman, 1981). 상호작용의 반복은 가족들과 상담하는 동안 바람직한 행동을 하도록 요구하면서 반복적으로 지적하는 방법이다. 목소리의 크기, 높낮이, 손짓, 몸짓, 얼굴 표정 등을 이용해서 상호작용에서 이루어지고 있는, 또한 이루어져야 할 것을 강조해서 보여 주는 것이다. 시간의 반복은 예상보다 훨씬 더 오랫동안 증상이 지속되도록 내버려 둠으로써 상호작용을 부각하는 방법이다. 예를 들면, 원하는 것을 얻기 위해 떼를 쓰는 자녀의 경우 대부분의 부모는 참지 못하고 아이를 달래기 시작하고 원하는 것을 준다. 그러나 그와 다르게 장시간 동안 방치해 두면 아이는 의아해하면서 행동을 수정하게 된다(Nichols, 1984).

구조의 수정은 구조적 가족상담의 독특한 기법으로 가족도표, 상호작용의 분해, 유형의 구성, 유형의 강화, 유형의 재조직 등이 있다. 가족도표는 구조적 가족상담에서 빈번하게 사용되는 비언어적 기법이다. 이러한 기법은 때로는 상호작용의 개선뿐만 아니라 평가의 목적에서도 사용된다. 가족 구성원이 상담 장면에서 상호작용하는 경우 각각 어떤 장소에 위치하는가는 그 가족의 구조를 반영하는 경우가 많다. 이러한 가족구조의 도표는 가족의 평가의 수단이 될 뿐 아니라 치료자가 도표를 다시 만들어서 구조의 수정 기법으로 사용하게 된다.

상호작용의 분해는 상담자가 가족이 역기능적인 구조를 지속하지 못하도록 움직이는 기법이다. 가족상담을 필요로 하는 가족은 보통 IP의 증상을 중심으로 상호작용하며, 이것이 가족 구성원의 중요한 관여의 방법이다. 또한 가족이 IP의 증상에 대처하는 방법은 지금까지의 가족구조를 반영하고 있다. 따라서 가족이 IP의 증상에 경직된 유형을 보이거나 IP나 가족 구성원이 스스로의 힘으로는 빠져나오지 못할 때 유형을 분해해 버림으로써 가족은 새로운 상호작용 유형을 시도하게 된다. 미누친은 상호작용의 분해를 스트레스의 증가라고도 불렀다. 전자는 이러한 기법의 결과로서, 후자는 이러한 기법의 방법으로 사용되는 용어다.

상호작용 유형의 차단은 상호작용의 분해에 사용되는 기법의 하나로 상담자가 가족 구성원의 익숙한 상호작용 유형을 방해하는 것이다. 또 다른 기법인 차이의 강조는 상담자가 가족 구성원 간의 태도의 상이점을 강조함으로써 협력체계를 이룬 상호작용 유형을 분해시키는 것이다. 잠재적 갈등의 표면화는 치료자가 구성원 간의 협력관계 이면에 숨어 있는 갈등을 표면화하도록 자극하는 것이다.

구조적 가족상담의 기법은 가족구조의 이론에 근거하여 여러 가지 기법을 사용함으로써 가족구조의 개선을 시도하는 것이다. 이러한 목적을 위한 기법은 다양하지만 이러한 기법은 어디까지나 구조 재구성화라는 맥락에서 사용되어야 한다. 또한 다른 기법과 마찬가지로 구조적 가족상담의 기법도 어떤 가족에게는 좀 더 효과적이고, 어떤 가족에게는 효과에 한계가 있을 수 있다는 점도 알고 있어야 한다.

5) 경계선 만들기

역기능적인 가족역동은 가족 내에서 너무 경직되거나 너무 산만한 경계선을 가진 하위체계로부터 발생하여 지속적으로 유지된다. 가족이 건강하게 기능하기 위해서는 가족체계 전체의 통합성과 하위체계 각각의 자율성이 보장되어야 한다(정은, 2009). 구조적 가족상담자는 가족 내의 하위체계 간의 거리가 적절하게 유지되도록 경계선을 재조정하는 데 개입한다. 지나치게 밀착된 가족의 경우 하위체계 간의 경계선을 강화하고 각 개인의 독립성을 키울 수 있도록 개입하고, 유리된 가족의 경우 갈등을 회피하기보다는 함께 해결할 수 있도록 환경을 조성하고 상호지지할 수 있도록 유도한다.

6) 인지적 구성 더하기

구조적 가족상담이 인지치료는 아니지만 가족상담자들은 언어와 개념을 활용하여 가족들이 현실을 지각하는 방식을 바꾸도록 돕는다(중상의 재정의). 가족 구성원들이 서로 상호작용하는 방식을 바꿈으로써 현실에 대해 새로운 시각을 갖게 된다. 그 역도 성립되는데, 현실에 대해서 새로운 시각을 갖게 되면 가족들이 상호작용하는 방식이 바뀌게 된다는 것이다(Minuchin, 1974). 중상의 재정의는 가족의 중상에 대한 의미부여, 이른바 중상에 붙이는 명칭을 바꾸는 것이다. IP의 중상의 의미는 보는 시각에 따라 다를 수 있기 때문에 가능하다. 가족 구성원의 상식적인 시각에서 중상이란 나쁜 것이지만 동시에 이차적 이득도 있다. 이처럼 중상의 재정의 목적은 새로운 중상의 이행과 마찬가지로 새로운 상호작용의 맥락을 창조하는 것이다.

구조적 가족상담자는 회기 중에 자신의 훈련과 경험에 의거한 정보와 조언을 제공하는 교사의 역할을 수행하기도 한다. 그러한 정보는 가족 구성원의 불안을 낮추기 위해서 제공될 수도 있고, 좀 더 자신 있게 행동하도록 도와주기 위한 것일 수도 있고, 그들의 상호작용을 재구조화하기 위해서일 수도 있다. 이러한 개입의 목표는 가족을 교육시키기 위해서가 아니라 변화를 위한 일종의 공표를 제공하기 위해서다(Nichols, 1984).

5. 상담자 역할

구조적 가족상담자는 가족의 위계질서를 바로잡고 가족의 구조를 강화하기 위해 자신을 활용하며 가족 내 구성원의 위치와 역할을 세움으로써 가족 구성원 개개인의 경험을 변화시킨다(정은, 2009). 구조적 가족상담에서 상담자의 역할은 지도자적 위치로 가족에 대한 개입에 있어서 적극적이며 권위적이다. 상담자가 내담자 가족들을 때에 따라 지지하고 교육하며 안내하는 것은 상담 초기에 합류하는 데에도 필요하지만 가족들의 재구조화를 위해서도 필요하다. 가족상담자는 가족 구성원들이 상호 간에 어떻게 상호작용하고 행동하여야 하는지도 가르친다. 그리고 부모들이 자녀에게 개별적으로 어떻게 반응하여야 하는지를 가르쳐야 하고, 각 가족 구성원이 외부세계에 어떻게 적응해야 하는지를 가르쳐야 한다. 구조적 가족상담자는 교육자의 역할을 할 수 있는 교사의 역할, 지도자의 역할과 지지할 수 있는 친구로서의 역할도 필요하다(이지수, 1993).

구조적 가족상담자는 가족 구성원 간의 상호작용을 정확하게 파악할 수 있어야 한다. 미누친(1974)은 상담자가 관심을 가져야 할 주요 영역을 다음과 같이 제시하였다. 첫째, 가족구조의 상호작용 유형과 대안적인 상호작용 유형을 파악한다. 둘째, 변화하는 상황에 대한 반응으로서 가족체계의 동맹, 연합 그리고 가족체계의 융통성과 재구조화의 능력을 평가한다. 셋째, 각 구성원의 행동에 대한 가족체계의 감수성을 조사하며 가족의 분리 상태를 평가한다. 넷째, 가족의 현재 상황(가족환경)에서 생활지지체계와 스트레스 요인을 분석한다. 다섯째, 가족의 발달 단계와 단계에 적합한 과업 수행 능력을 평가한다. 여섯째, 가족의 상호작용 유형을 유지하기 위하여 내담자의 증상을 이용한다.

구조적 가족상담자는 상담 목표를 달성하기 위하여 다음의 역할을 수행한다. 첫째, 가족구조의 개념에 대한 지식과 신념을 가진다. 둘째, 가족구조를 나타내는 가족의 상호교류와 그 유형을 관찰한다. 셋째, 가족 구성원과 가족환경을 고려하여 이 가족의 이상적인 구조가 무엇인지 명확히 한다. 넷째, 가족상담자는 지도자의 역할을 맡는 한편, 상담 목표를 달성하기 위해 가족에 합류하고, 가족을 수용·존중하면서 가족의 상호작용에 적용한다. 다섯째, 가족상담자는 가족을 존중하되 확고한 방법으로 개입함으로써 변화되기를 원하는 바가 일어날 수 있도록 돕는다. 여섯째, 가족 구성원을 지원하고 그들이 상담 시간에 새로운 방법을 시도할 수 있도록 도우며, 그들의 시도와 성공을 인정하고 칭찬한다(Minuchin & Nichols, 1993).

미누친의 마지막 저서인 『The Craft of Family Therapy: Challenging Certainties』(Minuchin, Reiter, & Borda, 2014)에서 그는 상담자가 쓸 수 있는 가장 훌륭한 도구는 바로 자신이라고 주장하였다. 즉, 상담자는 치료 과정에서 단순하게 내담자가족과 기술을 연결해 주는 중개자가 아니라 가족들을 변화시키는 핵심도구라는 것이다. 그러므로 상담자는 충분한 전문성을 소유한 전문가로서 작업을 할 수 있어야 한다. 상담자는 문제가족이 보유하고 있는 잘못된 확신에 도전하고, 다양한 대안을 탐색하고, 가족의사소통의 내용을 통하여 가족역동 과정을 파악하고, 치료 과정에서 유머와 은유를 적극적으로 활용하고, 특정 주제를 다양한 차원으로 제시함으로써 가족이 다른 관점과 행동을 보여 주도록 하며, 하위체계를 다양한 목적으로 사용하면서 가족구조를 개편함으로써 기능적인 가족으로 거듭나도록 도와줄 수 있다.

6. 사례를 통한 구조적 가족상담 적용

1) 가족사항

공통 사례*의 가족 구성원은 [그림 6-7]과 같다.

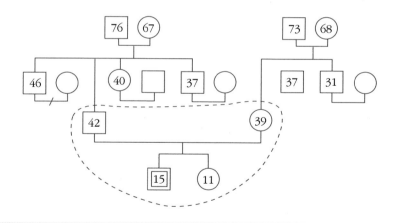

[그림 6-7] 사례의 가족사항

---

* 사례에 대한 기본 자료는 제3장의 104~106쪽을 보기 바란다.

2) 내방 경위

큰아이(아들)가 공부에는 관심이 없고 학교를 가지 않으려 하며 자기 방에서 게임만 하고 전혀 대화도 하지 않으려고 해서 상담 신청을 하게 되었는데 상담자의 권유로 가족상담을 하게 되었다. 아내는 남편이 아이들을 심하게 때리고 화를 내며 통제한다고 불평한다. 아이들은 아빠가 집에 있으면 두려워하며 말을 못한다. 큰아들은 아빠가 자기한테 하는 행동을 동생한테 한다. 남편은 아이들을 보면 화가 치밀어 오르고 아이들뿐만 아니라 아내와도 말이 안 통해서 힘들다고 호소하고 있다.

3) 개입 과정의 개요

이 사례에 대한 구조적 가족상담은 상담체계 형성 단계, 문제 규정과 가족구조의 진단 및 목표 수립 단계, 상담적 개입 및 재구조화 단계, 변화 유지 및 종결 단계의 총 4단계로 진행되었다.

(1) 상담체계 형성

내방한 가족과 상담자와의 관계 형성을 위한 회기가 진행되었다. 상담 진행 과정에서는 아빠의 가장으로서의 위치를 인정하여 아빠를 중심으로 상담을 진행하면서 부부가 서로에 대해 갖고 있는 불만사항에 대하여 모방과 추적의 기법을 이용하여 가족체계에 합류함으로써 가족 구성원들과 신뢰관계를 형성하였다. 내담자에게는 현재 가지고 있는 능력과 강점을 부각시켜 상담자에 대한 저항을 없애고 신뢰관계를 형성하였다.

(2) 문제 규정과 가족구조 진단 및 목표 수립

내담자 가족의 문제를 정의하고 역기능적인 가족의 구조를 진단하여 이에 대한 개입의 목표를 수립하는 과정에서 가족 전체, 부모 하위체계, 형제 하위체계,

부부를 대상으로 한 상담이 이루어졌다.

① 문제 규정

각 하위체계별로 가족관계를 탐색하고 전체 가족을 상담한 결과, 이 사례의 가족은 다음과 같은 문제를 갖고 있다.

첫째, 이 가족은 엄마와 자녀가 밀접한 관계를 유지하고 있었으며, 아빠는 공포의 대상으로 가족에서 소외되어 있다. 둘째, 부모 하위체계는 자녀양육의 문제로 갈등이 많으며, 대화를 거의 하지 않는 경직된 관계를 형성하고 있었다. 형제 하위체계도 갈등의 요소를 많이 내포하고 있었다. 특히 동생이 오빠의 행동을 부모에게 고자질하는 것에 대해 큰아들이 폭력으로 대처하는 것이 문제시되고 있다. 부모-자녀 하위체계에서는 엄마와 딸의 밀착으로 혼동된 경계를 형성하였으며, 이로 인해 딸은 매우 유아적인 행동을 보이면서 잠자리조차 엄마와 함께 하고 있다. 셋째, 문제 가정에서 흔히 나타나는 현상인 우회 연합이 이 가정에서도 나타났다. 즉, 부부간의 갈등을 피하기 위해 엄마가 딸과 연합하고 있다.

사례에 나타나는 가족관계를 가족지도로 그려 보면 [그림 6-8]과 같다.

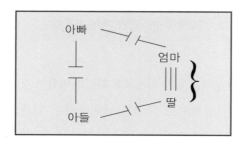

[그림 6-8] 상담 전의 가족지도

② 상담 목표 수립

앞의 문제 규정과 가족구도 진단 결과로 다음과 같은 상담 목표를 세웠다.

첫째, 가족 위계구조를 확립하고 경계선을 명확하게 설정한다. 둘째, 부모를 연합하고 부부 하위체계를 강화한다. 셋째, 자녀 하위체계를 강화한다. 넷째, 가족의 정서적 유대를 강화한다.

(3) 가족구조의 재구조화 단계

이 단계에서는 앞의 상담 목표에 따라서 여러 가지 상호작용의 합류 기법과 재구조화 기법을 이용하여 역기능적인 가족구조를 개선하고자 한다. 각 상담 목표별로 이루어진 상담 과정을 살펴보면 다음과 같다. [그림 6-9]는 상담 목표가 달성된 이후의 가족지도다.

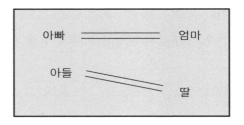

[그림 6-9] 상담 후의 가족지도

① 상담 목표 1: 세대 분리를 통한 위계구조 확립과 명확한 경계선 설정

엄마와 딸의 지나친 밀착으로 아내는 남편보다는 딸과 함께 자는 것을 선호하였다. 상담자는 잠자리에 관한 것이 두 사람만의 문제가 아니라 가족 전체의 문제임을 인식시키고 엄마와 딸에게 각자의 방에서 자는 과제를 부여하였다. 처음에는 엄마(아내)가 안방에서 자는 것을 불편하게 생각하여 잘 지켜지지 않았으나 지속적인 상담을 통하여 그 횟수가 늘었다.

이러한 과정을 통해서 엄마와 딸의 밀착관계를 분리시키고 하위체계 간의 경계선을 명확하게 하였다.

② 상담 목표 2 : 부모의 연합과 부부 하위체계 강화

아빠의 폭발적인 감정 표현과 엄마의 딸에 대한 밀착으로부터 부부간의 갈등이 심화되어 있었고, 부부간에 대화를 거의 하지 않는 관계를 유지하고 있었다. 따라서 상담자는 부부 갈등을 먼저 다루기보다 아들의 문제를 중심으로 부부가 의논하면서 상호작용을 활발히 하도록 유도하였다. 또한 회기 중에 아들의 문제에 대해 서로 이야기하게 하는 실연 기법을 이용하여 부부가 자신의 생각을 솔직하고 표현할 수 있는 방법을 터득하게 하였다. 후반부에서는 부부 하위체계를 강화하기 위하여 부부만의 시간을 갖는 과제를 부여하였고, 다양한 활동을 통하여 부부가 서로 신뢰하고 사랑하는 관계를 회복하도록 하였다.

③ 상담 목표 3: 자녀 하위체계의 강화

자녀 하위체계를 강화하기 위하여 먼저 아들의 권위를 수립하도록 하였고 동생을 대할 때 폭력적인 행동보다는 긍정적인 말과 태도를 보이도록 하였다. 아버지와 어머니에 대한 생각을 표현하도록 하여 자녀로서의 공감대를 형성하면서 가족의 변화를 위해 함께 노력하도록 유도하였다.

④ 상담 목표 4: 가족의 정서적 유대 강화

가족들의 정서적 유대를 강화하기 위해서 상대방에 대해서 알아야 할 기본적이고도 쉬운 내용들에 대해서 인식할 수 있는 기회를 가졌다. 또한 즐겁게 함께 어울릴 수 있는 시간을 갖도록 하여 내담자뿐만 아니라 가족들이 다른 가족 구성원에 대하여 새로운 인식을 할 수 있도록 하였다.

(4) 변화 유지 및 종결 단계

종결의 단계에서는 현재까지 일어난 변화를 가족이 계속 유지할 수 있도록 하는 과제를 부여하고 변화의 필요성을 재인식하도록 교육했다. 그리고 가족이 스스로 자신들의 문제에 협동적이고 능동적으로 대처할 수 있는 능력을 키우도록 유도했다. 구조적 가족상담을 통하여 가족의 구조가 기능적으로 변화하였고 가족 내 정서적인 유대도 강화되는 등 긍정적인 변화를 보여 사례에 대한 상담이 종료되었다.

제7장
전략적 가족상담

| 최은영 |

　전략적 가족상담은 '인간 행동'을 통제하고 지배하는 가족항상성, 가족규칙을 기능적으로 변화시키기 위해 가족 내 증상, 즉 문제 행동을 변화시키는 해결 방법에 초점을 맞춘다. 일반적으로 MRI의 상호작용 모델, 헤일리의 전략적 구조주의 모델, 밀란의 체계적 모델의 세 가지로 대별되며, 이 접근들은 문제의 원인에 대한 통찰과 이해를 증가시키기보다 증상을 유지시키는 가족의 역기능적 연쇄 과정을 끊어 단기적으로 증상 해결을 시도한다. 주요 개념 및 상담 기법으로는 MRI의 피드백 고리, 역설적 의도, 전략적 구조주의 모델의 위계질서, 역설, 지시 기법, 고된 체험 기법, 비유와 가장, 밀란 모델의 가족 게임, 상담자의 중립성, 순환 질문, 긍정적 의미 부여, 팀 상담, 의례/의식, 불변 처방 등을 들 수 있다. 이 장에서는 전략적 가족상담 모델의 발달 배경과 주요 개념, 가족 내 역기능 문제의 정의 방식과 상담 목표, 전략적 가족상담의 기법에 대해서 간략히 소개한 후, 제시된 공통 사례를 전략적 가족상담 모델에 따라 분석하였다.

1. 이론적 배경

전략적 가족상담은 각 모델마다 서로 다른 이론적 배경을 갖고 있으나 공통적으로 '가족 안에 반복되는 역기능 행동이 과거에 어떻게 형성되었는가'라는 통찰과 이해보다는 '그 문제 행동을 현재 이후 어떻게 변화시킬까' 하는 행동적·방법적 측면에 관심을 갖는다. 중요한 이론적 배경으로는 의사소통 이론, 가족항상성, 피드백 고리, 가족규칙, 위계질서, 가족 게임 등과 가족상담의 체계이론, 행동주의 이론을 들 수 있다. 여기에서는 MRI(Mental Research Institute) 그룹의 상호작용 모델, 헤일리의 전략적 구조주의 모델, 밀란(Milan)의 체계적 모델 등을 정문자 등(2012)과 김용태(2000)의 저서를 중심으로 살펴보고, 다음 부분에서 각 세 가지 모델에 좀 더 독특하게 반영되어 있는 중요 개념을 소개하겠다.

1) 의사소통

(1) 모든 행동은 의사소통의 관점에서 이해될 수 있다

모든 행동은 일정 수준에서의 의사소통을 의미한다. 예를 들어, 가족들에게 침묵을 지키며 아무 반응을 하지 않는 행동을 보이는 구성원이 있다면, 그는 침묵 자체로 '나는 가족에게 화가 났다.' '지금 가족 가운데 일어나는 일에 대하여 아무 말도 하고 싶지 않다.' 등과 같은 자신의 의사를 표현하는 것이다.

(2) 모든 의사소통은 내용과 지시의 측면을 가진다

의사소통 과정에서 '내용'은 의사소통의 정보를 제공하며, '지시'는 가족관계에 대한 진술을 통하여 가족들에게 말하고 싶은 것을 드러낸다. 예를 들어, "엄마, 오빠가 날 때렸어요."라는 말은 딸이 오빠의 폭력을 엄마에게 알림과 동시에 '오빠를 말려 달라' '오빠를 벌해 달라' 등과 같은 엄마를 향한 딸의 암묵적 지시가 함께 포함되어 있다.

(3) 의사소통이 이루어지는 관계는 대칭적이거나 보완적이다

가족 안에서 관계가 평등하다면 의사소통은 '대칭적'으로 일어나지만 평등하지 않다면 '보완적'으로 일어난다. 대칭적 관계에서 가족 구성원은 경쟁적 상호작용을 하게 된다. 예를 들면, 남편이 자기주장을 강하게 하면 아내도 자기주장을 강하게 하게 되고, 이는 다시 남편의 자기주장을 더 강하게 만든다. 따라서 대칭적 의사소통은 서로의 감정적 반응을 증가시켜 사소한 언쟁도 큰 싸움으로 번지게 한다. 한편, 보완적 관계는 가족 구성원 사이의 차이를 극대화하는 상호작용으로, 남편이 자기주장을 강하게 하면 할수록 아내는 복종적 · 수동적 반응을 하는 양상을 나타낸다. 이 경우 남편과 아내 둘 사이에 다툼은 일어나지 않으나 항상 상위에 있는 남편과 늘 하위에 있는 아내의 구도 가운데 불평등이 심화되어 궁극적으로 둘의 관계에 부정적 영향을 미치게 된다. 따라서 대칭이나 보완 어느 하나에 의사소통이 고착되는 관계보다는 상황에 따라 둘 사이를 오고 가는 융통적인 관계가 바람직하다.

(4) 메타 의사소통이 존재한다

메타 의사소통(meta-communication)이란 '의사소통에 대한 의사소통'을 의미한다. 즉, 가족 구성원들이 자신들의 의사소통을 거리를 두고 관찰한 결과에 대하여 대화를 나누는 것이다. 예를 들면, '우리의 싸움은 너무 극단적이야.'라든가 '당신은 공격을 받으면 늘 여지없이 역공으로 나를 짓밟아 버려.' 등이 이에 해당된다. 상위 의사소통이 개발될 때 가족 구성원들은 자신의 욕구를 정직하게 말하고 관계를 건설적으로 다룰 수 있게 된다.

2) 가족항상성

가족체계는 다른 생명체와 마찬가지로 끊임없이 변화하는 가족 안팎의 환경에 적용하며 일관성을 유지하려는 경향을 가지며, 이를 가족항상성이라 한다. 이는 마치 실내의 자동온도장치처럼 일정 선에서 가족 구성원들이 피드백을 주고받는 상호작용 형태가 일정하게 유지된다는 측면에서 사이버네틱 통제(cybernetic control)라고도 불린다. 가족 구성원들이 서로 피드백을 주고받는 방식은 곧 그 가족의 상호작용을 나타내기 때문에 전략적 가족상담자들은 가족들이 서로에게 어떻게 피드백을 주는가 하는 점에 초점을 맞춘다. 가족은 안정을 유지하려고 하는 기능뿐만 아니라 변화하고자 하는 기능을 모두 갖고 있다. 그런데 병리적 가족일수록 변화보다는 안정성을 위해 가족의 엄격한 연쇄 과정을 유지하며, 기존의 방식을 고집한다. 따라서 문제가 심각한 가족일수록 기존 체제의 안정을 위해 더 많은 에너지를 쏟아붓는다. 또한 증상이란 가족관계 내에서 모종의 이득을 얻기 때문에 유지되는 것이므로, 만일 증상이 가족관계에서 불이익을 가져다주면 사라질 것이다.

3) 가족규칙

가족규칙에서 중요한 점은 메타 규칙(meta rule)이 존재한다는 것이다. 메타 규칙은 가족 내 '일반적인 규칙을 총괄하는 규칙'이다. 즉, 가족 구성원이 가족규칙을 어떻게 유지하고 변화시킬 것인가에 대한 규칙을 의미한다. 경직되고 현상 유지의 경향이 강한 가족일수록 가족규칙을 언급하거나 절대 변경할 수 없다는 강력한 메타 규칙을 갖고 있다. 또한 역기능적 가족일수록 자신들의 가족규칙을 어떻게 변화시킬 것인가에 관한 아무런 메타 규칙을 갖고 있지 않다(김유숙, 전영주, 김수연, 2003). 일반적으로 가족규칙이란 오랜 시간에 걸쳐 가족의 행동을 제한하는 관계에서 합의된 것으로, 가족항상성을 지속시키는 기능을 한다. 가족규칙의 종류에는 두 가지가 있다. 첫째는 의식적이고 명백한 '명시적 규칙'이며, 다음은 무의식적이고 암암리에 이루어지는 '암묵적 규칙'이다. 가족 구성원들이 자신들도 의식하지 못하는 가족 안의 '암묵적 규칙'에 경직되게 매여 살 때 가족은 역기능적으로 되기 쉽다.

2. MRI의 상호작용 모델

1) 주요 이론

가족상담 역사에 있어서 1950년대와 1960년대는 미국에서 가족상담 운동이 전국적으로 확산되며 정신분열증 연구가 활발하게 진행된 시기다(김용태, 2000; 정문자, 정혜정, 이선혜, 전영주, 2012). 특별히 전략적 가족상담의 기원은 1950년대 그레고리 베이트슨(Gregory Bateson)을 중심으로 한 조현증 환자의 대화 형태에 관한 연구에서 찾을 수 있다. 즉, 조현증을 개인 내적 문제로 이해하고 해결을 시도하였지만 상담의 성과가 미미한 점에 주의를 기울여 돈 잭슨(Don Jackson), 제이 헤일리, 줄스 위클랜드(Jules Weakland), 폴 바츨라위크(Paul Watzlawick) 등이 중심이 된 MRI에서 연구가 시작되었다. 이들은 문제를 해결하려는 가족들의 역기능적 시도가 오히려 문제를 악화시킨다는 점에 착안하여 파괴적이고 영속적인 가족 상호작용 자체에 초점을 맞추었다. 다시 말하면, 의사소통의 '내용'이 문제가 아니라 잘못된 의사소통의 '과정'이 문제라고 본 것이다. 이렇듯 MRI 연구진들은 순환적 인식론에 근거하여 가족상담의 초점을 개인의 심리 내적 역동에서 문제를 찾고 변화시키려는 시도에서 가족의 상호작용을 변화시키려는 방향으로 상담의 목표를 전환하였다. 다음에 MRI의 기초가 되는 피드백 고리 이론을 소개하겠다(김용태, 2000; 정문자, 정혜정, 이선혜, 전영주, 2012).

사이버네틱스의 피드백 고리(feedback loop) 개념은 MRI 연구팀의 의사소통 연구에서 발견된 가장 중요한 개념 가운데 하나다. MRI 팀은 피드백 개념을 도입하여 자극과 반응이 반복되는 의사소통 형태를 분석하였다. 이 분석에 의하면 가족은 원래의 평형 상태로 돌아오게 하는 부적 피드백 고리와 현재 상태를 벗어나 변화를 시도하려는 정적 피드백 고리의 규칙에 의하여 상호 규제되고 있다. 많은 역기능 가족은 문제를 해결하기 위해 새로운 것을 시도하지만(정적 피드백 고리 형성) 문제가 악화되는 것을 보고 당황하여 기존의 의사소통 방식으로 되돌아간다(부적 피드백 고리 형성). 예를 들면, "당신은 공격을 받으면 늘 여지없이 역공으로 나를 짓밟아 버려."라는 말을 하기까지 아내는 남편에게 합리적인 공격을 가하여 관계에서 원하는 것을 얻으려는 시도(정적 피드백 고리)가 남편의 무자비한 역공에 늘 실패하였기 때문에 참기 어려운 남편의 행동이 있더라도 늘 참고 넘겨야 했을 것이다(부적 피드백 고리).

전략적 가족상담자들은 가족 내 항상성이 변화되기 위해서는 일차적 변화뿐만 아니라 이차적 변화까지도 일어나야 한다고 주장한다. 일차적 변화(first order change)란 표면적 행동의 변화로, 가족 안에 내재된 규칙은 동일한 상태다. 반면, 이차적 변화(second order change)란 가족규칙이 변화됨으로써 가족의 행동뿐만 아니라—일차적 변화—가족 구성원들의 신념이 도전받고 변화되는 수준을 의미한다. 예를 들면, 남편의 불합리한 공격에 대해 단발적 공격으로 아내가 맞서기보다는 "지금까지 늘 당신의 잘못에 대해 조금이라도 내가 지적하면 늘 엄청난 위력으로 우리 집, 내가 하는 일까지 들먹이며 나를 더 심하게 공격해 왔잖아요? 혹시 당신에게는 가장과 남편의 권위를 위해 절대 비난받으면 안 된다는 생각이 있나요?"라고 말함으로써 부부 사이에 존재하는 가족체계의 규칙을 검토하여 바꾸기를 시도하는 것을 이차적 변화라고 할 수 있다.

2) 상담 목표

MRI 팀의 일차적 상담 목표는 가족 문제의 해결이다. 그러나 증상 행동의 제거는 일차적 변화일 뿐이며, 그러한 증상 행동을 규제하는 가족체계의 변화까지도 치료 목표에 포함된다. 그런 의미에서 MRI 팀의 구체적인 상담 목표는 가족 안에서 일어나는 증상에 대한 가족들의 생각과 믿음의 틀을 재구조화(reframing)하는 것이다. 재구조화란 일정한 상황 안에서 경험되는 사건에 대한 가족들의 생각이나 정서적 관점을 다른 틀로 바꾸는 일을 의미한다. 다시 말하면 가족들이 증상에 대해 이전에 이해하고, 해석하고 받아들이던 방식에서 벗어나 증상에 대해 새롭게 생각하고 느끼도록 하는 것이다. 이런 의미에서 가족 내

항상성이 변화되어야 하며, 일차적 변화뿐만 아니라 이차적 변화까지도 일어나야 한다.

3) 상담 과정

MRI의 상담 과정은 크게 다음의 다섯 단계로 진행된다.

1. 상담 과정에 대한 소개
2. 문제에 대한 질문과 정의
3. 문제를 유지하는 행동 평가
4. 치료 목표의 설정
5. 행동적 개입의 선택과 실행

4) 상담 기법

(1) 역설적 개입

가족을 재구조화하기 위해 상담자는 역설적 개입(paradoxical intervention)이라는 기법을 사용한다. 니콜스와 슈바르츠(Nichols & Schwartz, 1998)에 따르면 이에는 순종 기반 개입, 반항 기반 개입, 노출 기반 개입의 세 가지가 있다. 순종 기반 개입(compliance-based intervention)이란 상담자의 역설적 개입을 가족들이 잘 따르도록 하는 방법을 의미한다. 예를 들어, 상담자가 늦잠을 자는 자녀에 대해 늘 야단을 치던 어머니에게 자녀가 늦잠을 잘 때마다 칭찬을 하라고 하는 것이다. 그리고 자녀가 늦잠을 계속 자면 상담자는 어머니의 방법이 성공한 것이라며 어머니를 칭찬한다. 반항 기반 개입(defiance-based intervention)이란 상담자의 지시와 반대되는 행동을 하도록 처방하는 것을 의미한다. 즉, 늦잠을 자는 자녀에게 계속해서 늦잠을 자라고 처방하는 것이다. 계속 늦잠을 자면서 상담자의 칭찬을 듣게 된 자녀는 자신의 주체성을 잃어버리게 되고, 그러면 은근히 상담자에 대한 반항심이 생겨 늦잠을 자지 않고 일찍 일어나게 된다는 것이다. 셋째, 노출 기반 개입(exposure-based intervention)이란 증상 행동을 가족 모두에게 충분히 노출하여 가족들이 증상과 관련된 자신의 고정화된 행동 방식을 발견하고 변화시키도록 하는 것이다. 즉, 늦잠을 자는 자녀에게 계속하여 늦잠을 자게 해서 이를 통하여 어머니의 관심과 사랑을 독차지하도록 처방하고 이를 지속시킨다. 그렇다면 자녀는 늦잠을 통해 어머니의 관심과 사랑을 받고 있는 자신의 행동 방식을 통찰하고, 다른 방법으로 어머니의 관심과 사랑을 받도록 행동하게 된다는 것이다.

(2) 증상 처방

증상 처방(symptom prescription)이란 앞에서 소개한 역설적 개입의 하나로 내담자에게 증상 행동을 자발적으로 계속하도록 격려하거나, 증상을 과제로 주는 기법이다. 넓은 의미에서 앞의 역설적 개입에서 소개한 세 가지 방식의 개입은 모두 증상 처방에 해당한다. 증상을 처방받은 내담자는 상담자의 지시를 거부하고 증상을 버리든가, 또는 상담자의 지시대로 순종하여 증상이 본인의 통제하에 있다는 점을 인정하여 조절할 수 있게 된다. 예를 들어, 너무 부부싸움을 자주 해서 상담자를 찾은 부부에게 상담자가 매일 한 시간씩 격렬하게 싸울 것을 과제로 내 줄 경우, 상담자의 지시대로 부부가 매일 규칙적으로 부부싸움을 한다면 내담자 부부는 부부싸움을 통제할 수 있게 된 것이며, 상담자의 지시를 어기면 부부싸움이라는 문제 행동을 포기하는 것이 된다.

3. 헤일리와 마다네스의 전략적 구조주의 모델

헤일리와 마다네스(Haley, J. J. & Madanes, C. C.) 두 사람은 모두 MRI 연구팀에 소속되어 연구하였지만 여기에서 나와 미누친의 필라델피아 아동지도센터(Philadelphia Child Guidance Clinic)에서 함께 일하게 되었다. 그리고 필라델피아를 떠난 두 사람은 워싱턴에 그들의 연구소를 설립하였다. MRI 팀의 일원으로 합류할 당시 스탠퍼드 대학교 의사소통 전공 석사 과정 학생이었던 헤일리는 의사소통 이론과 역할 이론에 관심을 갖고 송신자와 수신자가 교환하는 메시지에 내재되어 있는 힘과 통제, 권력 투쟁에 주목하였다. 즉, 그는 가족 안에서 '누가 의사결정에 영향력을 미치는가?' '누가 관계를 정의하고 있는가?'와 같은 점에 기초하여 가족의 역동을 관찰하였다. 이에 권력과 통제라는 자신의 입장과 더불어 최면 정신의학자인 밀턴 에릭슨(Milton Erikson)의 독특한 역설적 방식을 물려받아 독특한 전략적 상담 모델을 발전시켰다.

1) 주요 이론

(1) 위계질서

위계질서(hierarchy)라는 개념은 헤일리와 마다네스의 가족상담 이론을 이해하는 데 있어서 매우 중요하다. 그들에게 있어 건강한 가족이란 가족 내 위계질서가 제대로 서 있는 가족이다. 부모는 부모의 위치를 지키고 자녀들은 자녀들의 위치를 제대로 지켜야 한다. 할아버지와 할머니의 세대는 부모 세대보다 위계적으로 우위에 있으며 부모들의 세대는 자녀들의 세대보다 여러 가지 면에서 우위에 있어야 한다. 위계질서란 위 세대인 부모 세대가 아래 세대인 자녀 세대에 대해 힘과 통제력을 지니고 있어야 함을 의미한다. 또 위계질서란 부모가 자녀들을 책임지고 돌보는 위치에 있어야 한다는 점을 의미하기도 한다. 헤일리가 위계질서를 '힘과 통제'의 측면에서 설명하는 반면, 마다네스는 '돌봄과 관심'이라는 측면에서 접근한다. 헤일리에 따르면 가족 구성원은 각각 자신의 위치에 알맞은 힘을 갖고 있어야 하며, 만일 어느 한쪽이 지나치게 많은 힘을 가지거나 적은 힘을 갖고 있다면 가족의 위계질서는 무너지게 된다. 부모들의 지나친 통제를 견디지 못한 사춘기 자녀들의 '가출'이 그 예가 되겠다. 한편, 마다네스에 따르면 부모들은 일차적으로 자녀들을 돌보고 보호하는 책임을 갖고 있으며, 자녀들 역시 자신의 위치에 맞게 돌보고 보호하는 책임을 갖게 된다. 부부도 서로에게 이러한 돌봄과 보호의 역할을 기대하고, 이를 적절히 이행하여야 한다. 그런데 만일 가족의 항상성이 유지되는 과정에서 이러한 돌봄과 보호의 기능이 계속해서 실패하고 있다면 가족 누군가는 증상을 일으킴으로써 이러한 돌봄과 보호의 기능을 회복하려고 할 것이다. 예를 들어, 반복되는 아내의 불안 발작은 무의식적으로 남편이 늘 곁에서 자기를 지켜 주기를 원하는 전략일 수 있다. 가족이 구조를 잘 유지하기 위해서는 '힘과 통제'의 측면과 '돌봄과 보호'의 측면이 서로 건강하게 상호작용하여야 한다. 즉, 가족구조가 제대로 유지되기 위해서는 권력의 측면과 돌봄의 측면이 균형을 이루어야 한다.

(2) 역설

헤일리는 가족 구성원이 나타내는 증상을 '힘과 통제'의 수단으로 보고 있다. 즉, 가족 안에서 문제를 드러내는 사람이 '증상을 통하여 가족을 통제'한다고 보는 것이다. 따라서 그는 내담자와의 관계에서 자신의 통제를 유지하기 위하여 상담자에게 '치료적/상담적 통제'를 사용할 것을 제안하였다. 가족은 상담자에게 도움을 청하지만 막상 가족상담자가 도움을 주려고 하면 저항하게 된다. 왜냐하면 내담자가 자신이 통제하는 방식에 가족상담자가 개입하여 자신이 가족 안에서 행사하는 힘을 무력화할 것을 두려워하기 때문이다. 그는 이에 따라 상담자와 내담자 및 그 가족 사이에 미묘한 권력 투쟁이 일어난다고 보았다. 이러한 가족의 저항을 다루기 위해서는 상담자가 역설적으로 잘 고안된 '상담적/치료적 이중구속' 상황을 만들어 내담자가 증상 행동을 포기하도록 해야 한다. 그러나 상담 초기부터 이 방법을 사용하기보다는 다른 상담 방법이 효과가 없다고 판단될 때 활용하는 것이 좋다.

(3) 비유와 가장

헤일리가 상담에서 '힘과 통제'의 관점에서 '역설적 지시'를 강조하였다면, 마다네스는 '돌봄과 보호'의 관점에서 비유(metaphor)와 가장(pretension)의 개념을 강조하였다. 앞서 소개한 헤일리는 상담자와 내담자 및 그 가족과의 관계도 '힘과 통제'의 관점에서 이해하여, 상담자의 힘과 통제를 행사하기 위한 전략으로서 '역설'의 개념을 고안한 반면, 마다네스는 환상과 유머, 놀이에 기초하여 상담에 대한 내담자의 저항을 최소화하려고 하였다. 즉, 역설적 개입이 상담자의 지시를 거부하는 가족의 저항을 활용한 접근이라면, 비유와 가장은 가족이 통제할 수 없다고 믿는 증상에 대해 자발적으로 자신들이 그 증상을 통제하는 상황을 연출하도록 함으로써 저항을 줄이는 것이다.

2) 상담 목표

헤일리와 마다네스는 모두 가족의 잘못된 위계질서에 초점을 맞추고 있으며, 이러한 잘못된 위계질서를 변화시키는 것이 일차적인 상담의 목표다. 즉, 헤일리의 '힘과 통제'의 개념에 따르면 부모와 자녀, 그리고 부부가 적절한 힘의 균형을 이루고, 자신의 위치에 맞는 힘을 행사하도록 돕는 것이다. 또한 마다네스의 '돌봄과 보호'의 개념에 따르면 위계질서를 벗어나 자녀가 부모를 보호하고 돌보는 역할을 하기 때문에 문제가 발생하므로, 자녀가 부모에 의해 적절한 돌봄과 보호를 받을 수 있게 위계질서를 바로잡도록 상담 목표를 설정한다.

3) 상담 과정

헤일리의 전략적 구조주의 모델은 다섯 단계 또는 여덟 단계로 구분된다(김용태, 2000; 정문자, 정혜정, 이선혜, 전영주, 2012).

(1) 다섯 단계 모델
① 친화 단계: 상담에 참석한 가족 구성원들과 협동적이며 편안한 분위기를 만든다.
② 문제 규명 단계: 상담에 온 이유를 분명히 하며, 각 가족 구성원들이 문제를 보는 관점에 대해 어떤 해석이나 충고, 비평도 하지 않는다.

③ 상호작용 단계: 가족 구성원들에게 문제에 대한 다양한 관점을 교환하도록 하는 단계이다. 이 과정을 통해 증상을 유지하는 가족의 연쇄 과정과 가족 구조, 가족규칙 등이 분명하게 드러나며, 목표 설정의 단서를 잡게 된다.

④ 목표 설정 단계: 증상에 대해 상담자와 가족들이 명확한 목표를 설정한다.

⑤ 개입의 선택과 실행 단계: 설정된 목표대로 필요한 개입을 실행한다.

(2) 여덟 단계 모델

① 사회적 단계: 앞의 친화 단계와 같은 의미이며 상담자는 가족들이 서로 편안하고 안전하게 느낄 수 있도록 배려한다.

② 문제 단계: 상담자는 가족들이 생각하고 있는 문제에 대한 정의에 도전하면서 자신이 문제에 대해 갖고 있는 생각을 나눈다.

③ 목표 설정 단계: 상담의 목표를 분명히 한다.

④ 계획 제공 단계: 가족상담자는 역설적 기법의 사용 근거를 설명한다. 때로는 이러한 설명 없이 지시만 하기도 한다.

⑤ 문제를 중심으로 한 권위를 부정하는 단계: 가족상담자는 본격적으로 증상이 갖는 힘을 무력화시키는 방법을 사용한다.

⑥ 역설 기법 사용 단계: 가족상담자는 증상 처방 등 역설적 방법을 사용한다.

⑦ 반응을 살피는 단계: 역설적 처방에 대한 가족의 반응을 살피고 처방을 조절한다.

⑧ 행동의 변화를 인정하지 않는 단계: 가족상담자가 행동의 변화를 인정하고 잘했다고 하면 가족들은 원래의 방식으로 돌아갈 가능성이 있다. 가족 스스로가 충분히 변화되었음을 인식함으로써 상담이 종결되도록 한다.

4) 상담 기법

(1) 지시적 방법

헤일리는 그의 저서 『문제 해결 치료(Problem Solving Therapy)』에 지시적 방법을 자세하게 소개하였다(Haley, 1976). 앞서 소개한 바와 같이 헤일리가 가진 상담자로서의 관심은 가족 내 잘못된 위계질서를 바로잡는 데 있다. 이 목표를 이루기 위하여 상담자는 가족의 상호작용에 직접적으로 영향을 미치는 특정 행동을 하도록 지시하거나, 하지 않도록 지시하게 된다. 여기에는 두 가지 방식이 있다. 첫째는, 증상과 관련하여 위계질서 재편에 도움이 되는 특정 행동을 하도록 충고하는 것이다. 예를 들어, 자녀들에게 부모님께 존대어를 사용하도록 충고하고 지시하는 것이다. 둘째는, 증상과 관련하여 특정 행동을 하지 않도록 충고하는 것이다. 자녀에게 폭력을 가하는 부모에게는 상담 기간 동안 절대로 자녀를 때리지 않도록 지시할 수 있다. 어떤 경우라도 가족들은 충고나 지시를 따르기도 하고 거부하기도 한다. 따라서 지시적 방법을 사용할 때에는 가족들이 상담자의 이러한 지시를 잘 따를 수 있도록 가족의 상황이나 배경을 충분히 고려한다.

원혜경(1984)은 헤일리가 제시한 지시나 과업을 줄 때 주의점과 과업을 구상하는 지침을 각각 제시한 바 있다. 먼저, 지시를 줄 때 주의점은 다음과 같다. 첫째, 과업은 명확하게 주어야 한다. 둘째, 가족의 전 구성원이 과업에 참여하도록 지시한다. 셋째, 가족 구성원이 자신의 과업결과를 재검토하게 하며, 과업에 대한 이해도를 높이도록 해야 한다.

다음으로 과업을 구상하는 지침으로는 다음의 다섯 가지를 제시하였다. 첫째, 아주 간단해서 가족이 실행할 수 있어야 한다. 둘째, 가족의 특성, 시간 및 경제적 상황에 맞는 과업이어야 한다. 셋째, 과업의 목적이 조직 내 변화를 가져오는 것이므로 더 세심하고 깊은 사례를 바탕으로 과업이 주어져야 한다. 넷째, 과업은 가족이 가장 중요하다고 생각하는 현재 문제를 사용하고 제시하여야 하는데, 헤일리는 최선의 과업이란 현재 문제를 사용해 부부 혹은 가족 조직에 구조적 변화를 가져올 수 있는 과업이어야 한다고 지적하였다. 다섯째, 과업을 구상할 때, 현재 문제뿐만 아니라 가족 내 연쇄반응을 고려하여 가족의 현재 문제와 연쇄 과정을 동시에 변화시킬 수 있는 것이 좋다.

원혜경(1984)은 자신의 논문에서 헤일리의 전략적 가족상담 원리를 적용하여 조울증 진단을 받은 아버지에게 공격적인 고등학교 1학년 남학생을 상담한 사례를 제시하였다. 가족이 합의한 상담 문제는 가장 큰 형인 고1 남학생이 동생과 싸우며 욕하는 것이라고 보았다. 상담자는 이 가족 변화의 목표를 세대 간 선이 모호한 위계구조를 바로 잡는 데 두었다. 상담자가 파악한 이 가족의 역기능적 위계 구조는 힘이 세지만 경제적으로 무력한 아버지와 남동생, 힘이 약한 어머니와 고1 남학생이 각각 연합을 이루고 있으며, 막내 동생은 중간 위치한 형태였다. 이에 고1 남학생과 남동생이 저녁식사 후 7시 30분부터 8시까지 하루에 한 번씩 싸우되, 아버지는 형 편을, 어머니는 동생 편을 들고, 아버지가 싸움을 지휘하며, 어머니는 싸움의 내용과 시간을 기록하며, 싸움에 포함되지 않은 막내 동생은 형들이 싸우는 것을 부추기는 과업을 각 가족에게 주었다. 그 결과 고1 남학생의 공격적 증상은 완화되어 싸움이 없어졌으며, 4회에 걸친 가족상담 이후 어머니는 처음보다 더 적극적으로 자신의 의사를 표현하였으며, 아버지는 자기 주장보다는 다른 가족의 말을 더 경청하게 되었다. 남동생의 경우 여전히 공격적이기는 하였지만 형을 노려보거나 질책하는 표정이나 행동은 감소되었다.

(2) 역설적 개입

역설적 개입(paradoxical intervention)이란 상담자가 가족 내 위계질서와 관련하여 원하는 특정 행동의 변화를 일으키기 위하여 가족의 반발심을 활용하는 방법이다. 가족들은 이미 형성된 가족항상성이 변화되는 것에 저항한다. 역설이란 이러한 저항을 최소화하고 오히려 가족의 저항을 역으로 활용하여 가족들이 변화되도록 돕는 기법이다. 역설적 기법 역시 상담에 참여하는 가족의 범위에 따라 두 가지 방식으로 활용된다. 첫째는 가족 모두를 참여시키는 방법이다. 예를 들어, 사춘기 딸이 거식증을 갖고 있다고 한다면 모든 가족이 딸이 절대로 음식을 먹지 못하도록 하는 것이다. 이런 경우 딸은 거식증을 통해서 행사하던 가족 내 자신의 힘을 포기할 수밖에 없게 된다. 두 번째 방법은 가족 가운데 일부만을 참여시키는 방식이다. 예를 들어, 십대 아들의 가출 문제가 계속되는 가족 가운데 아버지에게만 아들에게 더욱 요구적이고 강압적 태도를 보이도록 한다. 이 경우 아들의 가출 문제는 더욱 심해질 것이며, 상담자는 이 방식을 통하여 아버지가 자신의 행동을 돌아보고 변화시키도록 도울 수 있다.

역설적 개입은 가족들에게 '변하라'는 메시지와 '변하지 말라'는 두 가지 모순된 메시지를 동시에 전달하는 '치료적 이중구속' 상황을 발생시킨다. 즉, 내담자 가족 입장에서는 변화시켜야 하는 증상에 대해 변하지 말라고 지시함으로써, 변하지 말라고 하는 지시를 충실히 따를 경우 자신들의 증상을 통제할 수 있게 만들고, 만약 가족상담자의 지시를 따르지 않는 경우에는 당연히 증상을 포기하도록 만들게 된다. 이러한 역설적 지시나 과제는 경우에 따라 내담자를 당황하게 만들거나 화나게 할 수 있다. 내담자 자신에게는 매우 심각한 문제인데 가족상담자가 장난스럽게 접근한다고 생각할 수 있기 때문이다. 따라서 가족상담자는 내담자 가족들이 상담자를 충분히 신뢰하고 협조할 수 있도록 역설적 지시를 하는 이유를 '가족 스스로 증상을 통제할 수 있도록 하기 위한 것'이라고 잘 설명해 주어야 한다.

(3) 고된 체험 기법

고된 체험 기법(ordeal technique)이란 내담자가 증상을 나타낼 때마다 내담자가 괴로워하는 어떤 일을 하도록 지시하는 기법이다. 이 기법은 내담자가 증상을 나타낼 때마다 자신이 괴로워하는 일을 하게 됨으로써 자신이 증상을 유지하는 것이 증상을 포기하는 것보다 더 고통스럽다는 점을 알게 되어 결국 그 증상을 포기할 수밖에 없게 만든다. 예를 들면, 우울증을 호소하는 주부 내담자에게 우울해질 때마다 집안 구석구석을 걸레로 닦으라고 지시한다면, 걸레질을 하는 고된 일을 피하기 위해 우울해하지 않게 된다는 식이다. 또 다른 고된 체험 기법의 유명한 예는 고부 갈등을 겪는 며느리 내담자에게 시어머니에 대해 부정적인 생각이 들 때마다 시어머니에게 비싼 선물을 사 드리도록 지시하는 것이다. 내담자는 자신이 별로 좋아하지 않는 시어머니에게 경제적 보상을 하지 않기 위해 시어머니에 대한 부정적인 생각을 중지할 것이며, 그에 따라 고부 갈등도 줄어들 것이다. 그러나 이러한 고된 체험 처방은 내담자의 소망(깨끗한 집을 유지하고 싶다, 시어머니와 잘 지내고 싶다)과 일치해야 하며, 불건전한 것이거나 내담자에게 해를 입히는 것이 되어서는 안 된다.

(4) 가장 기법

가장 기법(pretend technique)은 전략적 상담 기법 가운데 비교적 부드럽고 덜 직면적인 방법이라고 볼 수 있다. 왜냐하면 이는 내담자는 '증상을 가진 척하고', 다른 가족들은 '도와주는 척하는' 연기자를 가장하여 연극을 연출하는 것과 같은 방식이기 때문이다. 예를 들어, 분노 발작을 가진 자녀에게 상담자는 시간을 정해 엄마 앞에서 '헐크로 가장하도록'-분노 발작을 일으키는 '척'하도록-지시하고, 엄마에게는 아이를 '도와주는 척'하도록 지시한다. 이 경우 비록 아이의 분노 발작도 가장된 것이고 부모의 걱정 역시 가장된 것이지만 이를 통해 그동안의 심각한 긴장과 갈등 상황에서 가족은 쾌활한 게임 상황으로 나오게 되며, 그 연극을 통해 정말 자녀가 원하던 '부모의 돌봄과 걱정'을 얻어 내도록 도울 수 있다. 이는 결국 느슨한 부모-자녀체계 문제로 엄마의 돌봄을 제대로 받지 못해 늘 화가 나 있던 자녀의 분노 문제를 가족의 위계질서를 재구조화함으로써 궁극적으로 증상을 유지하는 가족의 연쇄 과정을 포기하도록 만드는 원리다(정문자, 정혜정, 이선혜, 전영주, 2012).

(5) 은유적 과제

은유적 과제(metaphoric task)란 가족들이 자신의 문제를 드러내는 것을 부끄럽게 여기거나 함께 토의하기를 꺼려하는 경우, 상담자가 비유나 이야기를 통하여 변화를 시도하는 방법이다. 예를 들어, 성 문제로 갈등을 경험하고 있는 부부가 이를 직접 드러내고 상담자와 이야기하기 불편하게 느낀다면, 성 행동을 '음식 먹는 것'에 비유하여 이야기하도록 한다. 그리고 대화 과정에서 은유된 성 행동에 대한 내담자의 사고방식이나 여기에 포함된 위계, 가족규칙 등을 스스로 탐색할 수 있도록 도와주는 것이다. 상담자는 '음식을 먹자고 누가 먼저 제안하는지' '주로 언제, 어디서 식사를 하게 되는지' '즐거운 식사를 마치기 위해 서로에게 무엇이 필요하다고 생각하는지' '식사를 마치고 나면 기분이 어떤지' 등의 질문을 할 수 있다. 하지만 이 방식에 지나치게 의존하는 것은 좋지 않다. 왜냐하면 은유적 과제는 증상에 관한 상담자의 관점을 분명하게 보여 주지는 못하기 때문이다.

4. 밀란의 체계적 모델

미국에서 MRI 모델이 확산되고 있는 사이 이탈리아 밀란(Milan)에서는 마라 셀비니-파라졸리(Mara Selvini-Palazzoli)를 중심으로 앞서 소개한 가족항상성과 가족규칙에 대한 체계적 모델이 발전되었다. 1971년 정신분석가 파라졸리를 포함한 보스콜로(Boscolo), 체친(Cecchin), 프라타(Prata) 등 네 명은 이탈리아 밀란에 '밀란 가족연구센터'를 설립하였으며, 그리하여 이들은 밀란학파라 불린다. MRI 모델과 헤일리의 모델이 에릭슨의 전략적이며 역설적인 방법에 영향을 받아 발전되었다면, 밀란 모델은 그 개념이나 방법에 있어 좀 더 순수한 체계적 가족치료(systemic family therapy) 모델을 따른다. 밀란 팀에게 증상이란 비밀리에 진행되는 가족의 상호작용, 즉 게임을 의미한다. 다시 말해 증상은 가족 전체의 비밀스러운 상호작용을 유지하는 역할을 하게 된다. 그리고 이러한 가족의 비밀스러운 게임을 변화시키기 위하여 역설(paradox)과 의례(ritual)의 방법이 사용된다(김용태, 2000; 정문자, 정혜정, 이선혜, 전영주, 2012).

1) 주요 개념

(1) 가족 게임

가족 안에서 비밀리에 진행되어 온 가족의 상호작용은 오랫동안 발전되어 온 의사소통과 관계 측면에서의 규칙을 발전시킨다. 밀란학파는 이러한 규칙을 유지하기 위한 복잡한 가족 상호작용을 가족 게임(family game)이라 이름 붙였다. 역기능적 가족일수록 가족이 서로 힘을 얻기 위해 가족 게임을 더욱 발전시킨다. 이에 밀란 팀은 초기에는 증상으로 나타난 가족의 게임을 중지시키기 위하여 매우 역설적이고 지시적인 개입을 시도하였지만, 후기 밀란 모델은 이차 사이버네틱스의 핵심 개념인 '정보'에 초점을 두게 되면서, 가족 상호작용 유형의 변화보다 가족의 신념체계를 변화시키는 데 더 관심을 갖게 되었다. 즉, 후기 밀란학파는 가족 구성원들이 고착되어 있는 잘못된 가족의 신념체계에 개입하여 가족체계 안에 새로운 정보를 유입시킴으로써 역기능적 가족관계 유형을 변화시키고자 하였다.

(2) 중립성

가족 내 게임을 발견하여 개입하기 위해서 상담자는 철저히 중립적 위치를 지켜야 한다. 중립성(neutrality)이란 상담자가 가족 누구에게도 편견을 갖지 않고 각 구성원들에 대하여 알고자 하는 순수한 호기심을 가짐으로써 확보할 수 있다.

(3) 순환 질문

순환 질문(circular questioning)이란 상담자가 각 가족 구성원에게 돌아가면서 가족 상호작용이나 가족관계에 대해서 자유롭게 이야기하게 하는 대화의 한 기법이다. 순환 질문을 통해 상담자는 중립성을 확보할 수 있으며, 내담자 가족은 각 가족 구성원의 대답을 경청하면서 가족체계를 새롭게 인식하는 경험을 하게 된다.

2) 상담 목표

밀란 모델의 상담 목표는 증상을 중심으로 가족들이 하고 있는 가족 게임을 무력화시키는 것이다. 앞서 소개한 바와 같이 가족 안에서 무의식적이며 비밀스럽게, 강력하게 진행되고 있는 가족 게임은 가족의 역기능적 체제를 유지시키고 있다. 따라서 상담자는 가족의 무의식적이며 비밀스러운 게임을 표면에 명백하게 드러냄으로써 게임의 힘을 무력화시킨다.

3) 상담 과정

밀란학파는 '장기간의 단기치료 또는 긴 단기치료(long brief therapy)'라는 별명을 가진 매우 독특한 상담 방식을 개발하였다. 밀란 모델의 상담은 주로 10회기로 한정된다. 이런 점에서 밀란 모델은 단기상담임에 분명하다. 그러나 대체로 한 달에 한 번씩 만나게 되기 때문에 거의 1년 가까운 시간이 소요된다는 점에서는 장기상담의 특징을 지닌다. 밀란 모델은 상당히 구조화된 상담체계로 각 1회기 내 상담 과정과 10회기 간 진행되는 상담 과정을 단계적으로 정해 놓고 있다. 상담 과정뿐만 아니라, 상담 진행 방식 역시 상담팀을 구성하여 매우 체계적이고 협동적으로 진행한다.

(1) 상담 팀의 구성

일반적으로 상담팀은 두 명의 여자 상담자와 두 명의 남자 상담자, 모두 네 명의 상담자로 구성된다. 실제로 남녀 2인이 한 조가 되어 면접 상담을 진행하며, 이때 나머지 남녀 한 조는 일방경 뒤에서 상담 장면을 관찰하게 된다.

(2) 1회기 상담 과정

이렇듯 네 명의 상담자가 일방경을 놓고 진행하는 1회기 상담은 모두 다섯 단계로 나누어진다.

① 첫째, 전 회기/상담 전 단계

상담이 시작되기 전 네 명의 상담자들이 함께 만나 가족들이 가지고 온 문제를 검토하면서 자신들의 의견을 나눈다. 여기에는 어떤 방식으로 회기를 진행할 것인지, 어떤 문제를 다룰 것인지 등에 관한 의논이 포함된다. 이러한 토의를 통하여 내담자 증상에 관한 '가설'을 만든다.

② 둘째, 본 회기/상담 단계

실제 면접 상담을 담당한 남녀 한 조로 구성된 상담팀이 내담자 가족을 만나는 시간이다. 실제 상담을 진행하는 면접 상담팀은 일방경 뒤에서 상담을 관찰하는 다른 한 조의 상담팀과 활발한 상호작용을 하면서 상담 전 설정한 가설의 수정, 조정, 검증 단계를 거친다.

③ 셋째, 중간 회기/상담 간 단계

상담팀은 내담자 가족들을 상담실에 남겨 두고 일방경 뒤의 관찰팀과 만나 본 회기에서 진행된 내용들을 토론하고 이번 회기를 어떻게 마무리 지으며, 다음 회기를 위해 무엇을 할 것인지에 대하여 토론한다.

④ 넷째, 개입 및 결론 회기/개입 단계

상담팀과 관찰팀이 논의한 대로 다시 상담팀이 내담자 가족을 개입한 후 가족들을 돌려보낸다.

⑤ 다섯째, 종합 회기/상담 후 논의 단계

상담팀, 관찰팀의 네 명의 남녀 상담자가 다시 만나 전체 진행된 상담 회기에 대해 의견을 나누고, 그들이 가족 문제에 대해 설정한 가설들이 어떻게 검증 또는 수정되었는지, 다음 회기에는 무엇을 할 것인지에 대하여 논의하고 전체 상담 회기를 마무리한다.

4) 상담 기법

(1) 긍정적 의미 부여

긍정적 의미 부여(positive connotation)란 가족 내 부정적인 증상 행동을 가족이 가진 긍정적 동기로 바꾸어 설명해 주는 것을 의미한다. 다시 말하면 증상에 '가족체계의 균형을 유지하고 가족의 응집성을 촉진하여 주기 때문에 좋은 것'이라는 긍정적 의미를 부여함으로써 그동안 진행되던 파괴적인 가족 게임을 무력화시키는 기법이다. 대부분의 가족들은 암암리에 자신들의 행동이 증상을 나타내는 가족 구성원의 증상과 관련되어 있음을 알고 있고 파괴적 가족 게임의 의미를 어느 정도 인식하고 있다. 그렇지만 가족들은 증상을 나타내는 사람만이 변화되고 나머지 가족들은 변화할 의지를 갖지 않는다. 이 경우 가족들이 '통제할 수 없다고 느끼는 증상 행동'에 대해 실제로는 자발적이며 좋은 의도를 가진 것이라 생각하게 도와줌으로써 상담자의 이해와 공감을 전달하고, 변화에 대한 저항을 줄일 수 있다. 이에 따라 가족들은 변화의 동기를 강화하여 상담적 변화를 스스로 이끌어 간다. 예를 들어, 몇 년간 어머니가 우울증을 앓는 사이, 매일 술을 마시고 늦게 들어오던 아버지가 일찍 귀가하고 말썽을 피우던 아이 문제가 잦아들었다면 이는 어머니의 우울증이 부부관계를 강화시키고, 자녀의 반항심을 감소시켰다고 볼 수 있다. 이런 경우 상담자는 오히려 어머니가 '더욱 우울하도록' 지시하면서 어머니의 우울증은 부부관계를 좋게 만들고, 자녀의 반항을 줄이는 좋은 의미가 있음을 인식시켜 주게 된다.

(2) 의례/의식

의례/의식(rituals)이란 가족 게임을 일정한 의식을 만들어 시행하게 함으로써, 가족들이 자신들이 벌이고 있는 게임을 과장되게 인식하게 하여 게임을 포기하도록 만드는 기법이다. 예를 들어, 본가와 친정에 지나치게 밀착된 부부가 원가족 문제로 갈등을 겪는 경우, 상담자는 밤마다 자기 전 20분씩 남편과 아내 각자 자신의 부모님이 얼마나 좋은 분들인지, 얼마나 존경스러운 분들인지에 대하여 이전보다 두 배씩 강조하여 극적으로 표현하도록 한다. 이 과정을 통하여 남편과 아내는 각자 자신이 갖고 있던 원가족에 대한 과도한 충성에 대한 가족규칙을 파악하고 이를 깨트릴 수 있게 된다.

(3) 불변 처방

불변 처방(invariant prescription)이란 파라졸리와 프라타가 정신분열증 및 거식증 가족이 가지는 '더러운 게임'을 중단시키기 위하여 개발한 기법이다. 이는 이후 일반적 역기능 가족의 '게임'에도 적용될 수 있다고 알려졌다. 불변 처방은 일반적으로 10회기로 제한되며, 앞서 설명한 팀 접근법, 가족 게임을 중단하기 위한 역설적 지시 등을 구조화하여 진행시키는 방식을 취한다. 예를 들면, 이들에게 자녀의 조현증과 거식증은 무너진 부부체계를 반영한다. 부부 사이의 갈등과 분리를 중간에서 정신분열증이나 거식증을 나타내는 자녀가 해결하고 있는 것이다. 따라서 불변 처방에는 부부의 비밀스러운 데이트가 포함된다. 부부는 자신들이 비밀리에 데이트를 한다는 것을 다른 가족들에게 알리지 않고 데이트를 즐기는 과제를 부여받는다. 이 과정에서 가족들은 가까워진 부부의 관계를 보며 안심하게 되며, 상담자는 이전의 체계로 돌아가 자녀가 더러운 게임을 하는 것을 막기 위하여 부부가 계속 비밀을 유지하도록 한다.

(4) 놀이치료와 통합된 전략적 가족치료 사례

최근 상담학계에서는 개인상담 이론과 가족상담 이론, 또는 특정 상담 이론과 상담 모드(전략)를 통합하려는 시도가 활발하게 이루어지고 있다. 이에 선우현(2007)이 가족의 문제를 전략적 상담 이론으로 개념화한 후 놀이치료를 통합하여 적용한 사례를 소개해 보겠다. 선우현(2007)은 학교공포증과 또래관계 어려움을 호소하며 방문한 초등학교 3학년 여학생과 그 가족을 상담한 사례를 제시하였다. 이 상담에서 가족의 문제는 연년생 여동생과 상대적으로 먼 아버지와의 관계 및 어머니와의 분리 불안으로 문제를 개념화한 후 8회기, 전략적 가족 놀이치료를 실시하였다. 각 회기별 활동과 진행 과정은 다음과 같다. 전략적 가족놀이치료에서 상담자는 문제 행동을 보이는 언니와 아버지와의 관계를 공고히 하였으며, 어머니 중심으로 움직이던 가족에 아버지의 권위가 회복되었다.

- 1회기: 자신을 소개하기 – 상담자와의 연합
- 2회기: 가족 놀이 가계도 – 가족 각자가 모형물을 찾아 자신을 표현함
- 3회기: 가족 협동화 – 서로 협력하여 그림을 완성하며 각자 행동 패턴을 인식
- 4회기: 가족 집 만들기 – 나무 블록으로 집을 만들며 내담자는 자기 공간이 없고, 여동생 공간만을 먼저 만들어 주고 있는 패턴을 다시 발견함
- 5회기: 가족인형 세우기 – 인형으로 각자의 자세, 포즈를 시각적-공간적으로 묘사하여 가족 각자의 감정적 대립이나 갈등 상황을 자각시킴
- 6회기: 가상놀이 I – 이전과 달리 언니가 수영장을 먼저 만들며 놀이를 시작함
- 7회기: 가상놀이 II – 언니가 손 인형을 가지고 먼저 학교 이야기를 만들어 가기 시작하자 여동생이 중간에 인형을 집어 던지거나 화를 내며 방해하기 시작, 아버지가 여동생의 모습을 무시하며 언니를 지지하고 놀이에 참여
- 8회기: 가족인형극 – '학교 이야기'라는 주제로 언니가 선생님이 되고, 여동생과 부모는 학생이 되어 수업을 함, 동생의 일탈행동은 더 이상 나타나지 않음

5. 상담자 역할

지금까지 살펴본 대로 전략적 가족상담은 기존의 체계적 가족상담의 원리를 따르고 있으나, 그 방법 면에서 매우 지시적·직접적·역설적·은유적이다. 따라서 전략적 가족상담 모델을 상담에 적용하는 상담자는 말 그대로 매우 '전략적'이어야 한다. 이 모델에서 요구되는 상담자의 역할은 다음과 같다(정문자, 정혜정, 이선혜, 전영주, 2012).

1) 전략적 기술가

전략적 가족상담자는 내담자 가족의 직접적 문제 해결을 위한 합리적 전략을 세우는 기술을 갖추어야 한다. 앞에서 살펴본 바와 같이 역기능적 가족항상성과 가족규칙, 가족의 잘못된 위계질서 사이에서 발생한 증상 행동을 안정적으로 변화시키기 위해서는 가족상담자가 이에 관한 분명하고 합리적인 평가와 변화 계획을 세울 수 있는 능력이 있어야 한다. 또한 상담 과정에서 상담자는 내담자 가족에 맞는 구체적 상담 계획을 가지고 내담자 가족에게 자신의 지시를 따라줄 것을 요구하게 된다. 이때 내담자 가족이 상담자의 지시를 잘 따라준다면 직접적 지시 방법을 사용할 수 있지만 내담자가 변화에 저항하거나 가족상담자의 지시에 잘 따라줄 것인가에 대한 확신이 없으면 간접적·역설적 접근을 취하게 된다. 따라서 상담자는 내담자 가족의 상황을 정확하게 판단하여, 변화에 가장 적절한 상담 전략을 취하고 시행할 수 있어야 한다.

2) 협조를 얻어 내는 강력한 권위자

전략적 가족상담은 가족의 문제를 가족 내 잘못 행사되고 있는 힘과 통제, 게임의 문제로 보고 있기 때문에 상담 과정에서 상담자와 내담자 사이에서도 이러한 권력 다툼과 게임이 일어난다고 본다. 따라서 가족상담자는 상담 상황에 대해 통제를 잃지 말아야 하며, 내담자 가족에 대한 권위를 세워야 한다. 그러나 힘과 통제를 행사하는 과정에서 내담자 가족의 협력을 끌어낼 수 없다면 상담은 실패하게 된다. 그러므로 전략적 가족상담자는 가족 구성원들의 바람직한 변화를 위한 '협조를 얻어 낼 수 있는 강력한 권위자'의 역할을 감당하게 된다. 여기에는 몇 가지 방법이 있다. 먼저, 특정 가족 구성원과 연합할 수 있다. 둘째, 상담자를 통제하려는 어느 가족 구성원의 시도에 대해 공개적으로 언급할 수 있다. 셋째, '치료적 이중구속'이나 '역설적 기법' '가장 기법' 등을 사용하여 내담자 가족의 저항을 감소시킬 수 있다. 어느 경우에나 가족상담자의 권위는 편안하고 융통성이 있어 내담자 가족이 이에 쉽게 영향 받을 수 있어야 한다.

3) 활동가

다른 가족상담 접근과는 달리 전략적 가족상담은 문제 행동에 대한 통찰, 이해보다 상담자에 의해 시행되는 문제 행동과 관련된 가족항상성과 가족규칙에 직접적이고 구체적으로 행동적 개입에 의존한다. 따라서 상담자는 가족 문제에 대해 이해한 바를 단순히 말로 전달하는 역할에서 나아가 실제적 행동의 변화를 고안하여 일으키는 적극적인 활동가의 역할을 수행하게 된다.

4) 일관성과 책임감을 가진 변혁자

가족들이 증상을 중심으로 오랫동안 유지해 온 가족항상성과 규칙, 게임 등은 단기간에 쉽게 변화되기 어렵다. 이들을 변화시키기 위해서는 체계적으로 잘 고안된 변화 계획을 수립하는 것도 물론 중요하지만, 가족상담자가 자신의 판단에 대한 확신을 가지고 변화 계획을 가족들에게 일관성을 가지고 책임감 있게 시행할 수 있어야 한다.

6. 사례를 통한 전략적 가족상담 적용

제3장에서 제시한 사례*에서 증상을 나타낸다고 보고된 가족 구성원은 아들이고 문제 행동은 '공부는 하지 않고 게임만 하는 것'이다. 그리고 지금까지 가족들은 이 증상 행동에 대해 나름대로 대응을 해 왔다. 아빠는 아들을 심하게 때리고 화를 내며 통제하였다. 엄마는 '남편과 대화가 잘 되지 않는다.' '남편과 자

---

* 사례에 대한 기본 자료는 제3장의 104~106쪽을 보기 바란다.

는 것보다 막내인 딸을 안고 자는 것이 더 좋다.'고 말하는 점에서 남편과 이 문제의 해결을 위해 긴밀하게 상의하는 관계는 아니었을 것이다. 동생인 딸은 오빠가 게임을 하면 부모에게 알리는 방식으로 부모의 사랑을 구하고 있다.

이상의 내용을 중심으로 이 가족에 역기능적으로 형성되어 있는 항상적 체계를 살펴본다면, 첫째, 부부인 아빠와 엄마 사이가 너무 멀어 동맹이 약하며, 엄마는 이러한 동맹을 아들이 아닌 딸과 형성하려 하고 있다. 둘째, 부모-자녀체계 특히 아빠-아들 하위체계에 있어서 아빠에게 지나치게 힘이 쏠려 있다. 아들은 이에 아빠가 가장 싫어하는 '공부하지 않고 게임하기'로 대응하면서 '아빠가 변하면 나도 변하겠다.'며 으름장을 놓고 있다. 즉, 아들은 아빠가 싫어하는 행동을 하는 방식으로 아빠의 지나친 힘과 통제에 맞서고 있는 것이다. 셋째, 아들 입장에서 보면 아빠와 엄마, 아빠와 자신, 엄마와 자신, 여동생과 자신 가운데 어느 하나의 관계에서 친밀감, 돌봄 등의 느낌을 받을 수 없을 듯하다. 아빠는 자신을 때리고 화를 내고, 엄마는 게임한다고 알리는 동생 말만 듣고 자신을 혼내며, 동생은 자신이 게임을 한다고 부모님께 고자질한다. 즉, 이 가족체계에서 아들은 혼자 고립되어 매우 외로웠을 것이다.

그렇다면 전략적 가족상담 이론으로 이 가족에 나타난 아들의 '게임' 문제를 어떻게 다룰 수 있을까? 이 장에서는 헤일리의 '지시적 기법'과 '역설적 처방' 그리고 마다네스의 '가장 기법'을 사용하여 상담 방향을 제시해 보고자 한다. 먼저, 가족들이 상담자가 의도하는 변화에 순응적이라면 분명하고 직접적으로 '아들에게 더 관심을 갖고 따뜻하게 대하라'고 조언하며 그것을 위한 구체적인 과제를 줄 수 있겠다. 예를 들어, 매일 자기 전 20분 정도 가족 모두가 둘러 앉아 아들에게 하루 동안 있었던 일에 대하여 듣고, 칭찬하고 격려해 보도록 하는 것이다. 아들은 가족들과의 대화를 통해 아빠와 적절한 힘의 관계를 유지하며, 고립되어 있던 자신의 자리에서 나와 외로움을 풀 수 있을 것이다.

그러나 만일 가족들이 이러한 변화에 저항하거나 순응적이지 않다면 두 번째 방법인 '역설적 개입'을 시도할 수 있다. 이는 아들에게 증상 행동인 '게임'을 더 하라고 지시하고, 가족 모두에게 하루 2시간 이상 아들이 게임할 수 있는 환경을 조성해 주고, 아들의 게임이 시작되면 모두 그 방에서 나와 아들이 게임에 집중할 수 있도록 도와주라는 과제를 내 주는 것이다. 그리고 아들의 게임이 끝날 때까지 절대 방해하지 말고, 게임이 끝나면 '게임하느라 참 수고했다.'는 말로 격려하도록 한다. 그렇다면 아들 입장에서는 이 지시를 따를 경우 자신이 '게임'을 통해 아빠의 권위에 맞서고, 엄마의 관심을 끌고자 했던 이전의 이득을 포기할 수밖에 없게 된다. 엄마 입장에서는 그동안 아들에게 주지 못했던 칭찬과 격려, 관심을 줄 수 있게 된다. 만일 아들 입장에서 이 지시를 따르지 않는다면 자연스럽게 게임을 하지 않게 되기 때문에 스스로 증상을 포기하게 되는 것이다.

마지막으로, 마다네스의 '가장 기법'을 이 사례에 적용해 보면, 아마도 아들은 동생에게 집중되어 있는 엄마의 보호와 보살핌을 게임이라는 행동을 통해 받으려고 시도했을 것이다. 따라서 가족상담자는 게임 시작 전후, 아들과 엄마가 '어린 아기 되기' 놀이를 하여 아들이 '아기'가 된 것처럼 가장하도록 지시할 수 있다. 즉, 아들이 게임을 시작하고 마칠 때 엄마에게 "엄마, 한 번만 꼭 안아 줘!"라고 하면 엄마는 "아이구, 우리 아기!"라고 말하며 꼭 안아 주는 연기를 하는 것이다. 이런 연극을 통해 아들은 그동안 받지 못했던 엄마의 사랑과 관심을 받을 수 있고, 엄마 역시 딸에게 집중했던 엄마의 관심을 아들과도 나눌 수 있게 되어 보호와 돌봄을 얻기 위해 발생시켰던 게임이라는 문제 행동이 사라질 수 있다.

제8장
사회구성주의 가족상담

| 양유성 |

다른 학문과 마찬가지로 상담학도 그 시대의 철학적 사상과 정신적 이념의 영향을 받게 된다. 우리는 포스트모던 문화나 사회구성주의 영향하의 시대적 분위기 속에서 살고 있다. 획일성과 인과론적인 세계관을 거부하고 다양성과 유연성을 강조하는 포스트모더니즘은 인문학과 사회과학 분야에 새로운 방법론을 제공하였고, 이런 사상 속에서는 지식을 발견되는 객관적 진리가 아니라 사회적 담론에 의해 구성되는 것으로 본다. 이번 장에서는 이와 같은 패러다임의 변화와 함께 21세기의 새로운 가족상담의 모델로 발전하고 있는 해결중심 단기치료와 이야기치료의 이론적 배경과 다양한 치료 기술을 다루어 나간다.

1. 사회구성주의

1) 포스트모더니즘의 영향

가족상담의 초기 모델의 이론적 기반은 일반체계 이론과 사이버네틱스 이론이었다. 이런 모델들은 모더니즘의 영향을 받아 객관적인 측정을 통해 실재를 발견할 수 있다는 기계론적 관점에 기반한 것으로, 내담자의 주관적인 경험 세계를 중요시하지 않았다. 하지만 1980년대에 시작된 포스트모더니즘(postmodernism)의 영향으로 모더니즘의 이런 한계를 탈피하려는 노력이 가족상담 분야에 새로운 방법론을 제공하였고, 예술과 대중문화에서도 이성보다 감성을 중시하는 새로운 표현 영역을 활짝 열었다.

여기서 포스트모더니즘은 절대적·객관적 사실을 강조한 모더니즘에 대한 반발로 생겨났다. 모더니즘이 본질주의, 보편주의, 이분법적 사고를 강조한다면, 포스트모더니즘은 다양성, 상대성, 비본질주의를 강조한다. 포스트모더니즘은 현실이 개인의 관점에 따라 다르게 구성된다는 사회구성주의와도 일맥상통한다. 이전까지 가족상담을 지배했던 체계론적 사고가 구조적·객관적 측면에 초점을 맞추었던 것과는 달리, 포스트모더니즘과 사회구성주의의 영향을 받은 후기 가족상담은 내담자의 주관적 현실 세계와 언어적 상호작용에 따라 실재가 달라질 수 있음을 강조한다. 패러다임의 변화와 함께 21세기로 접어들면서 가족상담 모델로 등장한 것이 해결중심 단기치료와 이야기치료이고, 이 두 모델은 과거의 가족상담 모델과는 여러 면에서 다른 접근을 제시하고 있다. 상담 과정에서 언어적인 측면을 중요시하며, 내담자와 상담자의 협동적 관계를 강조하고, 문제가 아닌 해결에 관심을 두며, 내담자가 가지고 있는 강점에 초점을 둔다. 이 두 모델은 내담자에 대한 새로운 시각과 구체적인 접근 방법을 제시하였으며, 패러다임 변화의 선두에 서게 되었다(정문자, 송성자, 이영분, 김유순, 김은영, 2008: 15-16).

2) 사회구성주의 사상의 임상적 관점

포스트모더니즘의 중심 사상 중 하나인 사회구성주의의 사상은 내담자가 환경을 창조적으로 재구성하고 본인이 가지고 있는 능력을 저하시키는 많은 요인을 다른 시각에서 보도록 도와주는 사상적 기반을 제공해 준다. 사회구성주의 관점에는 몇 가지 임상적으로 함축된 의미가 존재한다. 첫째, 모든 진리는 사회적인 구성체다. 둘째, 상담은 언어적 활동이다. 셋째, 상담은 협동적이어야 한다(Nichols & Schwartz, 2011).

사회구성주의 이론의 주창자인 사회심리학자 케네스 거겐(Kenneth Gergen)을 중심으로 이런 관점을 좀 더 자세히 살펴볼 수 있다. 거겐은 사람들이 의미를 만들어 내는 데 사회적 상호작용이 강력한 영향을 끼친다는 점을 강조한다. 우리들이 객관적 현실을 지각하는 것이 불가능할 뿐만 아니라 우리가 구성한 현실은 우리가 존재하고 있는 언어체계에 제한을 받는다고 본다. 거겐은 우리가 스스로 형성한 독립된 신념을 가지고 있는 자율적인 개인이라는 개념에 의문을 표하고, 우리의 신념은 조형 가능하고 사회적 맥락에서 발생하는 변화에 따라 급변할 수 있는 것이라는 입장을 갖고 있다. 거겐은 이전에 가족상담 이론에 도움을 주었던 자아에 대한 기존의 관점과 견해를 달리했다. 즉, 그는 사람들은 상담자가 이끌어 낼 수 있는 내재된 자원을 가지고 있는 것이 아니라고 보았다. 대신에 사람들이 마치 스폰지처럼 자신을 둘러싸고 이루어지는 대화를 빨아들여 내면화하는 것으로 파악했다. 또한 사람들은 초기 아동기의 경험에 의해 엄청난 영향을 받는 것은 아니며, 인성은 새로운 대화 환경에 처해지게 되면 급격하게 재구성될 수 있다고 보고 있다. 이러한 관점에는 몇 가지 임상적인 함의가 존재하고 있다. 첫째, 모든 사람의 생각은 그들의 사회적 환경에 지배를 받기 때문에 어떤 절대적인 진리를 갖고 있는 사람은 없다. 즉, 모든 진리는 사회적인 구성체에 불과하다는 것이다. 이러한 사고는 상담자들로 하여금 내담자들이 자신의 신념을 키워 낸 문화적인 뿌리를 이해하도록 도움을 주었다. 둘째, 만일 상담자가 내담자로 하여금 자신의 문제에 관해 새롭게 구성하고 문제를 개방할 수 있도록 이끌 수 있다면, 그 상담은 언어적 경험을 하는 것을 의미한다. 셋째, 상담은 협동적으로 이루어지는 것이다. 상담자나 내담자들 중 어느 한쪽이 진실을 알고 있는 것이 아니기 때문에 양자가 의견을 교환하고 다른 이의 관점을 존중하는 대화가 진행되는 가운데 새로운 현실이 나타나게 된다. 넷째, 사람들은 현재의 관계를 통하여 가장 큰 영향을 받고 있기 때문에 일단 상담자가 내담자에게 중요한 사람으로 인식되고, 문제에 관한 새롭고 보다 유용한 구성체를 창출하면 상담은 기본적으로 끝난 것이라 할 수 있다. 결론적으로 말해 단기상담이 가능하게 된 것이다(Nichols, 2011).

사회구성주의의 이러한 주요 가정들을 다시 정리해 보면, 우리의 사회적 실재를 구성하는 신념이나 가치는 사회적 상호작용에 의해 구성된다는 것이다. 우리의 현실은 객관적 진실이 아니라 다른 사람과의 대화를 포함한 사회적 상호작용을 통해 생성된 사회적 산물이라고 본다. 사회구성주의는 사회적으로 진리라는 것은 존재하지 않으며, 거기에는 단지 우리가 자신과 타인에게 말하고 있는 세계에 대한 이야기가 있을 뿐이라는 확고한 신념을 갖고 있다(McNamee & Gergen, 2004: 44). 세계는 실존하는 객관적인 정확함을 갖고 인식할 수 있다는 근대주의적인 견해에 의문을 제기하고, 인식은 생각, 관념 또는 기억이 사람들의 사회적 교류에서 생기며 언어를 매개로 형성되는 개념이라고 본다(McNamee & Gergen, 2004: 24-25).

사회구성주의는 실재는 객관적이지 않기 때문에 우리가 할 수 있는 것이란 경험을 해석하는 것뿐이라고 본다. 주어진 경험을 어떻게 해석할 것인가에 대해서는 여러 가지 가능성이 있지만 그 어떤 해석도 진정한 사실이 아니다. 모더니스트들의 관점이 여러 가지 가능성을 닫아 버리고 방법론적으로 보편적이고 적용가능한 해석을 하게끔 할 때, 그와는 달리 사회구성주의자들은 다양성을 세상에 알린다. 그들은 소설가처럼 생각하기를 원하며, 기술자처럼 생각하고 싶어 하지 않는다(Freedman & Comb, 2009: 81).

구성주의에서는 개인이 어떻게 자신의 현실을 만들어 가느냐에 초점을 둔다. 반면, 가족상담자들은 상호작용의 힘을 강조해 왔다. 그 결과 사회구성주의라 불리는 탈근대주의적 심리학이 많은 가족상담자들에게 강력한 영향을 끼치게 되었다. 우리가 구성한 현실은 언어체계를 사용하므로 언어체계의 제한을 받게 되고, 사회적 상호관계 속에서 개인은 의미 변화를 추구해 나간다. 여기서 개인은 심리적 실체라기보다는 사회적 의미라는 맥락에서 이해되어야 하고, 우리의 정체성은 주위 사람, 사회제도, 나아가 더욱 큰 권력과의 관계 속에서 만들어지는 것이므로, 그 정체성이 개인에 부정적 영향을 미치는 경우 해체 작업을 통해 그 억압적 영향을 약화시킬 수 있다고 본다(정문자, 정혜정, 이선혜, 전영주, 2012).

사회구성주의 상담자는 맥락, 개인과 문제에 대한 사회적 구성, 이야기의 창조를 보다 강조하기 때문에 내담자와 상담자 간에 존재하는 언어체계를 중시한다. 이들은 개인들은 언어를 통해 자신의 세계를 알아가는 동시에 그것이 앎의 과정에서 세계를 구성하는 수단이라고 이해한다(McNamee & Gergen, 2004: 53).

상담의 초점을 행동 변화에서 의미 변화로 바꾸고자 했던 가족상담자들은 사회구성주의를 크게 환영하였다. 이들은 가족들에게 지시를 하거나 무슨 조언을 해 주는 것이 아니라 그들과 함께 새로운 현실을 창조하는 것이 상담자가 할 일이라는 것을 제시함으로써 자신들의 입장을 보다 확고하게 했다(Nichols & Schwartz, 2011).

근대주의 가족상담자는 자신을 평가 능력을 갖춘 기법의 전문가로 보고 전문가적인 역할을 수행하려는 경향이 있었다. 이러한 과정에서 이론과 부합되지 않는 사실은 무시되었으며, 가족상담자들은 내담자의 경험보다는 자신이 가지고 있는 지식과 기술을 더 신뢰하였다(정문자, 송성자, 이영분, 김유순, 김은영, 2008: 30-31). 이와 달리 최신 모델들에서는 개인의 가족 경험 과정, 경험에 대한 의미 부여, 그리고 경험 세계의 구성 과정을 파악하는 것이 더 중시되었고, 가족상담자는 주도적인 전문가가 아니라 내담자가 경험 세계를 재창조하도록 협력하는 동반자로 기대되었다(최규련, 2008: 226). 포스트모더니즘의 영향으로 상담자들은 현실에 대해 가족 구성원들이 갖고 있는 다른 신념체계에 대하여 '알지 못함의 자세'를 취하게 되었다. 그리하여 문제의 원인에 집중하는 대신 가족 구성원이 사건에 부여하는 의미를 찾고 실현 가능한 해결책을 발견하는 것에 초점을 두었다(정문자, 송성자, 이영분, 김유순, 김은영, 2008: 32).

2. 해결중심 단기치료

1) 해결중심 단기치료의 역사적 배경

해결중심 단기치료의 발달은 MRI의 단기가족치료센터를 중심으로 하는 전략적 치료 모델에 근원을 두고 있고, 이곳에서 활동하던 스티브 드 쉐이저(Steve de Shazer)와 동료들(Berg, Nunnally, Lipchik, Molnar)이 1978년 미국 위스콘신주 밀워키에 단기가족치료센터(Brief Family Therapy Center)를 설립하면서 시작되었다. 1982년 이 센터에서 상담의 초점을 문제중심에서 해결중심으로 전환시키면서 해결중심 단기치료가 생성된 것이다. 해결중심 상담은 MRI의 전략적 치료에 토대를 두어서 단기상담이고, 문제 해결책에 초점을 두고 문제를 실용적으로 해결하는 방법을 찾는 것이 공통점이다. 그러나 해결중심 모델은 문제중심 모델인 MRI 전략적 상담에 비해 밀턴 에릭슨의 내담자 자원 활용과 현재와 미래에 초점을 맞추는 접근 원리에 더 충실하고, 사회구성주의의 영향을 받은 철학에 바탕을 두었다는 차이가 있다(최규련, 2008: 227).

해결중심 단기가족치료의 발달에 핵심적인 역할을 한 드 쉐이저는 문제 해결이 문제의 원인을 아는 것보다 더 중요하고 인간은 자신의 변화에 필요한 자원을 가지고 있으므로 상담자는 가족의 장점과 특성을 활용하도록 내담가족을 존중하고 격려하여야 한다는 에릭슨의 철학과 전략을 근거로 상담철학을 발전시켰다. 또한 드 쉐이저는 사회구성주의의 영향을 받아 언어는 내담자의 현실을 구성한다는 상담철학을 발전시켰고, 내담자와 함께 협력적으로 문제를 해결하는 상담자 역할을 정립하였다. 이와 더불어 인수 버그(Insoo Kim Berg, 한국명 김인수)는 많은 임상 경험을 토대로 상담자를 훈련하고 이론을 보급하

드 쉐이저와 인수 버그

는 일에 기여를 하였다(최규련, 2008: 228). 초기 그룹은 부부인 드 쉐이저와 인수 버그로 이루어졌고, 드 쉐이저는 해결중심 이론의 주요 개발자이나 임상을 더 이상 많이 하지는 않고 연구와 집필에 더욱 몰두하였으며, 주로 임상가로 알려진 인수 버그는 해결중심 접근의 이론 발전에도 상당 부분 기여하였다(Nichols, 2011). 해결중심치료는 이론이 간단하다는 점, 인지에 대한 강조, 쉽게 가르칠 수 있는 기법들이 동원되어 큰 인기를 얻었다(Nichols & Schwartz, 2011).

2) 상담의 가정과 특성

해결중심 가족상담에서 상담적 접근 방식의 가정은 다음과 같다(Walter & Peller, 1996: 30-62).

- 긍정적인 면에 초점을 둔다. 긍정적인 면에 초점을 맞출 때 바람직한 방향으로 변화를 이끌 수 있다.
- 예외 상황은 해결책을 제시해 준다. 모든 문제의 예외 상황을 상담자와 내담자는 발견할 수 있고, 이것은 문제 해결에 효과적으로 활용될 수 있다.
- 변화는 항상 일어나고 있고, 어떤 것도 그대로 있는 것은 아니다.
- 작은 변화를 통해 큰 변화를 이끌어 낼 수 있다.
- 상담적 변화는 내담자와의 협동 작업에 의해 이루어진다.
- 사람들은 문제를 해결하는 데 필요한 모든 자원을 갖고 있다.
- 의미와 체험의 변화는 상호작용 속에서 발생한다.
- 행동과 의미부여의 묘사는 순환적이다.
- 의미는 행위자나 관찰자의 해석적 반응에 의해 달라진다.
- 상담은 내담자를 전문가로 보고 상담적 목표를 향해 나아가는 것이다.
- 내담자가 어떻게 목표를 설정하고 무엇을 하는지의 작은 변화는 다른 사람과의 미래적 상호작용에도 영향을 미친다.
- 상담 팀은 상담 목표를 함께 나누며 그 목표를 달성하기 위해 노력하는 사

람들로 구성된다.

해결중심 접근법에서는 개인력과 문제 상황에 대한 전통적인 문제중심에서 해결과 미래의 가능성에 초점을 두는 것으로 변화되었다. 이 변화는 현재의 어려움에 대해 개인이나 가족이 선호하는 해결책을 찾아내고 조처를 취하는 데 초점을 두는 것을 의미한다(Gehart & Tuttle, 2008: 260). 내담자들은 자신의 문제에 대해 다른 사람들에게 책임을 떠넘기며 불평을 하는 경우가 많다. 이런 사례에서 상담자는 내담자에게 '이 상황에서 무엇이 달라지기를 원하는지' 그리고 '본인은 그 해결책에 어떻게 참여할 것인지'를 질문함으로써 내담자의 시각을 바꾸도록 한다. 드 쉐이저는 이런 과정을 문제중심적 대화에서 해결중심적 대화로의 전환이라고 했다(정문자, 이영분, 김유순, 김은영, 2017: 71).

해결중심 상담자는 내담자의 현재 강점과 자원을 강조하며, 이런 강점과 자원은 모든 개인에게 있다고 간주한다. 상담자는 내담자가 자신의 강점을 찾고 현재의 어려움을 해결하기 위해 강점을 사용하도록 돕는다(Gehart & Tuttle, 2008: 258).

3) 치료 원리와 목표 설정

앞의 가정을 기초로 하여 해결중심 단기치료는 다음과 같은 원리로 진행된다(정문자, 정혜정, 이선혜, 전영주, 2012).

첫째, 병리적인 것 대신에 건강한 것에 초점을 둔다. 잘못된 것에 관심을 두기보다는 성공한 것과 성공하게 된 구체적인 방법을 발견하는 데 관심을 둔다.

둘째, 내담자의 강점과 자원은 물론 증상까지도 발견하여 상담에 활용한다. 내담자가 원하는 결과를 성취하기 위해 내담자가 이미 가지고 있는 자원, 기술, 지식, 믿음, 동기, 행동, 사회적 관계망, 환경, 심지어 증상까지도 사용한다.

셋째, 탈이론적이고, 비규범적이며, 내담자의 견해를 존중한다. 인간 행동에 대한 이론적 틀에 맞추어 내담자를 진단하거나 사정하지 않는다.

넷째, 간단하고 단순한 방법을 1차적으로 사용한다. 해결중심 접근은 상담 목적을 달성하기 위해 상담 방법의 경제성을 추구한다.

다섯째, 변화는 불가피하다. 누구에게나 변화는 삶의 일부이기 때문에 변화를 막을 수는 없다. 문제가 발생하지 않는 예외적인 상황을 파악하고 예외를 증가시킴으로써 변화를 긍정적인 방향으로 이끈다.

여섯째, 현재에 초점을 맞추며 미래지향적이다. 과거와 문제에 대한 역사에 흥미와 관심을 두기보다는 현재의 상태와 미래의 해결 방안 구축에 관심을 갖는다.

일곱째, 내담자와의 협력관계를 중요시한다. 상담자와 내담자가 함께 해결 방안을 발견하고 구축하는 과정에서 협력을 중요시한다.

앤더슨(Anderson)과 굴리시안(Goolishian)은 '알지 못함의 자세(not knowing posture)'라는 매우 사려 깊고 협동적인 가족상담 접근을 발달시켰다. '알지 못함의 자세'란 상담자가 언어적 · 비언어적 행동을 통해 내담자에게 풍부하고 진실한 호기심을 전달하는 것을 말한다. 상담자는 내담자가 변화되어야 한다는 생각이나 기대보다는 내담자의 행동과 말을 좀 더 많이 알고 싶어 하는 의향, 즉 항상 '더 많은 정보를 얻고자 하는' 자세를 보여야 한다. '알지 못함의 자세'에서 나오는 대화적 질문은 가족이 '아직 말하지 못한 것'을 말해도 괜찮겠다는 안전함을 느끼는 시작점을 만들 수 있으며 가족이 가진 정서적 억압을 제거해 낼 수 있다(정문자, 정혜정, 이선혜, 전영주, 2012).

해결중심 단기가족치료에서 상담 목표를 설정할 때는 내담가족과 함께 협동적으로 그들이 원하는 목표를 세우는 것이 필수적이며, 다음의 원칙을 고려하여야 한다(최규련, 2008: 231-232).

• 가족에게 중요하고 유익한 것을 목표로 한다. 가족에게 중요한 목표일 때 이를 성취하기 위해 집중적으로 노력하고 협조가 잘 되어 상담 기간이 단축될 수 있다. 가족원 사이에 목표가 다르고 합의가 되지 않을 때 상담자는 각자의 견해를 자유롭게 표현하고 상호 간에 이해의 폭을 넓혀서 동의할

수 있는 영역을 찾아내도록 돕는다.

- 목표는 작고 간단한 행동이어야 한다. 목표가 작아야 쉽게 성취할 수 있고, 성취감은 가족에게 희망과 자신감을 갖게 해 주며 변화하고자 하는 동기를 높이는 효과를 가져온다.

- 구체적이고 명확하고 측정할 수 있는 행동 용어로 기술한다. 분명한 행동으로 목표를 정할 때 가족과 상담자가 상담의 진행 정도를 관찰할 수 있고 목표 달성 여부를 확인할 수 있다.

- 문제의 제거나 소멸이 아닌 성공의 긍정적 지표로 기술한다. 즉, 문제가 되는 어떤 것을 하지 않거나 없애는 것보다 새로운 긍정적인 행동을 시작하도록 돕는 것이어야 한다. 이로써 목표 성취를 확인하기가 쉽고, 문제 행동을 하지 않는 대신에 무엇을 하는지를 정확하게 알 수 있어서 목표 달성이 용이해진다.

- 목표를 최종 결과가 아닌 처음의 시작이나 신호에 둔다. 천리길도 한걸음부터라는 말과 같이 내담자가 원하는 결과를 얻기 위하여 단계가 있고, 시작 단계에 필요한 것이 명확하고 구체적으로 제시되면 집중할 수 있고 성취가 용이해진다.

- 현실 생활에서 성취 가능한 것이어야 한다. 가족의 생활에서 현실적이고 성취 가능한 것과 그렇지 않은 것을 구별하여 구체적으로 실행할 수 있는 목표를 설정하도록 조정해야 한다.

- 목표 달성은 힘들고 어려운 일이라고 인식한다. 가족이 노력을 해야만 할 정도로 목표가 중요하고 힘든 일을 시작하는 것으로 지각되어야 가족이 목표 성취에 대해 책임감을 갖게 되고 협동하게 된다.

4) 상담자와 내담자의 관계 방식

해결중심 단기치료에서는 내담자와 상담자 간의 관계를 방문형(visitor), 불평형(complaint) 그리고 고객형(customer)의 세 가지로 구분한다. 크게 세 가지 유형으로 분류되는 내담자와 상담자의 관계는 다음과 같다.

(1) 방문형 내담자

방문형은 불평거리나 문제가 없는 채 상담에 온다. 이 유형은 다른 사람들의 요청으로 상담을 시작하므로 비자발적이고, 저항을 심하게 하는 경우도 있다.

상담자는 내담자의 난처한 입장을 인정하고, 내담자의 견해보다는 상황을 보려고 노력하고, 내담자의 강점과 성공 경험을 찾아 주려고 노력함으로써 내담자가 편안하게 느끼도록 해야 한다. 방문형의 내담자에게는 의사 결정을 존중해 주고, 자신에게 중요한 것에 관해 판단할 수 있는 능력을 믿어 준다. 또한 이런 유형에게 초기부터 과제를 주지는 않는다(송성자, 2001b: 122-123).

(2) 불평형 내담자

불평형 관계의 내담자는 불평이나 문제를 함께 확인하지만 그 문제를 해결하기 위해 자신이 무엇인가를 해야 한다고는 생각하지 않는다. 가장 일반적인 예는 부모나 배우자 혹은 가족이 다른 사람의 문제에 대해 불평을 하는 경우다. 내담자는 해결책이 주로 다른 누군가(배우자, 자녀, 고용주, 친구, 동료 등)의 변화를 통해 이루어질 수 있다고 믿는다. 이런 관계에서 내담자는 문제를 야기한다고 생각하는 사람을 상담자가 변화시켜 주기를 바란다. 또는 내담자는 상담자가 자신에게 문제 있는 사람을 변화시키는 방법을 가르쳐 주기를 바라기도 한다(정문자, 송성자, 이영분, 김유순, 김은영, 2008: 87).

이런 내담자에게는 그동안 문제 있는 가족을 돕기 위해 끊임없이 노력해 온 것을 칭찬할 수 있다. 내담자는 다른 사람의 문제를 분석하기 위해 많은 에너지를 소모했기 때문에 다른 사람의 문제 행동을 예리하게 관찰할 수 있는 능력이 있다는 것을 상담자는 고려해야 한다. 가장 바람직한 일은 내담자를 격려해서 과거와는 다르게 생각하고 관찰하게 하는 것이다(정문자, 송성자, 이영분, 김유순, 김은영, 2008: 88).

(3) 고객형 내담자

고객형 관계의 내담자는 자신과 관련된 상담 목표를 표현하고, 또 다양한 방법으로 자신의 행동을 변화시킬 준비가 되어 있다. 더 나아가 내담자는 자기 자신을 문제 해결의 한 부분으로 보며, 문제 해결을 위해 무엇인가 할 의지를 보인다. 이런 관계는 자신이 원해서 도움을 요청한 내담자와 제일 쉽게 이루어진다. 이러한 내담자는 상담을 통해 얻고자 하는 것을 알고 있고 자신이 상담 목표를 달성하기 위해 노력해야 한다는 것도 알고 있다.

이 단계에서 상담자가 해야 할 중요한 상담 과제는 내담자와 더불어 내담자가 제일 먼저 행하고자 하는 적극적이며 행동적인 조치가 무엇인가를 밝히는 것이다. 이런 유형의 내담자에게는 흔히 상담 전에 어떤 변화나 예외가 있다. 그러므로 상담자는 그 예외를 지지하고 강화해야 한다(정문자, 송성자, 이영분, 김유순, 김은영, 2008: 90).

5) 상담적 질문 기법

상담에서 사용되는 질문들은 가족 구성원들을 이해하고 그들의 문제를 탐색하는 데 도움을 줄 뿐 아니라, 상담의 전체적 과정을 이끌고 나가는 구조적인 틀과 방향을 정해 주기도 하고, 치료적 변화의 단서를 제공해 주거나 효과적인 상담개입방법으로 사용되기도 한다. 여기서는 이와 같은 면에서 잘 개발된 해결중심 가족상담의 질문 방식을 소개하도록 한다.

(1) 상담 전 변화에 관한 질문

상담 전 변화에 관한 질문(pre-session change question)은 해결중심 모델의 가정과 원리인 가족에게서 계속적으로 변화가 일어난다는 것을 전제하고 "가족이 상담을 예약한 후 현재 이곳에 오기까지 달라진 것이 무엇인가요?"라고 질문하는 것이다. 이 질문을 하면 가족의 상당수는 다급함과 불안이 감소되었거나 문제에 대해 생각해 보고 해결을 위해 노력해 본 경험을 보고한다. 이처럼 상담 전에 도움이 되는 방향으로 긍정적인 변화가 시작되는 경우 상담자는 그들의 자발적인 해결 노력과 능력을 인정하고 강화하여 가족이 미처 지각하지 못한 자원과 해결 방안을 찾아내는 데 활용하도록 격려한다. 만일 내담가족이 변화가 없다고 응답하는 경우에는 상담 목표를 찾기 위해 "오늘 여기 와서 무엇이 변화하기를 바라십니까?"라고 질문한다(최규련, 2008: 238).

(2) 기적 질문

기적 질문(miracle question)은 문제가 해결된 상황을 상상해 봄으로써 자신들이 해결하기를 원하는 것들을 구체화하고 명료화하는 데 도움을 준다. 질문 과정을 통하여 해결 상황에 대한 그림을 작은 것에서 점차로 확대해 나가도록 한다. 가족은 상담자의 질문에 대답하는 동안 기적을 만드는 사람이 바로 자기 자신임을 알게 된다. 그리고 작은 일에서부터 시작해야 한다고 인식하게 되며 변화된 상황을 구체적으로 상상해 보게 되는데, 이런 내적 과정은 변화의 근거가 된다(김유숙, 2002: 208). 기적질문이 초점을 두는 것은 예외적인 것을 발견하도록 돕고, 내담자에게 문제가 해결된 상태, 즉 긍정적인 장면을 상상하도록 하여 목표를 설정하는 것이다. 기적 질문은 일반적으로 상담 목표를 설정하기까지 상담 초기에 사용하고, 상담 과정에서 반복적으로 사용하지는 않는다(정문자, 송성자, 이영분, 김유순, 김은영, 2008: 118).

기적에 관한 질문은 "오늘밤 당신이 잠자는 동안에 기적이 일어나서 당신이 오늘 가지고 온 문제가 완전히 해결되었다고 상상해 보십시오. 당신은 잠을 자고 있기 때문에 기적이 일어나서 당신의 문제가 모두 해결되었다는 것을 모릅니다. 아침에 일어났을 때 지난밤 기적이 일어나서 모든 문제가 해결되었다는 것을 어떻게 알 수 있을까요? 당신이 처음 무엇을 보면 기적이 일어났는지를 알 수 있을까요?"라고 묻는다.

기적에 관한 질문 후에 내담자에게 내담자 자신이 미래를 이끌어 갈 책임이 있다는 생각을 할 수 있도록 질문을 계속한다. 그다음 내담자가 실제로 할 수 있는 일에 관해 질문함으로써 기적의 작은 부분을 현실로 바꾸고, 기적이 실제로 일어나도록 실행할 때 내담자의 생활에서 변화될 것들을 상상하게 해서 내담자가 기적을 만들어 가도록 돕는 질문을 한다. "그런 일이 일어나도록 하기 위해 당신이 제일 먼저 할 일은 무엇이라고 생각합니까?"라고 묻거나 또는 "이 기적이 더 자주 일어나려면 어떻게 해야 할까요?" 등의 질문을 한다. 또한 목표와 관련된 예외 상황을 파악하기 위해 "이러한 기적이 조금이라도 일어난 적이 언제 있었는가? 그럴 때 무엇이 달랐는가? 누가 무엇을 하였는가?" 등의 후속 질문을 한다.

기적 질문은 문제가 해결된 상황을 상상해 보고, 해결하기를 원하는 것들을 구체적이고 명확하게 확인함으로써 상담 목표를 설정하는 데 도움이 된다. 그리고 기적 질문에 응답하는 과정에서 내담자는 문제와 분리되어 해결 상황에 대한 구체적이고 상세한 묘사를 하게 된다. 그 결과 성공적인 결과를 반복해서 언어로 표현하면 할수록 그것은 더욱 현실화될 수 있다고 믿는 자기언어화 효과를 갖게 되고, 상담이 성공적으로 종결될 수 있다는 꿈과 희망을 갖게 된다.

(3) 예외 발견 질문

가족은 자신들이 많은 성공의 경험을 가지고 있거나 현재도 잘하고 있는 것이 있는데 그것에 대한 인식이 없다. 왜냐하면 가족은 자신이 지금 겪고 있는 어려움에만 집착하여 현재 상황을 부정적인 방향으로만 보기 때문이다. 상담자는 예외적인 상황을 찾아 인식시키고 가족이 가지고 있는 자원을 이용하여 그들의 자존감을 강화하려고 노력한다. 예외 발견 질문(exception-finding question)은 일상생활에서 성공적으로 잘하고 있으면서도 의식하지 못하는 것을 발견하고 성공했던 행동을 의도적으로 시행하도록 강화시키는 기법이다(김유숙, 2003: 207).

예외란 문제가 일어나지 않았던 때를 가리킨다. 기적에 관한 질문은 상담의 목표와 관련되고, 예외를 발견하는 질문은 목표에 도달하기 위한 과정 및 방법과 관련된다. 한두 번의 중요한 예외를 찾아 추적함으로써 내담자의 성공 경험을 확대하고 강조하여 내담자의 자존감을 강화시킨다. 예외가 자주 반복되었고 자세하고 구체적으로 묘사되는 경우 내담자의 성공은 더욱 현실화된다. 일반적으로 문제 해결과 관련된 것을 새롭게 배워서 행동하는 것보다 이미 성공적으로 실시한 것을 탐색하여 의미를 부여하고 의도적으로 실시하는 것이 효과적이며 지속성이 있다고 본다.

내담자들이 문제에 관한 부정적인 생각과 문제를 제거하고 감소시키는 것에 몰두할 때에는 피해의식이 강하며 자아존중감이 낮아지는 경향이 있다. 그러나 자신의 강점, 자원, 성공적 경험에 관하여 예외 질문을 통하여 계속 탐색하고 인정과 지지를 받는 상담 과정에서 자아존중감이 회복되고 향상되는 것을 발견할 수 있다. 또한 내담자가 자신의 문제와 병리적인 것을 상담자에게 솔직하게 털어놓는 것은 힘든 일이며 부정적인 자아상에 영향을 준다. 그러나 예외 질문을 반복하는 과정에서 내담자들은 자신의 강점과 자원을 발견하고 새로운 의미를 부여하면서 자신감을 회복하며 긍정적인 자아상을 갖게 된다. 결과적으로 내담자는 자아존중감이 회복되는 과정에서 기능이 회복되고, 목표를 성취하게 된다 (정문자, 송성자, 이영분, 김유순, 김은영, 2008: 114).

이 책의 공통 사례*에서 본다면, 예외 발견을 위한 구체적인 개입은 다음과 같이 시도해 볼 수 있다.

상담자: 지금처럼 화가 치밀지 않았던 때는 언제였나요?

내담자(남편): 예전에 저희 가족이 함께 산으로 놀러 간 적이 있는데 그때는 즐거웠었지요.

상담자: 그때는 어떻게 다르게 행동하셨습니까? 지금과의 차이점은 무엇인가요?

내담자: 그때는 제가 다른 가족들이 힘들어하는 모습을 보고, 힘을 내도록 아이들을 격려해 주었습니다. 그러고 보니 지금과 많이 다른 모습이네요.

상담자: 그럼 무엇이 다르고, 어떻게 할 때 지금과 같은 문제가 발생하지 않을까요?

* 사례에 대한 기본 자료는 제3장의 104~106쪽을 보기 바란다.

(4) 척도 질문

내담자가 상담자에게 정보를 제공하고, 상담자가 내담자의 변화 과정을 확인하고, 격려하며, 강화하기 위해 척도 질문(scale question)이 고안되었다. 이 질문은 내담자에게 자신의 문제의 심각성, 문제 해결의 우선순위, 성공 정도, 정서적 관계, 관계 개선을 위한 노력의 정도, 문제 해결을 위한 동기와 의지, 자신감과 자존감, 진행에 대한 평가 등 구체화시킬 필요가 있는 것을 수치로 표현하여 평가하는 데 유용하게 활용될 수 있는 질문이다.

이 책의 공통 사례에서 예를 들어 본다면, "1점은 처음 상담하러 올 때의 상황이고 10점은 문제가 모두 해결될 때의 상황이라면 현재의 상황은 몇 점 정도인가요?" "5에서 6으로 가려면 무엇을 해야 한다고 생각하나요?" "당신이 보기에 남편은 가족을 위해 어느 정도 노력한다고 봅니까?" "남편이 4에서 5로 더 노력을 한다면 무엇이 달라져야 할까요?" 등으로 활용할 수 있다.

(5) 대처 질문

문제가 오래 지속되었기 때문에 매우 낙담하고, 좌절하고 있는 내담자들은 미래의 희망이 없는 것 같이 생각한다. 여기서 대처 질문(coping question)이 효과적인 것은 내담자가 자신의 자원과 강점을 발견하도록 하는 데 도움이 되기 때문이다. 어려운 상황을 견디어 내고, 더 나빠지지 않은 것을 강조하며, 위기에서 살아남기 위해 해 온 것을 찾아내고, 그것을 확대하기 위한 근거로 사용하는 것이다(송성자, 2001b: 136).

기적에 관한 질문에 대해 대답이 모호하거나 예외적인 상황을 발견하기 어려울 때, 문제와 고통을 계속 호소하고 악화되거나 절망적인 경우에 좋은 방법은 대처 질문을 하는 것이다. 대처 질문은 내담자에게 약간의 성공을 느끼도록 하고 내담자 자신이 대처 기술을 가지고 있음을 깨닫게 하는 효과를 가져온다. 희망이 없는 상황에서 어려움을 어떻게 관리하고 견디었으며, 얼마나 많은 대처방법을 사용해 왔나를 질문함으로써 내담자는 자신의 노력과 의지, 자원을 발견하게 되고, 이 점들을 활용하여 스스로 문제 해결을 위해 노력할 힘과 용기를 갖게 된다.

대처 질문을 공통 사례에 적용해 본다면 다음과 같은 질문을 내담자(아내)에게 해 볼 수 있을 것이다.

"매우 어려운 상황인데 지금까지 어떻게 견디셨나요?"
"당신의 남편은 무엇이 도움이 된다고 하시나요?"
"당신을 지금까지 지탱해 준 힘은 무엇입니까?"

(6) 관계성 질문

관계성 질문(relationship question)은 가족 구성원과 관련된 다른 중요한 사람들의 생각이나 행동에 대하여 묻는 질문이다. 이 질문을 통해 자신의 행동이나 관점뿐 아니라 자신에 대한 다른 사람의 관점이나 행동에 대해 주의를 기울이게 되어 문제 해결을 위한 잠재적 자원을 더 많이 활용하고 가족 간의 상호 영향과 변화 가능성을 파악할 수 있다(최규련, 2008: 240).

관계성 질문을 공통 사례에 적용시켜 보면, 다음과 같은 질문이 될 수 있다.

"남편이 지금 여기 앉아 있다고 하고 아들의 문제가 해결되면 무엇이 달라지겠냐고 묻는다면 뭐라고 하실까요?"
"친정어머니가 여기 계신다면 어떻게 하는 것이 문제 해결에 도움이 된다고 말씀하실까요?"

3. 이야기치료

1) 이야기치료의 역사적 배경

이야기 접근 방식은 처음에 정신분석의 해석학적 전통에서 심리치료의 노선을 찾았다. 지그문트 프로이트를 추종한 고전적 분석가들은 경험을 해석하는 단 하나의 정당한 이해 방식이 존재한다고 믿었다. 환자는 그들의 무의식적 동기 때문에 꿈이나 증상을 이해할 수 없지만, 정신분석적 이론의 진실을 소유한 분석가들은 마치 고고학자가 과거의 파묻힌 유적을 발굴하듯 꿈이나 증상을 이해할 수 있다고 믿었다. 그러다 1980년대에 로이 샤퍼(Roy Schafer), 폴 리쾨르(Paul Ricoeur) 등의 수정주의자들이 정신분석적 현실에 대한 이러한 실증주의적 개념에 대하여 논쟁하기 시작하였다. 그들은 경험의 진실이란 발견되거나 드러나는 것이 아니라 창조된다고 말했다.

상담의 목표는 사실대로의 진실로부터 이야기로 이해할 수 있는 것으로 전환되었다. 도전은 자기응집성을 돕는 진실의 구성에 있지, 과거에 대한 정확한 그림의 구성에 있지 않다. 이제 상담자는 고고학자가 아니라 시인이나 소설가가 되었다. 마이클 화이트(Michael White)는 자신의 치료를 이야기 은유를 사용하는 치료법이라고 표현하였다. 그가 의미하는 이야기 은유는 이야기가 시간을 통해 전개되는 지도로써 사람들의 삶과 관계성에서 문제를 지속시키거나 그치게 해 주는 힘을 지닌다는 것이다(고미영, 2010: 86-87).

이와 같은 이야기 은유를 시도한 가족상담자들은 이것이 극히 유용하다는 사실을 발견하였다. 내담자들의 삶에 대해 질문하면서, 그들은 이야기가 얼마나 크게 지각에 영향을 주었고, 이 지각을 해석하는 데 영향을 끼쳤는지를 인식하였다. 삶의 이야기는 플롯에 맞지 않는 경험을 걸러 내며, 걸러지지 않으면 어떻게든 맞을 때까지 왜곡하는 여과기로 기능한다는 것이다(Nichols & Schwartz, 2011).

가족상담 분야에서 이야기 접근 방식을 도입한 호주 출신의 마이클 화이트(Michael White)는 처음에는 전기 및 기계 제도사였는데, 자신이 엔지니어가 아님을 인식하게 되었다. 그는 기계보다는 사람들과 일하기를 더 좋아했고, 그로 인해 체계사고와 사이버네틱스를 거부하였다는 것은 놀랍지 않다. 1967년 그는 사회사업가가 되기 위한 훈련을 받았으며, 30년 넘게 사람들을 돕는 방법을 발견하기 위해

마이클 화이트

노력했다. 뉴질랜드 출신 가족상담자인 데이비드 엡스턴(David Epston)은 두 번째로 영향력 있는 이야기치료의 형성자다. 인류학에의 관심을 통하여 엡스턴은 이야기 은유를 만나게 되었고, 그것이 내담자들에게 사이버네틱스보다 더 유용하다고 화이트를 납득시켰다. 엡스턴은 상당 부분의 이야기 이론과 실천에 기여했지만, 특히 다양한 질문을 개발하고 범주화하였으며, 내담자들이 자신들의 새로운 이야기를 유지하기 위해서 지지적인 공동체가 필요함을 강조하였다. 그는 또한 내담자들에게 편지쓰기를 활용하기 시작하였는데, 상담자의 영향력이 사라지고 난 한참 후에도 내담자들은 그들의 새로운 이야기를 지지해 주는 편지를 읽을 수 있고, 그리하여 자신의 문제를 해결할 수 있다고 지적하였다(Nichols, 2011).

2) 상담의 개념과 기본 전제

상담에서 내담자는 삶의 이야기를 갖고 찾아오고 무엇보다 자신의 삶의 이야기가 의미가 없거나 해석되지 않거나 더 이상 진전이 없기에 괴로워하거나 절망스러워한다고 볼 수 있다. 그렇기 때문에 상담자는 내담자의 삶의 이야기를 이야기 구조와 형식 속에서 탐색해 보거나 진단해 보고 내담자의 역기능적인 문제 이야기를 건강하고 성숙한 새로운 삶의 이야기로 재구성해 주어야 한다. 이야기치료는 내담자 자신의 삶의 진술 속에서 나타난 문제 이야기를 상담자가 다른 관점 속에서 내담자가 무시하고 빠뜨린 조각난 이야기나 잃어버린 이야기를 다시 찾아 전체적으로 균형 잡힌 이야기를 쓸 수 있도록 도와주며, 내담자가 진정으로 좋아하고 원하는 삶의 대안적 이야기를 다시 재진술하고 재구성해 나갈 수 있도록 함께 작업하는 것이다. 이와 같은 대안적 이야기는 삶의 희망을 얻게 해 주고, 구속에서 벗어나 자유를 경험하게 해 주며, 주도적인 삶을 살 수 있도록 도와주는 중요한 역할을 한다.

먼저, 사람들이 선호하는 이야기는 삶에 대한 주도권을 갖고 적극적으로 삶과 자아에 대한 회복의 의지를 불러일으키므로 사람들의 삶에 좀 더 친화적인 의미를 갖게 한다. 그래서 그들은 자신들이 선호하는 이야기를 전개해 가는 가운데 더는 문제 이야기에 자신들이 지배를 당하는 것이 아닌 이제는 자신들이 스스로 인생을 선택할 수 있으며 그들의 삶에서 무엇을 선호하는지 그리고 선호하는 것을 어떻게 하면 적용해 나갈 수 있는지에 관한 방법을 발견하게 되는 것이다(최민수, 2011: 256).

문제를 중심으로 형성된 지배적 이야기들은 그 그늘 속에 문제가 없는 경험들을 감추어 버림으로써 그 사람의 기억과 감각 부분들로부터 걸러내 버린다. 이렇게 될 때 다른 형태의 긍정적 경험들은 이야기로 만들어지지 못한다. 문제는 그의 삶과 경험을 독점해 버리고 더 이상 그 사람이 살고자 하는 방식의 경험의 형태에 의미를 부여하지 않게 되어 그가 바라는 혹은 그에게 정말 중요한 삶의 경험과는 배치되고 모순되는 이야기만을 골라서 그를 정의하는 데 사용하게 만든다(고미영, 2000: 114). 내담자의 문제는 처음부터 잘못 구성되었다는 관점으로 접근한다. 상담자는 내담자와 함께 공동 저자로서 문제이야기와 반대되는, 내담자의 경험에 바탕을 둔, 내담자가 추구하는 이야기를 찾고자 한다. 즉, 상담자는 내담자를 자신의 삶의 주체로 보고 그가 이끌어 가고 싶은 삶의 방향을 찾아가는 과정에 함께 참여한다(조현주, 2016: 176).

이야기치료(narrative therapy)의 기본 전제는 무엇보다도 인간은 이야기적 존재로 태어나며, 우리는 자신의 이야기의 주체가 되고, 그 이야기는 주제가 있는 우리 삶의 역사적 기록이라는 것이다. 또한 우리는 이야기에 따라 자신의 삶을 살아가는데, 그 이야기는 단지 우리가 알고 있는 것을 설명해 주는 데 그치지 않고, 더 나아가 우리가 알고 있는 것을 구성해 준다는 것이다. 이야기는 내담자와 그 가족들이 경험을 이해하고 의미를 파악하는 유력한 틀로 그들의 삶을 구성하는 바탕이다. 상담자는 단순한 의미 전달이나 허구로서의 이야기가 아니라, 우리 삶과 경험을 해석하고 조직하는 강력한 매체로서의 이야기에 대한 새로운 이해를 가지고 치료에 임한다. 이야기치료는 이러한 이야기의 영향력을 인정하고 이를 상담에 사용한다(고미영, 2004: 117). 두 번째는 우리가 붙들고 의지하며 살아가는 이야기는 어떤 공백 상태에서 생긴 것이 아니고, 우리의 대화를 통해서 우리의 마음속에 깊이 새겨지게 된다는 것이다. 즉, 우리는 우리가 우리 자신에게 말한 이야기와 다른 사람들이 우리에 관해 말한 이야기에 의해 우리의 삶을 산다. 세 번째로 지배적인 이야기는 자신의 삶을 변화시키고자 하는 자들에게 심각한 한계를 떠넘기므로, 억눌린 목소리가 확인되고 들릴 수 있도록 지배적인 이야기가 해체되어야 하며, 그것을 해체하는 것이 새로운 삶의 가능성을 높여 준다는 것이다. 상담자는 내담자들의 부정적인 정체성을 구성했던 왜곡된 증거들에 대한 해체를 격려하며, 그들로 하여금 그들의 삶과 정체성에 대한 잘못되고 빈약한 결론들로부터 떨어져 나올 수 있도록 돕는다. 네 번째는 이야기 속에 들어가 있지 않던 숨겨진 삶의 경험은 항상 남아 있으므로, 상담자의 과제는 그것을 바탕으로 내담자가 보다 만족스럽고 자신에게 적절하고 매력적인 이야기를 구성해 나가도록 돕는 것이다(Winslade & Monk, 1999: 22-27).

이야기치료의 과정 속에서 상담자는 내담자로 하여금 지금까지의 이야기에 새로운 경험과 상상력을 더하여 자신의 이야기를 다시 쓰게끔 한다. 상담자는 치료 과정에서 다음의 작업을 하게 된다(김유숙, 2003: 216-217).

첫째, 내담자의 이야기에 강한 관심을 갖고, 공감적이고 협력적인 태도를 갖는다.

둘째, 내담자의 삶의 역사 속에서 강점이나 유능했던 것을 찾는다.

셋째, 내담자를 진단명에 의해 분류하는 것이 아니라, 그들을 독특한 개인적인 삶의 역사를 가진 존재로 취급한다. 즉, 해결해야 할 문제나 치료받아야 할 증상에 관한 용어로 사람을 객관화하기보다는 상담자는 내담자들이 능력을 가진 사람으로서 삶의 이야기를 발전시킬 수 있도록 한다.

넷째, 내담자가 또 다른 삶의 이야기를 쓸 수 있도록 자신의 내면화된 지배적인 이야기로부터 분리될 수 있도록 돕는다. 상담자는 억압에 의해 지배당하는 개인과 가족에게 내면화된 이야기로부터 그들이 해방되도록 돕는다. 이야기치료의 기법은 잃어버렸던 이야기를 꺼내고 사람들을 지배하는 문제로부터 그들을 분리하여 새로운 힘을 부여하도록 고안되었다. 이런 작업 속에서 상담자는 내담자가 새로운 이야기를 만들어 내도록 돕는 공동 저작자가 될 수 있다.

3) 상담의 과정

상담은 내담자의 이야기를 듣는 가운데 먼저 그들의 지배적인 이야기를 분별해 내고 그 지배적 이야기를 해체시키며 마지막으로 새로운 대안적인 이야기를 시작할 수 있는 공간을 마련해 주는 일련의 과정을 거치게 된다. 이 과정의 첫 출발은 해체적 경청이라고 볼 수 있는데, 이것은 내담자들이 가져오는 문제로 가득한 이야기를 해체하고자 의도를 가지고 듣는 것을 말한다. 사람들의 경험에는 현재 지배적 이야기를 벗어난 형태의 경험 중에 이야기로 만들어질 수 있는 가능성이 있는 경험들이 있으며, 내담자가 이를 알아채지 못하는 경우가 있다. 내담자의 이야기를 축소시키거나 그가 겪고 있는 고통을 외면하지 않으면서 이러한 지배적 이야기의 틈새를 볼 수 있게 되는 것이 바로 해체적 경청의 목표다. 해체적으로 사람들의 이야기를 듣기 위해서는 사람들이 하고 있는 이야기는 하나의 의미만을 갖는 것이 아니라 여러 다른 의미를 가질 수 있다는 것을 가정해야 한다. 듣는 상담자가 이야기에서 끌어내는 의미는 그 이야기를 하고 있는 내담자가 의도하는 의미와 항상 같은 것이 아니라 다를 수 있다. 이러한 전제를 가지고 사람들의 이야기를 들을 때 그 이야기 속에는 많은 틈새나 모호한 의미가 담겨져 있다는 것을 발견하게 된다. 이 경우에 이야기 상담자는 이야기의 모호성이나 틈새를 새로운 이야기를 시작하는 출구로 생각하고 이 가능성을 포착해야 한다. 내담자에게 이 모순을 지적하여 그것을 해명하게 하든지 아니면 상담자가 해체적 경청을 통해 찾아낸 다른 견해나 의미가 내담자의 의도와 맞는지를 묻는다. 이야기는 이미 완성된 것이 아니라 다른 사람들과 대화하는 과정에서 조금씩 다르게 구성되어져 가는 사회적 구성물이다. 사람들은 수동적으로 주어진 사실에 의해서만 이야기를 만드는 것이 아니라 다른 사람들과의 상호 작용을 통해 능동적으로 자신의 삶과 이야기를 구성할 수 있다(고미영, 2000: 115).

새로운 이야기를 만드는 과정은 내담자를 주 저자로, 상담자를 공동 저자로 하는 공동 저작의 과정이고, 여기서 상담자는 탈중심적인 영향력 있는 역할을 수행하면서 내담자가 익숙한 행위로부터 자신이 바라는 그러나 익숙하지 않은 행위를 향해 나갈 때 그 길 주위에 거푸집을 쳐주면서 그 과정을 지원하는 역할을 수행하게 된다(이선혜, 2009: 5-6). 이때 자주 동원되는 비계 질문(scaffolding question)은 내담자들이 미리 알지 못하고 있는 것들에 대해 새롭게 배울 수 있도록 상담자가 한 단계씩 질문을 던져 내담자들의 생각을 자극하는 질문이다. 이때 내담자들은 아직까지 인식하지 못했던 선호하는 이야기의 영역으로 조금씩 들어가게 되고 선호하는 이야기를 만들게 된다. 잘 고안된 비계 질문들은 내담자들이 잘 알고 있는 친숙한 문제의 경험으로부터 아직 알려져 있지는 않지만 조금씩 알아낼 수 있는 선호하는 이야기의 영역으로 발을 옮겨 놓도록 지원한다(고미영, 2010: 95). 하지만 질문의 범주가 정형화된 것이 아니라 질문과 대답을 반복하면서 단기적으로 내담자 자신이 호소하는 문제를 감소시키는 데 초점을 두며, 궁극적으로 내담자 자신이 선호하는 방향으로 가족의 이야기를 구성할 수 있도록 한다(Denborough, 2017: 4).

먼저, 이야기상담자는 문제들을 외재화함으로써 도움이 되지 않는 이야기들의 마수를 끊는다. 사건들의 고정된, 비관적인 해석에 도전함으로써 상담자는 융통성과 희망을 위한 공간을 만든다. 독특한 결과들의 드러남은 그것을 통해서 새롭고 더 낙관적인 이야기가 그려질 수 있는 창구를 제공한다. 마지막으로, 내담자들은 그들이 더 선호하는 노선을 따라 삶을 회복하는 데 있어 그들의 진보를 증거해 주고 촉진해 줄 지지 집단을 만들도록 격려받는다(Nichols, 2011). 이와 같은 상담의 단계적 과정을 정리해 보면 다음과 같다.

(1) 내담자의 정체성과 문제를 분리하도록 돕는다

여기서는 무엇보다 문제에 대한 시각이 문제이고 사람 자체가 문제는 아니라는 전제를 중요시한다. 내담자가 자신의 정체성에서 문제 자체를 분리해 내도록 돕기 위해 표출적 대화를 사용한다. 표출적 대화란 내담자가 자신의 정체성과 문제를 분리하여 생각하도록 질문하는 상담 기법이다.

(2) 문제에 이름을 붙여 객관화한다

표출적 대화를 통해 분리된 문제 이야기에 이름을 붙인다. 일단 어떤 현상이나 사물에 이름을 붙이면 그것을 객관적으로 볼 수 있고 적절한 관계를 맺을 수 있기 때문이다. 이름을 붙일 때 주의할 것은 상담자가 일방적으로 정하지 않고 내담자가 그렇게 하도록 도와야 한다는 점이다. 이름은 중요한데, 잘못 지어지면 오히려 그것의 부정적 영향력을 강화시킬 수도 있기 때문이다. 문제에 이름을 붙이면 그것의 영향력을 탐구하고 더 나아가 더 큰 맥락에 올려놓고 해체 작업을 할 수 있게 된다.

(3) 독특한 결과를 발견하도록 돕는다

독특한 결과란 이름 붙여진 문제 이야기의 범주에 속하지 않거나 반대되는 사건을 말한다. 이야기치료에서는 문제 이야기가 모든 상황을 전적으로 통제한다고 생각하지 않는다. 반드시 그 문제를 벗어난 창조적이고 긍정적인 사건이 있게 마련이며 상담자는 바로 그것에 초점을 맞추고 독특한 결과의 내력과 의미를 탐구하여 대안적 이야기 개발의 초석으로 삼는다.

(4) 대안적 이야기를 찾는다

독특한 결과에 기초하여 개발된 대안적 이야기에 이름을 붙인다. 이 정도 진행되면 내담자는 문제 이야기와 대안적 이야기를 자유롭게 비교하면서 선택과 평가의 준거로 삼을 수 있게 된다.

(5) 대안적 이야기를 굳혀 간다

자신의 이야기를 써 가는 데 새롭게 구성된 플롯, 즉 대안적 이야기를 굳힐 수 있도록 지원하는 단계다. 여기서는 재구성 대화, 치료를 돕는 문서 활용, 치료적 편지쓰기, 의식과 축하 행사, 외부 참고인 집단과 인정 의식 등의 방법이 활용된다.

4) 주요 치료 기법

(1) 문제의 외재화

이야기치료학파의 주요 이론가인 화이트는 문제를 외부화시키는 방법을 생각했는데, 이것은 사람들보다는 문제를 객관화시키는 대화로 구성되며, 문제에 의해 지배되는 이야기로부터 벗어나기 위해 문제를 외부로 표출시키는 의인화 기법이다. 문제의 표출 또는 외부화는 문제를 내담자의 자기 정체성으로부터 언어적으로 분리하는 것이다. 이런 대화를 통해 사람들에게 문제가 자신의 모두를 표현하고 있지 않다는 사실을 발견하게 함으로써 그 문제를 해결할 수 있는 희망을 주는 것이다.

상담자는 내담자가 이야기하도록 하면서 어느 정도의 신뢰가 형성되면 문제를 표출하기 위한 질문을 시작한다. 문제는 사람들과 분리된 것이므로 처음부터 사람들에게 문제의 원인이 아니라, 문제의 영향으로 인한 결과에 대한 질문을 한다. 그리고 문제가 누군가에 의해 소유된 것이 아니라 문제가 그들을 소유하려 한다고 암시한다. 즉, 문제를 외재화한다는 것은 내면화된 증상을 인격화하는 것이다. 이와 같은 외재화의 질문을 진지하게 한다면 내담자들은 문제가 자신들 밖의 것이라는 생각을 하게 될 것이다(김유숙, 2003: 219).

외재화 대화를 공통 사례에 적용시켜 본다면, 다음과 같은 방식으로 일반적인 상담 대화를 외재화 대화로 변형시키게 된다. "남편이 화를 참지 못하고 성질을 부려 가족들을 힘들게 하는군요." → "남편의 그 '욱하는 성질머리'라는 못된 녀석(또는 괴물)이 모든 가족들을 괴롭히고 있군요." 즉, 남편은 자신이 분노의 화신이 아니라 자신과 가족이 싫어하는 분노에 이용당하고 있는 존재일 뿐이라는 새로운 인식을 갖게 되고, 문제와 분리시켜 자신을 볼 수 있게 된다.

여기서 외재화 대화는 사람이 문제가 되는 것이 아니며, 바로 문제가 인간 정체성을 대상화하는 대화에 역행하는 작업이다. 외재화 대화는 문제를 대상화함으로써 인간을 대상화하는 문화적 관행에 반기를 드는 작업이다. 사람과 문제를 분리하는 개념은 과학적인 범주들이 인간들을 분류하고 평가한다는 미셸 푸코(Michel Foucault)의 개념에 착안하여 인간들을 단일화된 지식이 지배하는 담론의 대상으로 종속시키는 행위에 대한 반작용으로 도입되었다(최민수, 2013: 250). 문제가 사람으로부터 분리되어 존재할 때, 그리고 사람이 자신의 정체성에 대한 제한적 진실과 자기 삶에 대한 부정적 확신에 얽매이지 않을 때, 문제해결을 위한 새로운 선택의 여지가 생긴다(White, 2010: 50). 외재화 대화를 이끄는 상담 작업의 단계적 과정은 다음과 같다(White, 2010: 66-76).

① 1단계: 경험에 가깝게 문제 정의하기

첫 단계에서 상담자는 내담자가 문제에 대한 정의를 내릴 수 있게 도와준다. 이때 내담자는 자신이 경험하는 곤경이나 문제에 대해 풍부하게 기술한다. 이 과정을 통해 내담자는 자신의 경험과 동떨어진 방식에서 자신의 경험에 가깝게 자기 나름의 방식으로 문제를 정의할 수 있게 된다. 경험에 가깝게 설명을 한다는 의미는 내담자가 사용한 언어를 그대로 사용하여 내담자가 속한 가족이나 지역사회의 문화 그리고 내담자가 살아온 경험을 통해 만들어진 삶에 대한 생각을 기초로 내담자의 문제를 설명하는 것을 말한다.

예를 들면, "나는 걱정이 많은 사람이야."를 "걱정거리가 언제부터 나에게 영향을 주었는가?" 또는 "걱정거리가 나에게 어떤 말을 거는가?"로 바꿀 수 있다. 자신의 문제에 어울리는 이름을 찾기가 어려우면, 처음에는 '문제' 또는 '그것'이라고 하고 시간이 지나면서 자신만의 언어로 문제를 표면화하면 특정한 이름을 찾는 데 도움이 된다(Denborough, 2017: 46).

② 2단계: 문제의 결과 탐색하기

외재화 대화의 두 번째 단계는 호소하는 문제가 내담자 삶에 어떤 영향을 미치는지에 대한 질문이다. 내담자 삶에는 다음과 같은 영역이 포함된다.

- 가정, 직장, 학교, 또래 집단
- 자기 자신과의 관계, 가족관계, 친구관계

- 정체성(내담자가 추구하는 목적, 소망, 꿈, 열망, 가치 등)
- 미래 계획과 가능성

두 번째 단계의 질문이 이 모든 영역을 다 포괄하지는 않는다 하더라도 호소 문제의 주된 영향이 무엇인지는 이해할 수 있어야 한다. 예를 들면, "걱정거리는 언제 당신에게 찾아올 것 같은가?" 또는 "걱정거리가 가장 힘을 발휘하는 것은 어떤 장소인가?"와 같이 질문할 수 있다.

③ 3단계: 문제의 영향력 평가하기

세 번째 단계에서 상담자는 호소 문제의 활동 방식과 내용을 평가하고 호소 문제가 내담자의 삶에 미치는 주요한 영향을 평가하도록 지원한다. 이런 평가는 대부분 다음과 같은 질문을 통해 이루어진다. 말씀하신 문제가 이런 행동을 해도 괜찮으세요? 일이 이렇게 전개되는 데 대해 어떻게 생각하세요? 이런 결과에 대해 어떤 입장이세요? 지금 이런 상황에서 당신은 어떤 입장이지요? 상황이 이런 식으로 전개되는 것이 좋은가요, 나쁜가요, 아니면 이도 저도 아닌가요? 만일 이것이 당신의 운명이라면 어떤 생각이 드세요?

이런 질문 또는 이와 유사한 질문은 내담자로 하여금 잠깐 걸음을 멈추고 자기 삶에 일어난 특정한 사건에 대해 반추해 볼 수 있게 한다. 이러한 반추 경험은 많은 이에게 새로운 경험이다. 왜냐하면 그런 평가가 대부분 타인에 의해 이루어져 왔기 때문이다.

④ 4단계: 평가의 근거 제시하기

네 번째 단계는 내담자의 평가에 대해 '왜'라는 질문을 던지는 것이다. 이 탐색 과정에서는 다음과 같은 질문이 활용될 수 있다. 왜 괜찮으세요? 왜 괜찮지 않으세요? 이런 상황이 된 데 대해 왜 그런 생각이 드세요? 어떻게 해서 그런 입장을 갖게 되셨어요? 여기서 '왜'라는 질문은 도덕적 판단을 내포하지 않고, 삶에서 중요한 것이 무엇인지에 주목하게 하고 그것을 이해할 수 있게 해 주며 자신의 삶의 기술을 깨닫게 해 준다.

(2) 독특한 성과를 찾아내기

문제의 외부화 과정은 내담자가 자신의 행위를 정당화시키기 위해 구성한 이야기와 그 이야기 속에 포함된 사람들을 분리시키는 것이다. 이런 과거의 이야기가 해체될 때에 과거의 문제 이야기를 대체할 수 있는 새로운 대안이 마련되어야 한다. 과거 이야기와 분리되기 위해서 내담자는 무엇이 정말로 일어나기를 바라는지, 무엇을 하고 싶어 하고 좋아하는지를 찾고 생각해야 한다. 이것은 '독특한 성과 찾기'라는 과거 이야기 속에 빠진 사건과 행위와 사고방식을 찾아내므로 새로운 대안으로서의 삶의 이야기를 써 가는 작업을 가능케 해 준다. 상담 상황에서 발화되는 이야기는 그 이야기에 배치되고 모순되는 많은 세밀한 내용을 빠뜨려 버리게 된다. 이야기적 접근을 원하는 상담자는 문제의 이야기들을 해체시킬 수 있는 귀를 가지고 이 이야기를 들어야 한다. 상담 중에 들리는 문제의 이야기에서 빠져 있는 수많은 사소한 일이 있다. 또한 문제의 이야기와 모순되는 이야기들은 모두 자취를 감추고 오직 문제에 점철된 이야기들만 들리게 된다. 상담자는 내담자의 이야기를 들을 때 이와 같이 빠진 사소한 부분을 들을 수 있는 귀를 가져야 한다. 질문을 통해 오래된 이야기 속에 있는 여백을 메꿀 수 있는 자료들을 끄집어내야 한다. 내담자는 이야기를 하는 가운데 새로운 경험을 맞이하도록 초청되는 것이다.

이같이 예외적인 사건을 토대로 이야기를 만들기 위해 상담자는 내담자로 하여금 최근에 있었던 일 가운데 독특한 성과를 찾아내도록 돕는 것이 중요하다. 아무리 작은 것일지라도 성공적인 사건을 강조하면 내담자나 가족들의 역사와 연결시키는 새로운 이야기가 나올 수 있다. 독특한 성과나 특이한 사건을 이끌어 내기 위해 "가족에 대한 분노가 당신을 지배하려고 할 때, 그렇게 하지 못하도록 했던 때를 기억할 수 있습니까? 어떻게 그렇게 할 수 있었나요?"라고 질문할 수 있다(김유숙, 2003: 219-220).

화이트는 삶의 경험들은 우리의 이야기보다 풍부하다고 주장한다. 이야기는 그 경험들을 조직하고 의미를 주고 있지만 언제나 우리의 모든 경험을 다 담고 있지는 않다. 가장 우세하게 드러난 이야기는 많은 세밀한 부분을 빠뜨리고 있다. 각 사람은 자신의 삶에 대해 지배적인 이야기(dominant story)를 갖고 있으며, 또한 종종 숨겨져 있는 대안적인 이야기(alternative story)도 갖고 있다. 상담자는 질문을 통해 그렇게 숨겨진 빠뜨린 조각을 찾아내서 내담자가 자기 자신에 대해 좀 더 정확한 그림을 그릴 수 있도록 도와야 한다. 이 과정에서 상담자가 문제 이야기의 대안에 관한 단서를 줄 수 있는 경험, 희미한 기억들, 사소한 생각들에 접근할 수 있는 다양한 질문을 찾아보면 다음과 같다.

"당신은 문제가 당신의 생각에 영향을 주지 않았던 어떤 짧은 순간을 생각해 낼 수 있겠습니까?"
"대화 중 문제가 전적으로 지배하지 않았던 어떤 때가 있었습니까?"
"문제에 의해 지배받지 않았던 삶의 어떤 순간들이 있었습니까?"

상담자는 내담자의 최근의 삶 속에서 내담자가 자신의 삶에 적용해 나가지 못하지만 어떤 특별한 자원과 능력의 흔적을 보여 주고 있다는 믿음을 잘 발전시켜야 한다. 그래서 상담자는 내담자로 하여금 문제 이야기에 대한 대안적 이야기와 보다 나은 자기 자신에 관한 이야기를 발전시킬 수 있도록 돕는다.

(3) 회원 재구성 대화

회원 재구성 대화(re-membering conversation)는 인간의 정체성이 내면에 기초하는 것이 아니라 대인관계에 기초하고 있다는 생각에서 비롯된다. 내담자의 대인관계는 내담자 인생의 회원으로 이루어져 있다. 여기서 회원이란 내담자의 과거나 현재나 미래의 삶에서 중요한 위치를 차지하면서 내담자의 정체성 구성에 영향력을 행사할 수 있는 사람이나 존재를 말한다. 내담자는 회원 재구성 대화를 통해 자신의 삶에 존재하는 여러 관계를 다른 식으로 수정할 수 있는 기회를 갖게 된다. 즉, 회원에 따라 그 지위를 올리거나 내리기도 하고, 어떤 회원의 의미는 더욱 높이고, 경우에 따라 어떤 회원은 퇴출시킬 수도 있다. 여기서 누구를 내담자의 인생 회원으로 맞아들일 것인지를 결정하는 방법에는 여러 가지가 있다. 회원 재구성 대화의 상대가 설사 내담자와 직접적인 관계를 갖고 있지 않더라도 대화는 의미 있게 진행될 수 있다. 그 존재는 어떤 책의 저자일 수도 있고, 영화의 주인공일 수도 있다. 또는 내담자가 어린 시절 좋아했던 인형이나 애완동물과 같이 사람이 아닐 수도 있다(White, 2010: 165).

이야기의 생성과 회전에는 다른 사람들이 필요하다. 이 사람들은 과거와 현재에서 발굴된 인물들로 내담자의 이야기를 풍부하게 서술하는 데 기여한다. 경험은 기억을 통해 재구성될 수 있으며, 특히 긍정적인 경험에 초점을 맞춤으로써 새로운 대안적 이야기의 생성에 큰 힘을 줄 수 있다(고미영, 2004: 217).

(4) 정의 예식과 이야기의 재진술

이야기치료에서 정의 예식(definitional ceremony)은 내담자의 이야기를 풍부하게 발전시키는 장이 된다. 이 예식은 내담자의 삶을 인정해 주고 격상시키는 의식으로, 삶을 평가하고 격하하는 현대의 많은 의식과는 대조를 이룬다. 현대사회의 의식은 삶을 사회적으로 구성된 규범에 맞춰 평가하는 속성을 지니며, 사람을 부적합하고 무능력하고 실패한 존재로 평가하는 경우가 많다. 정의 예식은 내담자에게 신중하게 선발된 외부 증인 앞에서 자신의 삶을 이야기하고 재현할 수 있는 장을 제공한다. 외부 증인은 내담자의 이야기를 들은 후 특정 형식에 맞추어 다시 말하기(retelling)로 응답한다. 외부 증인의 응답은 현대적 개념의 칭찬 또는 전문적 평가나 해석의 형태를 띠지 않는다. 의견을 피력하고 선언을 하거나 조언 또는 교훈을 주거나 훈계를 하는 것도 아니다. 외부 증인은 내담자의 이야기를 들으면서 그중 자신의 마음에 와닿은 표현이나 그로 인해 연상된 이미지, 떠오른 자신의 경험, 그 표현이 자기 삶에 미친 영향은 무엇인지에 대해 자신의 생각을 나누게 된다. 이런 과정은 내담자의 이야기를 인정해 주는 효과가 있는 동시에 외부 증인의 삶에 깊은 여운을 남기게 되며, 내담자 삶의 이야기를 훨씬 더 풍성하게 만들어 준다(White, 2010: 205-206).

이야기치료의 과정에서 정의 예식은 다음의 세 가지 단계로 구분된다(White, 2010: 226).

- 말하기(telling): 정의 예식의 주인공이 자신에게 의미 있는 삶의 이야기를 나눈다.
- 다시 말하기(retelling): 외부 증인으로 초대받은 사람들이 주인공의 이야기에 대해 말한다.
- 다시 말하기에 대한 다시 말하기(retelling of retelling): 외부 증인의 다시 말하기를 듣고, 주인공이 그에 대해 다시 말하기를 한다.

제9장
부부상담

| 장진경 |

이 장에서는 보다 효과적인 부부상담을 위해 필요한 요소들을 살펴보고자 한다. 먼저, 부부체계가 갖는 특성과 그에 영향을 미치는 요인 파악을 통해 부부체계에 대한 이해를 증진시킬 수 있도록 할 것이다. 다음으로 가족상담 이론과는 달리 부부 문제를 해결하기 위해 발달한 다양한 부부상담 이론들에 대해 살펴봄으로써 보다 체계적이고 합리적인 부부상담이 이루어질 수 있도록 정보를 제공할 것이다. 마지막으로, 임상에서 부부상담을 담당하는 부부상담자들을 위해 부부 문제의 사정과 평가, 치료의 전략과 기술에 대해 살펴봄으로써 부부상담자들에게 부부상담의 지침을 제공할 것이다.

1. 부부체계에 대한 이해

부부는 결혼을 함으로써 일생의 큰 전환기를 맞이하게 된다. 결혼과 동시에 부부는 한 개인으로서가 아닌 부부라는 체계로 자신들의 정체성을 형성하게 되며 지금까지와는 다른 가족관계(상대 배우자, 부모, 친인척 등), 사회관계(친구, 배우자의 친구, 동료 등)를 형성하게 된다. 이렇게 부부라는 단위로 형성된 새로운 관계로 인해 부부체계는 관계에 대한 협상과 부부로서의 역할 정립에 대한 협의가 이루어져야 한다.

부부간의 역할은 과거 각자 원가족의 경험을 통해 암묵적인 기대를 바탕으로 형성하게 된다. 부부는 각자의 원가족에서 관찰한 부부의 역할, 즉 부모가 서로의 관계를 어떻게 유지하는가, 갈등은 어떻게 해결하는가, 재정 관리는 누가 담당하는가, 애정 표현은 어떻게 하는가, 서로 여가 시간을 어떻게 보내는가 등의 관찰을 바탕으로 각 배우자에 대한 역할기대를 형성하게 된다. 또한 부부간의 역할기대는 성(gender)과 문화에 따라 다르게 형성되기 때문에 부부를 효과적으로 도와주기 위해서는 이에 대한 이해도 필요하다. 다음에는 부부체계를 이해하는 데 기본적으로 필요한 요소들, 즉 경계(boundary), 성차, 인종과 문화, 부부 역할, 가족생활주기, 의사소통기술, 친밀감, 갈등대처방식 그리고 분노표현방식에 대해 간단히 살펴보고자 한다(이은영, 장진경, 2016; 2017; Brown & Brown, 2005).

1) 경계

부부 하위체계에 있어서 누가 무슨 역할을 어떻게 수행해야 하는지를 이해하고 결정하는 것은 건강한 부부관계를 위한 핵심적인 요인이다. 하위체계나 체계의 경계는 "체계에 참여하는 사람이 누구이고 어떻게 참여하는가에 관한 규칙"이다(Minuchin, 1974: 53). 따라서 부부상담자는 부부 문제를 다루는 데 있어 부부가 형성하고 있는 다른 사람과의 관계에 관한 규칙이 무엇인지에 대해 탐색하고, 부부체계의 경계를 형성하는 규칙에 대해 부부 상호 간에 협의하여 정할 수 있도록 도움을 주어야 한다. 또한 부부 각자가 어떠한 역할을 담당할 것인지에 대한 역할인지, 역할기대, 역할수행에 대한 협의도 함께 이루어져야 한다.

2) 성(gender)차

부부상담 장면에서 상담자는 성에 따른 차이를 이해해야 한다. 부부간의 성차이를 이해하는 것은 부부상담의 효과성을 높이는 데 중요하다. 이러한 성차는 크게 세 가지 범주, 즉 생리적 차이, 역할/규칙의 차이, 의사소통 유형의 차이, 정서적 표현의 차이로 구분된다.

먼저, 생리적 차이는 스트레스 상황에서 나타나는 반응으로써 여성은 스트레스 상황에서 자신을 진정시키거나 차분하게 가라앉힐 수 있는 반면, 남성은 더 흥분하고 스트레스를 가중시키는 생각을 더 많이 하면서 짜증을 낸다고 한다 (Gottman, 1999). 따라서 부부상담 장면에서 부부간의 생리적 차이에 대해 질문하는 것은 중요하며, 질문은 "갈등 상황에서 남성의 자기진정 능력은 무엇으로 나타나는가?" "아내는 유머나 애정과 같은 기법으로 자기진정을 시도하고 있는가?" "남편은 아내의 영향력을 인정하고 있는가?" 등이 있다.

다음으로 역할/규칙의 차이는 성차에 의해 나타나는 가장 기본적인 사회화 패턴이다. 부부는 일반적으로 결혼생활을 지배하는 규칙과 역할에 근원이 되는 사회화 패턴에 의해 영향을 받는다. 성차에 나타난 역할과 규칙의 차이는 다음과 같은 질문을 통해 평가할 수 있다. 즉, "역할의 비융통성이 문제에 관련되어 있는가?" "세대 간의 동맹이 부부관계의 약화로 인해 발생하였는가?" "여성 상담자가 남성(남편)과 평등한 관계를 더 가능하게 해 주는가?" "남성 상담자가 여성(아내)의 권력을 강화시킬 수 있는가?" "각 배우자의 개인적 발달과 가족 밖의 자율성에 대한 규칙은 무엇인가?" 등과 같은 질문으로 성차에 나타난 역할과 규칙의 차이를 파악할 수 있다.

마지막으로, 부부간의 성차이를 이해해야 하는 요인은 바로 의사소통 유형과 정서 표현에서의 성차다. 부부가 감정을 표현하는 방법에 대해 차이를 보이는 상황을 감정의 부조화(meta-emotion mismatch)라고 명명하는데, 이는 전형적으로 성 고정관념과 관련이 있다(Gottman, 1999). 부부간 감정의 부조화는 정서적 철회를 낳고, 효과적인 관계에 부부간의 긍정적 감정교류를 방해하게 된다. 부부의 감정 표현 방식을 평가하기 위해서는 다음과 같은 질문을 활용할 수 있다. 예를 들면, "당신이 성장할 때 가족원들은 화를 어떻게 표현했는가?" "어떤 일들이 당신을 슬프게 하는가? 그리고 당신은 그 슬픔을 어떻게 다루었는가?" "부모님은 당신이 자랄 때 사랑을 어떻게 보여 주었는가? 그리고 당신은 부모에게 사랑을 어떻게 보여 주었는가?" "당신이 성장할 때 행복감을 어떻게 표현했는가? 당신은 다른 사람이 행복하다는 것을 어떻게 아는가?" 등의 질문이 이에 해당한다.

3) 인종과 문화의 영향

부부의 문제를 사정 및 평가하는 데 있어 인종과 문화의 영향력을 파악하는 것은 매우 중요하다. 서로 다른 문화권에서 성장한 부부는 친밀감의 문제, 성역할, 가족 내에서의 부부의 역할, 경계 등에서 차이를 나타낸다. 부부상담 장면에서 문화적 차이를 탐색하는 것은 문화가 어떻게 부부의 문제와 관련되는지를 탐색하는 것에서부터 시작한다. 예를 들면, "부부 각자가 가지고 있는 개인적 신념의 어떤 측면이 이러한 차이를 지속시키는가?" "자신과 배우자에 대한 믿음이 자신의 원가족으로부터 물려받은 것에 의해 제한을 받고 있는가?" "부부 각자가 자신의 원가족에서 배운 것은 무엇인가?" "원가족에서 배운 모든 것이 부부관계에 대한 기대와 행동에 어떻게 영향을 미치는가?" 등에 대한 질문을 통해 부부 간 문화적 차이를 파악할 수 있다.

4) 부부역할

역할에 대한 정의를 사회학적 측면에서 살펴보면 구조주의적 관점(Linton, 1936)과 상호작용적 관점(Mead, 1934)으로 구분할 수 있다. 구조주의적 관점에서 역할이란 권리, 의무, 태도, 가치 등을 의미하며 지위를 통하여 개인이 속한 사회 안에서 수행하는 특정한 행동이다(유영주, 김순옥, 김경신, 1990; Galvin &

Brommel, 1982). 이와는 달리 상호작용적인 관점에서 역할이란 개인이 특정한 사회 안에서 문화 및 환경조건 속에서 사람과의 상호작용을 통하여 얻어지는 행동이라고 정의하였다(유영주, 1990; Paolucci, Hall, & Axinn, 1977). 요약하면, 역할이란 자신이 속한 사회에서 자신의 지위와 직책의 기대에 부응하는 행동이며 개인의 지위에 따라 사회의 기대와 요구에 맞게 행동하는 행동유형이다(유영주, 김순옥, 김경신, 2008).

이와 같은 정의를 바탕으로 부부역할에 대한 정의를 살펴보면, 부부역할은 결혼제도를 통하여 가정에서 주어지는 지위 즉, 남편과 아내에게 요구되어지는 행동으로써 그 지위에 주어지는 권리와 의무이며(김양희 외, 2012; 전병재, 1997; Freedman, 1994), 부부가 가족의 기능을 수행하기 위하여 반복적인 패턴으로 행동하는 것이다(고정자, 1999; Freedman, 1994). 부부역할에 대한 기대를 파악하고 적절하게 이를 분담하기 위해서는 구체적으로 부부가 수행해야 하는 역할이 무엇인지 파악할 필요가 있다. 이에 많은 학자들은 사회가 기대하는 부부역할이 무엇인지를 규명해왔다(고정자, 김갑숙, 1999; 김양희 외, 2012; 김주희, 오명희, 1998; 류시중, 1973; 이동원, 이근후, 박영숙, 1998; 조성연, 백경숙, 옥경희, 전효정, 전연진, 2009; 조필교, 서영주, 1976; 최규련, 1988; 최신덕, 1973; 최재석, 1969; 한남제, 1984; Nay, 1976). 이처럼 다양한 활동을 포함하는 부부역할은 시대에 따라 변화하는 양상을 보이며, 그로 인해 부부역할에 대한 고정적이고 전통적인 구분이 점차 약화되었다(김시업, 2011; 이여봉, 2010; 한국가족학연구회, 2003).

이러한 시대적 추세에도 불구하고 부부간의 남편과 아내의 역할에 대한 현실적 상황과 기대에 대한 의식수준이 지체현상을 보이는 경우가 있어(Pleck, 1985; Spitze, 1988), 부부들은 역할갈등을 경험하게 된다(강기정, 박혜성, 계선자, 2005; 김선미, 2005; 김혜신, 김경신, 2003; 장재윤, 김혜숙, 2003; Marks, 1977; Voydanoff, 1988). 예를 들면, 남편과 아내 간의 부부역할에 대한 태도가 유사할수록 부부갈등이 적고 부부만족도가 높게 나타났다(이여봉, 1999; 이은희, 2002; 조정문, 1995). 전통적인 아내의 역할에 대한 태도를 지닌 여성들이 부부역할에 대한 갈등이 적은 것으로 나타났으며(박태온, 1983; 윤경자, 1997; Amato & Booth, 1995;

Zvonkovic, Schmiege, & Hall, 1994), 아내가 현대적인 부부역할에 대한 태도를 갖고 있더라도 부부가 부부역할에 대한 태도가 유사할 경우 부부갈등이 적고 결혼만족도가 높은 것으로 나타났다(이여봉, 1999; 이은희, 2002; 조정문, 1995). 반면, 남편이 보수적 성역할 태도를 가지고 있고 아내가 진보적인 성역할 태도를 가지고 있는 경우에는 역할갈등이 높게 나타났다(채로, 이기영, 2004).

선행연구에서는 부부 사이의 역할갈등에 영향을 미치는 여러 변인들을 밝히고 있다. 교육수준과 취업여성의 역할갈등과의 관계에 대한 연구에서는 여성의 교육수준이 높을수록 심리적 자원을 많이 가지고 있어 역할갈등이 낮게 나타났다(고정자, 김갑숙 1999; 박은옥, 2001; 이정연, 1987; 전춘애, 박성연, 1993; 최연실, 옥선화, 1987). 가사분담과 역할갈등과의 관계에 대한 연구에서는 남편이 아내로부터 가사분담에 대해 지나친 요구와 기대를 받을수록 역할갈등이 높았으며(강기정, 박혜성, 계선자, 2005), 남편의 가사 참여도가 부부의 역할갈등에 큰 영향을 미치고 있었다(김경신, 김오남, 1996; 하현숙, 김득성; 1996).

5) 가족생활주기

인간이 인간발달주기에 걸쳐 성장·발전하고, 각 주기별 단계를 성공적으로 이루기 위해서는 그 단계의 발달 과업을 수행하는 것이 필요하다. 가족도 마찬가지로 결혼을 통해 형성되어 본인이 사망하여 결혼이 소멸되는 단계까지의 가족생활주기가 있으며, 성공적 가족관계를 형성하기 위해서는 각 가족생활주기별 발달 과업을 달성해야 한다. 각 가족생활주기별 단계마다 특정한 발달 과제가 있으며, 단계 사이의 전이기에 스트레스가 증가하게 된다. 따라서 부부상담에서 가족생활주기를 활용하여 부부가 각 단계마다 발달 과제를 수행함에 있어 부부에게 일어날 변화와 갈등 시기를 예측할 수 있고, 이에 따르는 스트레스를 극복할 수 있도록 도와줄 수 있다. 가족생활주기별로 부부가 경험할 수 있는 스트레스는 수직적 스트레스 요인(성차별, 가족신화, 삼각관계, 폭력, 우울, 유전적 체질 등)과 수평적 스트레스 요인(발달적 요인, 비예측적 요인, 역사적 사건 요인 등)

에 의해 발생할 뿐만 아니라 체계 수준(개인, 핵가족, 확대가족, 지역사회, 사회문화 등)에 따라 스트레스가 발생한다(Carter & McGoldrick, 1999). 따라서 상담자는 부부의 수직적 스트레스뿐만 아니라 그들의 발달 단계에 따른 스트레스에 기능적으로, 심리적으로 대처할 수 있도록 도와주어야 한다.

6) 의사소통기술

의사소통은 부부관계와 밀접한 관련이 있으며(Chelune, Waring, Vosk, Sultan, & Ogden, 1984; Karney & Bradbury, 1995; Waring & Chelune, 1983), 부부간 언어적 · 비언어적 의사소통 수준은 부부 사이 친밀감 판단의 기준이 되기도 한다. 즉, 효율적인 의사소통은 긍정적이고 건강한 부부관계의 핵심요소(Bienvenu, 1970; Brunworth, 1982; Farthing, 1984; Hahlweg, Revenstorf, & Schindler, 1984; Lewis & Spanier, 1979; Mace & Mace, 1976; Noller & Fitzpatrick, 1990; Urban, 1980) 이며, 부부 사이의 의사소통은 결혼만족도와 높은 정적 상관이 있다(한성열, 한민, 2011; Clement, Cordova, Markman, & Laurenceau, 1997; Markman, 1981; Markman & Hahlweg, 1993; Noller & Fitzpatrick, 1990; Pasch & Bradbury, 1998). 부부들의 의사소통이 부정적일 때 부부 사이에 긴장이 발생하여 관계를 악화시키므로(임승락, 권정혜, 1998; 장문선, 김영환, 2003; 최선희, 장신재, 2002; 황민혜, 고재홍, 2010; Adams, 1980; Boyd & Roach, 1977; Christensen & Shenk, 1991; Christensen & Sullaway, 1984) 부부 의사소통의 질은 부부관계의 질을 결정하게 된다(김명희, 최연실, 2007; Gross, 1980; Lewis & Spanier, 1979). 따라서 의사소통 방식의 개선은 결국 부부관계의 개선을 가져와 궁극적으로는 높은 삶의 질을 결정하게 된다 (Farthing, 1984; Glenn, Nock, Waite, Doherty, & Goleman, 2002; Waite & Gallagher, 2000; Urban, 1980). 궁극적으로 부부간 의사소통기술은 인격적이고 민주적인 부부관계를 만드는 기능이 있으며(송성자, 1998), 건강한 가족을 만드는 데 가장 중요한 핵심이 된다(김명희, 최연실, 2007; Bienvenu, 1970; Brunworth, 1982; Farthing, 1984; Mace & Mace, 1976; Urban, 1980).

반면, 부부간 부정적인 의사소통 방법인 역기능적 의사소통이 이루어질 경우, 자신의 가치가 손상되었다고 느끼게 되며 이를 보상받기 위해 대화 시 방어기제를 사용하게 되고, 이중 메시지를 사용하여 타인에게 인정받기 위해 자신의 감정을 숨기는 의사소통 유형을 나타내게 된다(Markman, 1981). 부부가 역기능적 의사소통을 사용할 경우 가정 내 폭력이 나타날 가능성이 높으며, 부부갈등이 유발되고(이종선, 권정혜, 2002; 최선희, 장신재, 2002; Burggraf & Sillars, 1987; Witteman, 1988), 비난, 경멸, 방어, 담쌓기 등의 부정적 의사소통이 자주 사용될 경우 부부관계가 파괴된다고 하였다(Gottman & Gottman, 2008).

7) 부부친밀감

친밀감은 타인과의 관계에서 자신이 상대방에게 인정과 이해 및 배려를 받고 있다는 느낌을 갖는 것이며, 자신의 중요한 감정과 개인적 정보를 주고받는 과정이다(Shaver & Hazan, 1988). 또한 상호적 관계에 있는 두 사람이 긍정적인 정서·인지·신체적 밀접함을 경험하고 헌신하는 정도를 친밀감이라고 한다(Moss & Schwebel, 1993). 이 같은 특성을 지닌 친밀감은 타인과의 관계형성을 수월하게 하고, 지속시키는 가장 기본적인 역할을 하게 된다(윤미혜, 신희천, 2009; 장휘숙, 2004; Dandeneau & Johnson, 1994; Katz, Joiner, & Kwon, 2002; Lippert & Prager, 2001; Moss & Schwebel, 1993; Register & Henley, 1992; Sternberg & Grajek, 1984; Waring, Tillmann, Frelick, Russell, & Weisz, 1980).

부부의 친밀감이란 부부관계에서 두 사람이 긍정적으로 경험하는 인지(Katz, Joiner, & Kwon, 2002), 정서(김길현, 하규수, 2012; Greenberg & Johnson, 1986), 신체적인(McAdams, 1985) 가까움과 헌신이며 상호 간의 공유이다(남순현, 한성열, 2003; Moss & Schwebel, 1993; Noller & Feeney, 2002). 즉, 부부가 서로의 관계에서 평등하고 동등한 입장에서 정서적인 소통이 일어나는 것을 말한다. 친밀감을 통해 부부들은 배우자로부터 이해, 인정, 돌봄을 받는다는 긍정적 경험을 하게 되면서 부부 상호작용 시 자기개방을 하게 되고, 배우자에 대한 긍정적 지각과 함께 친밀감을 형성하게 된다(Brunell, Pilkington, & Webster, 2007; Laurenceau, Barrett, & Pietromonaco, 1988; Prager, 1995; Prager & Roberts, 2004). 그러므로 부부 사이의 친밀감은 부부관계의 질을 결정하며, 부부관계의 행복과 성공적인 결혼생활의 필수요소가 된다(구본진, 2008; 김명희, 최연실, 2007; 박봉순, 김영희, 2010; Boden, Fischer, & Neihuis, 2010; Marshall & Harper-Jaques, 2008).

부부 친밀감은 과거 규범과 제도를 바탕으로 한 안정감에 기초했다면, 시대가 변화함에 따라 부부의 애정을 바탕으로 한 긴밀한 애정적 동반자, 동료애, 자아성장 등을 기반으로 한 부부관계가 중요시되고 있다(박만숙, 연문희, 2002; 조성희, 김윤정, 2011; 황경애, 2001). 이와 같은 친밀감을 바탕으로 부부에게 어려움이 생겼을 때 부부가 서로에게 안전기지의 역할을 해 줌에 따라 부부생활의 질이 달라지고 결혼의 안정감과 결혼만족도가 높아지게 된다는 연구결과들이 발표되었다(정혜숙, 박은주, 김영희, 2012; Collins & Feeney, 2000). 즉, 부부친밀감은 행복하고 성공적인 결혼생활을 영위하기 위해 중요한 요소가 되었다(박봉순, 김영희, 2010; 박수진, 이인수, 2015; 이영희, 이윤주, 2011). 부부 친밀감 향상을 위해서는 부부가 자신의 성격을 이해하고 자신의 변화요소를 먼저 성찰하여 변화를 촉진시켜야 하며(이영호, 2007), 이러한 변화를 바탕으로 부부간 의사소통이 이루어져야 한다(Brunell, Pilkington, & Webster, 2007; Kirby, Baucon, & Peterman, 2005; Sparrevohn & Rapee, 2009).

반면, 많은 연구들에서 부부 친밀감이 상실될 경우 부부 사이의 갈등이 커지면서 관계의 지속이 어렵게 되어 부부의 이혼사유가 되기도 하고(박만숙, 연문희, 2002; 이경희, 1998; Moss & Schwebel, 1993), 배우자에게 공격적인 자세를 취하게 되며(Kirby, Baucon, & Peterman, 2005), 신체적인 증상의 발현, 스트레스로 인한 사회의 부적응, 심리적인 불안으로 인한 우울증 및 정서적인 장애 등을 경험할 수 있다고 밝히고 있다(김수진, 김세영, 2013; 이정은, 정남운, 2014; Cummings & Davies, 2002).

8) 갈등대처 방식

갈등대처란 인간관계에서 문제가 발생하거나 갈등 상황에 놓이게 되었을 때 그것을 극복하기 위한 수단을 찾는 것을 의미하며, 문제를 관리하고 자신의 문제해결 방식을 적용하는 과정이다(송말희, 1990; 최규련, 1994). 지금까지 여러 학자들은 부부갈등 자체가 문제가 된다고 생각하지 않고 갈등에 대처하는 방식에 문제의 원인이 있다고 보았다(송말희, 1990; Gottman, 1993; Notarius & Markman, 1993; Straus, 1979). 즉, 부부간에 발생하는 갈등에 부부가 어떻게 대처하며, 발생한 문제를 해결하는 능력이 있는가에 따라 갈등은 긍정적일 수도, 부정적일 수도 있게 된다. 갈등의 긍정적 측면으로는 부부가 갈등에 대처해 가면서 서로의 상이한 점을 발견하고 서로에 대한 긴장감을 제거시켜 부부 사이의 적응도를 높이게 되는 것이 이에 해당한다. 그럼에도 불구하고 부부 갈등은 이혼의 원인 중 절반 이상을 차지하며(강혜숙, 김영희, 2008; Cummings & Davies, 2002), 우울(권정혜, 2000; Kenny, 1996; Kenny & Cook, 1998), 알코올문제(Jacob, Richey, Cvitkovic, & Blane, 1981; McCrady & Hay, 1987), 정서나 행동장애(장문선, 김영환, 2003; 최규련, 1994; 최선희, 장신재, 2002) 등의 광범위한 영역에 부정적 영향을 미친다고 보고하고 있다(이훈구, 2004; Cowan & Cowan, 2002; Erel & Burman, 1995; Herrington, Mitchell, Castellani, Joseph, & Snyder, 2008; Kitzman, 2000; Krishnakumar & Buehler, 2000).

부부관계에서 갈등대처방식의 중요성을 주장하고 있는 많은 학자들은 부부상담에서 부부들의 갈등대처방식을 이해하는 데 도움이 되고자 갈등대처방식을 유형화하였다. 이와 같은 갈등대처방식의 유형화에는 이성적 방법(reasoning), 언어적 공격(verbal aggression), 신체적 폭력(violence), 표현형(voice), 순종형(loyalty), 탈출형(exit), 무시형(neglect), 문제중심접근, 감정중심접근 등이 있다(Rusbult, Johnson, & Morrow, 1986; Straus, 1979). 또 다른 갈등대처방식 유형으로는 직접적 대응(적극적 대응, 공격적 행동 등), 방어적 대응(부정, 퇴행, 동일시, 승화 등), 건설적 방식, 수동적 방식, 회피, 신체적 폭력, 양보형, 외면형, 공격형, 비난형, 이성형 등이 있다(고현선, 지금수, 1995; 송말희, 1990; 이영숙, 1990; 조유리, 김경신, 2000; 최규련, 1994; 최혜경, 노치영, 1994; Kimble, Garmezy, & Zigler, 1997).

이상에서 살펴본 다양한 갈등대처유형 방식은 크게 긍정적인 방법과 부정적인 방법으로 구분되며, 긍정적인 방법으로는 이성적 대처, 외부의 도움, 건설적 대화 등과 같은 적극적인 대처(김영희, 정선영, 2007; 천혜정, 최혜경, 강인, 2006; Bowman, 1990) 등이 있으며, 부정적인 방법은 회피, 비난, 갈등철회, 폭력 등과 같은 소극적인 대처(박영화, 고재홍, 2005; 최규련, 1995; Heavey, Layne, & Christensen, 1993; Tedeschi, Gaes, & Rivera, 1997) 등이 포함된다.

이와 같이 부부의 갈등해결 방식이 부정적인 방법이 아니라 긍정적이고 적극적인 경우, 부부 사이의 문제와 갈등을 해결하고 부부관계가 긍정적으로 유지될 수 있을 것이라는 사실에는 대부분의 학자들이 모두 동의하고 있다(고현선, 지금수, 1995; 김영희, 정선영, 2007; 송말희, 1990; 황민혜, 고재홍, 2010; Bowman, 1990; Gottman, 1993; Notarius & Markman, 1993; Straus, 1979). 부부가 문제 상황에서 서로에 대한 감정이입과 적극적 경청을 기반으로 하여 유머감각을 잃지 않고 갈등을 해결해 간다면, 갈등 그 자체는 결코 결혼관계를 파괴시키지 못한다(Gottman, 1993).

9) 분노표현 방식

분노는 개인의 욕구가 좌절되거나 외부의 자극을 위협으로 인식할 때 자연스럽게 발생하는 보편적인 감정이며(전현숙, 손정락, 2011; Dwight, 1986), 개인의 욕구와 의지를 강력하게 표현하는 수단 중 하나이기 때문에(권혁남, 2010; 유홍식, 임성원, 김수정, 박원준, 김인경, 2004) 부부 사이에 분노라는 감정이 발생하고 이를 경험하는 것은 자연스러운 현상이다(Cosgrove, 2002). 사람들은 대인 간 상호작용에서 자아가 침해당했다고 느낄 때(Reivich & Shatté, 2002), 위협이나 좌절감이 유발될 때, 주변 환경이 기대하는 바와 일치하지 않을 때, 왜곡된 해석이 일어날 때(민성길, 2003; Berkowitz, 1990), 과거의 부정적 경험을 연상시킬 때 또는 타인의 분노행동을 학습할 때(Deffenbacher & Mckey, 2000; Grych, Seid, & Fincham, 1992) 분노가 유발된다.

일반적으로 사람들이 분노를 부정적으로 인식하게 되는 요인은 분노를 표현하는 방식 때문이다(문소현, 2007; Spielberger, Krasner, & Solomon, 1988). 연구들에 의하면 사람들이 분노를 표현하는 방식이 다양한데 예를 들면, 회피, 왜곡, 자기 합리화 등의 방식(Straus, 1979), 분노억제, 분노표출, 분노조절 등의 방식(Spielberger, Jacobs, Russell, & Crane, 1983), 욕설, 폭력, 험담, 만만한 대상에게 간접적으로 표출, 비아냥, 혼잣말, 이해하지 못하는 행동 등의 방식(Spielberger, Krasner & Solomon, 1988), 찌푸린 얼굴, 미소 짓지 않음, 비열하거나 불쾌한 얼굴 표정, 이를 갈거나 비호감적인 방식의 표현 등과 같은 비언어적 방식(Linehan, 1993), 신체적 가해, 물리적 폭력, 언어폭력 등의 방식(주계영, 1996), 공격형, 회피형, 타협형, 협동형 등의 방식(최규련, 2009), 억압형, 수동 공격형, 편집형, 돌발형, 수치형, 의존형, 습관형, 도덕형, 증오형, 중독형 등의 방식(심수명, 2009) 등이 있다.

2. 부부상담 이론

부부상담의 이론적 틀은 매우 다양하다. 이 장에서는 이와 같이 다양한 부부상담 이론 중 부부상담 현장에서 가장 많이 활용되고 있는 세 가지 이론, 즉 부부 인지치료 이론(Beck, 2001; Dattilio & Padesky, 2010; Young & Long, 2004), 정서중심적 부부치료 이론(박성덕, 이우경, 2008; Johnson, 2006) 그리고 이마고 부부관계치료 이론(Brown, 2009; Luquet, 2004)에 대해 살펴보고자 한다.

1) 부부 인지치료 이론

(1) 인지치료

인지치료는 가장 대중적인 치료 방법의 하나로 자리매김하고 있다(Patterson, 1980; Ritter, 1985; Smith, 1982). 인지치료의 이론적 근원은 현상학, 구조주의 이론, 인지심리학을 포함한 다양한 접근을 통해 형성되었다. 현상학은 자신과 개인적인 세계관에 대한 개인의 견해가 행동 결정의 핵심이라고 규정하고 있다. 반면, 구조주의 이론에서는 일차 및 이차 사고 과정의 분리에 강조점을 둔 인지과정의 계층적 구조라는 개념을 강조한다. 인지심리학은 현상학과 구조주의 이론을 통합하여 정보 처리와 행동 변화에서 인지의 중요성을 강조하였다.

부부 인지치료에서 부부간 비합리적 신념은 부부관계 개선과 부부 문제 해결에 핵심적인 요인이다. 즉, 비합리적 신념은 부부가 배우자와의 관계에서 일어난 일들을 어떻게 지각하고 해석, 평가하느냐에 중요한 역할을 한다(하상희, 정혜정, 2000; Doherty, 1981; Eidelson & Epstein, 1982; Ellis & Harper, 1979; Epstein & Baucom, 2002; Epstein & Eidelson, 1981; Jacobson & Margolin, 1979; Jones & Cunningham, 1996; Larson, 1998; Moller & Van Zyl, 1991; Sharp & Ganong, 2000; Sprecher & Metts, 1999). 부부의 비합리적 신념이 부부관계에 미치는 영향에 관한 연구결과들을 살펴보면, 부부가 결혼 생활에 대해 비합리적이고 비현실적인 기대나 신념을 갖게 되면 부부관계에 어려운 문제가 발생하게 되며(Ellis, 1986), 남자와 여자는 성격이나 욕구가 완전히 다르기 때문에 서로를 이해하는 것은 불가능하다는 비합리적 신념은 부부 사이의 관계를 훼손시킨다고 보고하였다(Doherty, 1981). 비합리적 신념은 대인관계에 부정적 영향을 끼치기 때문에 부부의 긍정적 기대를 감소시켜서 서로 간의 의사소통을 방해하고 상대방에게 모든 탓을 돌리게 되며(Eidelson & Epstein, 1982), 그 결과 배우자에 대한 비합리적인 신념과 태도가 강해지고, 이는 곧 결혼생활의 질과 만족도를 감소시키는 결과를 초래하게 된다(Bradbury & Fincham, 1993; Ellis & Harper, 1979; Emmelkamp, Krol, Sanderman, & Ruphan, 1987; Epstein & Eidelson, 1981; Fincham & Bradbury,

1987). 더욱이 부부는 가족이나 타인과의 관계 속에서 건강한 사고와 계획이 방해받거나 원하는 바를 얻지 못할 때 자기 자신과 타인을 비난하며(김정희, 2004), 역기능적 행동을 하게 만들어 부부관계에 부정적인 영향을 미치게 된다(박경애, 1997; Barrow & Moore, 1983). 비합리적 신념은 배우자에 대해 건강하지 못하고, 객관성이 결여되며, 우울과 불안이 가득한 정서적 장애를 일으키는 요인으로 작용하며(Deal & Williams, 1988; Nelson, 1997), 배우자가 자신의 기대에 못 미칠 때 오해로 인해 갈등을 초래하게 된다(Gottman, Notarius, Gonso, & Markman, 1976; Parrott III & Parrott, 1995). 그러므로 부부 인지치료를 활용한 부부상담을 통해 부부간의 비합리적 신념을 파악하고 이를 개선할 수 있는 기회를 갖도록 할 필요가 있다.

부부 인지치료를 활용한 부부상담에서 상담자들은 부부간의 비합리적 신념을 확인하고 이를 합리적 신념으로 변화시키기 위해 세 가지 인지적 수준에서 개입을 한다. 첫 번째 인지 수준은 자동적 사고로, 가장 접근하기 쉬운 '표면'의 생각을 의미하며, 특수한 상황에서 사람들이 순간적으로 가지게 되는 생각, 믿음, 이미지와 같은 사고 등이 이에 해당한다. 두 번째 인지 수준은 믿음으로, 자동적 사고보다는 조금 더 깊은 수준으로 조건화된 규칙과 흔히 기저가정들이라고 불리는 상황에 통용되는 개념이다. 이런 규칙은 자신의 지각을 조직화하는 데 도움을 줄 뿐만 아니라 자동적 사고의 근원이 된다. 마지막 인지 수준은 도식(schema)으로, 잘 변하지 않고 비조건화된 믿음이며 가장 기본적이고 핵심적인 믿음이다. 이러한 세 가지 인지적 수준은 상호 관련이 있으며 인지치료적 접근에서의 목표는 이 세 가지 수준 모두에서 효과적인 변화가 발생하도록 부부를 도와주는 것이다. 즉, 부부 인지치료의 목표는 부부가 자신의 역기능적인 생각 즉, 비합리적 신념을 확인하고 검증하는 것을 배우는 과정을 시작으로 현재의 역기능적 믿음을 변화시켜 부부관계를 개선하는 것이다.

(2) 부부 인지치료의 치료적 특성

부부 인지치료(cognitive therapy with couples) 접근은 결혼상담(marital

counseling)에 행동 이론을 적용시키는 것으로부터 발전되었다. 부부 인지치료는 각 배우자가 가진 믿음(자신, 관계)을 지지하거나 반박하는 증거를 검증해 보는 과정을 기본 목표로 한다. 이때 상담자와 배우자 사이의 협력을 강조한다. 이와 같은 협력은 부부의 저항을 줄여 부부가 일상적인 환경에서도 대처 기술을 적용할 수 있다는 철학에 근거한다. 따라서 관계의 친밀함에 대해 부부가 가진 믿음의 현실성을 검증해 보는 데 많은 시간을 할애하게 된다.

부부 인지치료는 관계 속에서 비현실적인 기대감의 수정, 관계 내 상호작용에서 잘못된 원인의 수정 그리고 역기능적인 상호작용을 감소시키기 위해 자기학습 절차를 활용한다. 부부 인지치료의 주요 관심사는 배우자의 도식이나 관계에 대한 일반적인 믿음을 확인하는 것이고, 자신들의 관계에 대한 그들의 생각을 확인하는 것이다.

부부 인지치료는 다음의 세 가지 단계를 필수적으로 거쳐야 한다. 첫째, 조사 기록지와 질문지의 실시 단계다. 이 단계에서는 부부관계에 대한 태도와 믿음을 평가하고 변화시키기 위해 고안된 몇 가지 조사 기록지와 질문지를 통해 역기능적 사고, 의사소통 문제, 기분을 상하게 하는 행동과 유쾌하게 만드는 행동 등을 밝혀내는 것을 목표로 한다. 이때 사용되는 기록지와 질문지로는 결혼태도질문지-개정판(Marital Attitude Questionnaire-Revised), 결혼적응척도(Marital Happiness Scale), 결혼만족척도(Marital Satisfaction Inventory), 변화에 대한 믿음 질문지(Beliefs About Change Questionnaire), 협력의 문제(Problems in the Partnership), 애정의 표현(Expressions of Love), 의사소통 양식상의 문제(Problems in the Style of Communication) 등이 있다.

둘째, 합동면담의 단계로 주로 첫 회기에는 부부 모두를 상담 장면에서 면담하게 된다. 이 단계에서 상담자는 부부가 어떻게 상호작용하는지에 대한 첫인상을 파악하며 부부의 상담 적합성에 관한 통찰을 하게 된다.

셋째, 개인면담의 단계다. 개인면담은 초기 합동면담 이후 각 배우자와 개인면담을 실시하게 된다. 개인면담을 실시하는 목적은 합동면담에서 상대 배우자와의 상호작용에서 보여 주지 못한 각 배우자의 생각, 태도, 감정 등을 상세히 파악할 수 있을 뿐만 아니라 과거 이성관계, 원가족과 관련된 문제, 외도, 아동이나 성인 시기에 경험했던 성적/신체적 학대 등 상대 배우자에게는 말할 수 없는 내용들도 파악할 수 있다. 개인면담은 일반적으로 1회기로 이루어지지만 상황에 따라 2회기를 실시할 수도 있다.

이상의 단계를 모두 실시하게 되면 상담자는 본격적인 상담적 개입을 위해 내담자 부부와 상담 계약을 수립하고, 2차 합동면담을 실시하게 된다. 이 시기에 상담자는 문제 영역을 확인하고, 부부의 자동적 사고를 파악하며, 기저믿음(schema)을 밝혀내기 위해 자동적 사고를 활용하게 된다. 여기서 기저믿음이란 진실이라고 받아들여진 관념이나 견해로써 자동적 사고의 시작점이기도 하다. 즉, 기저믿음이란 부부 각자가 어떻게 생각하고 그 결과로 자신의 배우자와 어떻게 상호작용하는지를 결정하는 핵심 요소다. 따라서 이러한 사고와 믿음은 개인이 자신을 다스리는 방식에 대해 가장 많은 정보를 제공하게 된다. 다음으로 이 시기에 상담자는 내담자 부부의 원가족에서 유래된 정체성에 대해서도 적극 개입해야 한다. 즉, 상담자는 상담 회기 동안 얻은 정보를 이용하여 부부가 자신의 원가족으로부터 가져온 믿음에 의존하거나 그것을 이용하려고 할 때 배우자들에게 적극적으로 지적해 주어야 한다. 그러고 나서 이러한 믿음이 현재의 상황에서 얼마나 기능적인지, 그것들이 지속되어야 하는지, 새로운 것으로 교체되어야 하는지에 대해 평가해야 한다.

(3) 사례*를 통한 부부 인지치료 적용

부부 인지치료는 부부관계 안에서의 비현실적인 신념을 수정하고, 부부관계 내 상호작용에서 잘못된 원인을 수정하며, 파괴적인 상호작용을 감소시키는 데 초점을 둔다. 따라서 제시된 사례의 부부들은 부부역할에 대한 환상, 비현실적 기대에 대해 진술하게 이야기할 수 있도록 상담 장면에서 도와주어야 한다. 이 사례의 부부는 폭력적이고 가부장적인 아버지와 희생하고 인내하며 살아온 어

---

* 사례에 대한 기본 자료는 제3장의 104~106쪽을 보기 바란다.

머니를 보면서 부부의 역할에 대한 고정관념과 이상적(ideal) 부부역할에 대한 환상을 모두 갖고 있을 것이다. 원가족의 부모로부터 습득하게 된 부부역할에 대한 고정관념은 현재 내담자 부부의 역할에 영향을 미치게 된다. 즉, 내담자 부부는 폭력적이고 독단적인 남편의 역할과 이를 인내하고 자녀들과 밀착된 관계를 형성하는 아내의 역할로 자신들이 습득한 부부역할을 수행하면서 갈등을 초래하고 있다. 그러므로 이 내담자 부부는 상담 장면에서 부부역할인지, 부부역할기대 그리고 부부역할수행에 대한 부부 각자의 생각과 가치를 공유하여 부부 상호 간의 비현실적 역할기대, 왜곡된 역할인지 그리고 부합되지 않는 역할수행에 대해 인식하고 이러한 차이를 감소시킬 수 있는 방안을 모색하는 것이 필요하다. 또한 이들 내담자 부부는 부부간의 문제 해결에 대한 방법을 습득한 경험이 없기 때문에 상담 장면에서 문제 해결 기술 습득을 위한 교육이나 부부간 의사소통 증진을 위한 교육을 받는 것이 필요하다. 이 단계에서 부부의 문제 해결 기술 능력이나 의사소통 능력, 부부역할에 대한 인식 차이 등을 보다 객관적으로 파악하기 위하여 다양한 척도—결혼적응척도, 의사소통유형척도, 문제극복 기술척도 등—를 활용하여 부부간 차이를 양적으로 파악하는 것 또한 부부상담에 도움이 된다.

다음으로 이들 내담자 부부에 대한 개별상담이 필요하다. 부부합동상담을 통하여 이들 부부는 자신들의 역할상의 차이, 문제 해결 기술의 부족, 의사소통의 부재 등 부부가 함께 해결해야 할 부부 문제에 대해 인지하고 이를 해결하고자 하는 노력을 해야 한다는 사실에 대해서는 이해를 한다. 그러나 이들이 가지고 있는 부모에 대한 분노, 좌절감, 애정결핍에 대한 불안 등 아직까지 해결되지 못한 감정들 그리고 각 배우자에 대한 바람, 감정 등을 다루기 위해서는 개별상담을 통해 각 배우자가 보다 솔직하게 안정적인 환경에서 이와 같은 문제들을 다룰 수 있도록 도와주는 것이 필요하다. 즉, 내담자 남편의 경우 아버지의 폭력에 의한 불안감, 아버지의 인정을 받기 위해 공부를 열심히 해야 하는 부담감, 어머니의 사랑을 독차지한 형에 대한 질투 등의 주제들을 개별상담을 통해 해결할 수 있도록 해 주어야 한다. 또한 내담자 아내의 경우 아버지의 폭력, 남아선호사상, 가부장적 태도 등으로 자신이 여자이기 때문에 받아야 했던 부당한 대우에 대한 분노, 좌절감, 인정받고 싶은 욕구, 여성으로서의 불확실한 미래에 대한 불안감 등의 주제를 개별상담에서 다루어 주어야 한다.

2) 정서중심적 부부치료

(1) 정서중심적 부부치료의 이론적 틀

정서중심적 부부치료(Johnson, 2004)는 부부간의 정서와 욕구를 이해하는 데 도움이 되는 애착 이론을 바탕으로 부부치료에서 경험적으로 입증받은 접근법으로 알려져 있다(Johnson, Hunsley, Greenberg, & Schindler, 1999). 정서중심적 부부치료의 핵심요소 중 하나인 애착 이론은 중요한 타자와의 애정적 관계 유지를 설명하는 데 매우 중요한 이론이다. 애착 이론의 활용 측면에서 정서중심적 부부치료는 부부가 정서적 접촉과 안전감을 추구하는 원초적인 욕구를 갖고 있다고 보고, 이러한 욕구는 건강하고 적응적인 욕구라고 하였다(Bowlby, 1988; Johnson, 2004). 또한 부부관계 만족도는 배우자 간의 친밀감 및 안전감의 정도 그리고 상호 수용성과 반응성 정도에 기초한다고 보았다. 따라서 애착 이론은 모든 개인들은 가까운 중요한 타자와 애착관계를 형성하고 유지하기를 추구하며 이와 같은 애착관계는 한 개인이 친밀한 관계에서 자신과 파트너를 어떻게 바라보는지에 영향을 미친다고 하였다.

정서중심적 부부치료는 안정적 관계에서 부부간의 상호호혜적 지지와 배려를 바탕으로 정서적 스트레스 상황을 잘 극복할 수 있도록 도와준다. 안정적 애착은 낮은 애착불안을 나타내며 자신에 대한 긍정적인 관점을 갖게 되고 낮은 애착회피현상을 나타내면서 타인에 대한 긍정적인 관점을 소유하게 된다(Bartholomew & Horowitz, 1991). 안정적으로 애착관계를 형성한 부부들은 보다 높은 수준의 신뢰, 헌신 그리고 부부만족도를 나타내는 경향이 있다(Collins & Read, 1990; Feeney, 1999; Simpson, 1990). 반면, 부부관계에서 반응적인 배려가 일관적으로 이루어지지 않을 경우 불안정한 애착(예를 들면, 높은 수준의 애착불안 및 애착회피)이 형성되고 부부는 자기 자신을 보호하기 위하여 애착욕구에 과잉 반응을 보이거나 무반응을 보이는 경향이 있다. 즉, 애착불안이 높은 개인들은 과잉반응전략에 의존하는 경향이 있는데, 이는 신뢰에 기반하지 않는 친밀함, 지지 그리고 애정관계를 형성하게 된다(Mikulincer & Shaver, 2007). 이에 반해 애 착회피가 높은 개인은 친밀감 추구를 피하거나 스트레스를 혼자 해결하려는 방 법으로 그들의 애착욕구에 무반응을 나타내게 된다(Mikulincer & Shaver, 2007).

선행연구들은 불안정한 애착이 관계적 스트레스와 관련되어 있다고 보고하 고 있다(Feeney, 1995; Mondor, McDuff, Lussier, & Wright, 2011). 이처럼 애착 이론 은 접근성과 반응성을 부부간의 안정적인 애착형성을 위한 중요 요소로 보고 있 다. 따라서 정서중심적 부부치료는 정서적 욕구의 경험과 표현을 통해 보다 안 정적인 애착 상황들을 만들어 내고 부부간에 접근성과 반응성을 증가시키기 위 한 상황을 만들어 내는 데 그 목적을 두고 있다. 애착 이론에 따르면, 부부치료 장면에서 부부들이 호소하는 정서들 특히 분노, 슬픔과 외로움, 수치감 및 공포 에 대해 초점을 맞추어야 한다고 주장하고 있다(Johnson, 2004). 왜냐하면 부부 들은 배우자에 대한 부정적 정서표현을 억누르고 통제함으로써 자신들의 정서 적 표현을 억제하고 있는 경향이 많기 때문이다(Feeney, 1995).

애착과 관련된 기존 연구들에 의하면 애착은 두 가지 연속성상에서 발생 한다고 설명하고 있다. 즉, 애착불안과 애착회피가 그것이다(Bartholomew & Horowitz, 1991; Brennan, Clark, & Shaver, 1998). 낮은 애착불안을 가진 개인은(예 를 들면, 안정적으로 애착이 형성된 개인) 낮은 애착불안과 낮은 애착회피를 특징 으로 하는데, 이들은 친밀감이나 타인에게 의지하는 것을 편안하게 생각하며 방 임이나 사랑받지 못하는 것에 대한 걱정을 하지 않는 것으로 나타났다(Collins & Read, 1990). 애착불안전성이 낮은 개인은 그들의 보호자들에게 지속적인 접근 성과 반응적인 경험을 많이 하는 경향이 있으며, 이들은 스트레스 상황에서 그 들의 보호자에게 도움을 요청하는 방법 등을 활용하여 부정적 감정을 해결하는 것으로 나타났다.

애착과 관련된 또 다른 연구들에서 보살핌을 추구하는 행동과 보살핌을 주려고 하는 행동은 애착불안과 애착회피의 수준이 높은 사람들이 타협하기 위한 하나의 방안으로 많이 나타내는 행동이라고 보고하고 있다(Collins & Feeney, 2004; Mikulincer & Shaver, 2007). 높은 수준의 애착불안을 보이는 사람들은 적절한 지지를 제공하는 경향이 낮은 반면, 높은 수준의 애착회피를 보이는 사람들은 자신의 배우자에게 지지를 제공하고 지원을 요청하는 것을 꺼리는 경향이 있다. 이와 같은 특성을 바탕으로 낮은 애착불안과 애착회피 경향을 보이는 개인은 비난-회유사건을 좀 더 많이 활용하는 것으로 보고되었다. 이들은 비난-회유사건을 통해 자신들의 정서를 조절하고 지지를 받고, 자신들의 중요한 타자에게 지지를 제공하기 위해 좀 더 융통적인 태도를 보이게 된다.

애착 이론은 정서중심적 부부치료의 이론적 틀로서 이 이론에 따르면, 친밀한 애착관계를 형성하고 유지하는 것은 인류의 보편적 욕구이며, 이는 인생전반에 걸쳐 추구하고자 하는 목표라고 보았다(Bowlby, 1988; Johnson, 2004;). 애착체계는 친밀한 애착관계에서 사람들이 생각하고, 느끼고, 행동하는 방법을 구조화한다(Johnson, 2013; Mikulincer & Shaver, 2007). 애착작업 모델은 일반적 수준과 특정 수준의 관계에서 모두 작동하게 된다. 즉, 일반적 수준에서는 자신과 타인에 대한 일반적인 관점에 영향을 미치며, 특정 수준의 관계에서는 특정관계 및 애착경험을 바탕으로 자신과 타인을 바라보는 관점에 영향을 미친다(Barry, Lakey, & Orehek, 2007).

더욱이 애착체계는 의식적 수준과 무의식적 수준에서 작동하게 된다. 애착체계의 의식적 측면은 알려질 수 있고 보고될 수 있는 것이다(예를 들면, "나는 도움이 필요한 상태에서 나의 배우자에게 등을 돌리지 않으려고 한다"). 반면, 무의식적 측면에서의 애착체계는 사람에 의해서 표현되지 않는 것으로 행동이나 감정을 통해서 파악이 가능한 것이다(예를 들면, 배우자가 도움을 요청할 때 대화주제를 바꾸는 행동 등)(Bartholomew & Moretti, 2002; Shaver & Mikulincer, 2002). 성인에게 있어 안전한 애착은 상호 의존적인 관계로 개념화된다. 즉, 안전한 애착을 형성한 성인은 파트너가 상호 친밀감을 찾고자 할 때, 특히 스트레스 상황에서 이에 반응하며 애착관계를 안정적 기반-자신들이 자신들의 파트너에 의해 편안함을 느끼고 또 다른 관계를 형성하는 데 안정감을 갖게 되는 상황-으로 이용한다 (Mikulincer & Shaver, 2007).

그러나 불안전하게 애착이 형성된 사람들은 애착욕구에 대한 표현을 조절할 수 없으며, 이로 인해 그들은 일관적인 정서적 지지를 가질 수 없을 것이라는 공포로 애착신호에 대해 과잉반응을 보이게 되는데 이를 애착불안이라고 한다. 또한 불안전하게 애착이 형성된 사람들은 파트너로부터 적절한 반응을 기대할 수 없을 것이라는 생각 때문에 애착신호에 대해 무반응을 하게 되며, 이를 애착 회피라고 한다(Mikulincer & Shaver, 2007). 관계형성에서 이와 같은 행동과 감정의 패턴은 스트레스적 관계에서 추적-회피 패턴으로 나타나게 된다. 즉, 애착 신호에 대해 한 파트너는 과잉행동으로 대응하고 다른 파트너는 회피로 반응하게 된다. 관계에서 이러한 불안전한 애착은 낮은 관계만족도를 보이게 된다 (Mondor, McDuff, Lussier, & Wright, 2011; Simpson, 1990).

정서중심적 부부치료에서 애착에 대한 광범위한 프로젝트의 한 부분연구에 의하면(Burgess Moser et al., 2016), 상담회기가 진행될수록 특정관계에서 애착회피가 감소하는 것으로 나타났으며, 이는 곧 관계만족도를 향상시키는 결과를 보이게 되었다고 보고하였다. 특정관계에서 애착불안의 감소는 핵심적인 치료적 사건-비난-완화(blamer-softening)-과 연관이 있는 것으로 나타났다. 즉, 비난-완화사건은 부부관계에서 자신의 애착욕구와 공포를 표현하기 위해 전형적으로 비난과 비판적 입장을 취하는 파트너에게 비난을 부드러운 방법으로 표현할 수 있도록 개입하는 것이다(Burgess Moser, Johnson, Dalgleish, Wiebe, & Tasca, 2017).

(2) 정서중심적 부부치료의 치료적 특성
① 치료적 초점

정서중심적 부부치료(emotionally focused couple therapy)는 1980년대에 존슨(Johnson)과 그린버그(Greenberg)에 의해 개발되었다. 정서중심적 부부치료는 부부불화의 중요 요인에 초점을 맞춘 단기치료이며, 보통 8회기에서 14회기로 치료 회기가 구성되고, 경험주의 치료와 체계 이론을 통합한 변화 이론과 성인 사랑의 이론인 애착 이론을 바탕으로 개발되었다.

경험주의적 입장에서 정서중심적 부부치료는 현재 경험, 특히 정서적 경험을 지속적으로 구성하는 것에 초점을 두고 부부의 경험을 재처리하고 확대시킨다. 이를 위해 경험주의적 상담 이론에 영향을 받은 정서중심적 부부치료자들은 내담자와 평등하고 협력적인 치료적 동맹을 맺는다. 또한 상담자는 내담자 부부에 대해 낙관적이고 비병리적인 입장을 취하며, 부부의 문제적 상황에 개입하기보다는 유연성, 경험을 통해 배우는 능력, 새로운 환경에 적응하려는 노력을 자극하여 부부가 자신과 상대 배우자의 경험을 수용하고 책임감 있게 반응할 수 있도록 도와준다. 경험주의적 입장을 지닌 정서중심적 부부치료자들은 부부간의 원활한 소통을 방해하는 불안이나 두려움과 같은 정서를 변화시켜 주며, 정서를 변화의 계기를 제공하는 수단으로 활용한다.

반면, 체계론적 입장에서 정서중심적 부부치료는 친밀한 사람과 상호작용하는 방식을 조직하고 구성하는 것에 초점을 두고 부부의 상호작용 양상을 수정해 나간다. 즉, 한 배우자의 반응은 다른 배우자의 행동에 대한 반응이며, 그 반응은 다시 상대 배우자의 어떤 반응을 유발하는 단서가 된다. 부언하면 부정적인 상호작용은 지속적으로 순환되고 자기강화적인 속성을 가진다. 각 배우자는 자신도 모르게 부정적 상호작용을 만드는 데 기여하고 있고, 상대 배우자가 나타내는 행동의 희생자가 되고 있다. 따라서 상담적 개입은 지속적으로 진행되어왔던 부부의 부정적이고 고정된 상호작용 고리를 변화시키는 것이다. 즉, 새로운 지각과 반응을 유도하기 위해 상호작용 태도를 재구성하거나 두려움 나누기 등의 과제를 부여하여 악순환되던 상호작용 패턴을 중지시키고 새로운 대화 방식을 취하도록 기회를 제공하는 것이다.

마지막으로, 정서중심적 부부치료에 지대한 영향을 미친 이론은 애착 이론이다. 볼비(Bowlby)에 의해 발표된 애착 이론에 기초하여 사회심리학자인 쉐이버(Shaver)와 부부 및 가족상담자들에 의해 발전 적용된 성인 애착 이론이 정서중심적 부부치료의 근원을 이루고 있다. 성인 애착 이론은 성인의 애정관계를 이해하는 틀을 제공하며, 이 이론에서는 초기관계들이 성인의 애정관계에 영향을 미칠 뿐만 아니라 낭만적 사랑 자체가 유아-양육자 애착과 유사하게 애착되어 가는 과정이라고 보았다. 또한 애착 이론은 부부관계를 이해하는 데 다음과 같은 관점을 상담자에게 제공해 준다. 첫째, 친밀한 관계에서 건강한 것이 무엇인지에 대한 명확한 개념을 알려 주며 건강과 역기능을 구분할 수 있는 중요한 순간을 알려 준다. 둘째, 불화에 대해 비병리적인 견해를 취하기 때문에 상담자가 내담자의 상처와 괴로움을 이해하기 쉽고, 치료 회기에서 안식처를 제공할 수 있게 된다. 셋째, 관계의 중요한 요소인 애착 감정, 두려움, 갈망 그리고 상호작용 방식을 이해하고 통합하며 연마하는 방법을 제공해 준다. 넷째, 관계상의 어려움과 상처에 대해서 새로운 방식으로 이해하고 효과적으로 다루게 해 준다. 따라서 애착 이론의 입장에서 정서중심적 부부치료는 불화를 경험하고 있는 관계에서 정서적 현실의 이해를 바탕으로 부부가 상호작용하면서 보이는 여러 가지 신호를 파악하여 개입하는 데 초점을 둔다.

이상에서 언급한 이론들을 기반으로 한 정서중심적 부부치료는 모든 개인과 부부체계는 그것 자체가 하나의 독특한 문화이기 때문에 이에 대한 이해를 바탕으로 치료적 개입을 변형시켜야 한다고 본다. 또한 정서중심적 부부치료는 문화, 인종, 계급의 다양성을 초월하는 보편성을 가정하고 있으며, 성 지향적 (gender-oriented) 접근을 지향하고 있고, 내담자들의 현실에서는 내담자 자신이 '전문가'라는 생각을 바탕으로 내담자와 협력적 동맹을 맺는 포스트모더니즘의 입장을 취하고 있다.

② 치료적 목표 및 관점

정서중심적 부부치료의 목표는 다음과 같다. 첫째, 정서중심적 부부치료는 항상 애착 문제, 안전한 관계, 신뢰와 접촉을 방해하는 요소에 초점을 맞춘다. 둘째, 정서중심적 부부치료는 경험을 재처리하고 상호작용을 재조직하여 부부가 안전한 결합을 형성하고 서로 간에 연결감을 만드는 데 있다. 셋째, 정서중심적 부부치료는 부부가 보다 안전하게 결합되면 그들이 본래 가지고 있던 협상 기술을 사용하게 되고, 애착 갈등과 불안정한 관계로 인해 그동안 드러나지 않았던 일들이 보다 명확해지고 더 이상 문제가 되지 않게 되기 때문에 직접적으로 의사소통 기술을 교육하거나 무의식적 갈등에 대한 통찰을 강조하기보다는 애착을 통한 부부의 결합이 중요한 상담 목표가 된다.

정서중심적 부부치료에서 상담자는 크게 과정 전문가(process consultant), 안무가(choreographer) 그리고 협력자(collaborator)의 역할을 담당하게 된다. 과정 전문가로서의 상담자는 부부에게 부부관계를 통해서 정서 경험을 재처리할 수 있도록 도와주며, 상담 전반에 걸쳐 부부가 서로에게 새로운 방식을 실험할 기회를 주고 부부가 만들고 싶은 관계 방식을 의식적으로 선택하도록 도와준다. 안무가로서의 상담자는 부부관계에서 벌어지는 '상호작용'이라는 춤을 안무하고 재조직하는 역할을 담당하게 된다. 마지막으로, 협력자로서의 상담자는 부부관계의 방향이나 목적지를 미리 알려 주는 것이 아니라 부부와의 공동 협력을 통해 부부가 나아가야 할 방향을 좇아가면서 안내하는 역할을 하게 된다.

정서중심적 부부치료는 다음의 세 가지 관점에 초점을 두고 부부상담을 진행하게 된다. 첫째, 정서중심적 부부치료는 '지금-여기'에 일차적으로 초점을 둔다. 즉, 부부가 지금-여기(here and now)에서 나타내는 반응에 초점을 둔다. 둘째, 정서에 초점을 둔다. 즉, 부부 갈등을 유발하고 해결하기 위해서 정서가 가장 중요한 부분이라고 가정한다. 정서를 통해 애착 행동이 구조화되고, 타인에게 반응하고 타인의 반응을 유발시키는 동기가 생기며, 각자의 욕구와 소망을 전달할 수 있다고 본다. 마지막으로, 인간을 있는 그대로 수용하는 데 초점을 둔다. 즉, 불화를 경험하고 있는 부부가 성격적으로 문제가 있다거나 사회적 기술이 부족하다고 보지 않고 인간을 있는 그대로 수용하려는 인본주의적 견해를 강조한다. 이러한 견해는 상담자가 상담 장면에서 부부 문제가 심각한 부부의 파괴적이고 비합리적인 반응 이면에 있는 '진정한 이유'를 찾아야 한다고 주장하고 있다.

③ 치료적 과정

정서중심적 부부치료는 총 8회기에서 14회기 정도로 구성된다. 변화의 과정은 총 3기, 9단계로 분류되어 이루어진다. 제1기는 부정적 상호작용 고리의 단계적 약화시기로 치료적 동맹을 형성하고 핵심적인 애착 투쟁에서 나타나는 갈등적 문제를 밝히는 1단계, 전 단계에서 나타난 부정적 상호작용 고리를 규명하는 2단계, 상호작용 태도의 이면에 숨어 있는 감정에 접근하는 3단계, 문제를 부정적 고리, 내재된 감정 그리고 애착 욕구의 관점으로 재구성하고, 부정적인 고리가 공공의 적인 동시에 부부의 감정적 박탈과 불화의 원인이라고 개념화하는 4단계로 이루어진다. 요약하면, 제1기는 부정적 순환 과정의 단계적 축소를 포함하는 것으로, 이는 갈등적 관계에서 각 배우자들이 각자의 입장을 바꾸어 가면서 자신들의 충족되지 않은 애착욕구에 대한 표현을 통해 가능하다(Johnson, 2004). 제2기는 상호작용 태도를 변화시키는 시기로 감춰진 애착 감정, 욕구, 그리고 자신의 이면을 밝히도록 돕고, 이러한 부분을 관계 상호작용에 통합시키는 5단계, 상대 배우자가 배우자의 경험과 새로운 상호작용 반응을 수용하도록 격려하는 6단계, 각자의 욕구와 소망을 표현하고 감정적 개입을 유도하며, 부부가 결합할 수 있는 계기를 만들어 애착을 재정의할 수 있도록 돕는 7단계로 이루어진다. 요약하면, 제2기는 애착상호작용을 재구축하는 것을 포함하는 것으로 배우자들은 치료자의 독려로 서로의 애착정서에 반응하고 표현할 수 있는 기회를 제공받게 된다. 이는 새로운 상호작용패턴을 형성하는 계기가 되기도 한다(Greenman & Johnson, 2013). 마지막 제3기는 강화와 통합 시기로 과거 관계의 문제에 대한 새로운 해결책을 촉진시키는 8단계와 애착 행동의 새로운 태도와 고리를 강화시키는 9단계로 이루어진다. 요약하면, 제3기는 강화와 통합을 포함하게 되는데 배우자들은 이 시기에 관계적 관심분야와 갈등의 요인에 대한 대화를 위해서 자신들이 형성한 새로운 상호작용패턴을 연습할 수 있도록 독려받게 된다. 이러한 과정을 거치면서 새로운 상호작용패턴은 강화되고 적절한 애착행동들은 부부의 일상적인 상호작용에서 빈번하게 자주 나타날 것이다(Johnson, 2004). 정서중심적 부부치료의 구체적인 프로그램은 제11장에서 제시할 것이다.

정서중심적 부부치료는 부부상담에서 그 효과성을 인정받은 상담적 접근임에도 불구하고 일부 사례의 경우 정서중심적 부부치료가 적합하지 않을 때가 있다. 정서중심적 부부치료가 적합하지 않은 부부는 의견 차이가 심한 부부, 이별과정에 있는 부부, 폭력적인 부부, 약물남용 문제를 가진 부부, 심한 우울증 및 기타 정신질환을 가진 부부가 이에 해당한다.

④ 정서중심적 부부치료의 효과성

행복한 애정관계를 형성하는 것은 인간들의 건강이나 안녕에 다양한 혜택을 준다(Proulx, Helms, & Buehler, 2007). 부부관계에서 스트레스는 일반적인 현상이지만(Halford, 2011), 이로 인해 관계 해소와 이혼을 초래하는 경향이 증가하고 있다(Statistics Canada, 2011). 특정 부부치료 모델들이 이러한 문제를 해결하는 데 효과가 있음을 제시하고 있으며, 변화를 유도하고자 하는 다양한 부부치료 이론들이 존재하고 있다(Lebow, Chambers, Christensen, & Johnson, 2012; Snyder & Halford, 2012). 그러나 치료 후 몇 년 동안 부부의 기능이 유지되는지에 대해서는 알려진 바가 거의 없다(Shadish & Baldwin, 2003). 이런 측면에서 정서중심적 부부치료는 부부간 스트레스를 다루는 데 매우 효과적인 접근방법으로 알려져 있다(Johnson, Hunsley, Greenberg, & Schindler, 1999; Snyder & Halford, 2012). 초창기 정서중심적 부부치료에 관한 추후연구들은 희망적이고 긍정적인 결과들을 보여 주었다(Cloutier, Manion, Gordon Walker, & Johnson, 2002). 만성질환을 앓고 있는 자녀를 둔 부모를 대상으로 한 연구에서 부부의 38.5%는 정서중심적 부부치료 직후부터 2년 후까지 지속적인 향상을 보여주는 것으로 나타났고, 23.1%가 부부치료에서 얻은 좋은 관계를 유지하는 것으로 나타났다(Halchuk, Makinen, & Johnson, 2010).

정서중심적 부부치료(Johnson, 2004)는 부부관계의 스트레스를 개선하기 위한 방법으로 경험적이고, 체계적이며 애착에 기본을 둔 접근법을 활용하고 있다. Johnson 외 3인의 메타연구에 의하면(1999) 8~12회기의 정서중심적 부부치료를 완료한 부부의 경우 70~73%의 부부가 관계 개선에 도움을 받았다고 보고하였다고 한다. 또한 추수연구에서는 부부치료 3개월에서 2년 후 60~70%의 부부가 그들의 관계만족도를 유지하거나 더 좋아졌다는 보고를 하였다고 제시하였다. 정서중심적 부부치료를 완료한 부부들은 치료 후에 친밀감의 수준이 행동부부치료나 치료의 대기자리스트에 등록한 통제집단보다 더 높다고 보고하였다(Cloutier, Manion, Gordon Walker, & Johnson, 2002; Denton, Burleson, Clark, Rodriguez, & Hobbs, 2000; Johnson, Hunsley, Greenberg, & Schindler, 1999; Johnson & Greenberg, 1988). 이것이 정서중심적 부부치료가 애착 이론을 바탕으로 성공적인 부부관계 개선에 효과적인 이론이라는 것을 나타내는 주요 근거라고 주장하고 있다(Johnson, 2004).

이상에서 설명한 정서중심적 부부치료 효과성을 파악하기 위해 실시한 종단적 효과 측정연구에서 Wiebe와 동료들(2016)은 32쌍의 부부들을 치료한 후, 24개월 뒤에 관계만족도의 변화가 있었는지를 추적조사하였다. 그 결과 정서중심적 부부치료 후 24개월이 지났을 때도 여전히 관계만족도를 증가시키는 성장패턴을 나타냈고 안전함에 바탕을 둔 행동을 유지하고 있었으며, 애착불안이 감소한 것으로 나타났다. 이 연구는 정서중심적 부부치료가 부부들의 애착형성에 변화를 가져올 수 있도록 도움이 되었으며, 관계만족도를 지속적으로 개선시키는 데 도움이 되었다고 보고하였다.

(3) 사례를 통한 정서중심적 부부치료 적용

정서중심적 부부치료 이론을 제시된 사례에 적용하여 보면 다음과 같다. 먼저 정서중심적 부부치료의 목표는 부부간에 발생하는 애착 문제, 안전한 관계 및 신뢰관계 형성을 방해하는 요소에 초점을 두며, 부부의 경험을 재처리하고 상호작용을 재조직하여 부부가 안전한 결합을 형성하고 애착관계를 형성할 수 있도록 도와주고, 이를 실현하기 위해 부부에게 직접적으로 의사소통 기술 교육을 실시한다. 정서중심적 부부치료 이론을 적용하여 이 부부의 문제를 접근하고자 한다면, 먼저 부부간 부정적 상호작용 고리를 단계적으로 약화시키고 치료적 동맹을 형성하여 핵심적인 애착 투쟁에서 나타나는 갈등적 문제를 밝히기 위해 남편과 아내의 애착 및 갈등관계에 아들이 어떻게 작용하는지를 파악하는 것이 필요하다. 즉, 이들 부부 모두 원가족에서 부부간의 갈등을 효과적으로 해결하는 방법에 대해 습득하지 못하였고, 폭력적이고 통제적인 아버지와 이를 인내하고 문제를 회피하며 갈등을 최소화하려는 어머니 사이에서 어떻게 애착관계 및 부부관계를 형성해야 하는지를 습득하지 못하였다. 따라서 이들 부부 역시 자신들의 감정 표현이나 애착관계 형성에 어려움을 경험하고 있다. 자녀와의 삼각관계 형성을 통해 남편은 아내와의 애착관계 형성의 어려움을 자녀에게 폭력을 사용하는 것으로 나타내고, 아내는 이러한 남편과 더 거리를 둠과 동시에 자녀와 더욱더 밀착된 관계를 형성하고, 이는 다시 남편과 아내의 애착관계 형성에 부정적인 영향을 미치고 있다. 따라서 상담 장면에서 이들 부부에게 부부간 애착관계 형성을 위한 부정적 상호작용 고리를 이해하고 이를 약화시킬 수 있는 방안을 모색하는 것이 필요하다.

다음은 부부간 상호작용의 태도 변화를 위하여 부부 각각 부부관계를 통해서 얻고 싶은 애착, 욕구 및 자신의 분노 뒤에 숨겨진 감정에 대해 솔직하게 공유할 수 있는 시간을 갖도록 한다. 사례에 나타난 부부의 경우, 부부 모두 많은 노력을 통해 부모의 사랑을 쟁취하였기 때문에 자신의 진솔한 감정이 무엇인지를 표현하기보다 부모에게 잘 보이기 위한 감정만을 표현하면서 자신 및 상대방의 감정에 대한 표현 및 반응에 어려움을 겪게 되었다. 따라서 이들 부부 각자의 욕구와 소망을 표현할 수 있도록 감정적 개입을 유도하는 것이 필요하다.

마지막으로, 이들 부부가 재형성하게 된 애착관계를 강화하고, 이를 바탕으로 현 가족의 문제, 즉 남편의 자녀에 대한 폭력과 아내의 자녀에 대한 밀착관계 등의 문제에 대한 새로운 해결책을 촉진시키는 방안을 모색하는 것으로 상담을 종결하는 것이 바람직하다.

3) 이마고 부부관계치료

(1) 이마고 부부관계치료의 이론적 틀

이마고 부부관계치료(imago relationship therapy)는 하빌 헨드릭스(Harville Hendrix)와 헬렌 헌트(Helen L. Hunt)에 의해 개발되었으며, 애착 이론, 대상관계, 발달심리학, 행동변화기술 그리고 신경의학에 기반을 두고 있다(Hendrix, 1988; Hendrix, 2008). 이마고 부부관계치료는 불안을 다루는 방법을 부부들에게 알려 주고 서로 상대방의 대화에 완전히 집중할 수 있도록 도와주는 이마고 대화법의 근본기술을 가르치는 것이다. 이러한 이마고 대화법은 부부에게 호기심과 안전감을 갖고 대화에 참여할 수 있고 온전하게 상대방의 대화를 경청할 수 있는 기회를 제공한다. 이러한 상황은 부부들이 자신의 욕구뿐만 아니라 각 배우자들의 욕구를 이해하게 되고 이는 곧 부부들에게 감정이입적 관계를 형성하여 서로에게 보다 배려하고 부부가 지향하는 방향으로 행동변화가 일어나게끔 만드는 결과를 낳게 된다.

이마고 부부관계치료는(Hendrix, 2008) 책임감 있는 관계의 커플들과 작업하는 데 적용되는 이론적 틀이며 응용적 방법론이다(Martin & Bielawski, 2011). 이 이론은 심리적 접근(예를 들면, 자아심리학, 애착 이론 그리고 대상관계심리학)과 교류분석과 인지행동 접근을 통합한 이론이며, 무의식적 요소들은 배우자를 선택하는 데 중요한 역할을 한다고 주장하고 있다(Zielinski, 1999). 이마고 부부관계치료는 무의식적 배우자 선택이 치료 장면에서 공감, 이해 그리고 대화를 증가시킴으로써 어린 시절 상처받은 사건들과의 관련된 감정들을 치유하는 기회를 제공한다고 하였다(Love & Shulkin, 2001). 이마고 부부관계치료사들은 공감형성기술들을 부부들에게 적극적으로 가르치고, 이러한 기술들을 명료한 연습(예를 들면, 부부대화법, 이마고 작업, 부모자녀관계 대화법, 안아주기 연습, 대화를 통한 행동변화, 보살핌 등)을 통해 실제 부부관계에 적용할 수 있도록 도와준다(Mason, 2005). 이와 같은 이마고 부부관계치료는 부부적응 측면에서 부부의 관계만족도에 긍정적인 영향을 미치는 것으로 보고되고 있다(Gehlert, Schmidt, Giegerich, & Luquet, 2017).

이마고 부부관계치료에서 주장하는 기술과 개념은 부부들 간의 성장과 이해를 강조하는 치료 이론들에 통합되어 활용되었다. 부부들은 이마고 부부관계치료 회기에서 배우자의 말에 대한 반영하기, 배우자들의 관점을 인정하기 그리고 그들이 경험한 정서를 강조하는 대화법 기술들을 학습하게 된다. 부부들은 또한 이마고 부부관계치료 회기에서 공감을 증가시키는 기술과 좌절을 재구조화할 수 있는 기술을 습득하고 이를 바탕으로 배우자에게 적절한 행동을 할 수 있도록 가르침을 받게 된다. 이를 통해 부부들은 자신들의 관계를 재구성하고 상대 배우자에게 좀 더 보살핌의 행동을 하며 자신들의 결혼생활을 수정할 수 있는 기회를 제공받음으로써 미래를 지향하는 부부관계를 어떻게 만들어 갈 것인지에 대해 알게 된다(Holliman, Muro, & Luquet, 2016). 이마고 부부관계치료는 표준화된 형태는 아니지만 여러 근거들을 바탕으로 치료 장면에서 연습할 수 있도록 매뉴얼로 만들어져 있다(Hendrix, 1988; Luquet & Hannah, 1996).

이마고 부부관계치료는 하빌 헨드릭스와 헬렌 헌트에 의해 개발된 부부상담 프로그램으로 현재 북미를 중심으로 다양한 영역(부부상담센터, 가족치료 전문기관, 각종 정신의료기관, 사회복지기관 등)에서 전문 상담자들에 의해 실행되고 있는 부부상담 이론이다. 이마고 부부관계치료는 다음의 세 가지 이론적 틀을 포함하고 있다. 첫째, 메타 이론(meta theory)이다. 메타 이론은 출발점이 없다는 가설에 근거를 두고 있다. 즉, 사람들은 어떤 경험을 하고 또 그들이 경험했던 그 의미를 전달하고자 의사소통을 시도한다. 이렇게 함으로써 사람들은 그들만의 인생에 대한 시각을 지니게 된다. 둘째, 임상 이론(clinical theory)이다. 이 이론은 관찰에 그 근거를 둔다. 즉, 상담자는 주어진 상황 속에서 부부가 어떻게 행동하고 반응하는지를 알아야 하고 이를 위해 상담 장면에서 부부를 관찰하는 것은 중요한 일이며, 관찰한 부부간의 상호작용을 직관적으로 파악하고 이러한 현상에 대한 이해가 이루어지면 이를 부부상담의 임상 이론에 포함시키는 것이다. 셋째, 치료적 이론(therapeutic theory)이다. 이 이론은 치료를 위한 필수적 요소다. 즉, 이 이론은 부부 문제에 대해 '어떤 방법으로 그 현상 속으로 들어갈 것인가?' '이 방법이 고통을 경감시킬 수 있는가?' '안녕감을 줄 수 있는가?' '통찰력을 제공할 수 있는가?' 등의 질문에 답할 수 있도록 치료적 이론을 바탕으로 다양한 기술과 과정 그리고 절차를 구성하게 된다. 즉, 치료적 이론은 무엇이 치유되어야 하며 어떻게 그런 치유가 일어날 수 있는지에 대한 상담자의 분별력을 포함한다.

이상에서 언급한 이론을 바탕으로 개발된 이마고 부부관계치료 모델은 다른 부부상담과는 달리 몇 가지 특징을 나타내고 있다. 첫 번째 특징은 이마고 부부관계치료는 부부 각자의 아직 치유되지 않은 어린 시절의 상처(unhealed childhood wounds), 즉 '미해결 과제(unfinished business)'를 현재 부부 갈등과 힘겨루기의 가장 핵심적인 주제로 간주하고 부부치료에 임상적으로 적용하고 있다는 것이다. 다시 말하면 이마고 부부관계치료는 부부의 '관계'를 치료함에 있어서 어떤 행동의 변화나 문제를 야기하는 증상의 완화를 상담의 목적으로 삼기보다는 좀 더 내면에 잠재되어 있는 무의식적 차원인 각자의 어린 시절의 상처와 미해결 과제의 치유를 부부간의 '관계' 치료를 통해 시도하고 있는 것이 특징이다. 따라서 이마고 부부관계치료는 다른 부부치료 이론에 비해 보다 전인적이고 통합적이며 근본적인 인간관계 치료라고 할 수 있다.

이마고 부부관계치료의 두 번째 특징은 부부상담에서 각각의 배우자가 어린 시절의 상처를 치유하고 미해결 과제를 해결하기 위해 부부는 이마고 짝(IMAGO match)의 역할을 함과 동시에 상담자로서의 역할을 담당하게 된다는 것이다. 이러한 특징은 부부 문제는 부부 중 어느 한 사람의 노력이나 변화에 의해 해결되는 것이 아니라 부부가 서로 어떤 상호작용을 하느냐, 즉 '관계' 패러다임을 어떻게 형성하느냐에 의해 해결된다고 보기 때문이다.

세 번째 특징은 이마고 부부관계치료의 상담자들의 역할을 다른 부부상담과는 달리 오직 '코치(coach)'와 '촉진자(facilitator)'로 정의하고 있다는 것이다. 이마고 부부관계치료에서 가르치고 있는 기술이나 개념들은 부부치료분야에서 새로운 것은 아니다(Gordon & Frandsen, 2001; Gottman, 1999; Stanley, Blumberg, & Markman, 2001). 그리고 유사한 요소들이 많은 것도 사실이다. 그럼에도 불구하고 이마고 부부관계치료가 특별한 것은 이마고 부부관계치료는 단지 만족도를 높이는 부부간의 좋은 대화법에 집중하기보다 부부간에 서로를 치유해 주고 치유받을 수 있도록 부부를 특별한 위치에 놓이게 하기 때문이다. 이러한 위치는 일반적으로 객관적인 치료사가 하는 역할이라고 생각하였다(Holliman, Muro, & Luquet, 2016).

즉, 부부관계를 상담하는 상담의 주체는 상담자가 아닌 곧 부부 자신들이므로 상담자는 부부가 서로의 상담자 역할을 잘 수행할 수 있도록 촉진시켜 주고, 상담 과정에서 부부 사이에 어떠한 형태의 삼각관계가 형성되지 않도록 도와주어야 한다. 다시 말해 이마고 부부관계 상담자의 역할은 부부의 '관계'를 치료하고 강화될 수 있도록 코치와 촉진자의 역할을 담당해야 하는 것이 그 특징이다.

(2) 이마고 부부대화법

이마고 부부관계치료는 소외된 '관계'의 문제를 관계적 배경 안에서 해결하고자 시도한다. 따라서 부부의 모든 상처는 '관계' 속에서 발생하며, 결과적으로 모든 치유 또한 '관계' 속에서 일어나야 한다고 본다. 관계 안에서 상처가 치유되기 위해서 부부는 안전한 환경 속에 있어야 한다. 이를 위해 이마고 부부관계치료에서는 '이마고 부부대화법(imago couple dialogue)'을 활용한 대화 과정을 통해 부부가 안전감을 형성할 수 있도록 돕는다. 즉, 이마고 부부관계치료의 상담 목표는 부부로 하여금 안전하게 서로 연결되는 것을 배우고, 이마고 부부대화법을 통하여 서로의 아픔을 공감하도록 돕는 것이다. 이런 과정을 거치면서 부부는 안전감을 경험하게 되고 의사소통 시 방어를 감소시키게 되어 치유가 일어나기 시작한다.

부부간 수평적 의사소통은 상호 동등한 입장을 유지할 수 있도록 해 준다. 수평적 의사소통은 종종 의사소통문제를 경험하게 되는 수직적 의사소통과 달리 오류나 왜곡을 유발시키지 않는다. 이러한 두 의사소통 유형의 큰 차이는 부부문제를 다룰 때 매우 중요한 역할을 하게 된다. 면대면 의사소통을 하게 되는 부부들에게 수평적 의사소통은 부부간 평등함을 나타내는 반면, 우월자와 열등자 또는 상사와 고용인 간의 대화는 수직적 의사소통 또는 상하전달식 대화가 된다. 이러한 수직적 의사소통은 부부간 대화에서는 매우 위험적인 요소로 인식된다(Allred & Graff, 1979; Carlson & Dinkmeyer, 2000).

이마고 부부관계치료에서 진정한 대화법의 중요한 측면은 완전한 대화몰입 상태이다. 즉, 사람들은 대화를 할 때 방해를 받게 되거나 단순히 그냥 대화에 집중을 못하는 경향이 있다. 특히 대화의 몰입은 경청 그 이상을 의미한다. 이 자간 대화에서 대화몰입상태가 된다는 것은 한 사람이 다른 사람의 생각과 경험에 집중하는 것이다(Crapuchettes & Beauvoir, 2011). 만약 한 개인이 이와 같은 수준의 대화를 할 수 있다면 한 개인은 대화 그 순간에는 상대만을 생각하게 될 뿐만 아니라 그 순간 자신이 경험하게 되는 것들을 완전히 인식하게 된다. 즉, 우주와의 연결감 또는 그 어떤 흐름 같은 것을 느끼게 된다(Csikszentmihalyi, 2008).

부부간 진정한 대화를 하기 위한 전 작업으로 치료자는 다음의 단계를 설정해야 한다. 그 첫 번째 단계는 대화를 위한 약속을 정하는 것으로써 이는 부부간 대화에서 정보 및 에너지의 흐름에 영향을 미치는 핵심적인 정서적 통제의 과정을 파악하고 동시에 진정한 대화를 위한 물리적 및 정서적 공간을 만드는 것이다(Siegel, 1999). 이를 위해서는 부부가 마음의 평온함을 바탕으로 자신들의 통제형태를 파악해야 하는데, 이는 부부관계에 긍정적인 영향을 미칠 뿐만 아니라 부정적 대화의 흐름을 방지할 수 있게 된다(Goleman, 2012; Gottman, 2002).

대화촉진을 위한 두 번째 단계는 부부에게 눈맞춤의 가치를 알려 주는 것이다. 강한 애정적 관계에 있는 부부들은 눈맞춤 시에 서로를 쏘아보는 것 대신 서로를 응시하는 경향을 보이는 것으로 나타났다. 또한 강한 애정적 관계에 있는 부부들의 응시하는 듯한 눈맞춤은 약한 애정적 관계에 있는 부부들보다 더 길게 하는 것으로 나타났다(Goldstein, Kilroy, & Van de Voort, 1976; Rubin, 1970).

대화촉진을 위한 세 번째 단계는 불안을 감소시키는 것으로 이는 단순한 시각화로 가능하다. 즉, 부부가 스트레스를 경험할 때 그들은 방어적 태도를 취하며 비열한 투쟁도피 태도가 최고조에 달하는 모습을 보이게 된다(Veer et al., 2012). 이런 상황에서 부부에게 불안감소를 위한 방법으로 심호흡이나 안전한 장소를 생각하면서 이를 시각화하라고 말하는 것이다. 이 단계를 구체적으로 살펴보면 다음과 같다.

첫째, 이마고 대화법을 위한 약속을 잡는다.

이 단계의 목적은 화자가 말하고 싶어 하는 것, 또는 들어주었으면 하는 것을 청자가 들을 수 있도록 준비시키는 것으로써 청자가 안정되고 고요한 상태를 유지하도록 도와주는 것을 목적으로 한다.

> 화자: 지금 ……에 대해 대화하기에 좋은 시간인가요?
> 청자: 네.

둘째, 부부 모두, 특히 메시지를 받는 사람 즉 청자의 심신의 안정을 유도한다.

부부치료회기에 부부가 모두 참석했다면, 화자와 청자 모두 세 번의 큰 심호흡을 하며 청자는 본인이 비난받지 않고 안전한 상태에서 대화할 것이라는 생각을 하도록 유도한다. 또한 청자와 화자 모두 서로에게 배려하고 관심을 갖는 태도를 취하도록 독려한다.

셋째, 부부가 눈맞춤을 할 수 있게 하고 서로를 지속적으로 바라볼 수 있도록 한다.

부부가 서로를 마주보고 눈맞춤을 하도록 요청한다. 이는 부부가 논쟁할 것이라는 두려움을 감소시키고 각자에게 대화하기에 안전한 분위기임을 인식하게 하는 데 도움을 준다.

넷째, 메시지를 보내는 사람, 즉 화자에게 가능한 한 'I-Message' 중심으로 표현하도록 한다.

다섯째, 메시지를 받는 사람은 무슨 내용을 들었는지를 반영해 주고, 올바르게 반영했는지를 점검하도록 한다.

> 청자: 내가 만약 당신이 말한 것을 올바르게 이해했다면…… 내가 맞게 들었나요?
> 화자: 네(만약 아니라면 화자가 자신의 이야기를 제대로 들었다고 느낄 때까지 다시 말하도록 요청한다).

여섯째, 몇 번의 반영하기 후 메시지를 받는 사람은 지금까지 자신이 들었던 내용에 대해 전체적인 반영하기를 하도록 한다.

> 청자: 내가 당신이 말한 내용을 모두 이해했다면 당신은 ……라고 말했습니다. 맞나요?
> 화자: 네.

일곱째, 만약 메시지를 받은 사람이 정확하게 들었다면 청자는 그들이 들었던 내용에 대해 인정하도록 도와준다.

인정을 한다는 것은 동의한다는 것을 의미하는 것은 아니다. 인정은 특정 사건이나 상황에 대해 상대방이 보는 관점을 내가 이해했다는 것을 의미한다.

> 청자: 당신의 말이 이해됩니다. 내가 이해하는 점은 ……입니다.

여덟째, 청자는 화자가 인정받고 있다는 감정을 느끼는지를 확인해야 한다.

> 청자: 내가 당신의 말을 다 잘 이해했나요?
> 화자: 네.

아홉째, 청자는 공감을 제공하도록 한다.

청자는 화자에게 공감하도록 독려한다. 즉, 청자는 화자의 말에 집중하면서 화자가 말하는 내용에 대해 감정이입적 공감을 해 주도록 한다.

> 청자: 당신의 말을 들으니 당신이 ……한 감정을 느꼈을 것이라는 것이 상상됩니다. 맞나요?
> 화자: 네(혹시 화자가 아니라고 할 경우 감정이 전달될 때까지 말하도록 요청한다).

열째, 상호 겸손하고 배려 있는 표현으로 대화를 마치도록 한다(예를 들면, 들어 주셔서 감사합니다, 이야기를 함께 나누어 주셔서 감사합니다 등).

마지막 마무리는 항상 배려하고 겸손한 태도로 수행하는 것이 좋다. 이러한 태도는 향후 대화를 촉진시키는 주요 계기가 된다.

이상의 전 작업이 완성되면 치료자는 부부를 대상으로 이마고 대화법을 총 세 가지 핵심 단계로 진행한다. 즉, 반영하기(mirroring), 인정하기(validation) 그리고 공감하기(empathy)다. 이 세 가지 핵심 단계를 간단히 살펴보면 다음과 같다. 먼저, 반영하기는 초기 부부교육에서 강조한 방법으로 이는 부부간 대화에서 메시지를 받는 사람이 정확하게 메시지를 이해했는지를 판단하기 위한 방법으로 사용된다. 즉, 상대 배우자의 말을 반영하는 것은 첫 접촉을 유발시키며, 청자 또는 메시지를 받는 사람이 온전하게 메시지를 받고 이해했는지를 확인할 수 있는 기회를 제공하게 된다. 만약 경청이 오래 이루어진다면 부부들은 편안함을 느끼게 되고 상대 배우자의 말이 타당하다는 것을 느끼게 된다.

반영하기의 강조점은 '있는 그대로의(flat)' 반영-화자가 말한 내용을 그 어떤 해석이나 의미의 변형 없이 있는 그대로 반영하는 것이다. 예를 들면, "만약 내가 당신의 말을 올바르게 들었다면, 당신은 …… 같이 말했습니다." 또는 "만약 내가 맞게 들었다면 당신은 …… 같이 말했습니다." 등의 형태로 말을 하게 된다. 반영하기의 마지막 단계는 청자가 화자에게 두 가지 유형의 질문을 하는 것이다. 첫 번째 질문은 "내가 당신의 말을 올바르게 이해했나요?"이다. 이는 청자가 화자의 이야기를 정확하게 이해하고 반영했는지를 파악하기 위함이다. 두 번째 유형의 질문은 "그것에 대해 내가 더 알아야 할 내용이 있나요?"이다. 이러한 질문은 화자에게 "당신이 이해했으면 하는 것은……"이라고 답하면서 하고 싶은 말을 할 수 있는 기회를 제공하게 된다. 두 번째 질문유형은 화자에게 청자가 관심을 갖고 있다는 표현이며 이러한 관심의 표현은 화자로 하여금 청자가 알아주었으면 하는 내용을 자유롭고 개방적으로 말할 수 있는 환경을 조성해 주는 계기를 마련하게 된다.

반영하기 단계는 배우자의 메시지 내용을 정확하게 비추어 되돌려 주는 과정이다. 이 단계에서 메시지를 받는 사람(듣는 사람)은 보낸 사람(말하는 사람)을 반영할 수 있다. 이때 듣는 사람은 말하는 사람의 거울 역할을 해 주어야 하는데 이 거울은 판단, 교정 또는 해석 없이 보내는 사람의 메시지를 그대로 반영하여야 한다. 받는 사람은 상대방이 한 말을 좋아하거나 이해할 필요가 없다. 반영하기는 받는 사람이 기꺼이 자신의 생각과 감정을 내려놓고 잠깐이더라도 보내는 사람의 메시지를 들어야 하는 것이다. 반영하기 단계에서는 보내는 사람은 자신의 메시지를 계속해서 보내고, 그 메시지를 받는 사람은 그 내용을 정확하게 반영하고 자신의 말로 그 메시지를 반복할 수 있을 때까지 말을 하는 것이다. 반영하기는 상대 배우자가 특정 주제에 대해 더 하고 싶은 말이 없을 때까지 추가적인 질문을 통해 이루어진다.

상대 배우자가 그 주제에 대해 하고픈 말을 전부 다 했다고 하면, 마지막으로 요약 반영하기(summary mirroring)를 하게 된다. 요약 반영하기는 지금까지 들은 모든 메시지를 하나의 완전한 메시지나 생각으로 만들어 표현하는 것으로 받는 사람은 이 요약 반영하기를 통해 "지금까지 들은 것을 내가 잘 이해했다면……"이라고 전체적으로 말하게 된다. 이러한 요약 반영하기는 부부 두 사람과 부부상담자가 모두 동일한 내용을 들었음을 확인하는 데 도움을 주기도 한다.

이마고 부부대화법의 두 번째 단계는 인정하기다. 인정하기는 보내진 정보와 반영된 내용이 논리적으로 이치에 맞는다는 것을 보내는 사람과 의사소통하는 방법이다. 이를 통해 배우자의 논리를 들을 수 있고 배우자의 생각이 잘못되거나 오해가 아니라는 것을 확인할 수 있다. 배우자의 메시지를 인정한다는 것은 보내는 사람의 관점에 동의하거나 받는 사람의 주관적 경험을 반영하는 것을 의미하는 것은 아니다. 이 과정은 부부에게 매우 중요한데 이는 부부가 서로 대화하면서 동의하지 못한 부분에 대해 인정을 하는 것이다. 즉, 배우자의 사고나 감정과정을 이해하는 것으로써 이를 통해 서로 다른 점들이 이해가 되어 가는 과정이다. 다시 말하면 인정은 부부에게 서로 다른 관점으로 바라볼 수 있는 새로운 시각을 갖게 해 줌과 동시에 상대 배우자가 어떻게 사건을 바라보는지에 대해 관찰해 볼 수 있는 기회를 제공해 준다. 이마고 부부대화법에서 메시지를 보내는 배우자는 여러 번에 걸쳐 반영하기를 경험한 후에 인정이 이루어지며, 메시지를 받는 배우자는 상황을 또 다른 시각에서 바라볼 수도 있다는 것을 이해할 수 있을 만큼의 충분한 정보를 경험한 후에 인정이 이루어진다. 즉, 인정하기는 본질적으로 자신의 주관적 관점을 일시적으로 정지하거나 초월하여 배우자의 경험을 마치 자신의 경험처럼 실재적으로 경험하는 것을 의미한다. 전형적인 인정하기는 "나는 ……을 볼 수 있다." "당신이 ……하기 때문에 그렇다는 것이 말이 된다." "…… 때문에 이해할 수 있다."와 같은 말 등이 포함된다. 이때 받는 사람이 보내는 사람의 메시지를 인정할 수 없다고 느껴지면 배우자에게 거기에 대해 좀 더 말해 달라고 요청하여 받는 사람이 인정하기가 될 때까지 반영하기를 계속해야 한다. 이러한 과정을 반복하여 진행하게 되면 받는 사람은 보내는 사람의 말이 논리에 맞다고 생각하게 되고 궁극적으로 보내는 사람의 메시지를 인정하게 된다.

공감하기는 이마고 부부대화법의 마지막 단계다. 이 단계에서 공감은 상대방이 느낀 경험에 참여하고 들어가려는 노력이다. 또한 공감은 보내는 사람이 경험하는 그 사건, 그 상황 또는 그가 염려하는 것과 감정을 반영하고 상상하며 참여하는 과정이다. 즉, 공감은 한 사람이 방어적 태도를 버린 상태에서 자신의 경험이 아닐지라도 특정 상황에서 타인은 특정 감정을 느낄 수도 있겠구나를 알 수 있는 능력이다. 공감은 한 개인에게 강요되는 것이 아니다. 부부관계에서 일반적으로 특정 상황을 해결해야 한다고 생각하기 때문에 지나치게 인지적 측면을 강조하게 됨으로써 서로에게 공감을 할 수 있는 기회를 갖지 못하는 경우가 발생하게 되면 관계를 더 어렵게 만든다고 보았다. 따라서 이마고 대화법을 통해서 공감을 많이 경험할 수 있도록 도와준다.

다시 말하면 공감하기는 받는 사람이 보내는 사람의 입장이 되어 보고 그가 어떻게 생각하고, 어떻게 느끼고 경험했는지를 상상해 보는 것이다. 공감하기에서 사용되는 전형적인 표현은 "내가 그렇게 했을 때 당신이 그렇게 느꼈을 것이라고 생각해요." "당신 기분이 ……했을 거라고 생각해요." 등이 있다. 보내는 사람이 실제로 경험한 감정을 받는 사람이 그대로 말할 수 있는 것을 깊은 수준의 공감, 즉 참여적 공감(participatory empathy)이라고 한다. 이러한 참여적 공감 수준에 이르게 되면 부부는 매우 극적인 변화를 보이게 된다. 왜냐하면 부부는 참여적 공감 수준의 대화를 통해 특정 문제에 대해 서로의 감정을 이해하는 단계에까지 이르게 되었기 때문이다. 이마고 부부관계치료에 대한 프로그램은 제11장에서 구체적으로 다룰 것이다.

(3) 이마고 부부관계치료의 효과성

공감은 서로 사랑하는 관계에 있는 연인들의 관계만족도에 직접적으로 영향을 준다. 부부치료적 접근의 대부분은 긍정적인 관계 변화를 위한 수단으로 공감의 중요성을 주장하고 있다. 이마고 부부관계치료는 연인관계에 있는 파트너들을 대상으로 그들의 공감발달에 초점을 두는 치료로, 전 세계적으로 가장 많이 활용되고 있으나 그 효과성에 대한 입증은 매우 미미한 편이다. 이에 Gehlert 와 동료들(2017)은 이마고 부부관계치료를 12주 동안 받은 60명의 개인(치료집단 28명, 통제집단 32명)을 대상으로 이마고 부부관계치료의 핵심요소인 공감이 연인들 또는 부부들 간의 관계만족도 향상에 어떻게 기여하는지에 대한 연구를 진행하였다. 이 연구 결과, 치료집단 대상자들의 회기참여와 공감 간에 의미 있는 상호작용이 나타났으며, 이마고 부부관계치료를 받지 않은 통제집단에 비해 공감능력이 의미 있게 증가함을 보여주는 것으로 나타났다. 연구자들은 이와 같은 연구결과를 바탕으로 이마고 부부관계치료가 부부간의 공감수준에 영향을 미치고 있음을 강조하였고, 부부관계에서 긍정적인 관계 변화를 촉진하기 위한 치료적 모델로 자리매김할 수 있다고 보고하였다.

또한 선행연구들은 지속적으로 보살핌과 지지적 관계가 심리적·신체적 복지감에 직접적으로 영향이 있는 것으로 보고하고 있다. 지지적 관계를 보다 많이 경험한 사람들은 보다 좋은 복지감을 나타냈으며, 보다 높은 삶의 만족도를 보였고, 질병발병률과 사망률이 낮은 것으로 나타났다(Collins et al., 2014; Holt-Lunstad & Smith, 2012; Lakey & Orehek, 2011; Uchino, 2009). 보살핌과 지지적 관계는 개인들로 하여금 다차원적인 수준에서 과업수행을 잘 할 수 있도록 도와준다고 하였다(Feeney, Collins, Van Vleet, & Tomlinson, 2013).

공감과 공감적 대화는 성공적인 관계의 가장 핵심적인 요소이다. 공감과 그 중요성은 최근의 연구들에서 잘 보여 주고 있다. 그러나 이와 같은 연구들의 아쉬움은 공감을 명쾌하게 설명한 연구들이 부족하다는 것이다. 즉, 관계에서 공감을 주고받는 것이 사랑하는 사람과의 관계만족도에 어떻게 직접적으로 영향을 주는지에 대한 명쾌한 설명이 미비하다는 것이다(Cramer & Jowett, 2010). 그럼에도 불구하고 공감 및 공감적 대화는 부부관계에 긍정적인 영향을 미치는 것으로 보고되고 있다. 한 연구에 의하면 공감적 대화수준이 높을 경우 부부간의 친밀감 형성을 강화하는 것으로 나타났으며, 부부간 건강한 상호작용을 지속적으로 발달시키는 데 긍정적으로 영향을 미치는 것으로 보고되었다(Dijkstra, Barelds, Groothof, & Van Bruggen, 2014; Marmarosh, 2014).

이마고 부부관계치료의 임상적 효과성에 대한 연구들 및 여러 편의 유사 실험연구들에 의하면 이마고 부부관계치료가 이자관계의 적응과 부부만족도를 개선시킨다고 나타나 있다(Hannah et al., 1997; Hannah & Luquet, 1997; Luquet & Hannah, 1996; Muro & Holliman, 2014). 이러한 결과 이마고 부부관계치료가 경험적 지지를 받는 데는 제한점이 있지만 이 모델은 이론적 접근의 틀로 인정받을 수 있는 기준을 만족했다고 보고하고 있다(Boy & Pine, 1983; Hansen, Warner, & Stevic, 1986; Hendrix, Hunt, Hannah, & Luquet, 2005).

(4) 사례를 통한 이마고 부부관계치료 적용

이마고 부부관계치료의 주요 특징은 부부 각자의 치유되지 않은 어린 시절의 상처, 즉 '미해결 과제'를 현재 부부 갈등과 힘겨루기의 가장 핵심적인 주제로 간주하는 것이다. 이 사례에 나타난 부부는 어린 시절 아버지로부터 많은 상처를 경험하였다. 남편의 경우 폭력적인 아버지와 3남 1녀 중 둘째인 자신보다 형에게 더 많은 사랑을 주는 어머니 사이에서 부모님의 사랑을 얻기 위해 많은 노력을 하면서 성장하였다. 남편의 경우 아버지로부터 인정을 받고 어머니로부터 사랑을 받기 위하여 공부를 열심히 하였고 이로 인해 아버지에게 다른 형제들에 비해 칭찬을 많이 받고 자랐다. 이러한 어린 시절의 경험들은 사랑을 얻기 위해서는 부단한 노력을 해야 하며 이로 인해 자신의 감정이나 욕구는 무시되어야 하는 상황을 경험하게 되었다. 남편의 어린 시절의 상처, 즉 부모와의 미해결 과제는 지금 아내와의 힘겨루기 갈등 양상으로 나타나고 있다. 아내 역시 폭력적이고 가부장적이며 남아선호사상이 강한 아버지로부터 인정받지 못하면서 자신을 아버지에게 필요한 존재로 각인시키기 위하여 열심히 공부하여 대학교에 진학하고 공무원이 되어 자신의 존재를 인정받고자 치열하게 노력하면서 성장하였다. 어머니는 아버지로부터 구타당하고 살면서 여자가 능력이 있어야 한다는 메시지를 내담자인 딸에게 계속적으로 심어 주었다. 어린 시절의 상처로 인해 내담자인 아내가 자녀에게 폭력적인 남편을 아버지와 동일시함으로써 남편과의 관계 형성에 어려움이 발생하였다. 또 스스로는 여자도 능력이 있어야 한다고 내담자를 적극 지원해 준 어머니와 자신을 동일시함으로써 딸과 밀착된 관계를 형성하게 되었다. 이마고 부부관계치료를 통해 부부 각자가 원가족과 가지고 있는 미해결 과제를 인식하도록 하는 것이 중요하다.

이렇게 부부 각자가 자신과 배우자의 미해결 과제를 인식하였다면 상담 장면에서 이를 해결하기 위해 부부 모두가 함께 노력해야 하는 과정을 거쳐야 한다. 즉, 이마고 부부대화법을 활용하여 부부는 각각의 배우자가 어린 시절의 상처를 치유하고 미해결 과제를 해결하기 위한 이마고 짝(IMAGO match)의 역할을 함과 동시에 상담자로서의 역할을 담당하여 배우자의 상처를 해결하는 데 적극적인 역할을 수행한다. 내담자인 남편에게는 아버지로부터 사랑받지 못하고 폭력의 두려움으로 항상 불안에 시달려야 했던 어린 시절의 자신을 이해하고 받아 주고 무조건적인 사랑을 줄 수 있는 대상이 필요하다. 아내가 이마고 부부대화법, 즉 반영하기, 인정하기, 공감하기를 통해 남편의 상처를 치유해 줄 수 있도록 상담 장면에서 상담자가 도와주어야 한다. 내담자인 아내 역시 폭력적인 아버지로부터 인정받지 못하고 어머니가 아버지에게 폭력당하는 것을 목격하면서 받은 상처를 치유해야 한다. 상담자는 또한 남편이 이마고 짝이 되어 반영하기, 인정하기, 공감하기를 통해 내담자인 아내의 어린 시절 상처를 치유하는 데 도움을 주도록 독려해야 한다.

3. 부부상담의 실제

여기에서는 지금까지 살펴본 다양한 부부상담 이론을 바탕으로 상담자가 부부상담을 실시할 때 필요한 보다 구체적인 내용에 대해 살펴보고자 한다. 부부상담의 실제 부분에서 다루는 내용은 상담자가 지향하는 이론적 틀에 무관하게 치료적 개입 전에 반드시 이루어져야 하는 내용들이다. 여기에서는 상담 계획을 위한 문제의 진단과 평가, 상담 계약 맺기, 상담 목표 설정하기 그리고 상담 종결 및 추후지도에 대해 보다 자세히 살펴볼 것이다(김유숙, 전영주, 김수연, 2003; Brown & Brown, 2005; McGoldrick, Gerson, & Petry, 2011; O'Leary, Heyman, & Jongsma, 2007).

1) 상담 계획을 위한 문제의 진단과 평가

부부상담을 진행하기 위해서는 상담을 받으러 온 부부의 문제를 객관적으로 진단 · 평가하는 것이 필요하다. 부부 문제에 대한 정확한 진단과 평가는 부부상담의 효과적인 개입을 결정하는 데 핵심적인 역할을 담당하게 된다. 부부 문제의 진단과 평가를 위해서는 다양한 방법을 활용할 수 있다. 예를 들면, 가계도 작성이나 면담을 통한 관계 내력을 진단, 평가할 수 있고, 부부관찰 진단표(Spouse Observation Checklist), 부부상호작용 코딩체계(Marital Interaction Coding System), 로크-월러스 부부상태척도(The Lock-Wallace Marital Status Inventory), 부부적응척도(The Dyadic Adjustment Scale), 결혼전상담척도(Marital Pre-Counseling Inventory) 등을 통해 객관적인 부부상호작용의 진단과 평가를 할 수 있다.

(1) 가계도를 활용한 관계 내력 진단 및 평가

가계도는 세대에 걸친 가족의 변화를 도식적으로 보여 주는 것으로 3~4세대를 내려오는 동안 부부의 원가족에 대한 중요한 정보를 제공하게 된다. 가계도를 통해 다세대에 걸친 가족의 내력과 구조, 관계, 관계에서의 기대, 부부의 과거 경험 등을 파악할 수 있다. 이러한 가계도는 현재 행동에 영향을 주는 대인간의 패턴을 이해하고, 중요한 관계에서 내면화되어 전이된 사고와 행동, 가치를 인식하는 데 도움을 준다. 또한 가계도는 관계에서의 유사성과 차별성이 쉽게 관찰될 수 있으며, 관계의 패턴은 현재의 문제를 지속시키고 있는 태도나 행동에 초점을 두게 해 준다.

(2) 척도를 활용한 부부상호작용의 진단 및 평가

부부상호작용을 진단, 평가하기 위한 객관적인 척도는 매우 다양하다. 이를 간략하게 살펴보면, 첫째, 오레곤 부부연구 프로그램에서 개발된 부부관찰 진단표가 있다. 이 진단표는 한쪽 배우자가 상대 배우자의 행동에서 '유쾌한 것(P')과 '불쾌한 것(D's)' 또는 즐겁게 하는 것이나 불쾌하게 하는 것을 찾는 체크리스트를 포함한다. 이 체크리스트는 도구적 행동과 표현적 행동을 포함한 열두 가지 문항(애정, 동반자 의식, 배려, 성, 의사소통 과정, 부부 공동의 활동, 자녀 돌보기 및 부모 역할, 가사 책임, 재정관리, 일, 개인의 습관, 자신과 배우자의 독립성 등)으로 구성되어 있다.

둘째, 부부상호작용 코딩체계가 있다. 이 척도는 부부 갈등을 협상하려고 시도하는 동안에 부부의 상호작용 내용과 과정을 기술하기 위해 사용되는 행동 코딩체계다. 비디오테이프에 녹화되거나 녹음기에 녹음된 상호작용이 훈련된 관찰자에 의해 코딩되며, 진행되는 동안 코딩된 행동은 컴퓨터 분석 대상이 된다. 분석 결과는 분당 비율로 산출된 문제 해결, 긍정적 행동, 부정적 행동, 차단의 빈도와 내용, 성공적인 차단과 성공적이지 못한 차단 등이 포함된다.

셋째, 부부상호작용 평가도구로 로크-월러스 부부상태척도가 있다. 이 척도는 부부 문제 해결의 단계를 진단하고 평가하기 위한 일련의 진실/허위 문항들로 구성되어 있다.

넷째, 부부적응척도는 부부일치도(문제 해결), 부부만족도(관계에서의 좋은 느낌과 감정), 부부응집도(외부 관심, 의견 교환, 협동), 애정 표현(성적·정서적 표현)의 네 가지 요인 척도로 구성되어 있다.

다섯째, 결혼전상담척도는 부부의 일상 활동, 전체 목표와 변화를 위한 자원, 부부만족도와 열두 가지 영역에서의 부부 기능과 가족 기능에 대한 변화 목표, 의사결정을 위한 근간, 결혼에 대한 헌신의 수준 등을 진단·평가할 수 있다. 이 척도는 상담자가 상담 계획을 세우는 데 필요한 자료를 제공하고, 부부에게 상담에 대한 안내를 하는 데 도움을 주며, 부부가 상담 장면에서 각자 논의할 문제들을 예상할 수 있도록 자료를 제공하고, 상담 종결 시 상담의 효과성 검증을 위해 활용할 수 있다.

(3) 복합적인 문제에 대한 진단과 평가

상담자는 부부 문제를 진단하고 평가하는 데 있어 부부관계에 영향을 미칠 수 있는 다양한 쟁점에 대해서도 추가적으로 고려해야 한다. 예를 들면, 가정폭력 여부라든지 자살 위험의 정도, 알코올 및 약물사용 여부 등 부부 문제에 영향을 미칠 수 있는 쟁점에 대해 평가함으로써 부부상담의 실시 여부도 고려해야 한다.

경우에 따라 부부상담을 진행할 수 없거나 반드시 개인상담과 병행해야 하는 경우도 발생할 수 있다. 부부상담이 바람직하지 않은 경우를 카펠(Karpel, 1994)은 다음과 같이 요약하고 있다. 첫째, 한 사람 또는 양쪽 배우자와의 동맹이 빈약할 때, 둘째, 부부가 상담 목표에 동의하는 것이 불가능할 때, 셋째, 부부간에 관리할 수 없을 정도의 갈등이 있을 때, 넷째, 부부상담을 불가능하게 하는 개인적 특성(우울증, 알코올, 불안 등)이 있을 때, 다섯째, 가정폭력의 증거가 있는 경우, 여섯째, 성공적이지 못한 부부상담 전력이 있을 경우에는 부부상담이 바람직하지 않다고 조언하였다.

2) 상담 계약 맺기

상담자는 부부상담을 시작하기 전에 치료를 받으러 온 부부와 상담 계약을 체결해야 한다. 상담 계약은 변화를 위한 부부의 공식적인 헌신이다. 상담 계약을 맺는 것은 기대하는 것이 무엇인지를 분명하게 구체화시켜 주는 구조다. 부부상담 장면에서 무슨 일이 일어나야 하는지에 관하여 부부가 충분히 이해할 수 있도록 체크리스트를 활용할 수 있다(Hanna & Brown, 1999: 159).

첫째, 누가 참석할 것인가?(한 사람, 부부, 다른 사람), 둘째, 부부 각자의 역할은 무엇일까?(내담자, 정보 제공자), 셋째, 목표가 무엇인가?(진단과 평가, 그 후의 치료, 특정한 행동 변화), 넷째, 회기가 언제인가?(횟수, 속도), 다섯째, 어떻게 회기가 구성되는가?(숙제 부여, 회기 내 과제, 심리교육), 여섯째, 언제 계약 조건이 협상되는가? 일곱째, 무슨 자원과 공간, 시간, 도움이 필요한가? 여덟째, 다른 누가 계약에 대해 알 필요가 있나? 아홉째, 계약에 따른 장벽이나 비용이 수반되는가? 열째, 상담비나 정보 공개가 논의되었는가? 등에 대해 상담자는 부부 사이에 상호 동의할 수 있도록 중재자 역할을 해야 한다.

상담 계약을 맺을 때 한쪽 배우자가 부부상담의 참여를 거절할 경우가 있는데, 이때 상담자는 상담에 관심을 가지고 있는 배우자와만 작업을 해야 한다. 이때 상담자는 한 사람과만 작업해도 부부체계가 변화될 수 있다는 점에 주목해야 하며, 이러한 경우 동기가 높은 배우자와 작업함과 동시에 다른 배우자와도 접촉을 유지해야 한다. 즉, 상담자는 참여하지 않는 배우자에게 전화해서 본인이 상담에 사용하는 기법에 대해 설명해 주고, 상담하는 데 지지와 협조를 요청하는 방식으로 참여하지 않는 배우자와의 접촉을 지속적으로 유지해야 한다(O'Hanlon, O'Hanlon, & Weiner-Davis, 1989; Treadway, 1989).

3) 상담 목표 설정하기

부부상담의 목표 설정은 상담의 효과성 검증의 초석이 되는 중요한 요소다.

부부상담의 목표 설정은 '문제'를 제거하기 위해 부부가 변화하기를 원하는 행동으로부터 시작된다. 상담의 목표는 문제 행동을 대체하는 긍정적인 용어로 진술되어야 한다. 또한 상담의 목표는 부부가 합리적인 목표를 세울 수 있도록 협상해야 한다. 부부는 일반적으로 모호하고 비합리적인 목표를 세우게 되는데, 이때 상담자는 광범위하고 추상적인 목표에서 세부적이고 구체적인 목표를 세울 수 있도록 도와주어야 한다.

상담 목표를 설정하기 위해 상담의 우선순위를 결정하는 것은 중요하다. 이러한 결정을 내리기 위해서는 다음의 네 가지 기준을 고려해야 한다. 첫 번째 기준은 어느 문제가 부부에게 가장 시급하게 중요한지를 결정하는 것이다. 즉, 부부에게 가장 관심이 있는 문제를 우선 정하도록 요청할 필요가 있다. 이때 상담자가 다른 변화 영역을 선택할 이유가 없다면 상담자는 부부에게 처음에 말한 것을 선택하여 목표로 정하는 것이 바람직하다. 두 번째 기준은 즉시 다루지 않으면 가장 부정적인 결과를 초래하는 문제가 무엇인지를 결정하는 것이다. 이를 위해서 상담자는 "이 문제가 해결되지 않으면 무슨 일이 일어날까요?" 또는 "만일 ……이 생기면 당신의 결혼생활에 무슨 일이 일어날 것 같습니까?"와 같은 질문을 함으로써 문제의 우선순위를 결정할 수 있다. 세 번째 기준은 문제 해결의 용이성으로, 자원과 제약을 고려할 때 어느 문제가 가장 쉽게 고쳐질 수 있는가를 결정하는 것이다. 네 번째 기준은 선결되어야 하는 문제가 무엇인가를 결정하는 것이다. 즉, 부부 문제를 다루기 이전에 배우자의 알코올 남용 문제나 우울 등의 문제가 해결되지 않으면 부부문제를 다루기 힘들다.

상담 목표를 설정하는 데 있어서 목표의 조작화 과정은 상담을 구체화시킬 뿐만 아니라 상담의 효과를 보여 줄 수 있는 기준을 제공해 준다. 목표의 조작화 과정은 "우리가 어디로 가고 있는가?"에 대해 답을 함으로써 상담의 목표를 좀 더 구체화할 수 있다. 상담자가 목표를 조작화하는 데 도움을 줄 수 있는 지침을 보면 다음과 같다. 첫째, 부부 각자에게 상대 배우자가 해 주기를 원하는 세 가지 구체적인 변화를 기술하도록 요청하라("당신은 상대 배우자가 무엇을 다르게 하기를 원하는가?"). 둘째, 부부 각자에게 이 변화를 긍정적인 용어로 기술하도록 요청하라("당신은 당신이 인정받고 있다는 것을 상대 배우자가 어떻게 보여 주기를 원하는가?"). 셋째, 부부 각자에게 배우자의 요청에 대한 타당성을 말하도록 요청하라("당신이 그녀의 말을 경청하지 않을 때 아내가 어떻게 느끼는지 이해할 수 있는가?" 또는 "당신은 아내의 요청에 타당한 면이 있음을 알 수 있는가?"). 이렇게 부부가 세 가지의 요청을 함으로써 변화가 보다 용이하고 변화로 인한 압박감을 덜 느끼게 된다.

4) 상담 종결 및 추후지도

(1) 상담 종결의 시기 결정

부부상담의 종결은 상담자와 부부가 함께 상의해서 결정을 내리는 것이 바람직하다. 그러나 경우에 따라 상담자와 부부간의 합의에 의한 종결이 불가능할 수도 있다. 예를 들면, 부부가 상담이 별 효과가 없다고 느낀다든지, 부부가 상담자에 대해 화가 나 있는 경우라든지, 또는 부부가 일부 행동을 바꿀 의사가 없다든지 할 경우는 상담자와 부부간의 합의 없이 종결이 이루어지게 된다.

이러한 뜻하지 않은 상담 종결을 대비하기 위해 그리고 목표가 달성된 후 상담을 종결하기 위해 다음의 몇 가지 원칙을 상담자가 숙지하고 있는 것은 매우 중요하다(Hanna & Brown, 1999: 278-279). 첫째, 상담 종료 계획을 미리 수립하는 것이다. 즉, 미리 종결 시점을 정해 놓고 부부나 상담자가 미리 변화를 위한 계획을 세울 수 있도록 기회를 제공하는 것이다. 이때 문제의 성격에 따라 상담 횟수는 조정할 수 있으며 일반적으로 1차 목표가 달성되면 상담 횟수를 줄이게 된다. 둘째, 상담을 점진적으로 감축해 나가는 것이다. 이를 위한 하나의 방법은 다음 상담 회기와의 시간적 간격을 점점 늘려가는 것이다(예: 상담 회기 사이 간격을 1주에서 3~5주 간격으로 늘리는 것). 이 방법은 특히 부부가 새로 습득한 행동양식을 계속 지켜 나갈 수 있을지에 대해 자신이 없어 할 때 유용하다. 셋째, 상담의 주제를 요약하는 것이다. 상담을 종결함에 있어 상담의 주요 주제를 요약하고 부부가 요약된 내용에 동의하는지의 여부를 주의 깊게 살펴야 한다.

넷째, 어떠한 상황이 발생할 때 다시 상담을 받으러 와야 하는지 분명히 숙지시키도록 한다. 상담자는 "당신이 문제를 해결할 수 없다는 것을 나타내 주는 첫 신호는 무엇입니까?" "이 문제를 다시 저에게 가져오기 전에 두 분이 각자 해야 할 일이 무엇입니까?" 등의 질문을 통해 어떤 문제가 발생했을 때 스스로 해결할 수 없는 것인지를 부부에게 숙지시키고 빨리 상담을 받으러 다시 와야 하는 것에 대해 분명하게 알려 주는 것이 필요하다. 다섯째, 부부가 문제 해결을 위한 능력과 자원을 가지고 있음을 반복해서 확신시킨다. 상담을 종결할 즈음에 부부에게 새로운 문제가 발생할 수도 있다. 이때 문제가 심각한 것이 아니라면 상담자는 부부가 이미 스스로 이 문제를 해결해 나갈 수 있는 기술을 소유하고 있음을 확인시키고 스스로 문제를 해결하도록 용기를 주는 것이 필요하다.

(2) 목표가 달성되지 못한 경우의 상담 종결 시기 결정

부부상담이 사실상 잘 이루어지지 않을 경우 윤리적으로 상담 종결을 고려해야 한다. 따라서 상담 목표가 달성되지는 못하였지만 상담을 종결해야 하는 상황을 살펴보면, 먼저 부부 중 한 명 혹은 부부 모두가 관계를 개선하는 일에 전념하지 않는 상황이다. 부부 중 한 명 혹은 부부 모두가 상담에 성의를 보이지 않으면 부부상담이 생산적이지 못하기 때문에 이 경우 부부에게 자신들의 부부관계에 대해 어떤 결정을 내릴 필요가 있음을 경고해야 한다. 두 번째 상황은 부부가 해결될 수 없는 오래된 갈등을 경험하게 되면서 상대 배우자의 장점을 인식할 수 없는 경우 부부상담은 도움이 되지 않는다. 세 번째 상황은 부부가 서로 좋아하지 않고, 존중하지도 않으며, 상대 배우자에 대한 긍정적인 생각을 가지지 않을 때 부부상담은 종결을 고려해야 한다. 네 번째 상황은 부부간의 불신 수준이 높은 경우로, 비록 목표를 달성하지 못할지라도 종결을 고려해야 한다. 왜냐하면 관계에서 상호신뢰 없이는 친밀감이나 관계 개선을 이루기 어렵기 때문이다. 목표가 달성되지 못했음에도 불구하고 상담을 종결해야 하는 마지막 상황은 상담자가 한쪽 배우자 혹은 부부 모두와 관계가 좋지 못한 경우다. 이럴 경우 상담자는 부부와 치료적인 관계 구축이 어려워지며, 상담 과정에 몰입하지 못하게 되기 때문에 상담을 종결해야 한다.

(3) 추후지도

일단 상담 종결에 대한 논의가 이루어지면 추후상담 날짜를 정해야 한다. 추후지도는 상담자와 부부 모두에게 의미 있는 기회를 제공한다. 즉, 추후지도는 상담자에게 부부의 진전 상황을 발견하고 새로이 발생된 문제에 대해 논의할 기회를 제공한다. 추후지도는 부부에게 부부상담에서 습득한 기술을 실행해 볼 수 있는 기회도 제공한다. 단기 추후지도는 상담 2주 내지 4주 후에, 장기 추후상담은 효과를 평가하기 위해 치료 3개월에서 6개월 후에 실시한다.

제10장
부부 및 가족사정

| 김영희 |

　가족상담자는 현재 가족이 직면하고 있는 문제를 파악하여 가족이 문제를 해결하는 데 필요한 것이 무엇인지에 대한 가설을 세운 다음 효과적인 개입방법으로 가족의 문제해결을 도와준다. 가족의 현재 문제를 탐색하고, 가족이 어떻게 기능하고 있는지를 체계적으로 파악하는 것이 바로 가족사정(family assessment)이다. 가족사정은 가족이 제시하는 문제에 대하여 가능한 정확한 가설을 설정하여 가족이 효과적으로 문제를 해결할 수 있도록 돕기 위한 과정이므로 부적절한 진단과 평가는 상담을 실패로 이끄는 원인이 된다. 부부 및 가족의 관계 내력과 상호작용 패턴을 진단하고 평가하는 가족사정은 면접, 관찰, 표준화된 도구나 투사적 검사에 의해 이루어진다.

　따라서 이 장에서는 가족을 충분히 이해하고, 상담의 방향을 결정하기 위하여 가족상담자가 면접 기법을 통해 직접적인 질문을 하거나, 가족의 상호작용하는 모습을 관찰하거나, 표준화된 도구나 투사적 검사를 활용하면서 가족이 가지고 있는 문제나 가족이 해결해야 할 문제를 파악할 수 있도록 주어진 사례를 중심으로 가족사정 기법을 제시하고 있다. 또한 가족사정은 상담의 전 과정에서 이루어지므로 단계에 따른 사정 방법을 통해 상담 현장에서의 응용력을 기르게 하는 데도 목표를 둔다.

1. 부부 및 가족사정의 개념

가족사정은 부부와 가족이 경험한 사건에 관련된 주관적·객관적 정보를 수집하여 체계적인 관점에서 가족의 문제를 정의하고, 효과적으로 상담에 개입하기 위하여 개입의 초점과 목표, 상담 기법을 결정하는 중요한 과정이다. 가족사정의 주요 목표는 가족 구성원들 각각의 관점에서 '문제'를 파악하고, 각각의 관심사를 분석하여 가족 문제를 상호작용적 관점에서 정의하는 데 있다. 가족이 직면한 현재 문제의 탐색은 가족의 설명을 들으면서 시작되므로 치료사는 가족들과의 상호작용을 통해 가족들이 자주 사용하는 상호작용 패턴을 이해한다.

가족사정을 통해 상담자는 기능적/역기능적 가족 과정에 대해 정확한 가설을 설정할 수 있다. 가족상담자의 가설 설정은 가족이 해결해야 할 문제나 가족에게 긍정적인 발달과 변화를 촉진시켜 줄 수 있는 강점과 자원을 탐색해 내어 그 가족에게 적합한 개입방법을 찾게 해 준다. 이는 가족이 해결해야 할 문제나 부부나 가족이 긍정적인 발달과 변화를 촉진시켜 줄 수 있는 강점과 자원을 탐색해 낼 뿐 아니라 그 가족에게 적합한 개입방법을 찾아낼 수 있다. 그러므로 부부 및 가족상담에서의 가족사정은 개인 내적인 상황에만 초점을 두는 것이 아니라 전체로서의 가족과 각 가족 구성원의 순환적 상호작용에 대한 체계적 관점을 기반으로 이루어진다.

가족을 사정할 때는 가족 구성원들도 자신들이 직면한 문제를 해결하기 위해 어떻게 해야 하는지를 공감할 수 있도록 구체화시킬 필요가 있다. 또한 가족사정은 치료적 결정을 위해서 가족을 충분히 알아가는 과정이므로, 치료적 개입을 계획하는 데 효과적이어야 한다. 더구나 가족의 문제가 무엇인지, 어떻게 가족들이 현재 문제에 관여되어 있는지를 파악하는 것에서부터 가족이 성공적으로 문제를 해결하기 위해 필요한 것이 무엇인지를 찾아내는 과정을 거치면서 가족에게 필요한 자원과 지원체계를 규명할 수 있어야 한다. 그러므로 가족사정의 다양한 방법을 통하여 가족상담자는 다음과 같은 쟁점을 확인해야 한다.

- 제시된 문제/변화하고자 하는 문제: 가족 구성원들 각자의 언어로 표현된 관점 및 해결을 위하여 시도했던 접근에 대한 탐색, 가족 구성원들 각각의 관점과 관심사에 대한 탐색
- 의뢰 경로에 대한 파악: 가족의 참여가 자발적인가 강제적인가, 이전에 상담 경험이 있는가를 탐색
- 가족체계 확인: 가족을 체계로서 접근하는 관점으로, 가족규칙과 역할, 가족 구성원의 장점과 자원, 가족신화, 가족항상성, 가족 비밀, 가족 권력, 가족 게임 등과 같은 가족의 체계적 개념을 탐색
- 원가족의 영향력: 이전 세대의 긍정적 혹은 부정적 영향의 탐색
- 가족발달주기의 단계: 대부분의 가족은 생활주기 전환에 고착된 상태일 가능성이 높음. 부부가 첫아이의 출생으로 인해 친밀감에 어떠한 영향을 받았는가? 자녀가 발달 과정을 거치는 동안 부부관계는 어떻게 진전되었는가? 자녀가 집을 떠난 후 부부관계에 남은 것이 무엇인가? 등으로 탐색
- 가족구조: 하위체계의 기능과 특성, 삼각관계, 경계선 등을 탐색
- 의사소통과 상호작용 패턴: 부부 및 가족에게 반복적으로 역기능적인 상호작용을 하게 하는 의사소통과 갈등 해결의 패턴을 탐색
- 약물과 알코올중독/가족폭력과 성학대/혼외관계/문화적 요인/역할 문제/신체적 문제 등을 탐색
- 외적 스트레스와 지지체계의 탐색
- 부부 및 가족이 제시한 상담 목표 탐색

2. 면접을 통한 사정기법

면접은 가족사정을 위해 흔히 사용하는 방법이다. 가족상담자가 내담자로부터 질문에 대한 답을 이끌어 내는 방식에 따라 가족이 해결해야 할 문제를 용이하게 찾아낼 수 있느냐가 결정된다. 면접은 주관적이고, 해석적이며, 반영적인 과정으로 가족의 구조, 역동, 상호작용 등에 대한 정보를 얻는 사정기법이다.

가족사정은 각 상담 모델이나 주요 개념에 입각하여 실시하기 때문에 면접에도 상담자의 주요 접근 모델을 이용하는 것이 바람직하다. 그러나 개입 초기에는 무엇보다 가족 구성원과 합류하여 관계를 형성하고, 직·간접적인 질문과 개방적인 질문을 통해 문제 해결을 위해 필요한 정보를 수집하고 종합·분석한다.

개방적인 질문은 구체화된 질문으로 이어져 문제의 정확한 특성을 체계적으로 발견해 낼 수 있어야 한다. 가족상담자는 반영적 경청, 직면, 격려, 요약, 각 모델의 접근 방법에 따른 질문과 해석 등을 사용하여 내담자 가족의 구조와 기능, 문제 형성 과정, 가족의 발달상 과업과 스트레스, 과거의 경험과 현재 문제 간의 연관성, 문제를 둘러싼 가족의 역동 등에 관한 정보와 자료를 수집하고 종합하여 개입 계획을 세우게 된다.

특히 면접 사정에서 많이 사용되는 과정 질문과 순환적 질문은 문제를 일으키고 유지시키는 상호작용의 연쇄 과정을 추적하는 데 유용한 기법이다. 가족상담자는 누가 문제를 어떻게 시작했느냐에 대해서는 거의 관심을 두지 않고, 문제가 현재 행동과 반응으로 인해 어떻게 지속되고 있는가에 더 초점을 두기 때문이다. 과정 질문이나 순환적 질문은 가족상담자에게도 좋은 정보를 제공해 주지만 이를 통해 가족들도 자신들의 문제를 체계적인 관점에서 볼 수 있게 된다.

또한 문제가 발생하는 상황에서 중요하게 여겨지는 시간과 배경은 다른 기법보다 면접에 의해 더 잘 수집된다. 가족상담자는 면접을 통하여 문제가 가장 심각할 때와 덜 심각할 때, 두 상황 사이의 차이에 대해 알게 되면서 무엇이 문제를 유지시키는가를 결정할 수 있다(Brown & Christensen, 1999). 문제에 관련된 상호작용의 연쇄 과정은 다음과 같은 질문을 활용해서 얻어질 수 있다.

- 문제가 무엇인가?
- 문제가 어떻게 문제가 되는가?
- 문제가 구체적으로 어떻게 나타나는가?
- 문제에 관해 다르게 보는 가족 구성원이 있는가? 있다면 왜 그러한가?
- 문제가 언제 시작되었는가?
- 문제가 얼마나 자주 발생하는가?
- 문제는 어떤 때에 혹은 어떤 상황에 더 심하게 나타나는가? 조금 더 나아질 때는 언제인가?
- 문제를 해결하기 위해 시도해 본 방법들은 무엇이었는가?
- 그것이 도움이 되었는가?
- 도움이 되지 않았다고 생각한다면 왜 그런가?
- 가족 내에서 문제에 관해 관심을 가지고 도우려는 사람은 누구인가?
- 변화에 대한 동기가 가장 높은 사람은 누구인가?

면접 사례*를 통해 얻어진 사례 가족의 주호소 문제는 큰아들이 학교 부적응을 보이고 게임에 몰두하는 것이었다. 큰아들은 초등학교 5학년 때 시골에서 서울로 이사 오는 환경의 변화에 적응하기 위해 초기에는 공부를 열심히 하였으나 기대했던 만큼 성적이 나오지 않았다. 아빠는 자랄 때 다른 형제들보다 공부를 잘해서 가족의 인정을 받았기 때문에 학업성취가 인생의 성공에 매우 중요한 부분이라고 인식하고 있다. 그러므로 아들의 부진한 학업성적은 아빠의 비난과 통제, 폭력적인 행동이 아들에게 집중되도록 하고, 학교에서 좌절을 경험하고 있는 아들은 학교에 가는 것을 거부하고 쉽게 만족감을 얻을 수 있는 게임에 몰

---

* 사례에 대한 기본 자료는 제3장의 104~106쪽을 보기 바란다.

두하면서 가족 안에서의 자신을 거부하고 있다. 이러한 상황에서 엄마(아내)는 남편과의 의사소통을 통해 아들에 대한 이해와 더불어 남편의 비난을 중재할 방법을 제시하기보다 자신도 어린 시절 어렵게 공부한 경험이 있어 아들에게 공부를 강조하였기 때문에 아들의 부적응 행동이 더 촉진되었다. 이 가족은 큰아들의 문제가 촉발요인이 되었으나, 가족의 실제 역동의 문제는 아빠가 가족 모두를 비난하고, 엄마는 남편을 회유하면서 딸과 융합하여 문제를 해결하기보다 그것을 회피하면서 큰아들을 희생양 삼고 있다는 점이다. 이로 인해 큰아들은 등교를 하지 않고 게임에 몰입하면서 부모에게 수동적인 공격성을 보이고 있으며, 딸은 유약한 모습으로 엄마의 보호를 유도하고 있다.

3. 관찰을 통한 사정기법

내담자의 언어적 보고만을 통하여 정보를 수집하는 것은 때로 정확한 사정이 되지 않을 수 있다. 가족의 상호작용 방식을 관찰하는 것은 고정화된 행동 유형, 가족의 의사소통, 역할, 의사결정 방식 등에 대한 객관적 정보를 얻는 데 도움이 된다. 이렇게 가족의 상호작용 방식을 정확하게 탐색하기 위해서 가족 인형으로 가족을 탐색해 보거나 가족조각을 하게 하거나 특정 문제에 대하여 가족이 의사결정을 하도록 하여 내담가족들의 언어적 · 비언어적 상호작용 방식을 관찰할 수 있다. 또한 상담 회기 중에 '가족 문제'에 대해 말하기를 멈추고, 대신 부부와 가족이 문제 상황에 어떻게 반응하는지, 또한 문제가 일어나기 전과 후에 무슨 일이 일어나는지를 실연화 기법을 통하여 상호작용 패턴을 진단하고 평가할 수 있다.

가족의 상호작용을 관찰하여 가족의 패턴을 사정하는 것은 그 어떠한 가족사정도구보다 강력한 힘을 가진다고 할 수 있다. 가족상담자 중에는 학자들이 개발한 관찰행동 코딩체계(coding system)를 사용하여 가족의 상호작용을 파악하는 경우도 있다. 관찰을 통한 사정은 초보 상담자들에게 어려움을 가져다줄 수 있지만, 다음과 같은 몇 가지 중요한 질문을 해 봄으로써 상담자는 내담가족의 패턴에 대한 정보를 수집할 수 있다(Resnikoff, 1981).

- 가족의 외적인 모습에서 무엇을 파악할 수 있는가?
  - 가족 구성원들이 서로 얼마나 멀리 앉아 있고, 누가 누구 옆에 앉아 있는가?
  - 눈맞춤이 이루어지고 있는가?
- 가족에게서 파악할 수 있는 인지적 기능은 무엇인가?
  - 메시지가 어떻게 전달되는가?
  - 가족 구성원들이 얼마나 명확하고 솔직하게 의사소통을 하는가?
  - 의사소통 패턴이 서로 주고받는 패턴인가? 일방적인가?
  - 가족들은 다른 가족들에게 어떻게 반응하는가?
- 반복적이고 비생산적인 의사소통 방식이 발견되는가?
  - 특별한 행동 후에 어떤 방법으로 부모가 자녀들을 꾸짖고 칭찬하는가?
- 가족 내의 기본적인 감정 상태는 무엇이며, 누가 그 감정을 전하는가?
  - 모든 가족은 다양한 감정을 가지고 있으나 종종 한 가족 구성원이 가족의 전체 정서를 지배적으로 전한다. 예를 들면, 우울한 자녀는 우울한 가족을 암시할 수 있다.
- 개인의 어떠한 역할이 가족의 저항을 강화시키며, 가장 강력한 가족의 방어기제는 무엇인가?
  - 가족들은 때때로 스트레스에 대한 특징적인 반응, 예를 들어 분노 혹은 거부와 같은 반응을 한다. 가족상담자는 이러한 반응을 인지하고, 그에 대해 세심하고 민감한 반응을 해 줄 필요가 있다.
- 어떤 하위체계가 이 가족에게 작용하고 있는가?
  - 거의 모든 가족이 하위체계를 가지고 있다. 가족들의 하위체계를 파악하는 것과 하위체계가 어떻게 기능하는가를 확인하는 것은 가족의 기능 회복을 위해 중요하다. 어떤 하위체계는 잘 기능하지만 어떤 하위체계는

다른 가족 구성원들을 희생양으로 만들거나 삼각관계에 연루되게 한다.

- 누가 가족 내에서 권력을 행사하는가?
  - 가족 내에서 권력을 가지고 있는 사람들이 규칙을 정하고 중요한 결정을 내린다. 어떤 경우에는 권력을 가진 사람을 쉽게 파악할 수 없을 정도로 권력을 가진 사람들의 태도와 행동이 부드럽고 온화하다. 그러나 그들이 말하는 것 혹은 행동하는 것에 의해 다른 가족 구성원들은 상당히 영향을 받는다. 예를 들어, 가족의 대변인처럼 상냥하게 행동하는 어머니가 실제로는 가족들 모두에게 실질적인 권력을 행사하는 경우가 있다. 기능적으로 상호작용하는 가족들은 규칙 및 권력의 조화와 관련하여 융통성을 가지고 있다.

- 가족 구성원들이 서로 어떻게 분화되어 있으며, 하위 집단 경계들은 어떠한가?
  - 어떤 가족은 물리적으로나 심리적으로 너무 지나치게 밀착되어 있고, 어떤 가족은 서로에게 거리감을 두어 소원한 경우가 있으며, 어떤 가족은 분화 수준이 낮아 미성숙한 감정과 행동을 표출하는 경우가 있다. 상담자에게는 내담가족의 분화 수준과 경계의 경직성, 융통성, 산만함을 파악해서 놓치지 않고 관찰하여 기록하는 것이 중요하다. 예를 들어, 주어진 사례에서는 자녀가 부부의 갈등 속에 어떻게 끌려 들어와 있는가, 자녀가 부부 문제에 어떻게 관여되었는가를 통해 평가할 수 있다.

- 가족은 가족생활주기 단계 중 어떤 단계를 경험하고 있으며, 문제해결 방법이 그 단계에서 적절한가?
  - 가족이 18세 자녀를 마치 6세 자녀처럼 다루고 있지는 않은지, 가족상담자는 가족이 현재의 발달적 현실을 어떻게 다루고 있는가를 점검할 필요가 있다.

관찰을 통해 얻어 낸 이 가족의 문제 중 하나는 부부의 대처 방식 유형과 생존전략이다. 가족들이 아빠를 비난형이라고 지각하고 있는 것에 대해 아빠는 언어적으로 동의하지 않았다. 그러나 가족상담자가 아들에게 학교에 대한 질문을 하자 아빠가 아들의 대답을 기다리지 못하고 아들에게 빨리 대답하도록 다그치면서 학교에 가지 않는 아들을 강하게 비난하였다. 또한 아들의 학교문제에 관해 이야기하다가 모든 문제가 아들의 양육을 담당한 아내의 문제라고 아내의 문제점을 일목요연하게 표현하면서 비난하는 모습이 관찰되었다. 또한 아빠가 가족에게 자신의 생각을 표현하는 동안 엄마는 어깨를 움츠리고 고개를 떨구고 있었으며, 아들은 주먹을 쥐고 인상을 쓰면서 아빠 반대 방향으로 얼굴을 돌리고 있었다. 딸은 아무 일도 없는 듯 고개를 좌우로 돌리며 상담실 집기를 관찰하고 있었다. 이를 통해 가족상담자는 가족의 언어적·비언어적 상호작용 패턴에 대한 객관적인 정보를 얻을 수 있었다. 상담이 진행되는 동안 가족상담자는 가족들의 대화가 어떻게 시작되고, 비난이나 분노의 고조화 정도가 어느 정도인지, 분노가 일어날 때 무슨 일이 일어나는지, 부모와 자녀가 제시한 문제의 이면에 다른 문제가 있는지 등을 관찰할 수 있다.

4. 도구를 활용하는 사정기법

가족의 기능과 관계 방식, 가족 문제 등을 짧은 시간 내에 효율적으로 탐색하기 위하여 자주 사용되는 방법은 다양하게 개발된 표준화된 척도나 심리검사 도구를 활용하는 것이다. 이러한 도구에는 가계도를 포함하여 성격검사, 가족의 기능, 결혼만족도, 부모역할, 의사소통, 가정폭력, 아동학대 등과 관련된 자기보고척도, 그림을 통한 투사검사 등이 있다.

1) 가계도를 통한 사정

가계도는 3세대 이상에 걸친 가족 구성원에 관한 정보와 그들 간의 관계를 도식화하여 복잡한 가족의 형태를 한눈에 파악할 수 있는 가족사정 방법이다. 가계도는 세대를 거쳐 내려온 관계를 볼 수 있도록 하여 현재 행동에 영향을 주는 대인 간의 패턴을 이해하고, 중요한 관계에서 내면화되어 전이된 정서 과정의 강점과 약점을 인식하게 한다. 이러한 과정을 통해 현재 가족 문제의 원인을 파악하고, 여러 세대를 거쳐 내려온 정서적 과정이 현재 가족관계 방식과 어떤 연관성이 있는지를 이해할 수 있게 한다.

가계도는 가족을 사정하는 방식으로도 활용되지만 가족 문제를 일반화시키는 데 유용하게 사용되고, 가족이 자신들의 관계를 새롭게 볼 수 있도록 도와주기 때문에 치료적 효과도 크다. 또한 상담 전 과정 동안 삼각관계, 가족 구성원의 증상, 가족에게 중요한 사건 등을 추적하면서 가족 안에서 반복되어 나타나는 관계 패턴이나 사건들을 검토할 수 있다. 가계도는 첫 면담에서 대부분 완성되지만 새로운 정보가 나타날 때마다 계속 수정될 수 있다.

가계도의 작성은 가족상담자가 우선 가계도의 이론적 근거를 설명하면서 시작한다. 상담자는 가계도가 가족 배경이 현재의 문제에 어떻게 영향을 미쳤는지 등을 알아보는 데 효과적인 수단이라는 점을 가족에게 알린다. 상담자는 가계도가 가족에게 주어지는 초기의 과제이므로 모든 가족 구성원이 참여하도록 격려해야 한다. 또한 가족으로 하여금 가계도를 그리는 경험이 부담스럽지 않도록 배려하고, 가계도를 그린 후 가족에 대한 각자의 견해와 느낌을 서로 나누도록 도와야 한다(김유숙, 2006).

가계도를 작성하는 방법은 다음과 같다.

(1) 가족구조를 도식화한다

가족상담자는 먼저 내담가족에게 가계도의 뼈대가 되는 가족구조를 도식화할 수 있는 방법과 [그림 10-1]에 나타난 도식표를 제시하여 구성원 간의 생물학적 · 법적 관계를 도표로 그리도록 설명할 수 있어야 한다.

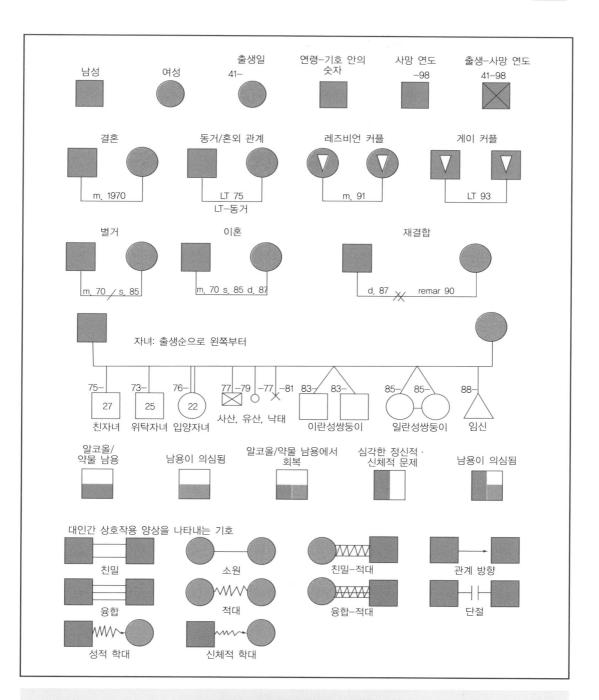

[그림 10-1] 가계도의 표준기호

(2) 가족 구성원에 관한 정보를 기록한다

가족 구성원의 이력(이름, 연령, 출생 및 사망 시기, 직업, 교육 수준, 형제자매의 위치, 결혼 상태, 종교, 거주 지역 등), 가족의 역할(가족 구성원의 정서, 신체, 행동에 관한 객관적 정보), 중요한 가족생활 사건(과도기, 인간관계의 변화, 이주, 상실과 성공 등)을 기록하도록 권유한다. 내담가족이 이러한 정보를 기록하는 것에 서툴거나 어려움을 보이는 경우에는 상담자가 면접이나 질문을 통해 함께 작성하도록 돕는다. 상담자가 가족의 구조를 알아보기 위해 구체적인 질문을 하는 것도 중요한데, 이때 활용 가능한 질문 내용은 다음과 같다.

- 결혼은 언제 어떻게 하셨는지요?
- 결혼한 동기는 무엇이었나요?
- 자녀는 몇인지 그리고 몇 살인가요? 혹시 잃어버리거나 사망한 자녀가 있었나요?
- 배우자의 직업은 무엇이고 경제적 위기는 있었나요?
- 결혼을 매우 일찍 혹은 늦게 한 특별한 사유가 있었나요?
- 이혼이나 사별은 언제 어떻게 이루어졌나요?
- 이혼이나 사별 후의 생활은 어떠하셨는지요? 그 뒤에 자녀 문제는 누가 책임지고 있나요?
- 형제자매는 몇인가요? 부모님은 어떤 일을 하셨나요?
- 배우자의 형제자매 가운데 일찍 사망한 사람이 있나요?
- 부모님은 언제 어떻게 결혼(이혼)하셨나요? 부모님들은 언제 어떻게 돌아가셨나요?
- 부모님의 형제자매 가운데 사고로 일찍 돌아가신 분이 있다면 누구인가요?
- 원가족 중에 특별한 인생을 산 사람이나 살인이나 강간 등의 특별한 범죄를 저지른 사람이 있었나요?
- 원가족 가운데 자살한 사람이 있었나요?

- 원가족 가운데 사생아(고아)로 자란 사람이 있었나요? 또는 입양아가 있었 나요?

(3) 가족관계를 표현한다

다음은 가족의 관계를 파악하기 위해 활용해 볼 수 있는 구체적인 질문 내용으로 내담가족을 이해하기 위해 신중하게 질문하도록 한다.

- 당신이 생각하기에 누구는 누구와 가장 가까운가요?
- 누가 누구와 가장 갈등적인 관계인가요? 갈등관계의 원인은 무엇인가요?
- 조부모가 편애하는 자녀가 있다면 누구인가요? 그 이유가 무엇이라고 생 각하시나요?
- 가족 중에서 누가 문제를 일으키고, 누가 주로 문제를 해결하나요?
- 가족의 희생양이 있다면 주로 누구인가요?
- 가족에서 소외된 사람이 있다면 누구인가요?
- 가족 구성원 중에 누군가 아프면 가장 많이 책임을 진 사람은 누구인가요?
- 자녀가 집을 떠나고 없을 때 가장 애석해하는 사람은 누구인가요?
- 아버지의 역할과 위치는 어머니와 비교해서 어떤가요?
- 가정에서 어머니의 역할을 대신 담당하는 사람은 누구인가요?
- 가정에서 누구의 의견이 가장 결정적인가요?
- 가족의 일에 가장 적극적으로 참여하는 사람은 누구인가요? 가장 참여하 지 않는 사람은 누구인가요?
- 친척 가운데 가장 가까운 사람은 누구와 누구인가요?
- 가족의 일생 중 가장 기억에 남는 일은 무엇인가요?
- 가족의 일생 중 가장 어려웠던 적은 언제이고, 어떤 일이 있었나요?

가계도를 통해 가족의 구조, 가족생활주기의 적합성, 세대를 통해 반복되는 유형, 인생의 중대사와 가족의 역할, 삼각관계, 가족의 균형과 불균형(과대기능과 과소기능)을 파악한다. 역할 유형, 관계 유형, 구조 유형의 반복, 역할과 관계가 반복되는지를 탐색할 때는 가족 구성의 반복도 함께 살펴야 한다.

주어진 사례에 대한 가계도는 [그림 10-2]에 나타난 바와 같다.

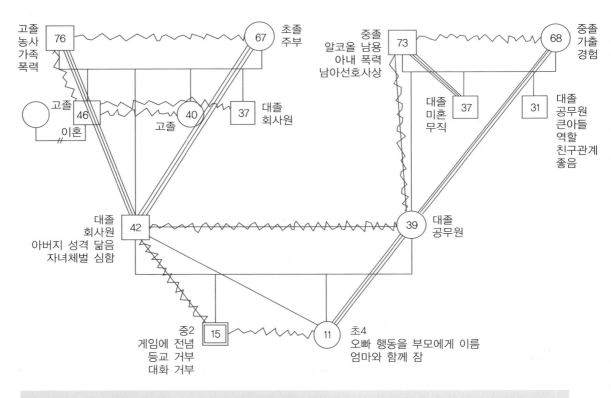

[그림 10-2] 가계도 예시

2) 원가족도표를 통한 사정

원가족도표는 1960년대 후반 사티어에 의해 개발된 기법으로 원가족으로부터 근거하고 있는 가족의 역기능적 패턴을 명백하게 볼 수 있도록 도와주는 도구다. 원가족도표는 내담자의 현재 핵가족 한 장, 남편의 원가족 한 장, 아내의 원가족 한 장씩을 모두 그리도록 한다. 이 도표의 목적은 가족들의 성격이나 행

동 방식, 의사소통 및 대처 방식, 위기나 갈등 상황에 대한 대처, 가족 내의 친밀
감과 거리감, 가족원의 신념이나 가치, 세대 간의 유사점과 차이점, 내담자에게
어떠한 부분에서 변화가 필요한지를 파악하기 위해서다.

원가족도표는 남자는 직사각형으로, 여자는 원으로 표시하고, 사망한 가족은
직사각형 안에 사선을 긋는다. 그리고 일반적으로 이름, 결혼 연도, 이혼 연도,
출생자와 생일, 현재의 나이와 사망한 나이, 종교, 취미, 부모를 표현하는 세 가
지 특성의 형용사, 부모의 역기능적인 대처 방식(회유, 비난, 초이성, 산만), 가족
관계 표시 등을 첨부하여 기록한다.

원가족도표를 활용하는 동안 탐색하도록 활용할 수 있는 질문의 내용은 다음
과 같다.

- 가족이 중요시했던 가치관이나 신념
- 아동기와 청소년기를 되돌아볼 때 감사하고 싶은 내용
- 성장 과정에서 가장 큰 어려움이나 좌절감의 경험과 극복 방법
- 생일과 같은 특별한 날 가족들의 축하 행사
- 가족의 위기나 스트레스 요인
- 부모가 기대하는 것들
- 가족규칙의 내용, 수정 가능성, 미치는 영향력
- 가족 비밀
- 부모의 꿈
- 자녀양육 방식
- 자아존중감을 높일 수 있는 방안
- 종교관, 세계관
- 가족의 긍정적 자원이나 특징
- 핵가족 안에서 변화되어야 할 내용
- 습관, 행동 방식이나 대처 방식

원가족도표를 활용하여 주어진 사례를 평가한 도식은 [그림 10-3]에 나타난 바와 같다.

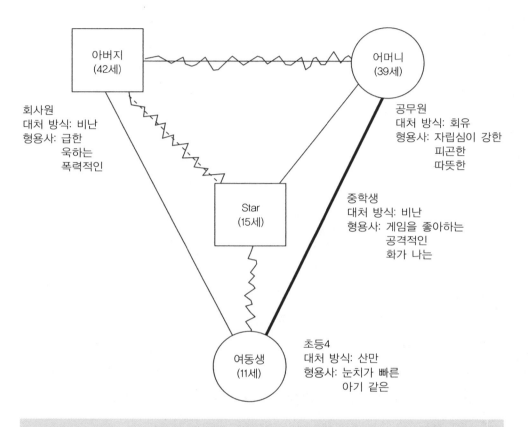

[그림 10-3] 원가족도표를 활용한 가계도

3) 가족조각을 통한 사정

가족조각 기법은 사티어의 경험적 기법의 대표적인 것으로 상담 장면에서 한 명의 가족 구성원 또는 그 이상의 사람들로 하여금 자신의 이미지에 따라 가족의 실질관계를 상징적으로 배열하고 조작해 보도록 하는 것이다. 이 기법은 가족 구성원들 간의 거리감, 밀착된 몸짓, 자세, 표정 등을 취하는 무언의 동작과 신체 표현을 통해 의사소통과 관련된 가족관계를 가시적으로 사정해 볼 수 있다.

사티어는 가족조각을 하는 데 있어 역기능적인 의사소통 유형, 즉 비난형, 회유형, 초이성형, 산만형을 사용하였다. 구체적으로 가족 구성원들에게 역기능적인 의사소통 네 개 유형을 소개하고, 각 유형의 특징적인 신체적 자세를 연습하도록 한 이후에 가족 구성원들의 비언어적인 방법과 신체적으로 표현하도록 한다. 먼저, 자신의 유형을 표현하도록 하며 점차로 가족 전체가 참여하여 조각하도록 한다(Satir, 1988). 가족조각은 조각에 대한 교육 과정을 거친 후에 실시하는 것이 효과적이다.

가족상담자는 각 가족 구성원들에게 다음과 같은 질문을 하면서 토의한다(Sherman, 1993).

- 토의하기 전에 조각자에게: 조각한 장면에 어떤 제목을 붙이겠는가?
- 각 가족원에게: 가족구조 내에서 현재의 위치에 대한 감정은 어떠한가?
- 가족 전체에게: 조각을 만든 가족 구성원이 가족을 이와 같이 인식하고 있는 것을 알았는가?
- 각 가족 구성원에게: 조각을 만든 가족 구성원이 당신을 이와 같이 인식하고 있는 것을 알았는가?
- 가족 전체에게: 당신은 이와 같은 가족의 기능에 동의하는가? 불편한 것은 무엇인가?
- 조각자 혹은 가족에게: 가족의 기능이나 구조가 어떻게 변화하기를 원하는가? 희망과 기대하는 것은 무엇인가?

4) 표준화된 자기보고식 도구를 통한 사정

자기보고식 도구는 객관적 사정 기법으로 가족 문제를 목록화하여 평가할 수 있게 해 준다. 이 도구는 가족 구성원의 성격 특성은 물론 조화와 적응 정도, 가

족 기능, 가족관계 등을 표준화된 점수로 평가하게 해 준다. 또한 자기보고식 도
구는 면담에서 보여 주는 저항을 다루게 해 주고, 관찰을 통해 파악되기 어려운
가족 구성원의 주관적 특성을 평가하게 해 준다.

　가족상담 현장에서 가장 많이 사용하는 표준화된 개인 검사도구는 MBTI로,
이 검사를 통해 가족이 각자의 성격 차이를 인식하게 되면, 가족은 문제를 개인
적인 관점에서 보는 것에서 벗어나 상호작용적 관점에서 볼 수 있게 된다. 가족
체계나 기능을 사정하는 도구는 주로 ENRICH와 가족환경 척도 등이 활용되고
있다. 표준화된 자기보고식 도구는 출판된 다양한 심리척도 자료집을 참조하여
사용할 수 있다(김유숙, 전영주, 김수연, 2003).

(1) MBTI

　MBTI(Myers-Briggs Type Indicator: 심리유형검사)는 브리그스(Briggs)와 그의
딸 마이어스(Myers)가 칼 융의 심리 유형 이론을 토대로 개인이 인식하고 판단
할 때의 선호하는 경향을 찾고, 이러한 선호경향이 생활양식에 어떠한 영향을
미치는지 파악하여 실생활에 응용할 수 있도록 제작한 도구다.

ooo **표 10-1 MBTI의 네 가지 선호 경향**

지표	설명	지표
외향(E) Extraversion	주의 초점: 에너지의 방향은 어느 쪽인가?	내향(I) Introversion
감각(S) Sensing	인식 기능: 무엇을 인식하는가?	직관(N) iNtuition
사고(T) Thinking	판단 기능: 어떻게 결정하는가?	감정(F) Feeling
판단(J) Judging	생활양식: 어떤 생활양식을 채택하는가?	인식(P) Perceiving

　가족상담자는 MBTI를 부부 및 가족상담에 사용할 때 각자의 선호 유형이 다

르다는 것을 파괴적이지 않고 보다 건설적으로 활용할 수 있도록 도와주는 데 주안점을 두어야 한다. 가족상담자는 MBTI를 활용하여 가족 구성원들이 서로의 성격 유형을 이해하고 성격 차이가 빚어낼 수 있는 갈등을 다룰 수 있도록 하는 기회를 제공할 수 있다. 가족 각자의 유형을 알게 됨으로써 이 세상을 향해 행동하고, 이 세상에 대해 반응하고, 이 세상을 이해하는 방식이 가족 구성원 개개인마다 어떻게 다른지를 알게 된다. 또한 성격유형의 이해를 통해 가족들은 성격의 차이는 극복하는 것이 아니라 이해해야 한다는 것도 알게 된다. 상담현장에서의 MBTI는 왜 가족 간의 의사소통에 어려움이 있는지, 가족 내에서 서로의 역할분담과 자녀양육의 차이를 어떻게 극복할 수 있는지, 성격의 차이를 어떻게 하면 건설적으로 사용할 수 있는지에 대해 이야기를 나누며 서로의 차이를 이해하는 도구로 사용된다.

(2) ENRICH

ENRICH(Evaluating Nurturing Relationship Issues, Communication, Happiness)는 PREPARE와 더불어 올슨(Olson), 퍼니어(Fournier) 그리고 드럭맨(Druckman)이 개발한 부부와 커플관계 사정도구로서, 부부관계의 여러 가지 영역 가운데 이슈가 되는 중요한 영역에 초점을 맞추어 상담자가 객관적으로 커플을 돕기 위한 도구 중 하나다. 이 도구는 커플관계상의 중요한 문제에 대해 일목요연한 정보를 제공하는데, 구체적으로 어느 영역에서 문제가 있는지 파악하기에 매우 용이하다. 또한 부부의 관계 강점 영역과 잠재적 성장 필요 영역을 알게 하여 부부가 원만한 관계를 맺도록 도와줄 수 있다.

갈등이 많은 부부라 하더라도 그들 관계의 전 영역이 무너진 것은 아니며, 그들의 관계를 이어 주는 연결고리가 있음을 발견하도록 하는 것은 내담자 부부에게 큰 격려가 될 수 있다. 부부에게서 보편적으로 갈등을 일으키는 영역들은 〈표 10-2〉에 나타난 바와 같이 크게 네 개로 나누어질 수 있다. 레비와 올슨(Lavee & Olson, 1993)은 부부 각자가 관계 영역에서 긍정적인 방향으로 서로 동의하는지의 여부를 긍정적 부부 의견일치 점수(Positive Couple Agreement Score:

PCA)로 환산하여 부부를 활기찬 부부, 조화로운 부부, 전통적인 부부, 갈등이 있는 부부, 활기 없는 부부 유형으로 나누어 상담에 활용하였다.

○○○ 표 10-2 ENRICH 관계 영역

1. 성격 특성의 문제	• 자기 표현	• 자신감
	• 회피성	• 배우자 지배성
2. 개인 내면의 문제	• 이상주의적 왜곡	• 성격 문제
	• 종교적 신앙	• 여가 활동
	• 결혼기대도	• 결혼만족도
3. 대인관계 문제	• 의사소통	• 갈등 해결
	• 자녀양육	• 친밀감
	• 역할관계	• 스킨십/성관계
4. 외적인 문제	• 원가족	• 가족/친구
	• 재정관리	

(3) 가족환경 척도

가족환경 척도는 가족체계 이론을 바탕으로 고안된 사정도구들이다. 체계 이론의 주요 가정은 가족은 서로 연결되어 있고, 한 가족 구성원의 문제는 다른 가족 구성원에게 영향을 주며, 가족기능은 개인이나 하위체계만으로 이해될 수 없고, 가족구조는 가족의 행동에 큰 영향을 미치며, 가족 간의 상호작용은 개인의 행동을 형성하는 데 많은 영향을 미친다는 것 등이다.

① 써컴플렉스 모델

써컴플렉스 모델(circumplex model)은 기존 이론에서 가족의 특성과 기능 간의 관계를 직선적으로 설명한 것과는 달리 곡선적으로 설명한 것으로 중간 정도의 응집성과 적응성을 갖는 가족을 건강한 가족이라고 여기는 순환 모델이다. 가족의 응집성은 가족 간의 정서적 결합 정도를 측정하는 것으로 응집성의 차원

337

에 따라 가족은 과잉분리가족, 분리가족, 연결된 가족, 밀착가족으로 구분된다. 가족의 적응성은 가족의 변화를 허용하는 정도와 균형을 유지하려고 하는 정도다. 적응성의 차원은 가족 간의 긴장이나 갈등, 또한 스트레스에 대한 반응에 가족의 규칙, 역할, 구조 등이 유연하게 변화할 수 있는 능력 정도로 측정되고, 이에 따라 가족은 경직된 가족, 구조적인 가족, 융통적인 가족, 혼란된 가족의 수준으로 구분된다.

순환 모델에서 도식되지 않은 차원인 가족의 의사소통은 가족이 역기능적인 경우 적응성과 응집성을 기능적 수준이 되도록 돕는 촉매 역할을 하며, 가족 내의 의사소통 표현 정도가 높은 개방형 가족에서는 의사소통으로 적절한 문제 해결이 가능하지만, 폐쇄체계에서는 문제 해결이 제대로 되지 않는다. 가족 유연성과 응집력 평가척도인 FACES(Family Adaptability and Cohesion Evaluation Scales)는 순환 모델을 측정하는 척도 중 하나다.

② 비버즈 모델

비버즈 모델(beavers model)은 정신분열증 청소년과 가족 간의 상호작용을 관찰해 가면서 개발된 것으로 가족체계 이론과 발달 이론을 통합하려고 시도한 모델이다. 이 모델에서는 가족 유능성과 가족 유형이 가족의 기능과 건강성을 평가하는 개념으로 사용된다. 이 모델에서는 유능성과 가족의 기능과의 관계를 곡선적으로 보지 않고, 직선적이며 무한적 연속체로 가정하여 가족이 보다 유능성이 높고, 융통성이 있는 경우 위기 상황을 보다 효과적으로 다루고 대처할 수 있는 능력이 있다고 여긴다.

이 모델의 가족체계 유형은 건강한 가족, 중간 범위의 가족, 경계선상의 가족, 심하게 혼란스러운 가족으로 구분되며, 건강한 가족은 최적의 유능성과 적절한 가족 유형을 가지고 있어 가족 구성원들이 스트레스를 거의 겪지 않는다. 중간 범위의 가족은 유능성 차원에서는 중간 수준에 속하고, 가족 유형 수준에서는 중간 범위의 구심적 상호작용을 하는 가족으로 가벼운 행동장애와 신경증적 증세를 보인다. 경계선상의 가족은 불안정한 성격 혼란을 겪거나 강박관념이나 식욕부진으로 고통받을 수 있고, 심하게 혼란스러운 가족은 가족 유능성이 가장 낮으며, 가족 구성원들이 자신의 정체감을 상실할지 모른다는 불안감을 갖게 된다.

③ 맥매스터 모델

맥매스터 모델(McMaster model)은 가족의 기능을 평가하고 진단하는 데 뛰어난 개념적 준거 틀을 제공하고 있다는 평을 받고 있는데, 가족 기능을 문제해결 능력, 의사소통, 가족의 역할, 정서적 반응성, 정서적 상호작용, 행동 통제의 여섯 가지 측면으로 보았다. 가족의 문제해결 능력은 가족의 기능을 유지하면서 가족이 직면하는 문제를 해결하는 능력으로 문제를 해결하는 데 어려움이 있는 가족은 잘 기능하지 못하는 가족이라고 볼 수 있다.

의사소통은 가족 안에서 얼마나 솔직하고 명료하게 의사소통이 전달되는가, 의사소통의 양이 충분한가, 가족이 의사소통을 할 의사가 있는가, 가족들의 마음이 서로에게 얼마나 열려 있는가 등을 말한다. 가족의 역할은 가족의 기능을 충족시키기 위해 반복적으로 일어나는 개인의 행동 유형으로 가족 구성원들에게 분배된 역할이 적절하게 나누어져 있는지에 따라 기능적인지 역기능적인지를 평가할 수 있다.

정서적 반응성은 주어진 상황이나 자극에 대해 가족 구성원들이 어떻게 정서적으로 반응하는가를 말하는 것으로, 안정감과 위기감의 정서적 경험으로 구분된다. 정서적 상호작용은 가족의 서로에 대한 관심과 배려의 양과 질에 대한 것으로, 가족 전체가 가족 구성원 개개인의 특정 활동과 관심 등을 얼마나 가치 있게 여기는가 하는 정도를 말한다. 행동 통제는 가족 구성원이 지금의 상태를 유지하거나 어떤 새로운 상황에 적응하기 위해 다른 가족 구성원에게 영향을 주는 과정 속에서 일어난다. 행동 통제는 경직, 유연, 방임, 혼돈의 네 가지 유형으로 분류된다.

5) 동적 가족화를 통한 사정기법

동적 가족화는 내담자가 주관적이고 심리적으로 느끼는 가족 구성원들에 대한 내적인 상이 시각적으로 표현되는 투사적 사정기법으로 내담자의 눈에 비친 가족들의 일상생활이나 가족에 대한 감정의 반영을 사정할 수 있다. 또한 내담자는 동적 가족화를 통해 자신에게 가장 영향을 미치는 인물, 혹은 부정적인 영향을 끼친 인물에 대해 느끼는 감정을 솔직하게 드러낼 수 있다. 특히 동적 가족화는 가족 구성원들 사이에 형성되어 있는 힘의 분포, 친밀감, 단절감과 같은 가족 내 역동성을 엿볼 수 있게 한다.

동적 가족화 검사 시 준비물은 A4 정도 크기의 백지 한 장과 2B 또는 HB연필, 지우개가 필요하다. 시간제한은 없으며, 검사자는 초시계를 가지고 걸린 시간을 기록한다. 가족화 검사는 가로로 종이를 제시한 후 한 장의 종이에 "당신을 포함해서 가족 모두가 무엇을 하고 있는 그림을 그려 보세요. 만화나 막대기 모양 사람이 아니고 완전한 사람을 그려 주세요."라고 지시한다.

내담자가 그림을 그리고 난 후 제시되는 사후 질문에는 반드시 특정한 내용들이 포함되어야 한다. 단, 검사시행 과정에서 검사자는 내담자에게 자신이 그리고 싶은 대로 자유롭게 그리도록 해야 하며, 그림의 모양이나 크기, 위치, 방법 등에 대해 어떠한 단서도 제공하지 않도록 주의해야 한다. 비지시적으로 검사가 실시되어야 내담자의 내면의 갈등이나 소망, 정서 등이 더 자유롭게 투사될 수 있기 때문이다. 내담자가 그림 그리기를 주저하면 옆에서 격려해 줄 수는 있으나 그리는 것을 도와주어서는 안 된다. 사후 질문의 예는 다음과 같다.

- 이 사람은 누구인가요? 누구를 먼저 그렸나요?(가족 한 사람씩 가리키면서)
- 지금 이 가족은 무엇을 하고 있나요?
- 이 사람은 지금 무엇을 하고 있나요?(가족 한 사람씩 가리키면서)
- 가족들이 있는 이곳은 어디인가요?
- 가족들은 기분이 어떤가요? 기분이 좋은(또는 나쁜) 이유는 무엇인가요?

- 이 그림의 계절과 날씨는 어떻습니까?
- 이 사람의 좋은 점(또는 나쁜 점)은 무엇인가요?(가족 한 사람씩 가리키면서)
- 이 가족에게 바라는 점이 있다면 무엇인가요?
- 이 그림을 보면 무슨 생각이 드나요?
- 여기 가족화에 그린 상황 바로 전에는 어떤 일이 있었을 것 같나요?
- 앞으로 이 가족은 어떻게 될 것 같나요?
- 만일 이 그림에서 무언가 바꿀 수 있다면 무엇을 바꾸고 싶나요?
- 이것은 무엇인가요?(그림의 특이한 부분)

사후 질문을 통해 동적 가족화에 나타난 가족의 상을 평가한 후 상담자가 분석해야 할 내용은 다음과 같다.

(1) 가족 구성원의 활동

내담자가 그린 가족 구성원의 활동은 평소의 가정 내 역할을 나타내며 가족 간의 상호작용을 보여 준다. 예를 들어, 가족 간에 각각 다른 활동을 하는 경우 낮은 수준의 상호작용을 시사한다.

(2) 그림의 양식

그림의 양식은 가족 간의 상호작용을 알 수 있게 해 준다. 가족 구성원을 선을 그어 구획한 경우나 가족 구성원 중 한 명 이상을 줄넘기나 그네, 책상 등으로 포위시킨 경우 그 가족에 대한 의도적인 분리의 욕구를 나타낸다.

(3) 가족 구성원의 역동성
① 생략 및 추가

가족 구성원을 생략했을 경우 그 대상에 대한 부정적 생각이나 태도를 가지고 있을 가능성이 높다. 자신을 생략한 경우는 자존감이 낮을 수 있다. 반대로 가족 구성원이 아닌 대상을 그린 경우 내담자에게 의미 있는 대상이므로 추가

질문을 통해 정보를 얻도록 한다.

② 순서 및 위치

가족을 그린 순서는 내담자가 지각하는 가족 내 힘의 서열을 반영하거나 내담자가 중요하게 생각하는 순서를 반영한다. 중앙에 그려진 가족 구성원이 가족 구성원 중 중심인물일 수 있으며, 용지 하단에 그린 가족 구성원은 가족 내에서 힘이 약할 수 있다. 반대로 용지 상단에 그린 가족 구성원은 가족 내 리더 역할을 담당하고 있을 가능성이 높다.

③ 크기 및 거리

그림의 크기는 실제 가족의 키를 반영한 것일 수 있고, 내담자의 가족 구성원들에 대한 감정과 태도를 나타낼 수도 있다. 크게 그린 가족은 존경의 대상이나 권위적인 대상일 수 있다. 가족 구성원 간의 거리는 내담자가 지각하는 친밀감과 심리적 거리감을 반영한다.

④ 방향

가족 구성원들이 정면, 옆면, 뒷면 방향 중 어느 방향으로 그려졌느냐에 따라 내담자가 지각하는 가족 구성원에 대한 태도가 반영된다. 앞모습의 가족은 긍정적으로 지각하는 대상이며, 뒷모습의 가족은 부정적 태도를 나타낸다. 옆모습의 가족에 대해서는 내담자가 양가적 태도를 취할 가능성이 있다.

감정통제가 어렵고 자기표현이 미숙한 10대 남자청소년 A군은 가족이 무엇을 하는지 잘 모르겠다며 계속 주저주저하다 가로 방향의 용지를 세로로 옮겨 심리적으로 용지의 폭을 줄인 후 그림을 그렸다. 가족 내에서 상호작용이 많은 동생을 가장 먼저 그렸고, 어머니를 자신의 옆자리에 위치시키고 자신과 아버지를 가장 멀리 떨어뜨려 그렸다. A군은 이 그림을 가족들이 사진을 찍는 모습이라고 설명하며 다시 가족 전체를 둘러싸는 가는 선을 그렸는데, 이는 A군이 가족 간의 정서적 애착에 대한 욕구가 있음을 보여 준다. 또한 가족은 이 그림을 통해 A군이 아버지에 대해 느끼는 정서적 거리감을 인식하게 되었다.

[그림 10-4] 10대 남자청소년 동적 가족화

[그림 10-5] 40대 여성 동적 가족화

A군의 어머니인 40대 주부 B씨는 3명의 자녀와 남편과의 관계를 가족화를 통해 표현했다. B씨는 막내와 둘째 자녀(A군)와 함께 보드게임을 하고 있고, 남편과 첫째 자녀는 각각 방에서 TV 시청과 핸드폰을 하고 있는 모습이라고 설명했다. 남편과 첫째 자녀를 방이라는 공간으로 구획화하여 정서적으로 분리되게 표현했고, 다른 두 자녀와는 정서적 밀착을 드러냈다. 이 그림을 통해 가족들은 아버지와 의미 있는 상호작용이 없음을 인식하였고, 아버지와 첫째 자녀가 느끼는 정서적 소외감에 대해서도 살펴볼 수 있는 기회를 가지게 되었다.

5. 상담 단계별 가족사정

1) 초기

가족사정은 상담의 전 과정에서 이루어지는데, 초기 단계는 가족력을 수집하거나, 가족 문제를 보는 가족 구성원의 입장을 들어 보거나, 대화를 나누고 갈등을 해결하는 과정 속에서 가족의 역동성을 지켜보는 과정을 거친다. 때로는 현재의 가족 기능과 활동에 중심을 두고 초기 과정을 보내기도 하는데, 가장 중요한 것은 가족과 함께 어떤 문제에 관심을 두어야 할지를 협상하는 일련의 과정이 필요하다는 것이다.

초기 단계에 가족상담자는 가족 구성원과 라포를 형성하고 가족 안으로 들어갈 수 있도록 노력해야 한다. 치료적 관계는 지금-여기의 자세로 치료자가 내담자와 접촉(contact)하면서부터 시작된다. 가족상담자는 초기부터 상호작용에 초점을 두어 가족문제에 개입하기 위해 역기능적인 행동과 반응 유형을 변화시킬 다양한 상담 계획과 기법을 수립해야 한다. 초기 평가 과정을 거쳐 상담 계획의 전체 윤곽을 수립하는 것이 사례개념화(case conceptualization)다. 가족이 어떻게 문제를 가지게 되었고, 그 문제가 어떻게 유지되어 가족을 어렵게 만드는지, 가족이 변화하도록 어떻게 도와줄 수 있는지의 전체 윤곽을 상담자는 사례

개념화를 통해 이해한다.

초기 평가는 상담 과정을 결정하는 초석이 되므로 누가 문제에 대한 증세를 가지고 있는지와 문제가 처음 시작된 때, 문제에 가장 영향을 받는 사람, 증세의 기능 등을 살펴보고, 개인치료와 부부 및 가족상담을 병행해야 하는지, 초점을 어디에 두어야 하는지를 결정할 수 있도록 주의 깊게 평가해야 한다. 상담자는 또한 가족의 상호작용을 관찰하기 위해 모든 가족을 참여시키려는 노력을 거치면서 가족이 어떠한 변화를 원하는지 구체적인 욕구를 진술하도록 격려한다. 그다음은 목표를 설정하고, 가족 구성원들에게 어떠한 변화를 기대하는지를 물어 목표를 보다 분명히 하여 가족의 적극적인 참여를 격려하도록 한다.

2) 중기

중기 단계는 상담 과정의 핵심을 다루는데, 상담자는 중기 단계에서 가족의 고정화된 상호작용 패턴의 고리를 찾아내고, 어느 시점에서 변화를 주어야 하는지를 중점적으로 평가할 수 있어야 한다. 상담 현장에 찾아오는 가족들은 반복된 상호작용 패턴에 오랫동안 갇혀 있어 겉으로 드러나는 메시지만 가지고 문제를 해결하려 했기 때문에 문제에 봉착해 있는 경우가 많다. 그러므로 가족상담자는 중기단계에서 겉으로 드러나지 않는 간접적인 상호작용 패턴을 명확하게 탐색해 내야 변화의 시점과 변화를 이끌 수 있는 가족의 자원이나 강점을 찾아낼 수 있다.

이 시기는 가족 구성원이 자신의 문제를 꺼내기를 두려워하고 가족의 '비밀'을 숨기려는 여러 가지 저항적인 행동을 보이기도 한다. 거부나 수치에 대한 공포, 가족상담자에 대한 불신을 의미하는 의식적인 저항 행동, 지나친 재잘거림, 침묵, 상투적인 대답 등 가족 구성원의 퇴행적인 행동이 나타나기도 한다.

가족상담자는 중기 단계에서 일어날 수 있는 장애를 극복하고, 가족의 역기능적인 구조 안으로 들어가거나 혼란에 빠져 가족의 퇴행적인 행동에 동참하지 않도록 노력해야 한다. 중기 단계에는 가족상담자가 가족들이 '왜'라는 질문에서 '어떻게'라는 질문을 할 수 있도록 이끄는 것이 중요하다. 예를 들어, 가족들에게 왜 자녀가 어머니의 역할을 떠안거나, 희생자를 만드는 과정에 동참하는가에 초점을 두기보다는 어떻게 하면 자녀가 어머니의 역할을 떠안거나 희생자가되지 않도록 할 수 있는가에 초점을 두어야 한다.

또한 가족은 중기 단계 동안 관계 패턴을 수정하고, 역기능적인 구조를 변화시키며, 새로운 의사소통 기술을 배워 나가야 한다. 중기 과정이 성공에 이르기 위해서는 가족구조의 재조정이 이루어지고, 가족이 새로운 가족규칙과 역할을 받아들이도록 해야 한다. 이러한 일련의 과정을 이끌기 위해서 상담자는 다양한 개입방법에 대해 숙지하고 끊임없이 가족이 변화되도록 격려하고 독려하는 과정을 감당해 내야 한다.

3) 종료

일반적으로 가족상담은 개인상담보다는 상담 기간이 짧다고 할 수 있다. 상담이 종결될 때 가족 구성원 모두에게서 문제가 사라지거나 가족 구성원 모두가동일한 수준까지 개선되기는 어렵다. 여러 가족 구성원이 새로운 관계를 맺기시작하지만 가족 중 한 사람이 여전히 이러한 과정을 방해하거나 둘이 결합하여다른 사람의 진전을 지체하는 경우도 있다. 그러나 가족의 문제를 하나의 단위로 해결하는 데 익숙해진 가족은 내적인 지원체계를 발달시켜 외부인인 상담자에 의존하지 않고 문제를 해결할 수 있는 힘을 갖게 된다.

가족 구성원들은 상담 과정을 통해 문제를 함께 해결하는 방법을 배워 가면서 자신감을 회복하는 단계를 맞이하게 된다. 그리고 서로 보다 분명하고 숨김없는 대화 방법을 발달시키고, 갈등의 해결 방안을 습득하고, 어느 정도 역할이재부여되고 권력도 재분배된다. 상담자는 종결하기 전에 상담의 목표가 달성되었는지, 변화가 있었는지, 목표를 달성하기 위해 종료 전 상담 현장에서 언급되어야 할 문제가 있는지를 전반적으로 평가해야 한다.

종결 단계가 되면 가족들이 상담을 종결해도 되겠다고 말하는 경우도 있지만 대부분 여러 가지 증후를 통해 종결을 준비하게 된다. 대체적으로 불평이 사라지고 가족이 보다 만족할 수 있는 행동을 하게 되며, 가정 밖에서의 독립적인 활동으로 새로운 만족감을 느끼게 되고, 가족기능의 변화로 스스로의 노력을 통해서 자기들의 문제를 해결할 수 있는 효과적인 방법을 발달시키게 된다. 이러한 증후들이 보이면 종결을 결정하고 상담이 종료될 수 있다. 치료자와 가족이 합의된 목표를 달성했다고 생각되는 시점에서 가족과 함께 상담 중에 일어난 변화를 되돌아보는 것도 종결에 필요한 작업이다. 종료 과정에서의 평가에는 추후 상담 계획도 포함되어야 한다.

제11장
부부 및 가족상담 프로그램

|최은영|

이 장에서는 대표적인 부부상담 프로그램 네 가지—이마고, 가트맨, 정서중심, PREPARE-ENRICH—를 간략하게 소개하고자 한다. 프로그램이란 '특정 목적을 달성하기 위해 고안된 활동의 조직된 집합체'(김창대, 박경애, 장미경, 홍경자, 2009)로 정의되며, 앞으로 소개할 프로그램을 효과적으로 사용하려면 프로그램을 실시하는 상담자와 프로그램에 참여하는 사람들이 먼저 프로그램을 실시하고, 이에 참여하는 분명한 목적을 공유하여야 할 것이다. 각 프로그램은 그 기반이 되는 주요 상담 원리와 개념, 프로그램 절차, 프로그램의 실제 및 활용의 순서대로 기술하였다. 이 장을 통해 상담에서 활용할 수 있는 실제적인 부부 및 가족상담 프로그램을 개괄적으로 이해하고, 내담자의 상황에 따라서 활용할 수 있는 전략이나 단서를 찾아보기를 권한다. 각 프로그램 전문가들이 실시하는 훈련 워크숍이나 강의에 참여하면 더 풍부하고 자세한 내용을 알 수 있을 것이다.

1. 이마고 부부상담 프로그램

릭 브라운(Rick Brown)은 이마고 부부상담의 중요 원리를 부부 사이의 관계 패러다임을 변화시키는 일이라고 보아 이마고 부부관계치료라고 명명하였다. 이마고 부부상담은 이마고 커플관계치료(오제은, 2005)라고 불리기도 하며, 부부의 관계를 치료함에 있어 배우자의 어린시절의 상처 치료의 중요성을 인식하고 치료에 반영하고 있다. 오제은(2005)은 헨드릭스(Hendrix, H.)가 저술한 두 권의 책인 『당신이 원하는 사랑 만들기: 커플가이드(Getting the Love You Want: A Guide for Couples)』와 『당신이 찾은 사랑 유지하기: 싱글 가이드(Keeping the Love You Find: A Guide for Singles)』의 배경을 정신분석과 대상관계 이론, 융의 분석심리학과 치료방법, 가족치료, 교류분석, 발달 이론 그리고 기독교상담과 사이코드라마로부터 얻은 아이디어들이 통합, 적용된 것으로 본다.

이마고 부부상담 모델은 다른 부부상담 모델과 다음의 세 가지 점에서 구별된다(Brown & Christensen, 1999). 첫째, 이마고 모델은 부부 사이에 일어나는 문제를 불러일으키는 증상을 완화하는 데 초점을 두기보다는 부부 각자의 어린 시절 상처와 미해결 과제의 치유를 부부 사이의 '관계'에 개입하여 이루려고 한다. 둘째, 이마고 모델에 있어서 부부는 서로의 어린 시절 상처를 치유하고 미해결 과제를 풀어내기 위해 반드시 있어야만 하는 '이마고 짝(IMAGO match)'인 동시에 서로를 위한 상담자 역할을 한다고 이해한다. 셋째, 이마고 모델에서 상담자는 '코치'와 '촉진자' 역할을 맡고 상담의 주체를 상담자가 아닌 부부 자신들로 본다. 따라서 상담자는 부부가 서로의 상담자 역할을 잘할 수 있도록 안내함과 동시에 부부 사이에서 어떠한 형태의 삼각관계도 만들지 않도록 중립성을 지켜야 한다.

웨이드 루켓(Wade Luquet)은 이마고 부부상담의 중요 원리로 진화론, 애착 발달 이론, 정신분석과 행동주의를 소개하며 이마고 부부상담 프로그램의 원리를 다음과 같이 제시하고 있다(Luquet, 2004).

1) 원리: 배경 이론 및 주요 개념

(1) 진화론, 생물학적 이론

이마고(imago)란 라틴어로 '이미지'라는 뜻으로 우리 마음 한가운데 자리 잡고 있는 생각을 의미하며, 이는 주로 아주 어린 시절 자신을 길러 주고 돌봐 주었던 사람에 대한 이미지라고 이해된다(Luquet, 2004). 이 이미지는 사람들의 무의식 가운데 저장되어 있는데, 인간의 대뇌층 가운데 구뇌(old brain) 부위에 저장되어 있다. 이 무의식의 구뇌는 안전감을 느낄 때에는 매우 긍정적으로 작용하지만 위기의식을 느끼면 이미 어린 시절 경험되어 기억된 아주 무서운 감정적 상처, 상실감, 당혹감이 드러나며 매우 부정적으로 작용되기 시작한다. 그런데 구뇌에는 논리 뇌가 갖고 있는 시간에 대한 감각이 없으므로 현재의 상실감이나 당혹감과 과거 주된 보호자로부터 받은 상실감이나 당혹감을 구분하지 못하며, 따라서 부부는 현재 자신의 문제에 대부분의 에너지를 사용하면서 마치 자신의 부모를 대하듯 서로에게 반응하게 된다.

(2) 애착 발달 이론과 성격 유형의 발달

이마고 부부상담 이론에서 애착 발달 단계는 구뇌에 저장된 무의식적 상처가 각 발달 단계의 과업, 그리고 보호자와 어떻게 연결되어 있는가에 따라 다음의 다섯 단계로 구분된다. 또한 각 단계 발달 과업의 실패는 아이에게 특정한 성격 유형을 발달시킨다. 부부상담자는 남편과 아내의 애착 발달 역사를 주의 깊게 살피면서, 부부 각자가 어떤 성격 유형을 지니고 서로에게 반응하는지 평가하게 된다.

ooo 표 11-1 애착 발달 단계에 따른 성격 유형

단계	단계 이름	특징	발달 과업 실패 시 드러나는 성격 유형
1	애착 단계	출생~2세. 부모의 따뜻한 애정이 필요하다.	밀착형(Clinger) 또는 회피형(Avoider)
2	탐험 단계	생후 2~3세. 부모는 아이가 탐험하도록 허락하고, 돌아온 이후 그들의 흥분 경험을 일정 시간과 장소에서 반영해 주어야 한다.	격리형(Isolator) 또는 융합형(Fuser)
3	정체성 단계	생후 3~4세. 아이는 만화 영화에 나오는 주인공을 흉내 내거나 부모의 물건을 사용하면서 자신에 대해 탐험하기 시작한다. 부모는 이때 '어머, 너는 꼭 ~ 같구나'라며 반영해 주어야 한다.	산만형(Diffuse) 또는 경직형(Rigid)
4	힘과 경쟁의 단계	생후 4~6세. 아이는 집 밖에서 무엇인가를 시작하며 자신의 힘과 경쟁력을 발전시키려 한다. 부모는 이에 대해 칭찬하고 긍정적으로 반영해 주어야 한다.	경쟁형(Competitive) 또는 수동형/조종형(Passive/Manipulator)
5	관심 단계	생후 6~9세. 아이는 친구에 관심을 갖고 복잡한 친구관계를 발전시키려 한다. 부모는 자녀가 친구관계를 잘 유지하도록 하고, 자신의 친구관계를 좋은 모델로 보여 주며 반응하여야 한다.	고독형(Loner) 또는 보호자형(Caretaker)

(3) 정신분석적 가족상담 원리

이마고 상담 이론의 관점에서 남편이 아내를, 아내가 남편을 선택하는 이유는 발달 단계의 같은 지점에서 상처를 입은 두 사람이 서로 반대쪽의 상처를 입은 사람을 그리워하며, 잃어버린 자아를 다시 찾아 자신의 발달 단계적 욕구를 충족시키려 하기 때문이라고 본다. 이 점에서 이마고 부부상담 이론에는 정신분석적 가족상담에 포함되는 대상관계 가족상담 원리가 적용되어 있다. 대상관계 가족상담의 수직 해석과 수평 해석의 개념은 이마고 부부상담에서 배우자 선택 과정을 잘 설명해 주기 때문이다. 즉, 사람들은 자신의 부모와의 수직관계에서 경험하지 못하고 빼앗겼던 상실 경험을 배우자와의 수평관계에서 보상하기를 바란다. 반대로 자신의 부모와의 수직관계에서 매우 긍정적으로 경험하였던 경험은 배우자와의 수평관계에서 지속하길 원한다. 이마고 부부상담은 기본적으로 '현재 결혼관계에서 보이는 좌절감은 조금이지만 성장하면서 경험한 좌절감은 많다.'라는 점을 전제로 한다. 따라서 정신분석의 '해석'의 원리를 사용하여 부모-배우자와 연결되는 '전이 경험'을 해석하는 것이 회복에 도움이 된다.

(4) 부부대화법과 행동주의 상담 원리

일반적으로 어린 시절 사람들의 좌절 경험은 삶의 다양한 욕구로 드러나며, 부부 사이의 대화에는 이들의 좌절된 욕구가 배어 있다. 따라서 이마고 부부상담에서는 이를 보여 주고 드러낼 수 있는 부부대화법(couples dialogue)이라 불리는 대화 과정이 필요하다. 부부대화법은 크게 반영, 인정, 공감의 세 단계로 구성된다.

- 반영하기(mirroring): 들은 사람이 말한 사람의 말을 그대로 되풀이하는 것이다.
- 인정하기(validating): 들은 사람이 '내 입장에서는 이해가 되지 않으나 당신 입장에서 보면 충분히 그럴 수 있으리라 생각한다.'라고 말하며 상대방 입장을 인정해 주는 것이다.
- 공감하기(empathizing): 들은 사람이 말한 사람이 가질 수 있는 감정을 추측하여 말해 주는 것이다.

또한 대화법을 비롯하여 돌봄 행동 목록, 좌절감 재구조화, 분노 수용 연습 등 각 회기 과제를 제시하고 구체적으로 점검하는 행동주의 상담 원리가 적용되어 있다.

2) 프로그램 절차 및 실제

이마고 부부상담 프로그램은 기본적으로 6회기에서 시작하나 제한된 6회기 내에 모든 과정을 가르치기 어렵다면 상담자가 창의력과 융통성을 발휘하여 프로그램을 12회기까지 늘려 재구성할 수 있다. 예를 들면, 문제 해결보다 관계 개선을 더 원하는 부부의 경우라면 부부대화나 감정이입 능력 기술을 증진하는 데 더 초점을 두어야 하고, 부부가 이전 회기 내용을 잘 이해하지 못했다면 복습을 위한 치료 이론 회기를 실습 회기로 교체할 수 있다. 다음은 60분을 1회기로 구성하여 루켓이 고안한 6회기 기본 프로그램 내용을 표로 정리한 것이다 (Luquet, 2004).

ooo **표 11-2 루켓의 이마고 부부상담 프로그램 기본 회기**

회기	주제	시간 계획		목표
1	우주 여행, 뇌, 부부대화법	부부와 연결 강의 〈우주 여행과 뇌〉 전형적 불일치 시간 부부대화법 교육 과제	10분 15분 5분 25분 5분	뇌의 기능과 부부대화법을 가르치며, 프로그램 적용 이후 결혼생활이 변화될 수 있음을 강조하여 동기를 유발한다.
2	발달 과정과 어린 시절의 상처, 배우자 선택	과제 점검 부부대화법 실습 강의 〈발달 과정과 어린 시절의 상처〉 심상 치료 과제	5분 10분 20분 20분 5분	부부대화법을 반복하여 듣기 기술을 복습하고 어린 시절 경험이 부부관계에 어떻게 영향을 미쳤는지 이해한다.
3	공감 능력 발달과 배우자 이미지 재구성	과제 점검 나의 이마고 나누기 강의 〈배우자 이미지 재구성 및 공감 능력〉 부모-자녀 대화 안아 주기 강의 안아 주기 실습 과제	15분 10분 5분 15분 3분 10분 2분	부부가 무의식적으로 배우자를 선택했다는 것을 이해하도록 돕고, '나는 네 부모인데 나와 살면서 어떠했니?'라고 묻고 답하며 안아 주는 과정을 통해 공감 능력이 발달되도록 한다.
4	첫사랑 회복하기	과제 점검 강의 〈첫사랑 회복하기〉 돌봄 행동 훈련 깜짝쇼 박장대소 과제	10분 5분 20분 10분 10분 5분	자신이 현재 배우자로부터 돌봄과 안정감을 느끼는 데 필요한 구체적인 행동 목록을 작성하며, 이를 위한 폭소의 중요성을 강조한다.

| 5 | 좌절감 재구조화 | 과제 점검 강의 〈성장을 위한 청사진〉 행동 변화 요구 과정 과제 | 5분 15분 35분 5분 | 어린 시절 상처로 인한 좌절감이 배우자의 '상실' 부분과 직접 연결되어 있음을 이해시키고, 상실된 부분을 회복할 수 있는 기회를 '성장을 위한 청사진'을 그리며 부여한다. |
| 6 | 분노 해결 | 과제점검 강의 〈분노표출에 대한 약속〉 분노 수용 과정 추후 계획 | 10분 5분 35분 10분 | 서로에 대한 행동 변화 요구들이 때로는 수년이 걸릴 수 있다는 점을 강조하고, 안전하게 서로에 대한 분노 감정을 표현하며, 분노 이면의 상처에 귀기울여 주는 점의 중요성을 이해시킨다. |

3) 프로그램의 활용 및 평가

이마고 부부상담 프로그램을 효과적으로 활용하기 원한다면 상담자는 다음의 몇 가지를 준비해야 한다.

첫째, 이마고 부부상담의 회복 원리에 포함된 여러 가지 상담 및 가족상담 이론을 충분히 숙지하여 이해한다.

둘째, 매 회기 5~20분으로 배정되어 있는 각 주제와 관련된 '강의' 시간이 상담적으로 활용되도록 하기 위하여 강의 내용을 완전히 이해하고 효과적으로 전달할 수 있도록 한다.

셋째, 60분/1회기 내 5~20분 간격으로 배정되어 있는 몇 가지 과제를 진행하려면 각 회기를 계획적이고 짜임새 있게 운영할 필요가 있다.

넷째, 프로그램 진행자가 먼저 자신의 이마고를 살펴보고 어린 시절 상처와 배우자 선정의 연관성을 깊이 이해한다면, 프로그램에 참여한 부부의 감정 만남과 부부대화법을 더욱 생생하게 촉진시킬 수 있을 것이다.

한편, 심수명(2004)은 한국적 이마고 부부상담 프로그램을 개발한 그의 연구에서 이마고 부부상담 프로그램이, 첫째, 부부의 내적 관계를 다룬다는 측면에서 대상관계 부부치료, 둘째, 10회기 내외로 이루어진다는 측면에서 단기 부부치료, 셋째, 부부 각자의 성장에 초점을 맞춘다는 측면에서 인간중심 치료, 넷째, 상대방에 의해 자기대상의 기능이 제공된다는 측면에서 상호주관적 및 자기심리학적 부부치료, 다섯째, 부부관계 증진을 위한 적극적 설명이 이루어진다는 측면에서 부부관계 교육 프로그램 등의 특징을 가지고 있다고 본다. 그리고 표준 이마고 부부상담 프로그램에 기존 부부관계에 필수적이라 알려진 의사소통, 갈등해결방법, 분노 조절, 부부의 성, 원가족관계, 역할 이해 등의 내용을 보완하여 '한국형 10회기 이마고 부부상담 프로그램'을 제시하였다. 각 회기별 주제는 다음과 같다.

- 1회기: 결혼의 원리
- 2회기: 이마고에 대한 이해
- 3회기: 결혼의 과정
- 4회기: 자기 상처 치유
- 5회기: 성숙한 결혼 생활
- 6회기: 부부 이마고 치유
- 7회기: 남녀의 차이
- 8회기: 부부의 역할 이해
- 9회기: 부부 갈등 해결
- 10회기: 부부와 성

한유진, 오소정, 김연신(2015)은 예비부부를 돕기 위하여 이마고기법을 활용한 커플모래놀이치료 프로그램을 개발한 바 있다. 이는 전통적인 면담, 교육 방법 이외에 모래놀이치료라고 하는 독특한 상담의 방식을 이마고치료에 결합시켜 프로그램화한 것이다. 아래에 그들이 개발한 6회기 프로그램 구조와 각 단회기별 진행방법 및 구조를 소개한다.

ㅇㅇㅇ **표 11-3** 이마고기법을 활용한 커플모래놀이치료 프로그램 단회기별 진행방법 및 구조

순서	진행순서	진행내용	시간
1	워밍업	긴장과 이완을 위한 과정으로 모래를 만지거나 심상을 통해 안정감을 찾는다.	10분
2	모래개별상자치료	각자 개인의 모래상자를 만든다.	40분
3	이마고 대화법	한 주간의 감정 나눔이나 그 주의 주제로 이마고 대화법을 한다. 반영-인정- 공감	30분
4	커플모래상자치료	커플이 공동 작업 또는 상대의 상징물에 선물을 주는 상자도 만들어 본다.	30분
5	마무리	프로그램을 정리하며 서로의 감정이나 생각을 나누어 본다.	10분

출처: 한유진, 오소정, 김연신(2015). p. 68.

ㅇㅇㅇ **표 11-4** 이마고기법을 활용한 6회기 놀이치료 프로그램 단계별 구성 및 목표

단계	목표	회기	활동명	프로그램
1단계: 초기단계 (과거 탐색)	자기이해와 자기인식 감정표현, 공감적 의사소통	1	'나의 어린 시절을 소개합니다.' (어린 시절과의 만남)	• 워밍업: 모래 감각 탐색 • 모래를 만지기, 뿌리기, 그려 보기 • 개별모래상자치료: 어린 시절 꾸미기 • 눈 감고 모래 만지며 어린 시절 회상작업 • 자신의 어린 시절을 소개해 주며 그 시절 자신의 감정이나 생각들 이야기해 주기 • 이마고 대화법(반영-인정-공감) - 어린 시절 이야기로 이마고 대화법 하기 - 어린 시절 경험 나누기 • 커플 모래상자치료: 함께 상자 꾸미기 • 꾸민 상자에 대해서 이야기 나누기 (모래상자 바라보기- 감상하기) • 서로의 역동 보기, 재배열할 수 있도록 함 • 마무리: 서로의 생각과 감정 나누기

		2	'내가 기억하는 어린 시절의 나의 부모와의 만남' (미해결과제 찾기)	• 워밍업: 모래의 토닥임 - 모래 안에 손을 집어넣고 토닥토닥 해 주고 지지받았던 경험 이야기 나누기 • 개별모래상자치료 - 어린 시절 부모와의 기억의 상자 꾸미기(느낌과 감정 나누기) • 긍정적 기억, 부정적 기억 나누기 • 이마고 대화법 - 어린 시절 힘들었던 감정을 이야기하고, 역할극으로 연결(파트너가 힘들었던 부모의 역할을 해 준다. '어린 시절 나와 살 때 어땠니?') • 커플모래상자치료: 어린 시절에 해 보고 싶었던 것들을 상의하여 함께 상자로 꾸며 보기(감상하기-바라보기) • 재배열하기(서로 역동관찰하기) • 마무리: 서로의 생각과 감정 나누기
2단계: 중기단계 (현재탐색)	감정표현과 공감적 의사소통, 정서적 체험과 친밀감	3	'나의 좌절경험' (좌절경험과 힘겨루기)	• 워밍업: 모래심상작업- 꽃 심상 - 모래를 만지며 자신이 꽃이 되어 보는 심상 • 개별모래상자치료 - 자신의 가장 힘들었던 좌절경험을 상자로 표현해 보기 - 좌절경험이 올 때 자신의 감정과 행동 그리고 숨겨진 두려움이 무엇이 있는지 탐색해 보기 • 이마고 대화법(반영- 인정- 공감) • 서로 원하지만 받지 못한 경험을 이마고 대화법으로나누며 서로를 공감해 주기 〈파트너와의 관계의 경험〉 • 가장 좋았던 경험과 힘들었던 경험들을 이야기해 보기(파트너에게 받고 싶었지만 받지 못한 것은 무엇이 있는지 탐색하고 이마고 대화법으로 대화해 본다) • 커플 모래상자치료: 함께 상자 꾸미기작업을 해 보기 - 그 상자 안에서 파트너가 두려워하는 피겨를 올려놓고 서로에게 도움이 될 수 있는 피겨들을 올려놓아 주기(서로에게 힘이 되어 주는 작업을 해 준다) • 마무리: 서로의 생각과 감정 나누기

		4	'우리의 힘겨루기' (좌절경험과 힘겨루기)	• 워밍업: 모래의 움직임(모래 사막 심상) – 모래를 만지며 사막을 심상하고 경험 나누기 • 개별모래상자치료: 파트너와 가장 힘들었던 사건이나 힘겨루기 상황을 상자로 표현해 보기(동물로 형상화해도 됨을 설명해 준다) • 개별상자에 대해 소개하기 • 이마고 대화법: 두려움에 대한 경험을 이야기해 보고 어린 시절과 연결해 보기 • 커플모래상자치료: 둘이 상자를 같이 꾸며 보고 제목도 달아 주기(스토리 만들기) • 재배열하기, 서로의 역동관찰하기 • 마무리: 서로의 생각과 감정 나누기
3단계: 종결단계 (미래 탐색)	정서적 체험과 친밀감, 배우자에 대한 이해와 수용	5	'미래를 위한 소망나누기' (부부비전과 돌봄)	• 워밍업: 모래의 움직임(나만의 산 만들기) – 나만의 산을 심상해 보기 • 개별모래상자치료: 자신의 미래 꾸미기 – 자신의 꿈과 연결해서 이야기해 보기 • 이마고 대화법: 서로 미래를 위해 노력할 수 있는 것들과 파트너가 어떻게 도와주었으면 좋겠는지를 이마고 대화법으로 해 보기 • 부부비전목록: 서로 즐거움을 느낄 수 있는 목록 말하기, 서로의 사랑의 표현을 위해 노력할 수 있는 것들을 이야기해 보기 • 커플모래상자치료: 미래의 자신의 모습을 상자에 가져다 놓고 파트너가 그 미래의 사람에게 꼭 필요한 것들을 찾아 선물해 주기 • 마무리: 서로의 생각과 감정 나누기
		6	'우리의 돌봄' (부부비전과 돌봄)	• 워밍업: 모래만다라(음악을 잔잔히 틀어 놓음) • 모래로 상자 가운데에 만다라를 만들어 보기 • 개별모래상자치료: 내가 생각하는 행복을 상자로 꾸며 보기 • 첫 만남의 설렘과 미래에 대해 나누기 • 이마고 대화법: 서로에게 '○○고마워, ○○미안해, ○○감사해'를 이마고 대화법으로 해 주기 • 커플모래상자치료: 서로 꿈꾸는 미래의 상자를 만들어 보기, 서로가 원하는 사랑 나누기 • 마무리: 서로의 감정과 생각 나누기

출처: 한유진, 오소정, 김연신(2015). p. 68.

2. 가트맨의 부부상담

1) 원리: 배경 이론 및 주요 개념

(1) 이론의 여섯 가지 전제

가트맨(Gottman, 2004)은 다음의 여섯 가지를 가트맨 부부상담 이론의 기본적인 가정으로 밝혔다.

- 부부 문제는 본질적으로 해결하는 것이 아니라 관리하는 것이다. 행복한 부부생활의 비결은 부부에게 정체되어 바뀔 수 없는 영속적 문제들을 서로 합의하에 잘 관리해 나가는 것이다.
- 부부상담은 기본적으로 양자관계에 기초하므로 부부 사이의 상호작용이 긍정적으로 발달되는 것을 목표로 한다.
- 감정의 역할은 긍정적일 수도, 부정적일 수도 있다.
- 상담자는 위로자의 역할을 한다.
- 상담적 개입에 최소한의 심리적 부담을 부과하도록 한다. 즉, 쉬운 프로그램이 되게 한다.
- 긍정적 감정 경험을 제공하도록 한다.

(2) 논리실증주의

가트맨은 미국의 부부상담 전문가로, 자신이 개발한 부부상담의 부제를 '부부상담-연구에 기반한 접근(Marital Therapy-A Research-Based Approach)이라고 명명했으며, 그의 저서 곳곳에 실험실(laboratory)이라는 표현을 자주 사용한다. MIT에서 통계와 수학을 공부한 가트맨은 자신의 이론에 있어서 모든 것을 데이터로 증명해 보이는 과학자라 할 수 있으며, 그의 부부상담 프로그램의 원리는 반복되는 실험에서 도출된 자료에 기초하고 있다. 그의 실험실은 평상시 부부가 생활하는 공간과 유사하다. 아파트에는 소파와 부엌, 전화와 텔레비전 등이 있으며, 실험에 참여하는 부부는 그들이 그곳에서 먹을 음식, 읽을 신문, 노트북 컴퓨터, 심지어 애완견도 데리고 온다. 가트맨은 실제로 부부들이 살아가는 모습을 수없이 관찰하여 자료를 축적한 결과, 건강하지 않은 부부들이 이혼에 이를 확률을 91%의 정확도로 예견하였다(Gottman & Silver, 1999).

(3) 실용주의

가트맨 부부상담 프로그램은 '부부관계에 효과적인 방법은 계속 사용하도록 하고, 효과적이지 않은 방법은 사용하지 않도록 하라.'는 실용주의 원칙에 충실하다. 그는 반복되는 실험을 통해 기존의 상담자들이 예측하는 부부관계의 신화를 뒤집는다. 첫째, 신경증이나 성격 문제가 결혼생활을 파괴할 것이라는 믿음이 있으나 꼭 그렇지만은 않다. 각각의 부부는 서로 다른 갈등의 양상을 띠는데, 어느 부부는 그 갈등으로 인해 엄청난 비용을 지불하면서 끝까지 싸우는가 하면 어느 부부는 둘 사이의 차이에 대해 이야기하고 타협점을 찾는다. 전자는 결혼생활을 파멸로 이끌지만, 후자는 성공적 결혼생활을 보장할 수 있다는 것이다. 둘째, 혼외관계가 이혼의 근본적 이유가 된다는 믿음이 지배적이나, 꼭 그렇지만은 않다. 혼외관계는 단지 성행위의 의미를 넘어 우정, 지지, 이해, 존중, 관심 등 결혼생활이 제공해야 할 그 이상의 무엇인가를 의미하고 있다는 것이다. 따라서 결혼생활의 다른 문제가 해결된다면 결혼관계는 긍정적으로 유지될 수 있다. 셋째, 남자와 여자는 서로 다른 행성에서 왔다고 볼 수 있을 정도로 너무 다르다는 믿음이 있으나 꼭 그렇지만은 않다. 그는 증거로 아내와 남편이 성관계나 결혼생활의 열정에 만족한다고 응답한 경우, 아내와 남편의 70%가 그것이 모두 부부의 우정의 질에 따른 것이라는 자료를 제시한다. 부부 모두가 결혼관계에서 '우정'을 중요시하는 점을 본다면 남자와 여자가 결국 같은 행성에서 온 것이라고 볼 수 있다는 것이다.

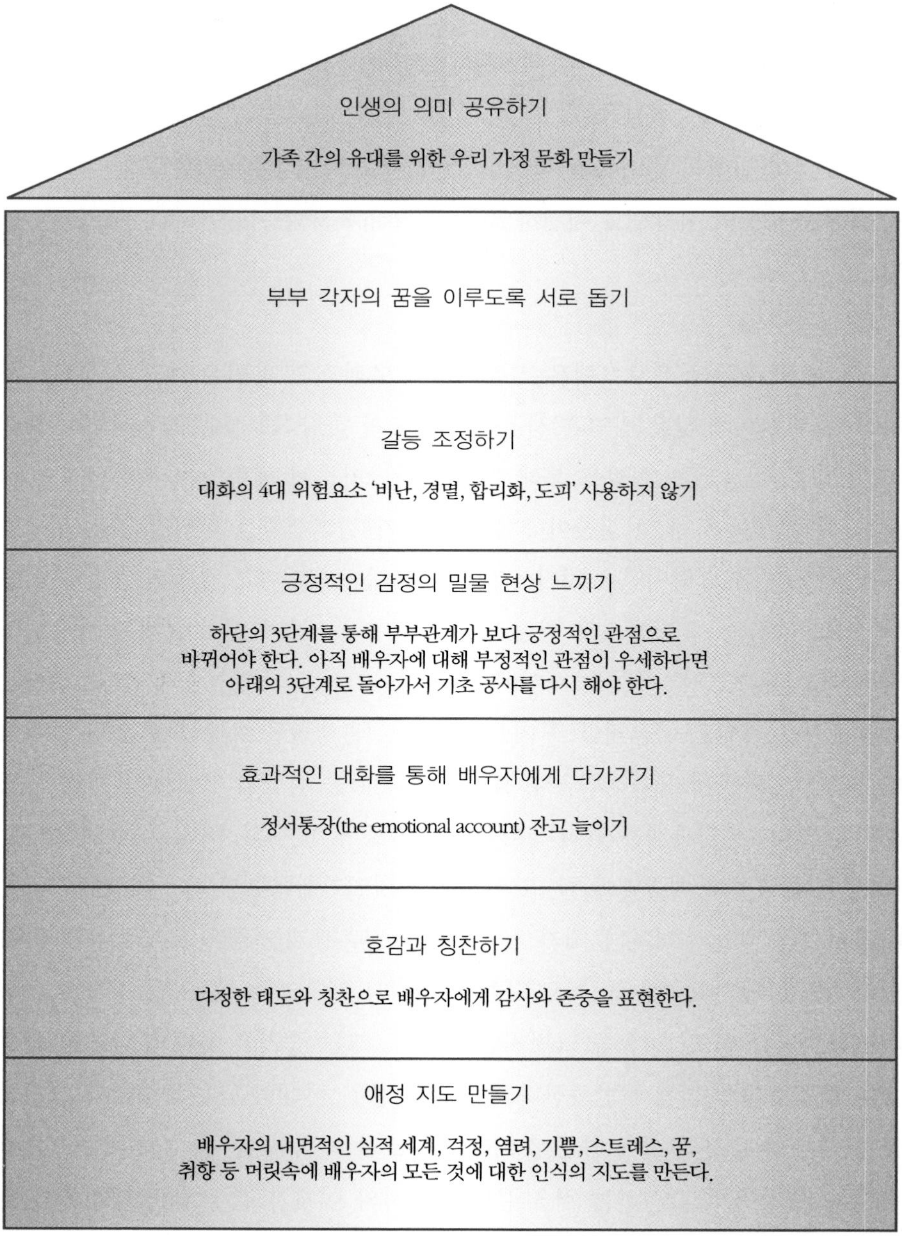

인생의 의미 공유하기

가족 간의 유대를 위한 우리 가정 문화 만들기

부부 각자의 꿈을 이루도록 서로 돕기

갈등 조정하기

대화의 4대 위험요소 '비난, 경멸, 합리화, 도피' 사용하지 않기

긍정적인 감정의 밀물 현상 느끼기

하단의 3단계를 통해 부부관계가 보다 긍정적인 관점으로
바뀌어야 한다. 아직 배우자에 대해 부정적인 관점이 우세하다면
아래의 3단계로 돌아가서 기초 공사를 다시 해야 한다.

효과적인 대화를 통해 배우자에게 다가가기

정서통장(the emotional account) 잔고 늘이기

호감과 칭찬하기

다정한 태도와 칭찬으로 배우자에게 감사와 존중을 표현한다.

애정 지도 만들기

배우자의 내면적인 심적 세계, 걱정, 염려, 기쁨, 스트레스, 꿈,
취향 등 머릿속에 배우자의 모든 것에 대한 인식의 지도를 만든다.

[그림 11-1] '건전한 결혼의 집' 7층 구조

(4) 낙관주의: '건전한 결혼의 집짓기' 이론

가트맨은 결혼생활을 남편과 아내가 행복하게 지어 가는 집에 비유하면서, 그의 이론을 '건전한 결혼의 집(Sound Marital House)짓기'라 명명하였다. 뒤에 소개할 '행복한 결혼생활을 위한 일곱 가지 원리'는 이러한 '행복한 집'을 함께 세워 가기 위한 각 단계별 원칙을 담고 있다. 그리고 이 행복한 집을 받치고 있는 가장 근원적인 힘을 부부 각자가 자신의 삶에 기대하는 '꿈'에서 찾고 있다. 또한 가트맨은 결혼생활의 문제를 크게 풀 수 있는 문제와 절대 풀 수 없는 문제로 대별한 후, 풀 수 없는 문제는 기분 좋게 남겨 두는 법을 배우고, 풀 수 있는 문제를 풀어 간다면 부부가 행복하게 살 수 있다고 역설한다. 이렇듯 가트맨의 부부상담 프로그램은 실용적 낙관주의가 그 토대를 이룬다고 볼 수 있다. 앞 장의 그림은 그의 '건전한 결혼의 집짓기' 이론의 구조를 도표로 나타낸 것이다 (Gottman, 2006).

2) 프로그램 절차 및 실제

가트맨 부부상담 프로그램은 다음의 일곱 가지 원리로 구성되어 있다. 이들은 원만한 결혼생활의 원칙을 설명하고 있지만, 결혼생활의 안정성에 따라 '결혼생활이 안정적일 때—결혼생활이 위기를 맞을 때—다시 안정을 찾으려고 할 때'의 수순에 따라 단계적으로 이해될 수 있는 원리이기도 하다.

- 제1원리: 애정 지도를 개발하라.
- 제2원리: 서로에 대한 호감과 찬사를 발달시켜라.
- 제3원리: 배우자와 거리를 두지 말고 다가가라.
- 제4원리: 배우자가 당신에게 긍정적인 영향을 미치도록 하라.
- 제5원리: 결혼생활에서 풀 수 있는 문제를 풀고 가라.
- 제6원리: 결혼생활의 방해물을 극복하라.
- 제7원리: 배우자와 공동의 삶의 의미를 창조하라.

　가트맨 부부상담 프로그램에서 눈에 띄는 절차적 특징은 부부가 함께 작성하는 수없이 많은 자가 체크리스트와 질문지, 예화를 사용한다는 것이다. 각각의 체크리스트나 질문지들은 피부에 와닿는 매우 실제적인 내용으로 구성되므로, 부부가 직면한 갈등 상황이나 문제들을 상당히 구체적으로 함께 의논하고 다룰 수 있도록 도와준다.

(1) 제1원리: 애정 지도를 개발하라
배우자 서로에 대한 이해의 폭을 넓힐 수 있는 다양한 질문지를 사용한다.

- 나와 가장 친하지 않은 친척은 누구인가?
- 내가 가장 좋아하는 휴일은?
- 나는 침대의 어느 쪽에서 자기를 더 좋아하는가?

(2) 제2원리: 서로에 대한 호감과 찬사를 발달시켜라
　배우자에 대한 호감과 긍정적 느낌을 발달시킬 수 있는 여러 가지 게임이나 활동으로 구성된다.

　나는 배우자에 대해 가장 칭찬하고 싶은 세 가지 사항을 쉽게 열거할 수 있다 (예, 아니요).
- 활동 1: "나는 당신의 …… 점을 좋게 여깁니다."
- 활동 2: 결혼하기까지의 역사와 철학-배우자를 선택하게 된 이유에 대해 구체적으로 이야기 나눈다.
- 활동 3: 호감과 찬사를 개발하기 위한 7주간-7주 동안 배우자가 요일마다 해야 할 생각과 과제를 정해 실천한다.

(3) 제3원리: 배우자와 거리를 두지 말고 다가가라
배우자와의 사이를 좁히기 위해 호텔에서 멋진 밤을 보내거나 아름다운 해변을 거닐어야 한다고 생각하지만, 실제로 배우자와 거리를 두지 않고 다가가기 위해서는 매일 아주 조금씩 간격을 좁혀 나가야 한다.

- **활동 1:** 정서통장
- **활동 2:** 스트레스를 줄이기 위한 대화
- **활동 3:** 배우자가 당신에게 오지 않을 때 해야 하는 것들

(4) 제4원리: 배우자가 당신에게 긍정적인 영향을 미치도록 하라

배우자를 비난하거나 꾸짖지 않고 존중하고 존경함으로써 서로에게 좋은 영향을 미치는 방법을 배운다.

- **활동 1:** 이기기 위해 양보하기
- **활동 2:** 가트맨 섬에서 살아남기

제4원리는 궁극적으로 배우자가 서로에게 긍정적인 영향력을 미치도록 노력하라는 내용이지만 실제로 가트맨은 상당히 여성 편에서 이야기하고 있다. 실제로 "아내의 영향력을 수용하고 인정하라."고 말하기도 한다. 왜냐하면 여성은 남성에 비해 정서적 지능(emotional intelligence)이 뛰어나 여성의 영향을 잘 받아들이는 남자들은 부부관계와 자녀양육에서 훨씬 유리하기 때문이다. 가트맨은 "부부관계는 남성 파트너가 여성 파트너로부터 영향을 받아들일 때에 훨씬 좋아진다."라고 역설하기도 하였다.

(5) 제5원리: 결혼생활에서 풀 수 있는 문제를 풀고 가라

많은 부부상담자들이 부부 사이의 효과적 의사소통을 위해서는 '배우자의 신'을 신고 '배우자의 입장'이 되어 느껴 보라고 조언한다. 이것이 좋은 방법이기는 하지만 전문가들이 가르쳐 준 대로 부부가 하기는 쉽지 않다. 가트맨은 부부가 대화로 풀 수 있는 전형적인 문제로 원가족 문제, 재정 문제, 성 문제, 가사 노동

분담, 자녀양육 문제를 들었다. 다음은 가트맨이 개발한 배우자와의 갈등을 해결하는 다섯 가지 원리다.

- 문제를 다룰 때 좋게 시작하라.
- 관계 회복을 시도하거나 받아들이는 법을 배우라.
- 당신과 상대를 서로 위로하며 가라앉히라.
- 타협하라.
- 서로의 실수에 견디는 힘을 키우라.

(6) 제6원리: 결혼생활의 방해물을 극복하라

부부는 결혼생활 가운데 절대로 해결되지 않아 영속될 문제에 부딪히므로 서로에게 상처를 주지 말고 그 문제와 함께 사는 방법을 배워야 한다. 영속되는 문제에 함축되어 있는 배우자의 고통은 그 문제로 인해 자신이 원하는 삶을 살 수 없고, 상대에게 존중받지 못할 것이라는 믿음에 기인한다. 하지만 결혼생활의 꿈은 아내와 남편 모두의 정체감 가운데 일부이며, 서로의 삶에 목적과 의미를 제공한다. 많은 경우 이런 삶의 소망과 기대는 사소한 갈등 속에 숨어 있으므로 (예: 돈을 벌기 위해 악착같이 일을 하는 배우자의 마음 가운데에는 더 깊은 '안전감'의 문제가 숨어 있을 수 있다) 이를 잘 찾아 해결하는 것이 도움이 된다. 이 과정은 다음의 다섯 단계로 구성된다.

- 단계 1: 꿈을 함께 탐색하기
- 단계 2: 방해가 되는 부부 문제를 작업하기
- 단계 3: 서로를 위로하기
- 단계 4: 결혼의 방해물을 끝내기
- 단계 5: 서로에게 고맙다고 표현하기

(7) 제7원리: 배우자와 공동의 삶의 의미를 창조하라

결혼생활에서 발생하는 갈등이나 어려움은 자녀양육, 가사 분담, 성관계 하기와 같은 사소한 문제에 기인하기도 하지만 이보다 배우자 두 사람의 결혼생활을 통해 서로 더 깊고 근원적인 삶의 의미를 찾지 못한다는 공허감에서 비롯된다. 따라서 부부가 종교생활을 통해 내면의 삶을 공유하거나 가족의 한 구성원으로서 자신의 역할과 삶의 목적을 새롭게 함으로써 결혼생활의 갈등과 공허감을 극복할 수 있다.

- 활동 1: 새로운 가족 의식 만들기
- 활동 2: 가족 안에서 새로운 역할 찾기
- 활동 3: 인생의 목적을 새롭게 하기

3) 프로그램의 활용 및 평가

가트맨 부부상담 프로그램은 프로그램 참여자 입장에서는 매우 구체적이며 실제적으로 쉽게 적용할 수 있다는 장점을 지니고 있다. 즉, 가트맨 이론의 일곱 가지 원칙은 행복한 부부생활을 하는 사람들과 그 반대의 부부들의 실제 삶에 대한 연구와 임상에서 나온 결과를 체계화한 것이므로 내담자들이 쉽게 따라올 수 있다. 둘째, 부부 내담자들이 모든 과정을 단계별로 다 거치지 않아도 문제 해결이 가능하다는 면에서 경제적이며 효율적이다. 이는 앞의 원리 부분에서 설명하였듯이 프로그램의 철학이 실용주의, 낙관주의에 기초하고 있기 때문이다. 그러나 상담자 입장에서 가트맨 부부상담 프로그램을 실제적으로 활용하는 문제는 그리 간단하지 않다. 왜냐하면 프로그램 절차에서 보는 바와 같이 상담자가 부부에게 많은 종류의 게임과 워크시트, 자가 체크리스트 작성, 활동 과제 등을 알려 주고 작업해야 하기 때문이다. 그럼에도 불구하고 잘 짜여진 프로그램의 원리와 절차, 활동은 배우자에게 서로의 강점을 강화하고, 영속되는 약점은 함께 지니고 살아가도록 가르치기 때문에 실생활에서 갈등을 경험하는 부부들에게 크게 도움을 줄 것이라 기대된다. 더욱이 부부 갈등이나 문제를 해결하는 차원을 넘어 아내와 남편이 결혼생활을 통해 꿈꾸던 '자신의 의미 있는 삶'을 위해 함께 토론하고 작업함으로써 가정생활에 생산적이고 새로운 방향성을 제공하려는 점은 매우 긍정적으로 평가할 수 있다.

3. 정서중심적 부부치료

1) 원리: 배경 이론 및 주요 개념

정서중심적 부부치료(emotionally focused couple therapy)는 미국 오타와 대학교 교수인 수전 존슨(Susan M. Johnson)에 의해 개발되었으며, 기본적으로 볼비의 애착 이론에 기반을 두고 있다(Johnson, 2006). 존슨은 애착 이론에 경험주의 이론과 가족상담의 체계론적 관점을 통합하여 이론을 완성하였다.

(1) 애착 이론
존슨은 부부에게는 사랑이 행복한 관계를 유지하기 위한 필수조건이지만 그동안 많은 부부 및 가족상담 전문가들이 권력, 통제, 자율성, 갈등 중재에만 초점을 맞추며 애정 어린 배려와 사랑을 배제시켜 왔다는 사실에 주목하였다. 이에 다음의 다섯 가지 기본 가정을 근거로 한 정서중심적 부부치료 이론을 확립하였다.

- 부부간 안정된 정서적 결합의 형성 여부가 부부 갈등의 핵심이다.
- 친밀한 관계에서의 애착 행동에 있어서 정서는 자신과 타인의 경험 방식을 조직하는 열쇠가 된다.
- 부부관계는 부부 상호작용의 형성 방식과 둘 사이의 두드러진 정서 경험에 의해 유지된다.

- 부부 사이의 애착 욕구는 건강하고 적응적인 것이다. 부부관계에서의 부적응이란 애착 욕구가 재연되는 방식에 기인하며, 각자의 애착 욕구를 깨닫고 인정하는 것이 이론의 핵심을 이룬다.
- 배우자 태도 이면에 존재하는 정서 경험에 접근, 이를 재처리하면 긍정적 변화가 일어난다.

애착 반응은 크게 분리와 유기에 대한 두려움을 반영하는 불안과 친밀함과 의존성에 대한 두려움을 반영하는 회피, 즉 불안과 회피의 두 방향으로 형성된다(박성덕, 이우경, 2008). 이는 자기 모형과 타인 모형이 어떠하냐에 따라 안정형(secure, 긍정적 자기 모형/긍정적 타인 모형), 집착형(preoccupied, 부정적 자기 모형/긍정적 타인 모형), 거부형(dismissing, 긍정적 자기 모형/부정적 타인 모형), 두려움형(fearful, 부정적 자기 모형/부정적 타인 모형)의 네 가지로 나누어진다.

(2) 경험주의 이론

정서중심적 부부치료 프로그램에는 다음과 같은 경험주의적 관점이 강조되어 있다(박성덕, 이우경, 2008).

- 상담자의 공감과 인정이 갖는 강력한 영향력을 강조한다.
- 인간은 끊임없이 성장하며 정서 반응과 욕구에 긍정적으로 적응할 수 있는 역량이 있다는 점을 강조한다.
- 중요한 정서 반응을 유발하기 위해 어떻게 타인과 정서적 의사소통을 하는지에 초점을 맞춘다.
- 상담 과정에서 새로운 교정적 정서 경험을 지지하고 강조한다.

(3) 체계론적 관점

존슨은 부부상담자가 상담 전략을 수립하기 위하여 다음의 세 가지 질문에 명확한 답변을 할 수 있어야 한다고 보았다(Johnson, 2006).

- 부부 사이에 지금 무엇이 일어나고 있는가?
- 부부 사이에 지금 무엇이 일어나야 하는가?
- 건강한 부부관계를 형성하려면 상담자는 무엇을 도와주어야 하는가?

존슨은 이 세 가지 질문을 해결하기 위한 상담의 대상은 '부부'가 아니라 '부부 관계'가 되어야 함을 강조하여 가족상담의 체계론적 관점을 드러내 준다. 체계론적 관점은 선형적 인과론보다는 순환적 인과론을 강조하고, 부부 사이의 부정적 상호작용 고리에 초점을 맞춘다. 또한 상호작용을 형성하는 방식, 행동 패턴을 유지하는 방식, 상호작용을 조직하고 처리하는 과정을 강조한다.

2) 프로그램 절차 및 실제

정서중심적 부부치료는 보통 8회기에서 14회기로 구성되며, 변화의 과정은 3회기, 9단계로 구성된다(박성덕, 이우경, 2008).

ooo **표 11-5 정서중심적 부부치료 프로그램 기본 회기 및 과제**

회기	과제	단계 및 내용
1	부정적 상호 작용 고리의 단계적 약화	1단계: 치료적 동맹 형성/애착 투쟁에서 나타나는 갈등 문제 밝히기 2단계: 1단계에서 나타나는 부정적 상호작용 고리 규명하기 3단계: 상호작용 이면에 숨어 있는 감정에 접근하기 4단계: 문제를 부정적 고리, 내재된 감정, 애착 욕구의 관점으로 재구성하기
2	상호작용 태도 변화시키기	5단계: 감추어진 애착 감정, 욕구를 밝혀 상호작용에 통합시키기 6단계: 배우자의 진정한 경험과 새로운 상호작용 반응을 수용하도록 격려하기 7단계: 서로의 욕구와 소망을 표현하고 부부가 결합할 계기를 만들어 애착을 재정의하도록 돕기
3	강화와 통합	8단계: 과거 관계 문제에 대한 새로운 해결책 촉진시키기 9단계: 애착 행동의 새로운 태도와 고리를 강화하기

다음은 박성덕, 이우경(2008)이 제시한 사례를 정서중심적 부부치료의 9단계에 맞추어 다시 표로 정리한 것이다.

ㅇㅇㅇ **표 11-6** 정서중심적 부부치료 프로그램 9단계별 사례 예시

회기	과제	단계 및 내용 부부 문제 및 개입 내용: "주호소 문제: 우리 부부는 문제를 서로 상의하지 못해요."
1	부정적 상호 작용 고리의 단계적 약화	1단계: 치료적 동맹 형성/애착 투쟁에서 나타나는 갈등 문제 밝히기 아내: 남편이 시댁 문제, 돈 문제를 혼자 독단적으로 해결합니다. 저는 사자가 우글거리는 원형극장에 혼자 남겨진 느낌이에요. 남편: 우리 부부는 동아줄처럼 꼬이며 올라가지 않고, 평행선으로 올라갑니다. 상담자: 부인과 함께 어우러져 갔으면 좋겠다는 마음이 느껴집니다. 2단계: 1단계에서 나타나는 부정적 상호작용 고리 규명하기 남편: 아내가 잘못했어도 늘 제가 먼저 사과해야 합니다. 아내: 남편이 잘못했기 때문에 제가 사과할 게 없어요. 3단계: 상호작용 이면에 숨어 있는 감정에 접근하기 상담자: 남편은 아내가 오해하면 갈등이 커지니까 그것이 두려워 피하셨네요. 4단계: 문제를 부정적 고리, 내재된 감정, 애착 욕구의 관점으로 재구성하기 상담자: 두 분은 갈등을 줄이려 대화를 하지 않은 것이지만, 이는 오히려 두 분의 관계를 어렵게 만들고 있네요.
2	상호작용 태도 변화시키기	5단계: 감추어진 애착 감정, 욕구를 밝혀 상호작용에 통합시키기 아내: 요즘은 편안하게 얘기가 돼요. 남편도 회사에서 있었던 이야기도 하고, 애들하고 놀아 주기도 하고요. 6단계: 배우자의 진정한 경험과 새로운 상호작용 반응을 수용하도록 격려하기 아내: 상담하면서 남편이 불쌍하고 외롭겠다는 생각이 들었어요. 남편: 아내가 돈과 아이들에 대해 얘기할 때 짜증을 많이 냈는데, 그것이 아내를 힘들게 했겠다는 것을 조금은 이해하게 되었어요. 7단계: 서로의 욕구와 소망을 표현하고 부부가 결합할 계기를 만들어 애착을 재정의하도록 돕기 남편: 나는 우리 부모님처럼 살고 싶지 않았어. 당신과 사이가 나빠지면 나도 부모님처럼 실패하고, 초라해질까 봐 두려웠어. 아내: 그동안 남편이 도망 다닌다고 생각해서 화가 났는데 오늘 남편이 정말 용기를 냈다는 것을 이해하게 되었어요.

3	강화와 통합	8단계: 과거 관계 문제에 대한 새로운 해결책 촉진시키기 아내: 전에는 간단하게 정리가 되어야 남편에게 얘기를 했는데, 이제는 어떤 이야기를 해도 마음이 편해요. 남편: 강의 때문에 일찍 출근해야 했는데 아내가 양복과 넥타이를 골라 주니 너무 고마웠어요. 9단계: 애착 행동의 새로운 태도와 고리를 강화하기 아내: 지금은 남편이 나를 버려두지 않고 내 욕구를 충족시켜 줄 것이라는 확신이 생겼어요. 남편: 동아줄이 서로 꼬여 훨씬 단단해졌고 끊어지지 않을 것 같아요.

3) 프로그램 활용 및 평가

정서중심적 부부치료는 부부가 '사랑하고 사랑받기 위해 결혼했다'는 매우 당연하고 근본적인 가정에서 출발하였다는 점에서 그 효과가 강력할 수 있다고 평가된다. 아내와 남편이 서로에게 애정을 구하는 방식을 관찰하고, 거기에 드러나는 이들의 진정한 애정 욕구를 서로 확인하고 수용하게 해 준다면 건강한 부부관계를 회복할 수 있을 것이다. 그러나 상담자가 부부의 애착 유형을 정확하게 평가하고 부부 사이의 부정적 상호작용 고리를 제대로 발견하지 못하면 시간만 소요될 뿐 상담자가 의도하는 변화를 이루어 내기 어렵다. 또한 상담자가 본인의 진정한 애정 욕구를 확인하고 삶에서 다르게 경험해 보는 진정성을 소유하지 못했다면 남편과 아내의 이야기를 앵무새처럼 전달만 할 뿐 경험주의에서 강조하는 내면의 깊은 교정적 감정 경험을 일으키지 못할 수 있다.

4) 가트맨 부부치료와 정서중심 부부치료를 통합한 이혼 전 부부상담 도식 예

이상 가트맨 부부상담 프로그램과 정서중심 부부상담 프로그램을 차례로 소개하였다. 송미화와 전영주(2013)는 이 두 가지 프로그램에 관한 문헌 고찰과 실제 비디오 또는 동영상의 해당 프로그램 실시 장면을 관찰하여, 이를 이혼 전 부부상담에 통합하여 적용할 수 있는 가능성에 관한 연구를 진행하였다. 아래에 이들의 연구에서 밝혀진 가트맨 부부상담과 정서중심 부부상담 프로그램의 공통점과 차이점 그리고 이 두 가지 프로그램을 통합하여 개념화한 이혼 전 상담의 도식을 소개한다.

○○○ **표 11-7** 가트맨 부부상담과 정서중심 부부상담의 공통점

공통 영역		가트맨 부부상담과 정서중심 부부상담
개방적·통합적 관점		두 모델 모두 다양한 치료 이론과 모델들에 대해 개방적 관점을 지닌 통합적 관계치료 접근법임
애착과 체계에 대한 관점		두 모델 모두 애착 이론과 체계 이론의 관점을 수용함
정서의 핵심적 역할		두 모델 모두 정서가 인지와 행동을 주도하는 중심적인 역할을 함
부부발달		두 모델 모두 배우자에게 의존하려는 본질적인 애착 욕구가 손상될 때 역기능적인 부부발달을 한다고 봄
과정	치료단위	두 모델 모두 대부분 부부공동회기로 진행하거나 개별회기를 병행하며, 개별회기로 진행할 때는 부부 각각 동일한 시간안배를 함
	치료회기	두 모델 모두 중장기치료보다 단기치료를 선호함
	부부정보 제공	두 모델 모두 개별회기의 사정내용을 배우자에게 개방함
	치료동맹	두 모델 모두 치료적 동맹을 주요한 치료 성공요인으로 봄
내용	사정 영역	두 모델 모두 부부관계적, 개인내적, 부부치료에 부적합한 것으로 사정 영역을 나누고, 이 분류에 따른 유사한 영역이 나타남
		부부관계적 영역은 부부의 호소문제, 부부관계에서 나타나는 부정적인 정서, 부부강점 및 긍정적 요소, 상호작용 패턴과 과정, 성관계 만족도로 나타남
		개인내적인 영역은 개인별 호소문제, 개인별 원가족과의 관계, 부부관계에 대한 헌신, 약물중독, 부부치료에 부적합한 영역으로 나타남 외도, 폭력성, 정신병리적 문제 등은 부부치료에 부적합한 주제임

	상호작용 패턴	두 모델 모두 갈등부부에게는 반복되고 부정적인 상호작용패턴이 나타나며, 치료자는 부정적 상호작용패턴을 사정·진단하여 변화할 수 있도록 함
	공유의식	두 모델 모두 부부만의 기념일, 데이트 등 공유의식을 형성하는 데 주력함
우리 문화 적용 가능성		두 모델 모두 우리 문화에 적용 가능성이 높음

출처: 송미화, 전영주(2013). p. 316.

ooo 표 11-8 가트맨 부부상담과 정서중심 부부상담의 차이점

차이 영역		가트맨 부부상담	정서중심 부부상담
정서서열에 대한 관점		표출된 정서에 서열이 없다고 봄	표출된 정서 이면에 내재된 다른 정서가 있다고 여겨 정서에 서열이 있다고 봄
사정 및 피드백 도구		다양한 도구를 사용함	제한적인 도구를 사용함
사정 영역	부부관계 영역	부부관계 영역은 영속적 문제에 대한 꽉 막힌 정체상태, 양보와 타협의 영역, 부부가 초감정 구조를 나누는 유무, 의사소통 방식, 의견불일치 시 대처방법, 성역할, 공유되는 의식, 바이오 신호가 나타남	부부관계 영역은 부부갈등의 시기, 초기 부부관계에 대한 평가와 변화된 계기, 애착유형 평가, 부부의 손상된 애착 및 안전한 애착 형성과 정서적인 교류를 방해하는 요인이 나타남
	개인내적 영역	개인내적인 영역은 배우자에 대한 인지적 영역, 부부관계의 역사와 관계에 대한 평가 및 기대 그리고 자살가능성이 나타남	개인내적인 영역은 연애경험, 애착유형과 손상, 부부관계에 대한 주관적 정서 경험이 나타남
치료 목표		배우자에 대한 긍정적 정서를 증진함	부부의 정서적 경험을 재처리하고 상호작용을 재조직함
치료 과정		내담자 문제별로 맞춤형 치료 과정을 적용함	어느 부부에게나 동일한 치료를 적용함
결정적 개입		교육, 비디오 촬영관찰, 바이오 측정 기법을 사용함	공감, 반영, 재구성 기법을 사용함
종결단계에서 치료자 역할		부부가 스스로 문제해결의 자율성을 획득할 수 있도록 치료자 역할을 축소함	부부의 희망적 이야기를 작성하게 하고, 부부만의 애착의식을 발전시키는 등 치료자 역할이 활발함

출처: 송미화, 전영주(2013). p. 321.

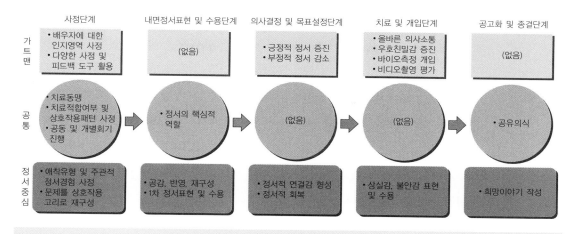

[그림 11-2] 이혼 전 상담 과정에서의 통합 가능성

출처: 송미화, 전영주(2013). p. 322.

4. PREPARE-ENRICH 부부상담

1) 원리: 배경 이론 및 주요 개념

(1) 배경

PREPARE-ENRICH 부부관계 검사와 상담 프로그램은 1977년 미국 미네소타 주립대학교 교수인 데이비드 올슨(David H. Olson)과 동료들에 의해 개발되었다. 그들은 결혼만족도를 다차원적으로 분석하여 의사소통, 갈등 해결, 재정 관리, 가족친구, 성관계, 자녀양육 등 열한 개의 요인이 있음을 확인하였다. 1986년에 개발된 세 번째 개정판에는 가족의 기능에 중점을 둔 순환 모델(Circumplex Model)을 바탕으로 가족의 친밀성(또는 응집성)과 유연성(또는 수용성)을 측정하는 FACES 척도(Family Adaptability and Cohesion Evaluation Sacles)가 검사에 추가되었다. 1996년에 개발된 네 번째 개정판에는 부부 유형과 관계역동이 추가되었다. 부부 유형은 별거나 이혼의 가능성과 행복한 결혼생활 여부와 높은 상관이 있다. 부부 연습 과제가 여섯 개로 확장되었으며, 연구 결과 이 연습 과제를 활용한 결혼 예비 상담이 매우 효과적이었다. 2008년에 올슨은 피터 라슨(Peter Larson)과 함께 내담자 맞춤형 검사판을 개발하였다. 부부가 자신의 관계와 관련된 배경 질문에 응답하면 컴퓨터가 부부에게 가장 적합한 문항들을 조합하여 검사를 제공한다. 5대 성격요인을 바탕으로 개발된 SCOPE 성격 척도, 개인 스트레스 척도 그리고 헌신 영역 등이 추가되었다. 상담 프로그램도 확대되어 여섯 개의 핵심 연습 과제 이외에 약 스무 가지의 선택적 연습 과제가 추가되었다. 검사 결과와 필요에 따라 부부에게 가장 적합한 상담 프로그램을 제공하도록 하고 있다.

(2) 주요 개념

① 부부 유형

결혼만족을 구성하는 열한 개의 요인에서 부부가 동시에 만족하는 정도를 나타내는 긍정적 의견 일치 점수에 따라 부부 유형은 미혼의 경우 네 가지, 기혼의 경우 다섯 가지 유형으로 나뉜다. 활기찬 부부, 조화로운 부부, 전통적인 부부, 갈등 있는 부부, 활기 없는 부부(기혼만 해당) 등이 이에 해당된다.

ooo **표 11-9** PREPARE-ENRICH 프로그램의 부부 유형

유형	특징
활기찬 부부	모든 영역에 걸쳐서 전반적으로 만족도가 높다. 뛰어난 의사소통 기술과 갈등해결 기술을 가지고 있다. 가장 행복한 부부다. 이혼율이 가장 낮다.
조화로운 부부	대부분의 영역에서 만족 수준이 높다. 그러나 자녀양육이나 영적 신념 등의 영역에서 만족도가 많이 떨어진다. 현재는 행복감을 느끼지만 전통적인 부부보다 이혼율이 높다.
전통적인 부부	서로에게 헌신적이지만, 의사소통 기술과 갈등 해결 기술이 부족하다. 자녀양육과 영적 신념에 대한 일치도가 높고 조화로운 부부보다 이혼율이 낮다.
갈등 있는 부부	대부분의 영역에서 만족 수준이 낮으며, 많은 영역에서 갈등을 경험한다.
활기 없는 부부 (기혼만 해당)	전반적으로 만족 수준이 매우 낮고 거의 모든 영역에서 성장이 필요하다. 불행하다고 느끼는 비율이 가장 높고, 이혼율이 가장 높다.

② 관계역동

자기주장, 자신감, 회피성, 배우자 지배성으로 구성된 관계역동 척도는 상담자가 부부의 관계역동을 이해할 수 있도록 돕는다. 이 네 가지 영역은 밀접하게 연결되어 있으며, 행복한 부부일수록 자기주장과 자신감은 높고 회피성과 배우자 지배성은 낮은 것으로 나타났다.

ooo **표 11-10** PREPARE-ENRICH 프로그램의 배우자 관계역동 유형

영역	특징
자기 주장	배우자에게 자신의 감정을 표현하거나 자신이 원하는 것을 어느 정도 요구할 수 있는 능력을 평가한다.
자신감	자기 자신에 대해 혹은 자신의 삶 속에서 일어나는 일을 조정하는 능력에 대해 만족하는 정도를 평가한다.
회피성	문제를 축소하거나 또는 직면하지 않으려는 성향에 대해 평가한다.
배우자 지배성	배우자가 자신을 조정하고 지배한다고 느끼는 정도를 평가한다.

③ 가족 지도

가족의 친밀성과 유연성을 살핀다. 친밀성과 유연성이 다소 크거나 떨어질 수 있지만, 지나치게 많거나 부족한 것은 불균형으로 본다. 균형 잡힌 가족은 민주적 혹은 권위적 가정이라고도 하며, 불균형 가족의 유형으로는 거절감을 주는 가정, 권위주의적인 가정, 지나치게 허용적인 가정, 방임적인 가정이 있다. 불균형 가정에서 성장한 부부의 경우 유형에 따라 각기 다른 어려움을 겪기도 한다.

④ 헌신, 용서, 스트레스

부부관계가 건강하게 유지되기 위해서는 관계에 대한 헌신이 필요하다. 상처, 배신 또는 갈등이 있은 이후에 깨어진 관계의 회복을 위해서 용서를 구하고 또 용서하는 능력이 필요하다. 개인이 스트레스를 잘 관리하지 못하면 분노를 조절하는 것도 어려워지고, 건강한 가족관계를 유지하는 것도 힘들어진다. 상담자는 부부가 서로에게 헌신하는 정도, 용서하는 능력, 스트레스 수준과 내용

을 파악할 필요가 있다.

⑤ 성격 특성

5대 성격 요인을 바탕으로 개발된 SCOPE 성격척도는 사회성(social), 변화 (change), 조직성(organized), 배려(pleasing), 정서적 안정성(emotionally steady) 등으로 구성되어 있다. 부부가 서로 다르다고 비난하는 것이 아니라, 다름을 이해하고 수용한다면 서로를 더욱 사랑할 수 있게 된다.

2) 프로그램 절차 및 실제

부부상담 프로그램은 여섯 개의 핵심 연습 과제를 중심으로 진행되며, 부부의 필요에 따라 선택적 연습 과제를 실시할 수 있다.

(1) 여섯 개의 핵심 연습 과제
① 관계 강점 영역과 성장 필요 영역 확인
부부에게 자신들의 세 개의 강점 영역과 세 개의 성장 필요 영역을 각각 작성하게 한다. 서로 비교해 보면서 일치하는 영역과 일치하지 않는 영역을 찾고 의견을 나누게 한다. 이때 상담자는 부부가 강점에 초점을 맞출 수 있도록 돕는다.

② 의사소통
부부에게 배우자에게 바라는 세 가지 소원을 적게 하고, 서로 나누게 한다. 이때 자기주장 훈련과 적극적 경청 훈련을 실시한다. 자기주장을 할 때에는 '나는' 또는 '내가 바라는'으로 대화를 시작하고, 적극적 경청을 할 때에는 상대의 말을 요약하여 반복한다. 부부가 매일 대화를 나누면서 서로를 칭찬하고 격려하도록 한다. 의사소통 훈련의 궁극적인 목적은 부부의 친밀성을 증대시키는 것이다.

③ 갈등 해결을 위한 10단계

갈등에 대한 부부 각자의 입장을 명확하게 하고, 문제 해결을 위해 시도했던 방법을 적어 보게 한다. 그리고 새로운 해결 방안을 위해 브레인스토밍을 한다. 여러 방안 중에 하나를 선택하고, 부부 각자의 할 일을 분담한다. 평가와 보상을 위한 날짜를 정하고, 적절한 보상을 한다.

④ 스트레스 관리

우선순위와 변화 가능성의 여부로 가장 심각한 문제를 분류하게 한다. 직장과 가정 그리고 개인적으로 사용하는 시간을 기록하고 우선순위를 살펴보게 한다. 부부가 변화시키기 불가능한 문제들은 있는 그대로 받아들이거나 내버려 둘 수 있으며, 변화시킬 수 있으면서 중요한 문제에 대해서는 서로 융통성을 발휘하며 갈등 해결 기술을 활용하게 한다.

⑤ 부부 및 가족 지도

부부가 현재 느끼고 있는 친밀성과 유연성의 정도를 살펴보고, 원가족의 친밀성과 유연성의 정도를 살펴본다. 원가족과 현재 가정의 유사점과 차이점, 바라는 점에 대해 함께 토의하게 한다. 원가족의 분위기를 이해하게 하고, 친밀성과 유연성이 부족하다면 증진시키는 연습을 하게 한다.

⑥ SCOPE 성격 특성

자신의 성격을 이해하고 배우자의 성격을 이해할 수 있도록 돕는다. 성격에 따라 선호와 접근 방식이 다를 수 있다는 것을 이해하게 하고, 배우자를 바꾸려고 애쓰지 않게 한다. 유사한 성격과 다른 성격으로 인해 서로에게 도움이 되는 점을 파악하게 한다.

(2) 선택적 연습 과제

선택적 연습 과제의 주제로는 결혼 스트레스, 타임아웃, 용서, 예산안, 돈의 의미, 데이트, 친밀감 형성하기, 역할 나누기, 영적 여행, 기대 관리, 자녀 계획, 가족회의, 복합가족, 목표 달성하기 등이 있으며, 부부의 필요에 따라 선택하여 사용할 수 있다. 자세한 내용은 올슨과 라슨의 PREPARE-ENRICH 매뉴얼을 참조하기 바란다(Olson & Larson, 2011).

3) 프로그램의 활용 및 평가

PREPARE-ENRICH 부부상담 프로그램을 효과적으로 활용하기 위해서는 여러 가지 검사를 실시해야 한다. 검사는 부부의 관계 강점과 성장 필요 영역을 보여 주기 때문에, 상담자는 부부에게 필요한 연습 과제를 선택하여 최적화된 프로그램을 구성할 수 있다. 연습 과제들은 초보 상담자들도 당황하지 않고 부부상담을 진행할 수 있도록 도움을 준다.

PREPARE-ENRICH 부부상담 프로그램은 내담자로 하여금 관계의 강점에 초점을 맞추도록 요구하면서 미래 지향적인 긍정적 접근을 한다. 동시에 성장 배경과 타고난 성격 특성을 주의 깊게 살피고, 현재 경험하는 스트레스를 관리하게 하는 등 과거와 현재를 살펴 부부관계에 입체적으로 접근한다. 이러한 접근은 상담의 효과적인 측면뿐만 아니라 효율적인 측면에서도 상담자와 내담자 모두에게 큰 도움이 된다. 부부 집단을 대상으로 프로그램을 진행할 때에는 PREPARE-ENRICH의 간편형인 부부 체크업 검사를 활용할 수 있다. 부부 체크업 검사는 집단의 결과를 보여 주는 집단 보고서를 제공해 준다. 다섯 쌍 이상의 부부 집단부터 사용이 가능하다. 혼자서는 검사를 실시할 수 없어 둘 중 한 사람이 참여를 거부하면, 검사와 상담을 진행할 수 없다. 부부가 함께 검사를 실시할 때 얻어지는 긍정적인 의견 일치 점수(Positive Couple Agreement: PCA)는 부부의 유형을 파악할 수 있게 해 주는 강점이 있기 때문에 PREPARE-ENRICH 검사와 상담 프로그램은 부부가 함께 하도록 하고 있다. 또 부부에게 최적화된 검사는 인터넷을 통해서만 제공되므로 컴퓨터 활용 능력이 떨어지거나 인터넷 사용 환경이 열악한 부부들에게는 지필검사보다 더 불편할 수 있다.

제12장
구조적 가족상담 수퍼비전 모델

| 송정아 |

가족상담 분야는 지난 수십 년 동안 여러 접근 모델이 개발되면서 괄목할 만한 성장을 해 왔다. 한국에서도 지난 30여 년 동안 가족상담에 관한 서적과 번역물 및 연구물이 출판되고 가족상담 전문가들이 배출되고 있다. 이에 따라 가족상담 전문가들은 그들이 사용하고 있는 상담 접근에 대해 피드백해 줄 상위의 전문가들의 도움, 즉 가족상담 전문가로서의 정체성 강화에 초점을 둔 수퍼비전의 필요성을 느끼고 있다.

가족상담 접근 모델의 내용은 수퍼비전 과정과 결과에 많은 영향을 미친다. 뿐만 아니라 가족상담 수퍼비전은 하나의 모델 또는 몇 개의 다른 모델을 다룰 수도 있고 또는 상담 원리와 규칙, 상담 과정의 도구들을 하나의 포괄적인 모델에 포함시키는 복합적인 형태를 취할 수도 있다. 이 장에서는 구조적 가족상담 관점의 훈련과 수퍼비전에 관한 내용을 진술하고자 한다. 구조적 가족상담 수퍼비전 패러다임에서 가족구조 변화를 위한 가족구조 인식과 합류하기, 시연에 관한 수퍼비전 이론에 대하여 진술하고, 수퍼비전의 실제에서는 수퍼비전 과정과 개입 형태, 개입 내용, 라이브 수퍼비전에 대하여 진술하고자 한다.

1. 구조적 가족상담 수퍼비전 패러다임

오늘날 가족상담 훈련과 수퍼비전은 가족상담 분야의 전문적인 상담 이론과 기술, 가치체계들을 전달하기 때문에 가족상담 분야에 필수적이다. 구조적 가족상담 모델에서의 수퍼비전은 가족 문제의 1차 진원지인 가족의 기능적 구조를 탐색하는 가족구조 이론에 바탕을 두고 있다.

가족은 서로가 영향을 미치는 집단이며, 가족 안에서 일어나는 복잡한 상호작용은 때로는 예측할 수 없는 방향으로 문제를 야기한다. 그러므로 수련생들은 처음에 자신의 생활을 숨기려는 가족 구성원들 간의 복잡한 상호작용 때문에 당황하게 된다. 그러나 구조적 가족상담자는 이와 같은 가족 상호작용에서 지속적이고 반복적이며 조직적인 가족 행동의 패턴을 찾아 패턴의 의미를 제공하며, 가족들이 하나의 일정한 구조를 가진다는 것을 알게 된다(Nichols, 2011).

구조적 가족상담자들은 가족의 문제는 역기능적 가족구조에 의해 유지된다고 믿으며, 정보의 명확한 흐름과 의사결정을 방해하는 가족체계의 구조적 문제를 봄으로써 상담의 방향을 결정한다. 상담은 가족구조를 변형시켜 그들의 경직된 습관들로부터 벗어날 수 있도록 새로운 구조들을 고안하며, 가족 구성원들이 자신들의 문제를 해결할 수 있도록 방향을 제시하는 데 초점을 둔다. 따라서 궁극적 가족상담의 목표는 가족구조의 변화다(송정아, 2015). 구조적 가족상담자는 가족 구성원들이 그들의 가족구조를 변화시킬 수 있도록 돕기 위하여 가족체계에 합류한다. 경계선을 변화시키고 하위체계를 재정렬함으로써 수련생은 가족 구성원의 행동과 경험을 변화시킨다. 모든 가족은 독특하지만 거기에는 공동의 문제가 있고, 그리고 그들만이 갖는 특수한 구조적 문제가 있으나 (Minuchin & Fishman, 1981), 상담자가 문제를 직접 해결하는 것은 아니다. 문제해결은 가족 구성원들이 해야 하며, 수련생은 가족 구성원들이 그들의 문제를 해결할 수 있도록 가족구조를 수정하고 가족 기능을 향상하는 데 도움을 준다.

따라서 구조적 가족상담자는 내담자 가족체계의 구조를 수정하는 것에 초점을 두며, 가족의 구조는 그들의 가족체계 역기능의 특성과 표현된 문제에 의하여 규정된다. 이에 대해 구조적 가족상담자는 가족 구성원 간의 친밀감과 거리감, 가족 구성원 개개인의 포함과 배제, 경계의 융통성과 경직성, 위계구조와 배열, 힘의 분배와 말하는 순서 등에 초점을 두어 해결책을 찾고자 노력한다(송정아, 2015; Liddle, 1985a; Saba & Liddle, 1986).

구조적 가족상담자는 가족들의 효과적인 경계유지를 위해 그 가족의 구조 패턴을 수용하기도 하고 또는 거부하기도 한다. 또한 가족과 합류하여 가족 구성원이 되고, 리더로서 상담 원칙의 확고함과 융통성의 균형을 이루어야 한다. 뿐만 아니라 구조적 가족상담의 사례에 맞는 특정한 개입을 선택하여 상담 계획을 구성하고, 발달 단계에 맞게 훈련하고 수퍼비전하며, 구조적 가족상담 관점의 전문적인 기술들을 사례에 일관되게 적용할 수 있도록 기술들을 습득해야 한다(송정아, 2015; Colapinto, 1983).

그러므로 구조적 가족상담의 수퍼비전과 훈련은 구조적 상담 접근의 이론이 실제 사례에 구체적으로 개입되도록 훈련한다. 라이브 수퍼비전과 비디오 수퍼비전은 개념에 대한 명확한 이해와 상담 과정 중에 행하는 상담 기법에 집중하기 위해 수련생을 이론으로 괴롭히지 않고 미누친이 말한 '춤의 스텝'을 가르친다(Liddle & Saba, 1983). 이론과 실제의 통합은 수련 과정을 거치면서 상담에 대한 이론의 모호함이 감소되고 어느 순간 '아하!'를 경험하는 단계에 이르게 된다.

이러한 경험은 이론과 실제가 통합되는 자연스러운 과정이다. 이론과 실제의 균형은 이론을 실제에 적용하여 함께 경험할 수 있는 훈련이 필요하다. 상담 기술을 습득하는 과정은 교사가 학생들에게 깊은 애정을 가지고 가르치는 것과 같은 과정으로 구조적 가족상담 모델에 대한 개념 이해와 실제 사례에 대한 적용은 상담실에서 실질적인 사례를 가지고 배울 때 효과적이다. 가족구조 인식 훈련과 수퍼비전, 합류하기 훈련과 수퍼비전, 시연 훈련과 수퍼비전에 대하여 다음과 같이 진술하고자 한다.

1) 가족구조 인식 훈련과 수퍼비전

구조적 가족상담의 수퍼비전은 수련생이 내담자 가족의 구조 변화를 위해 어떻게 효율적으로 상담하였는가에 대해 초점을 두며, 가족 구성원들이 보여 주는 사고와 행동에서 서로 연결되지 않은 또는 혼란스러운 것들이 어떻게 일관된 의미를 산출해 내는지에 관한 구조 패턴을 본다. 그러므로 가족의 구조에 변화를 가져오는 능력은 가족의 구조를 '인식하는' 능력에 달려 있다. 이러한 가족구조 인식에 대하여 송정아(2015)는 다음과 같은 방법으로 분별할 수 있다고 진술하고 있다.

(1) 행동 관찰

가족구조는 가족의 행동 관찰을 통하여 인식하게 된다(Nichols, 2011). 가족 구성원들의 실제적인 상호작용을 시간을 두고 관찰할 때 그 구조는 분명해진다. 한 행동은 특별한 환경에 의하여 영향을 받으며, 특히 반복되는 행동은 그 가족구조의 행동 패턴을 드러낸다. 그리고 가족 구성원들이 상호작용하는 조직화된 패턴인 가족구조는 가능한 결과를 설명한다. 같은 행동이 반복될 때 가족들은 지속적인 패턴을 형성하게 된다. 이렇게 반복되는 패턴들은 가족 구성원들이 언제 누구하고 어떻게 관계할 것인지를 예측할 수 있게 해 준다.

(2) 가족 정보

가족 정보들은 가족 구성원들의 지속적이면서 반복적으로 나타나는 가족 행동의 패턴을 탐색하는 데 유용하다. 수퍼바이저는 수련생에게 반복적인 행동 패턴은 가족 구성원들이 하나의 일정한 구조를 가진다는 것을 의미한다고 알려 주면서 가족 정보를 통하여 구체적인 개입을 하도록 요구한다. 예를 들면, 12세 소년의 폭력 사례를 담당한 수련생은 첫 면접에서 소년의 아버지가 2년 전에 사망했다는 사실을 알게 되었다. 그리고 아버지의 상실로 인한 병리적 애도에 초점을 둔 가설을 세웠다. 어머니의 우울과 절망감, 무기력증 역시 남편 상실에 대한 병리적인 애도로 부모로서의 기능을 잘 할 수 없게 되었다는 것이다. 따라서 수련생은 사별 문제를 먼저 다룬 후에 아들을 양육할 수 있도록 돕는 상담 전략을 세웠다.

그러나 수퍼바이저는 수련생에게 가족의 구조가 미해결 과제로 남겨진 애도에 어떻게 영향을 미쳤는지, 그리고 어머니의 아들 양육 방식에 어떻게 영향을 미쳤는지 탐색하도록 요구했다. 수련생은 상담을 통하여 어머니의 남동생이 모든 일을 맡아 하고 있음을, 삼촌이 소년의 아버지 역할을 하고 있음을 알게 되었다. 삼촌이 참여한 두 번째 회기에서 수퍼바이저는 수련생이 삼촌의 보완적인 역할에 감사를 표현하면서 가족 간의 역동을 보도록 도와주었다. 어머니는 사소한 문제에도 남동생을 불러내어 도움을 요청했고, 그것으로 인한 남동생의 반응에 우울해하고 자신의 역할도 제대로 할 수 없는 패턴에 놓이게 되었다. 수련생은 이러한 역기능적 구조를 수정하는 데 목표를 두고 상담 계획을 세웠다. 이와 같이 가족 정보는 가족구조를 인지하는 중요한 방법 중 하나다.

(3) 가계도

가족구조를 인지하는 또 다른 방법은 가계도를 통하여 복잡한 가족구조 패턴을 탐색하는 것이다. 가계도를 통하여 가족 구성원 간의 경계와 하위체계 간의 경계 그리고 가족발달주기에 의한 가족구조 패턴 등을 탐색한다.

앞의 사례를 예로 들면, 수련생은 병리적인 애도에 초점을 두던 것에서 벗어나 가족발달주기 단계에서 나타나는 중년기 어머니와 청소년기 아들의 모자체계 구조 패턴에 초점을 두었다. 구조적 패턴 탐색의 방향이 바뀌자 상담은 성공적으로 진행되었다.

본 상담에서 가장 큰 발전은 가족발달 단계에서 청소년 아들과 엄마와의 관계 역동에 초점을 두는 일이었다. 수퍼바이저는 수련생에게 상담 회기에서 중학교 1학년인 열두 살의 아들과 중년기의 어머니에 초점을 두어 그들에게 가장 적합한 가족발달 과업이 무엇인지, 아들과 어머니 사이에 어떤 관계역동이 일어나야 하는지, 또는 무엇이 일어나서는 안 되는지를 계속 생각하며 상담하도록 지도하였다.

수련생이 이러한 관점으로 이 가족을 보게 되자, 모자(mother-son)체계의 관계역동을 볼 수 있었고, 건강하고 명확한 경계 설정이 필요함을 알게 되었다. 이 사례에서 아들은 어머니를 향해 많은 것을 요구하고 있었지만 어머니는 아들의 필요에 너무 부족하고 무능했다. 과거에 그 모든 것은 아버지의 일, 남편의 일이었다. 아들과 어머니는 아버지가 사망하고 남편이 사망한 후에도 모든 일에 사망한 사람과 여전히 연결되어 있어 함께 살고 있는 것 같았다. 아버지의 상실, 남편의 상실로 인한 가족구조 패턴을 재구조화하기 위해 그들의 건강성과 잠재 능력에 초점을 둔 상담이 이루어지면서 상담은 성공적으로 진행되었다.

이와 같이 '상실된 가족구조 체계 패턴'에 대한 재구조화는 구조적 가족상담 접근의 특성 중 하나이다. 많은 가족은 전환기에서 도움을 요청한다. 그러므로 수련생들은 그 가족들이 새로운 상황에 적응할 수 있도록 도와주기 위해 자신들이 가족구조를 수정하는 과정에 있다는 것을 인식하고 도와주어야 한다. 가족구조 수정은 가계도를 통하여 가족의 배경과 가족발달사에 대한 정보를 수집하는 것 그리고 진단에 대한 가족체계의 자원과 장점 및 단점을 사정하는 것이 중요하다.

(4) 경계

가족구조는 가족 구성원들의 하위체계 안에 있는 상호경계에 의하여 인식된다. 상호경계는 명확한 경계 설정이 지속성을 가지고 유지될 때 안정적이며 환경의 변화에 융통성을 가지고 적응할 수 있게 된다. 문제적 행동은 융통성이 없는 가족구조 안에서 상황 변화에 적절하게 순응할 수 없을 때 일어난다. 예를 들면, 부부 적응은 부부 사이의 경계뿐만 아니라 외부와의 경계, 즉 친가, 시가, 처가로부터 그들 자신들을 분리시키는 작업이 필요하며 서로 협상해야 한다. 또한 가족 구성원들 중 한 명이라도 외부적인 긴장이나 전환기적 발달 단계에 직면할 때 가족구조 안에 변화가 요구되며, 전체 체계 안에서 부분들이 균형을 잡아갈 수 있도록 조절해야 한다.

가족 구성원의 문제적 행동은 역기능 가족의 증상을 표현하는 한 부분이다. 예를 들면, 청소년 자녀의 식욕감퇴 행동은 자녀와 부모 간의 경계를 '상호 침범' 하는 것과 관련이 있을 수 있고, 가출 행동은 '가족 비밀에 대한' 표출일 수 있다. 즉, 역기능 가족은 하위체계 간의 경계 침범이 가족의 발달을 저해하며, 경직된 가족은 경직된 체계 안에서 가족의 발달을 저해하며 계속 유지되어 간다. 그러므로 구조적 관점은 표출된 증상에 초점을 두기보다는 증상이 나타나는 구조의 기능 결핍에 초점을 둔다. 예를 들면, 아이의 잦은 짜증이 부부 갈등을 회피하게 하는 것이 아니라 부부갈등 회피가 아이의 짜증을 유발하게 만든다는 것이다.

(5) 위계구조

구조적 가족상담에서 중요한 목표는 효과적인 위계질서의 창조다. 부모에게는 자녀와는 다른 책임이 요구되며 자녀는 부모가 응집력 있는 집행적 하위체계의 기능을 잘 할 수 있도록 부모를 돕는다. 이때 수련생은 부모와 자녀의 발달단계에서 성취되어야 할 과업과 욕구들이 무엇인지를 알아야 서로의 권위를 보호하면서 자녀의 자율성을 지원해 줄 수 있고, 자녀의 세계를 부모에게, 부모의 세계를 자녀에게 설명해 주는 해석자 역할을 감당할 수 있다. 그뿐 아니라 가족 내의 하위체계와 가족 외부세계와의 경계를 분명히 할 수 있다.

또한 수련생은 힘이 약한 부모의 하위체계에 합당한 권위를 부여하여 통제할 수 있도록 도와줄 수 있으며, 과도한 통제는 비효과적이라는 사실도 알려 줄 수 있다. 수련생이 가족의 규칙을 결정하는 부모의 책임과 의무를 지지함으로써 아동의 권리와 의무가 보장되며, 아동의 자율성을 성장, 발달시킬 수 있다. 수퍼바이저는 수련생이 가족구조 내의 하위체계들을 서로 협상하고 적응할 수 있도록 도와주어야 한다(Minuchin, 1978).

수련생은 개인적인 변화 추구나 특정한 해결책의 규범을 강조하지는 않는다. 그러나 수퍼바이저는 수련생이 가족의 구조를 수정하여 가족 간의 역동을 풍성하게 하고 융통성 있게 만들도록 도와주어야 한다. 따라서 수퍼비전의 목표는 수련생이 가족의 잘못된 구조 패턴을 발견하도록 돕고, 그 문제의 해결을 위한 새로운 구조 패턴을 발견하도록 돕는 것이다. 따라서 수련생이 가족 개개인의 기능이 회복되도록 돕고 중립적인 조언자의 역할을 강조하는 다른 접근과는 달리 구조적 시각은 수련생들이 해결책을 구상하며 적극적인 참여를 하도록 요구한다. 구조적 가족상담자는 가족 구성원들이 서로에게 더 좋은 관계를 맺는 방법을 찾도록 코치의 역할을 하기도 한다.

(6) 맥락적 상황

마지막으로, 전 가족의 상호작용을 주시함으로써 그 가족구조의 패턴을 정확히 알 수 있다. 가족 문제는 전 가족구조에 영향을 미치므로 정확한 사정(assessment)을 위해 가족 구성원 모두가 참여하는 것이 중요하다. 예를 들면, 아버지가 아이의 잘못된 행동에 대해 불평하는데 그 아이만을 단독으로 상담하는 것은 비효율적이다. 그것은 아버지와 아들 사이의 관계규칙들을 분명히 규정하고 그 규칙을 효과적으로 강화시키는 것을 도와줄 수 없기 때문이다. 뿐만 아니라 아버지와 아이를 함께 보는 것 역시 완전하다고 말할 수는 없다. 만일 어머니가 아버지의 권위를 깎아 내리는 행동을 하여 아버지가 아이에게 불평을 한다면 어머니와 아버지 사이의 관계규칙들을 먼저 분명히 해야 할 것이다.

그러나 때로는 전 가족을 주시하는 것도 충분하지 않을 때가 있다. 구조적 가족상담에서는 사회체계 상황의 중요성에 대한 인식이 필요하다. 어떤 문제는 가족과 관련된 상황이 아닐 수도 있다. 예를 들면, 어머니의 우울증은 가족과의 문제보다는 직장에서의 관계가 더 문제일 수도 있다. 자녀의 학교 문제 역시 가족 내의 구조적 상황보다는 학교에서의 구조적 상황이 더 클 수도 있다. 그러므로 구조적 가족상담자들에게는 당면한 문제들을 경감시키기 위해 관련된 가족과 사회체계 상황을 자세히 탐색하는 것도 중요하다(Nichols, 2011).

가족 구성원의 문제는 내담자 자신과 가족 구성원들이 주고받는 상호작용, 또는 그의 사회적 상황 안에 있다. 따라서 어떤 특정 체계만을 중요시하고 개인을 무시하는 것은 위험한 일이다(Minuchin, 1974). 가족상담자들은 간혹 어떤 문제는 개인적인 차원에서 가장 적절하게 처리될 수 있다는 가능성을 간과해서는 안 된다. 특히 어린이들의 개인적 경험을 무시해서는 안 된다. 가족을 면접하는 동안 부모들이 어떻게 자녀들을 양육하는지, 어떤 자녀가 심리적인 문제를 가지고 있는지, 또는 누가 학습장애자인지를 주목할 필요가 있다. 예를 들면, 아이가 학교에서 문제가 있을 때, 대체로 그 가족이나 학교 상황(context) 안에 문제가 있을 수 있다는 것이다.

2) 합류하기 훈련과 수퍼비전

구조적 가족상담에서 미누친과 그의 동료들은 합류(joining)를 신중하게 사용할 것을 강조한다(Minuchin, 1974; Minuchin & Fishman, 1981). 집단 수퍼비전에서 비언어적 행동을 신중하게 다루는 것은 집단 내 관계들의 균형을 유지하고 수퍼비전의 개입 효과를 향상시키는 데 아주 중요하다. 구조적 모델에서는 특정 목표를 달성하기 위해 개인의 영향력이 상당히 중요하다(Aponte, 1994). 수퍼바이저는 수련생들의 적극적인 동기화를 위해 자신의 감정이나 자기 노출 등을 선택적으로 활용할 수 있다.

따라서 수퍼바이저는 수련생이 가족과 합류하여 융통성과 변화의 가능성을 탐색해 보고 잠재력을 활성화시켜 변화를 창출하도록 돕는다. 합류는 수련생이 가족 안에 들어가 그 가족의 상호작용 패턴에 적응하여 가족의 재구조화에 영향력을 행사하는 것이다. 만일 수련생이 가족과 합류하지 못하면 개입이 어려워지므로 가족은 수련생을 거부하게 된다. 반대로 수련생이 내담자 가족에게 너무 밀착되어 있으면 동화되어 오히려 가족이 개입 이전의 상호작용 패턴으로 회귀할 가능성이 높다. 둘 중 어느 것도 가족구조 변화가 일어날 가능성은 희박하다.

내담자 가족과의 합류와 적응은 가족 재구조화에서 우선적 전제 조건이다. 수련생은 가족과 합류하기 위하여 먼저 가족으로부터 수용되어야 하고, 그들의 행동 방식을 존중해야 한다. 이것은 마치 문화인류학자가 어떤 문화를 연구하기 전에 먼저 그 문화에 합류해야 하는 것과 같다(송정아, 최규련, 2002; Minuchin, 1974). 수련생은 역기능 가족의 문제를 해결하는 데 있어서 선택적 동맹을 번갈아 가면서 맺으며 역기능적 위계구조 패턴을 깨뜨리면서 붙잡아 주기도 하고 재촉하기도 한다. 수련생은 가족 간의 심리적 거리를 개선해 보려고 조심스럽게 노력하기보다는 관찰자의 객관성과 합류자의 적극성을 가지고 꾸준히 역할을 바꾸며 작업을 주도하기도 한다. 구조적 가족상담자가 가족에 합류하여 리더의 위치에서 가족과 상담적 시스템의 구성에 적극적으로 동참하는 것은 필수적이다(Minuchin, 1974; Minuchin & Fishman 1981). 처음에 가족상담자는 가족의 방어기제(defenses)를 해제하고 그들의 불안을 없애야 한다. 이것은 가족 구성원 모두에 대한 이해와 수용으로 이루어진다.

수련생들이 흔히 갖게 되는 합류에 대한 잘못된 태도는 다음과 같다(송정아, 2015).

첫째, 합류가 상담의 시작일 뿐이라고 생각하는 오류다. 이러한 사고를 가진 수련생은 가족들의 즉각적인 피드백에 대해 조급한 반응을 보이는 경향이 있어 가족들의 생각을 느긋하게 기다리지 못하고, 기다리라는 수퍼바이저의 요구에도 불구하고 성급하게 반응한다.

또한 가족은 항상성 패턴(homeostatic pattern)을 견고하게 유지하고 있기 때문에 효과적인 상담을 위해서 때로는 강한 도전과 직면이 요구된다. 가족의 습관화된 패턴에 대한 수정은 수련생이 영향력을 행사할 수 있는 위치에서 할 때 효과적이다. 가족상담자는 가족 구성원과 합류하여 수용되었을 때 영향력을 행사할 수 있는 위치에 서게 된다.

둘째, 합류를 가볍게 생각하는 오류다. 합류를 가볍고 쉽게 생각하는 수련생은 처음에는 웃으면서 즐거운 분위기로 상담을 시작하지만 피상적이고 획일적인 상담관계를 맺으며, 나중에는 가족과의 관계에 합류되지 못하여 그 가족에 의해 조종당하기 쉽다. 다음은 합류를 경시함으로써 갖게 된 어려움을 보여 주는 사례.

상담 초기에 나는 내담자 가족 구성원 개개인과 인사하면서 상담하는 것이 그리 어렵지 않았다. 가족들은 나를 좋아하는 것 같았다. 그러나 얼마 지나지 않아 나는 그들이 나의 상담에 호의적이지 않고, 나의 권고를 따르지 않으며, 의미있는 변화도 일어나지 않음을 알게 되었다. 상담자로서 나는 가족 구성원 각자에게 유용한 위치를 만들면서 성공적인 상담을 기대했지만, 상담 과정에서 나의 기대는 완전히 무너졌다. 가족 구성원들과의 성급한 합류가 나의 상담에 많은 방해가 되고 있다는 것을 수퍼비전을 통하여 깨닫게 되었다.

이 사례에서 수련생은 자신의 자발성을 많이 신뢰했지만 변화를 이끌어 낼 수 있는 가족과의 합류에 실패함으로써 의미 있는 가족구조 패턴의 변화를 볼 수 있는 기회를 놓치고 말았다. 성공적인 합류는 상담 초기 단계에서 내담자 가족 구성원들과의 상호작용을 용이하게 할 뿐만 아니라 상담 종료 단계까지 상담 효과에 많은 영향을 미친다. 그러므로 앞에 놓인 문제를 서둘러 해결하려는 경향이 있는 수련생에게는 천천히 진행할 것을 요구하고, 문제에 들어가기 전에 가족 구성원들과의 친밀감을 갖는 것이 필요하다. 수퍼바이저는 수련생이 더 효과적으로 합류를 할 수 있도록, 내담자 가족이 다음 회기에 나올 수 있도록 지도해야 한다.

셋째, 수련생이 한쪽 편에 서 있는 관계다. 예를 들면, 수련생이 자녀들 편에 서 있을 때, 자녀들은 수련생을 좋아하지만 부모는 수련생을 신뢰하지 않을 수 있다. 이 경우 수련생은 무의식적으로 상담실 안에 있는 어머니의 존재에 부담감을 갖게 되어 가끔 무시하기도 하고, 아버지의 존재에 대해서도 무관심하게 된다. 수퍼바이저는 수련생에게 어머니에게 먼저 인사말을 건네면서 회기를 시작하도록 요청했고, 어머니를 통해서 딸에 대한 정보를 얻도록 지도했다. 수련생은 처음에는 동의하고 상담을 진행했지만, 1분도 안 되어 어머니가 자기 딸에 대해 불만을 토로하자 자녀의 편에 서서 상담자로서의 지위와 자기우월감을 가지고 딸을 옹호하고 말았다. 수퍼바이저는 다시 수련생에게 자녀의 구원자 또는 옹호자로서의 역할이 아닌 상담자로서의 역할에 충실하도록 수퍼비전을 했다.

이와 같이 수련생이 가족 안에서 희생양이 된 자녀들에게 밀착관계를 보이며 보호하려고 할 때 합류에 어려움이 생긴다. 이때 수퍼바이저는 밀착관계에 있는 수련생에게 상담자의 역할에 대한 수퍼비전을 할 수 있다.

넷째, 내담자 가족에 대한 수련생의 부정적인 시각이다. 수련생이 내담자 가족에 대해 부정적인 시각을 가지고 있을 때, 수련생이 자신의 능숙한 상담 기술을 적용한다 해도 가족 구성원들과의 합류는 어렵다. 합류는 능숙한 기술의 결과가 아니라 가족을 향한 긍정적인 태도의 자연적인 결과다. 수퍼바이저는 수련생이 가족 구성원들의 잠재력에 대해 긍정적인 관심과 신뢰감이 필요함을 깨닫도록 도와주어야 한다. 수련생들은 수련 기간을 통해서 자기중심성을 지속적으로 확인해 볼 필요가 있다. 어떤 수련생은 새로운 문제가 표면화되었는데도 상담 중에 일어나는 것에 대해, 잘못되어 가는 것들에 대해 전혀 관심이 없어 보인다. 이들은 내담자의 자원을 불신하는 부정적 사고를 갖고 있거나 또는 상담자 자신의 자기중심성으로 인해 자신의 생각에 몰두해 있는 경우다. 따라서 상담에 대한 수련생의 기본적인 태도는 상담기술 습득 훈련 뿐만 아니라 맥락적인 과정 중심에도 관심을 두어야 한다. 수퍼바이저는 수련생이 훈련 기간 동안 가족구조의 형태와 가족 구성원들의 잠재능력 수준 파악 및 가족의 자원을 탐색하고 향상시키도록 도와주어야 한다.

3) 시연 훈련과 수퍼비전

구조 변화를 위한 접근 방식에서 가족 자원의 활용은 수련생이 단순한 해석자보다는 가족 구성원의 한 주체자로서 능동적으로 관여해 줄 것을 요구한다. 가족 구성원들이 기존의 방식과 다른 방식으로 화해를 할 수 있도록 동기를 부여하는 과정에서 수련생은 가족의 실제 상황에 대한 인식과 그 실제 상황에 대한 가족의 반응에 대해 문제를 제기해 볼 필요가 있다. 따라서 시연 훈련 수퍼비전에서 송정아(2015)는 다음과 같은 작업이 요구된다고 진술하고 있다.

첫째, 수련생이 문제를 인식하고 정의하게 한다. 예를 들면, 어머니가 딸에게 친구처럼 말하고 있을 때 어린 아들이 자리를 떠나는 것이 관찰되었다면, 이 상황에 대해 가설을 세워 보도록 지도한다. 아마도 어머니와 딸과의 관계는 밀착관계일 것이며, 아들과의 관계는 유리된 관계일 것이라고 문제를 정의해 볼 수 있을 것이다.

둘째, 이 상황에서 수련생에게 내담자 가족이 시연을 하도록 지시한다.

셋째, 수련생에게 가족들로 하여금 그 시연을 수정하도록 지도한다.

이때 수련생은 가족을 위하여 새로운 구조 선택을 고안해야 하며, 새로운 행동패턴에 대한 선택도 구상해 보도록 지도한다. 많은 가족상담자가 범하는 실수는 변화에 대한 선택을 제공하지 않고 그들이 본 것을 문제로만 분류하여 단순히 평가한다는 사실이다. 시연을 분석한 후에 수련생은 무엇이 잘못되었는지 설명하고, 계속해서 시연을 수정해 보도록 요청한다.

구조적 모델에서 가족들에 대한 문제를 정의하는 능력은 수퍼바이저와 수련생 모두에게 가장 어려운 부분이다. 합류와 마찬가지로 문제 인식 능력 역시 훈련 과정을 통하여 나타나는 자연스러운 결과이며 기술로 가르치거나 배울 수 있는 것은 아니다.

예를 들면, 과잉통제하는 어머니를 둔 소극적이며 수동적인 사춘기 아들에게 다음과 같은 내용의 메시지를 보내도록 지시한다. "엄마에게 뭐라고 반응해 봐, 너에게서 엄마를 밀어내 봐." 이 과정에서 수련생은 어머니에게 "어머니는 아들이 성공적으로 어머니를 대하는 것을 기대하지 않는 것 같다."고 알려 준다. 이러한 상황에서는 상담 기술을 실행하기보다는 청소년기의 가족발달 과정에서 나타나는 가족의 문제에 초점을 두어 시연해 보도록 요청하는 것이 좋다. 합류와 시연은 변화에 대한 수련생의 긍정적 신념과 가족의 잠재적 자원에 대한 확신을 표현하며, 때로는 상담적 개입에서 동시 다발적으로 요구되기도 한다. 이러한 도전은 수련생과 내담자 가족 사이의 동맹이 강화되어 있는 상태에서 시행해야 한다.

가족구조의 진단은 가족이 표현하는 문제와 그들이 보여 주는 가족구조를 통하여 진단하게 된다. 진단에 대한 어떤 틀이나 계획이 없으면 수련생은 방어적이고 수동적이 될 가능성이 높다. 가족구조에 대한 수련생의 계속적인 관찰은 가족원들이 제기하는 숨겨진 다양한 내용의 문제를 볼 수 있도록 도와준다. 예를 들면, 수련생이 가족의 습관화된 패턴에 도전할 때 수퍼바이저는 수련생의 가족구조 변화에 대한 신념을 지지해 주어야 한다. 그렇지 않으면 수련생이 가족의 강한 저항에 부딪혀 불안해 할 수 있기 때문이다.

또 다른 예로 무단결석생의 아버지는 자기 아내와의 불화를 상담에 꺼내 놓음으로써 아버지가 가져야 할 책임을 피하고 싶어 한다. 수퍼바이저는 이전에 자녀 문제를 가정불화와 관련하여 상담하도록 훈련받은 수련생에게 아버지의 역할과 책임에 초점을 두어 상담하도록 요구를 한다. 수퍼바이저는 무단결석하는 학생의 요구를 무시하고 학생에 대한 책임을 강조하는 학교의 정책을 찬성하면서 수련생에게 아버지에 대해 더 도전적인 입장을 취하도록 요구한다. 가족 문제의 정의 및 구조 인식 태도의 훈련에서는 수퍼바이저가 수련생의 도전적인 태도를 지지해 줄 때 수련생이 성장할 수 있다.

수련생들은 내담자 가족들이 당연한 것으로 여기는 구조 패턴에 대해 '왜' 또는 '어떻게'라고 질문하면서 가족 간의 상호작용을 관찰하도록 훈련받는다. 예를 들면, "아들이 학교에서 경고장을 받아 오는 것에 대해 아버지가 어떻게 마음을 쓰지 않을 수 있나요?" "어떻게 아버지가 아들의 친구들에 대한 정보가 하나도 없어요?" 같은 것들이다. '왜' 또는 '어떻게' 방식은 습관화된 가족 패턴이 달라져야 한다는 것을 의미한다.

상담실에서 가족 구성원들에게 무엇인가를 실행해 보라고 요청하는 것은 간단해 보일 수 있지만 그 과정은 결코 쉽지 않다. 수련생들은 시연에서 두 가지 관계 패턴을 염두에 두어야 할 것이다. 첫째, 변화할 필요가 있는 관계 패턴은 무엇인가? 둘째, 변화된 패턴은 가족들에게 바람직하고 유익한 가족 경험을 하도록 도와주는가? 수퍼바이저는 수련생들이 이 두 기능을 명백하게 이해하도록, 시연에 대한 이해를 증진하도록 훈련시켜야 한다. 시연을 지도하는 수퍼바이저는 분명한 목표가 있어야 하고, 시연에 대한 지시는 목표와 관련하여 계속

관찰할 필요가 있다.

　구조적 가족상담자는 시연(enactments)을 통한 상호작용으로 작업한다. 가족 구성원들 중 몇 사람을 지정하여 기대되는 역할을 하게 하고 그들이 맡은 역할을 표현할 때 문제적 상호교류가 나타난다. 가족구조는 누가 누구에게 어떤 방식으로 말하는가에 의하여 나타난다. 그들의 대화에서 남편은 점점 주도적이고 비판적이며 아내는 점점 침묵하며 위축되어 가고 있다면, 수련생은 무엇이 잘못되어 가고 있는지를 인식하게 된다. 수련생은 '아내가 이야기하지 않는 것이 문제가 아니라 남편의 직선적 대화가 더 문제일 것이다.'라는 가설을 세워 볼 수 있다. 즉, '남편이 잔소리하는 것이 문제가 아니라 직선적 진술(linear explanation)이 문제'라는 것이다. 부부상호작용에서 남편이 잔소리하면 할수록 아내는 위축되고, 아내가 위축되면 위축될수록 남편은 더 잔소리를 하게 된다. 이러한 부부상호작용 문제 패턴은 시연을 통하여 수정할 수 있으며, 주시할 것은 내용이 아니라 과정이라는 것이다.

2. 훈련과 수퍼비전의 실제

　필자는 미누친이 설립한 필라델피아 아동가족상담 훈련센터(Philadelphia Child & Family Therapy Training Center)에서 2009년 1년 동안 엑스턴 프로그램(Extern Program) 과정을 수료하였다. 그곳에서 훈련받은 수퍼비전 내용을 중심으로 구조적 가족상담 수퍼비전의 실제를 진술하고자 한다.

1) 엑스턴 프로그램

(1) 세팅

　필라델피아 아동가족상담 훈련센터는 미누친이 1925년에 세운 기관으로 가족상담에 관심을 가지고 있는 상담 전문가들에게 구조적 가족상담 접근을 가르치고 훈련한다. 필라델피아 아동가족상담 훈련센터는 미국 부부가족치료자협회의 가족상담 전문가와 펜실베이니아주 전문상담자 훈련센터로, 임상심리사, 가족상담자, 사회복지사 외에 정신과 의사 등을 위한 인턴 및 엑스턴 프로그램을 제공한다. 엑스턴 프로그램은 워크숍과 콘퍼런스를 제공하며, '생태체계적' 환경을 제공하여 더욱 폭넓은 관계 맥락에서 아동과 가족상담의 장을 제공하고 있다. 이곳에서 실행하고 있는 '엑스턴 프로그램'은 구조적 가족상담의 일반 개념과 구조적 가족상담의 특수한 기술을 가르치기 위해 고안되었다.

엑스턴 프로그램은 1년을 주기로 하며, 상담과 수퍼비전 훈련은 매주 월요일에 한다. 여덟 명으로 구성된 그룹은 훈련 당일 오전 9시부터 오후 6시까지 하루 종일 두 명의 수퍼바이저와 함께 상담과 라이브 수퍼비전 및 비디오 수퍼비전, 사례 기록 등을 한다. 오전 9시에서 10시까지는 그날에 예약된 상담가족들에 대한 사례 콘퍼런스를 한다. 사례 콘퍼런스에서는 지난 일주일 동안 사례 가족에 대한 점검과 지난 회기 설명, 오늘 상담할 사례 목표와 진행 과정에 대해 설명하고 서로 좋은 아이디어와 피드백을 주고받는다. 오전 10시부터 오후 6시까지는 각 사례에 대한 라이브 수퍼비전이 실행된다.

(2) 수퍼바이저와 수련생

엑스턴 프로그램의 주요 교수진은 구조적 가족상담의 이론과 임상에서 많은 경험을 쌓은 수퍼바이저들로 구성되어 있다. 구조적 가족상담에 대한 다양한 배경과 경험을 가진 이들은 가족상담 분야의 거의 모든 분야를 포괄하며 넓고 다학제적인 임상 경험을 가지고 수련생들을 가르치고 훈련시킨다. 수련생이 되려면 정신건강 분야에 석사학위 또는 동등한 자격을 갖춘 자로 가족상담 수행 경험을 최소한 1년 이상 가지고 있어야 한다.

수련생들은 지원 동기에 대한 글과 전문가들의 추천서, 이력서, 학위증 등을 제출해야 한다. 최종 결정은 서류 지원에 대한 1차적 선발과 가족상담센터 교수진의 인터뷰를 기준으로 선발 위원회가 한다. 여덟 명의 수련생이 모인 각각의 그룹과 두 명의 수퍼바이저는 관찰이 가능한 두 개의 비디오룸에서 녹화된 사레들을 가지고 비디오를 보며 그룹 토론을 한다. 수련생의 방은 서류 업무, 전화 통화, 비디오 녹화에 대한 개별적인 검토를 위한 보조 사무실로 사용된다. 수련생들은 상담한 가족들의 상담 기록에 대하여 일반 스태프들과 똑같은 책임을 갖는다. 엑스턴 프로그램에서는 매주 월요일에 임상 실습과 금요일에 구조적 가족상담의 이론과 읽기, 비디오 토론 등을 통해 구조적 가족상담의 개념을 익힌다.

엑스턴 프로그램은 구조적 가족상담에 대한 세미나를 통하여 훈련 과정에 대한 기본적인 지식과 개념을 습득한다. 세미나는 교수들이 제공하는 구조적 가족상담 개념 및 상담 이론에 대한 수련생들의 반응을 관찰하고, 가족에 대한 이해, 변화 과정 및 구조적 패러다임에 대한 가족상담자의 역할 등을 제공한다. 가족상담자의 임상 훈련은 직접적인 라이브 수퍼비전을 통해 진행된다. 따라서 임상 훈련의 목표는 이론과 실습이 잘 통합된 능력 있는 상담 전문가 양성에 있다. 수련생들은 라이브 수퍼비전하에서 하루 1회 또는 2회의 회기를 수행하며, 매 시간 수행한 상담 회기에 대해 추가적인 비디오 수퍼비전을 받는다. 훈련 단위는 회기 전 토론, 라이브 수퍼비전, 회기 후 토론 및 비디오 토론 등으로 이루어진다.

2) 훈련과 수퍼비전 과정

(1) 회기 전 토론

회기 전 토론은 매주 월요일 오전 9시에서 10시까지 내담자 가족 정보, 문제 진단 및 상담 전략에 대한 1차적 토론의 시간을 갖는다. 지난 회기에서 얻은 정보에 기초하여 수련생의 계획을 확인하고, 가지고 있는 가능한 자료를 어떻게 조직화하고, 가족상담 수련생으로서의 역할을 어떻게 수행하는지 등에 관한 현장실습의 기회를 제공한다. 예를 들면, 등교 거부 사례에 대한 내담자 가족 정보에서 수련생들의 다양한 관점을 들으면서 가능성 있는 가설을 중심으로 가족구조와 가족 구성원 간의 경계선을 세울 수 있도록 회기 전 토론에서 많은 아이디어와 의견, 관점을 지원받는다.

첫 인터뷰는 단순하게 구성되며, 가족체계 합류, 경청, 문제를 재구성하는 작업 등에 대부분 집중되어 있다. 가족상담이 진행되면서 회기 전 토론은 그날의 훈련 목표, 즉 오늘은 형제-자매 하위체계에 초점을 맞춘다. 또는 복잡한 개념들, 즉 역할놀이에서 밀착관계와 경직관계, 힘의 균형과 분배 등이 수련생의 이해를 돕기 위해 상담 과정에 사용되는 개념과 기법으로 논의된다. 이 단계에서 수퍼바이저의 1차적인 역할은 수련생이 회기에 대한 구조적인 틀을 이해하고 개입에 적용하도록 돕고, 잘못된 구조를 수정하도록 돕는 것이다.

(2) 개입 형태

수퍼바이저는 다양한 개입의 형태를 결정할 수 있다. 수련생과 인터폰으로 통화하는 것, 간단한 개입을 위해 수련생을 상담실 밖으로 부르는 것, 수퍼바이저가 상담실로 들어가는 것 등등. 이 같은 선택은 주로 수퍼바이저가 결정하지만 수련생이 요청할 수도 있다. 개입 방법은 수퍼비전과 상담의 효과를 증대하면서 가장 적게 지장을 주는 방법을 선택해야 한다. 상담실에 들어가는 개입이 항상 지장을 많이 주는 것은 아니다. 수퍼바이저의 인터폰 통화와 상담실 밖에서의 개입으로도 진전이 없을 경우 또는 상담이 어려운 상황일 때 수퍼바이저는 상담실 안으로 들어가 개입을 하고 나올 수도 있다.

수련생은 일방경 뒤에서 관찰하고 있는 수퍼바이저의 존재와 수련생 팀의 관찰에 익숙해지면 이러한 여러 개입 방법이 전문상담자로서의 성장 과정에 많은 도움이 된다는 것을 알게 된다. 가족과의 첫 면담에서 수련생은 일방경 뒤의 수퍼바이저와 수련생 팀들에 대한 설명과 수퍼바이저의 개입 등은 내담자의 가족상담에 유익을 주며, 가족과의 관계에 긍정적인 영향을 미친다는 것을 설명하고 동의서를 받는다. 수퍼바이저가 상담실 안으로 들어가는 경우 수퍼바이저와 상담자는 협동적 개입을 하게 되며, 상담이 안정적일 때 수퍼바이저는 상담실 밖으로 나온다.

(3) 개입 결정과 내용

수퍼바이저와 수련생은 회기 과정을 미리 계획해 볼 수 있다. 수퍼바이저는 언제, 어떠한 방법으로, 어느 정도의 수준에서 개입할 것인지 빠른 결정을 내리는 것이 중요하다. 수퍼바이저는 매시간 이 회기가 무리 없이 진행되도록 감독한다. 수퍼바이저와 수련생의 행동양식이 완벽하게 일치하지 않더라도 같은 목표를 향해 진행할 수 있다. 그러나 회기가 진행되면서 가족의 피드백에 따라서 계획은 수정될 필요가 있다. 구조적 가족상담에서 수퍼바이저는 관찰자이며 동시에 변화 과정에 대한 적극적인 참여자로서 개입을 지도한다. 그러나 수퍼바이저가 너무 수동적이거나 수용적이면 수련 과정에서 어려움을 겪을 수도 있다.

수퍼바이저는 수련생이 미시적인 시각과 거시적인 시각을 개발하도록 수련생의 실제적인 관심사를 알고 그것을 존중해 주어야 한다. 만약 수련생이 더 나은 상담 방법을 개발하려고 노력하면 수퍼바이저는 어떻게 이 방법이 효과적인지에 대해 수련생의 관심을 자극할 수 있어야 한다. 내담자의 증상에 대해 가족 구성원들의 관심사를 알고 존중하며, 이 증상들이 소멸 또는 감소되도록 내담자 가족들의 상호교류 패턴과 관점들이 수정될 필요가 있음을 알려 주고, 무엇이 필요하고 무엇이 더 나은 생각인지 증명할 수 있도록 도와주어야 한다.

수퍼바이저는 메시지의 내용에 대해 특별한 주의를 기울여야 한다. 어떤 특별한 문제에 대한 수퍼비전을 할 때 이론과 기법을 통합하고 상담을 촉진하는 방법으로, 아내에게 "남편은 당신의 지지가 필요해요." "의자를 남편과 가까이해서 앉도록 하세요."라고 할 수도 있다. 때로는 어떠한 이론적 논리 없이도 행동을 지시할 수 있다. 수퍼바이저와 수련생 간에 상호 이해가 증진되면 논리가 명확하지 않아도 가능하다. 수련생이 "아이들이 가족 안에서 너무 많은 힘을 갖고 있어요."라고 말할 때 수퍼바이저는 수련생에게 적절한 상담적 개입을 잘 수행하고 있음을 알려 줄 필요가 있다.

(4) 회기 후 정리

회기가 끝난 후 수퍼바이저는 곧바로 수련생 팀과 수련생의 상담에 대한 짧은 보고와 피드백을 다음 내담자 가족이 상담센터에 도착할 때까지 10분 정도의 시간 동안 주고받는다. 예를 들면, "당신이 할머니와 합류할 수 없었던 이유는 무엇이라고 생각하는가? 내 생각에 할머니를 방해자로 보았기 때문이라고 생각한다." 같은 것들이다. 그 외에도 수퍼바이저의 개입에 대한 이해가 부족할 때 이에 대한 설명을 듣기도 한다. 수퍼바이저는 수련생에게 다음 주 회기를 위해 비디오테이프의 특정한 부분을 보고 오도록 과제를 주기도 한다.

3) 라이브 수퍼비전과 비디오테이프

(1) 라이브 수퍼비전

미누친과 헤일리, 몬탈보는 라이브 수퍼비전을 개발한 선구자들이다. 구조적 수퍼바이저들의 인터폰에 의한 라이브 수퍼비전은 뚜렷한 특징이 있다. 대부분의 수퍼비전 개입은 "어린 딸을 좀 더 감싸세요." "엄마에게 더 가까이 다가가세요."와 같은 행동지향적 지시나 상담의 방향에 대한 지시들이다(Todd & Storm, 2008). 또한 미누친은 상담실에 불쑥 들어가서 극적인 개입을 하는 독특한 수퍼비전 유형을 개발하였다.

수퍼비전은 일방경(one-way mirror)을 이용한 현장 관찰과 비디오테이프로 녹화된 회기를 통해 이루어진다. 수퍼바이저는 수련생에게 일방경 뒤로 오도록 요구하거나, 방안으로 들어가 수련생에게 직접 이야기하거나 또는 인터폰을 통해 상담 과정에 개입한다. 다른 수련생들은 일방경 뒤에서 관찰한다. 모든 과정은 비디오테이프에 녹화되고 재검토되며, 수련생의 상담 스타일이 드러난다. 수퍼바이저는 수련생의 기술을 확장하기 위한 방법을 알려 주고 수련생의 가족상담 방법이 성장하도록 도와준다. 상담에는 어떤 한 가지 방법만이 옳은 것이 아니기 때문에 수퍼비전은 수련생 자신만의 상담 방법을 도출해 내도록 도와준다. 미누친은 "모든 수련생이 가족의 변화라는 목적을 달성하기 위해 자신들만의 상담 기법을 개발하고 실행하도록 도와주어야 한다."(Minuchin & Fishman, 1981: 8-9)라고 진술한다.

아폰테(1994)는 "수련생의 수퍼비전은 언제나 임상 사례와 연결하여 개인적인 이슈들을 확인하고 그것에 대해 '자기 자신(personal self)'을 활용하는 훈련을 포함해야 한다."라고 진술한다. '자기 자신'의 활용은 수련생의 개인적 성격이나 스타일에 속하고 현장에서 그 가치가 매우 귀중하게 평가되어야 한다(White & Russell, 1995). '자기 자신'의 활용을 위한 훈련에서 수련생이 자신의 독특한 자질, 기술 그리고 개인적 자원들을 활용함에 있어서 수퍼바이저는 수평적이고 인간 대 인간의 정중한 태도를 유지해야 한다. 내담자 가족과 수련생에게는 개인적인 느낌과 반응들을 나누는 것이 요구된다.

(2) 비디오테이프 검토

비디오테이프의 검토는 수련생이 자신의 상담에 대한 인지와 행동에 대해 보다 깊은 통찰을 갖도록 한다. 검토는 비디오테이프의 전체 회기 또는 필요한 부분을 검토하여 가족의 역동과 수련생의 상담 과정에 대한 심도 있는 분석을 하게 한다. 수퍼바이저는 수련생의 사례개념화 내용을 평가하고 상담 과정에서 수정할 수 있는 다양한 질문을 한다. 예를 들면, "여기에서 무슨 일이 일어나는 것 같아요?" "이 대화를 통해 내담자 부부의 관계에 대해 무엇을 알 수 있었어요?" "아이의 짜증에 대한 어머니와 아버지의 반응에서 어떤 차이를 발견했나요?" "왜 아버지를 지지하기로 결정했나요?" "엄마에게 아이를 어떻게 양육해야 하는지 가르치는 것이 왜 필요하다고 생각했어요?"와 같은 질문을 통하여 상담 전문가의 역할에 대한 이해도를 높인다. 수퍼바이저는 또한 수련생과 가족에 대해 의견을 제시할 수 있다. "내 생각에 수련생은 직면에 대한 두려움을 갖고 있는 것 같아요. 다음에는 좀 더 적극적인 방법으로 개입해 보세요." 등과 같은 것들이다. 수련생 또한 특정한 사항에 대해 질문할 수 있다. "이 가족에게 무슨 일이 일어나고 있는 거죠?" "내가 어떻게 하면 좀 더 적극적으로 개입할 수 있을까요?" 수련생은 이러한 질문들을 통하여 행동과 사고, 상담 기술이 통합되면서 전문상담자로 성장해 간다.

(3) 그룹 수퍼비전과 수퍼비전 내용

그룹 수퍼비전은 엑스턴 프로그램 과정에 필수적이다. 그룹은 수퍼바이저와 수련생 팀 간의 관계에 명확한 경계를 유지하면서 유용한 피드백과 제안 등을 통하여 상호 지원한다. 수련생들은 수련생과 관찰자로서의 역할을 번갈아 하면서 수퍼바이저의 강도 높은 수련 훈련 경험을 한다.

예를 들면, 녹화한 비디오 회기를 검토하는 경우, 수퍼바이저는 그룹리더로서 수련생 각자의 필요성에 초점을 둔 훈련을 한다. 라이브 수퍼비전에서 수퍼바이저는 회기가 수련생 팀에 의해 너무 조종되지 않도록 주의한다. 수퍼바이저는 수련생 팀 모든 구성원과 같은 거리를 유지하고 연합을 피하며, 수련생 훈련의 원칙을 지킴으로써 그룹의 단결을 촉진하고 불필요한 경쟁을 하지 않도록 조정할 수 있다.

엑스턴 수련생은 우선적으로 임상실습의 요구사항을 훈련받는다. 프로그램은 상담 대상인 가족들과 수련생의 필요에 따라 이루어진다. 구조적 모델은 수련생이 가족과 협력하고 가족구조에 합류하여 상담적 동맹관계를 이루며, 가족문제 인식과 정의, 도전, 개입 등을 하면서 진행된다. 수련생들은 가족의 변화에 대해 훈련 초기에 더 적극적으로 참여하면서 더 많이 배우고, 가족을 점점 더 잘 읽을 수 있게 된다.

수련생은 가족을 상담하고 수퍼바이저의 피드백을 받고, 가족에게 다시 돌아가 상담하는 반복적인 패턴을 통하여 상담의 이론과 기술을 통합한다. 일반적인 구조적 개념, 합류, 시연 같은 개념은 훈련 중 특수한 임상 상황에서 또는 비디오테이프를 검토하며 습득한다. 이러한 통합적 접근법은 읽기 과제, 라이브 수퍼비전, 비디오 회기, 전문가 초청 세미나 등을 통하여 이루어진다. 이러한 훈련 과정을 통해 수련생은 '아하!' 경험을 하게 되며, 새로운 패러다임을 학습하는 과정은 실패와 수정, 통찰을 통한 나선형 형태의 통합학습 과정이라고 말할 수 있다.

(4) 훈련 및 수퍼비전 평가

수퍼바이저는 수련생들의 주간 활동계획을 매주 검토한다. 수퍼바이저의 피드백 또는 평가는 엑스턴 프로그램의 중간과 끝에 설문지와 면접 또는 서면 등으로 이루어진다. 내담자 가족에 대한 문제 진단과 가족의 구조 변화를 도와주기 위한 상담 개입 및 계획 등을 평가한다. 프로그램 전과 후의 평가는 수퍼비전 진행 과정을 평가하는 데 사용된다. 또한 수련생 그룹 내의 동료들의 의견이 평가에 반영된다. 특별한 수련생에 대한 평가는 두 명의 수퍼바이저에 의해서 진행된다.

앞에서 진술한 바와 같이 가족상담 수퍼비전과 훈련에 대한 많은 관심은 가족상담이 성장하고 발전할 수 있는 많은 잠재력을 가지고 있음을 의미한다. 가족상담과 가족상담 수퍼비전은 워크숍과 훈련기관을 통하여 앞으로도 계속 발전할 것이다. 그러므로 가족상담 훈련 방법인 라이브 수퍼비전이나 비디오 수퍼비전, 일방경 뒤 수련생 팀 역할을 통한 사례 시연 등 수련생들을 위한 체계화된 훈련 프로그램들이 제공되면 좋을 것이다. 마지막으로, 구조적 가족상담 수퍼비전의 더 나은 성장과 발전을 위하여 다음과 같은 사항들이 고려되어야 할 것이다.

첫째, 수련생의 상담자 발달 단계 수준에 맞는 훈련 및 수퍼비전이 이루어져야 할 것이다. 둘째, 가족생활주기에 따른 가족발달 과정과 발달 과업 내용들이 수퍼비전 과정에 긍정적으로 적용되어야 할 것이다. 셋째, 고정된 성역할 및 가족 안에서의 힘의 분배 관점의 가족상담 훈련과 수퍼비전이 이루어져야 할 것이다. 넷째, 서로 다른 가족의 문화체계와 다문화 가족을 도울 수 있는 가족상담과 수퍼비전이 이루어져야 할 것이다. 다섯째, 가족상담 훈련과 수퍼비전의 윤리적 · 법적 이슈에 대한 가이드라인을 마련해야 할 것이다.

제13장
현대 한국 가족문화와
부부 및 가족상담

| 최규련 |

　문화는 사회화 과정을 통하여 사회 구성원들의 가치관과 신념, 태도, 행동 형성에 중요한 영향을 미친다. 가족상담자는 대부분 서구에서 도입된 부부 및 가족상담 이론을 한국 가족 문제에 적용하고 있고, 또 내담자와의 만남을 통해 크고 작은 문화적 차이를 경험하게 된다. 이와 같이 부부 및 가족상담 과정에서는 상담 이론의 문화적 배경 및 상담자와 내담가족 양쪽의 문화적 배경과 가치체계가 동시에 영향을 미치게 된다. 가족상담자는 적용되는 상담 이론과 상담자, 그리고 내담자 각각의 문화적 맥락과 내재화된 가치규범과 신념에 대하여 이해하고 민감성을 가질 필요가 있다.

　이 장에서는 가족상담자가 가족의 내적 상호작용을 관찰하는 것을 초월해서 가족의 신념체계와 일상적 기능에 영향을 미치는 성(gender)과 문화 요인을 인식하고 고려하며, 현대 한국 가족의 문화적 특성과 문제를 이해하고 이를 상담 접근에서 고려하는 방법을 고찰하고자 한다. 또한 한국 사회가 다문화사회로 바뀌고 다문화가족에 대한 부부 및 가족상담 수요가 급증하는 것을 고려하여 다문화가족의 특성과 문제, 다문화가족상담 방법에 대하여 고찰하고자 한다.

1. 가족 기능 이해에서 성과 문화 요인

여권주의와 남성학의 출현 이후 가족상담자들은 가족 내에서 발생하는 상호 작용 결과에 대해 동등한 힘과 책임감을 가진 구성원들의 교환 가능한 체계로 인식하고 성(gender)과 무관한 방법으로 접근하였음을 인식하게 되었다. 그동 안 대부분의 가족상담자들은 '순환적 인과관계' 개념에 기초하여 남성과 여성이 동등한 권력과 통제력, 자원을 가졌다는 것을 가정하고 남성과 여성 사이에 힘 과 관련된 정치적인 차이가 있음을 무시하였고, 성역할 고정관념과 가부장적 가 치관이 부부간 상호작용과 가족 기능에 미치는 영향을 간과하였다는 비판을 받 아왔다(김성천, 1993; 김영화, 이진숙, 이옥희, 2002; 김유순, 2000; 최연실, 1994). 그 리고 부부 및 가족상담에서 그동안 남성의 경험과 여성의 경험이 다르다는 것을 인식하지 못하고 남성의 경험과 가치체계를 통해 만들어진 이론을 적용했다는 비판과 아울러 남성 또한 성역할 사회화 경험의 결과 반여성주의, 성공, 공격성, 성주도성, 자기의존 요소들을 남성적 가치로 추구하게 되는 결과 폭력성과 대인 관계 미숙을 보인다고 주장되었다(정혜정, 공미혜, 전영주, 정현숙, 2009).

그러므로 오늘날 가족 문제에 개입하는 가족상담자가 성인지적 관점(gender perspective)을 가지는 것이 중요해졌다. 즉, 상담자가 가족의 기능과 구성원의 상호작용에 대한 성별 영향을 인식하고, 가족의 성역할, 성차, 권력, 통제, 모성 이데올로기, 가부장적 가치관 등에서 차별성과 불평등 요소가 가족체계와 가족 기능, 가족 문제 등에 미치는 영향을 충분히 이해하여야 한다. 그리고 상담자는 남성과 여성 모두가 내면화된 성차별적 요소를 극복하여 생물학적 성에 고정되 지 않고 자유로운 선택을 할 수 있도록 도와주어야 한다. 예를 들어, 맞벌이 가 정에서 가사와 육아 책임 문제가 발생할 때나 노인 부양 책임 문제가 발생하였 을 때 가족상담자는 전통적 성역할 가치관과 가부장적 사고방식 그리고 내면화 된 성차별적 요소들이 가족체계와 가족원들에게 어떤 영향을 미치는가를 파악 하여, 가족 개개인의 능력에 맞고 의미를 주는 역할을 자유롭게 선택하도록 돕는다. 그 결과 가족 전체가 융통성과 평등성, 형평과 공정성, 조화로움이 실현되고 성장하는 힘을 부여받게 되는 것이다. 이와 같은 접근은 부부폭력이나 부부갈등, 부모역할, 이혼 의사결정 등 전반에서 역시 동일하게 적용되어야 하는 것이다. 앞으로 사회 제반 영역에서 성별 경계가 약화되고 성차별의 해소와 양성평등이 확대될 것이기 때문에 가족상담자가 성인지적 관점을 갖는 것이 필수적이 될 것이다(최규련, 2012: 697).

가족상담 분야에서 가족 구성원들이 뿌리내리고 있는 보다 큰 문화의 영향에 대한 중요성을 인식한 것은 비교적 근래의 일이다. 이는 1980년대 초기에 가족상담에 대한 여성주의자들의 비판 외에도 포스트모더니즘의 발달로 인한 다원론적 상대주의가 확산된 결과다. 즉, 최근 가족상담자들의 노력은 개별가족의 경계를 넘어 가족의 규범과 가치, 신념체계, 행동 유형 기저에 있는 문화적 영향이나 사회문화적 맥락 같은 광범위한 사회적 주제에 초점을 맞추고 있다(Goldenberg & Goldenberg, 2003: 58; Nichols & Schwartz, 2002: 162-163). 그에 따라 가족체계를 잘 이해하기 위해서는 성인지적 관점을 갖는 것 외에도 가족이 속한 문화적 배경과 규범을 알아야만 한다. 문화(culture)는 공동체에서 공유되고 학습된 가치체계와 태도, 신념, 정서, 행동 방식 등 여러 세대에 걸쳐 전달되는 것으로서 언어, 의식주 생활, 가족생활, 관습, 규범, 통과의례 등에서 반영된다.

현대 사회가 글로벌화되고 특히 다문화가족이 급증하는 한국 사회에서 가족상담자들은 다문화주의 관점으로 부부 및 가족 문제에 개입하도록 요청받고 있다. 즉, 가족상담자는 내담자들을 평가하고 상담하고 의사소통하기 전에 내담자의 가치와 태도, 관습, 종교적 신념과 행동에 영향을 주는 문화적 배경을 이해하고, 다양한 문화와 문화적 영향에 개방적이고 유연한 태도를 지녀야 하며, 상담 과정에서 상담자 자신의 문화적 배경의 영향에도 유의하여야 한다. 또한 가족상담자는 내담자의 인종과 국적, 사회계층이 가족의 기능과 가족의 라이프스타일에 미치는 영향을 고려하는 것뿐만 아니라 다문화가족의 특성과 문제를 이해하여 효과적인 개입 방법을 고안하여야 할 것이다.

2. 현대 한국 가족의 문화적 특성과 가족상담

1) 한국과 서구의 문화적 차이

(1) 집단주의 문화와 개인주의 문화

한국과 서구의 문화적 차이를 사회적으로 분석할 때 한국은 전통적으로 '우리 의식(we-feeling)'에 초점을 두고, 집합적인 정체감과 집단유대감, 집단에 의한 결정, 집단 내의 교류와 나눔, 가족과의 정서적 의존성을 중시하는 집단주의 문화(collectivist culture)를 가지고 있는 데 비해, 서구는 '자신(self)'에 초점을 두고, 개인의 독립성, 자율성과 주도성, 개인의 의사결정과 프라이버시, 개인의 권리 등을 중시하는 개인주의 문화(individualist culture)를 가지고 있다.

(2) 관계성 문화와 분리 문화

개인의 대인관계 패턴과 심리적 추구를 중심으로 볼 때 한국 사람은 가족원을 비롯한 모든 대인관계에서 경계선이 겹쳐지고 의존적-상호 의존적인 관계를 추구하는 관계성의 문화(culture of relatedness)를 지니는 데 비해, 서구인은 대인관계에서 다른 사람과 분리되고 분명한 경계선과 상호 독립적인 관계를 추구하는 분리의 문화(culture of separateness)를 보인다. 그에 따라 한국인들은 관계성 문제가 모든 문제의 원천이 되고, 대인관계에서 간접적·암시적 의사소통 양식과 비언어적 표현에 익숙해 있고 직접적인 감정 표현을 억제하며, 대인관계에서의 조화를 중시하여 갈등을 회피하거나 중재자를 통한 해결을 선호하는 성향을 보인다. 반면, 서구인들은 자율적 개체성의 실패로 인한 부정적 감정이 모든 문제의 원천이 되고, 대인관계에서 직접적·자기주장적 언어 표현과 솔직한 감정 표현에 비중을 두며, 대인관계에서 직접적인 대화를 통한 해결을 중시하여 직면과 직접 협상을 선호하는 성향을 보인다(김진숙, 1998).

2) 한국 가족의 문화적 특성

우리나라 가족은 조선 시대 통치이념이었던 유교의 영향으로 가부장적 가족주의가 지배적인 가족윤리가 되었다. 그리하여 부계중심의 혈연과 제사 중시, 아들 및 장남 선호, 위계적 인간관계가 특징적으로 나타났다. 즉, 가족 내에서 남성이 여성에게, 부모가 자녀에게, 위 세대나 연장자가 아래 세대나 연하자에게 책임감과 자비심을 가져야 하고, 통제적·지배적 역할이 요구되는 권위적 존재인 반면, 여성과 자녀, 아래 세대나 연하자에게는 순종과 복종, 충성이 강조되어 왔다(최규련, 2012: 71). 그러므로 전통적으로 한국 가족은 조화로운 인간관계, 효행, 가족결속과 상부상조, 위계질서를 중요한 가치체계로 간주하였고 그결과 체면의식, 연고주의, 정을 매개로 하는 인간관계가 가족의 문화적 특성으로 지적된다(김진숙, 1998; 송성자, 2001a; 임태섭, 1995; 최상진, 2002).

하지만 현대의 한국 가족은 가족 형태가 다양화되고 있다. 서구의 개인주의와 평등주의적 가치관의 영향으로 유교적 가족윤리와 가부장적 문화는 크게 약화되었으며, 개인주의, 평등주의적 가족윤리를 지향하고 있으나 변화 속도가 세대별로, 성별로 차이가 나서 문화지체 현상과 가족가치관의 충돌이 가족 문제로 비화되는 경우가 많아지고 있다(최규련, 2004; 2005).

현대 한국 가족의 문화적 특성을 정리하면 다음과 같다(정문자, 2001; 최규련, 2012: 72-76).

(1) 남성과 여성 간의 가치관 충돌로 인한 부부 문제, 가족 문제가 증가하고 있다

현대 한국 가족은 가족주의에서 개인주의로, 그리고 가부장주의에서 양성평등주의로 변하고 있고 다양한 가치관이 혼재하고 있다. 그리고 가치관의 변화 속도가 성별로, 세대별로 상이한 점이 부부 갈등을 유발하고 가족해체 문제를 야기하고 있다. 부모-자녀 갈등, 고부 갈등, 즉 가부장적 가족주의에서 벗어나지 못하는 남편은 민주적이고 평등한 관계를 지향하는 아내와 필연적으로 갈등과 불화가 발생하고, 그 여파로 가정폭력, 별거, 이혼, 자녀 문제 등이 초래된다. 결혼생활에 불만이 있는 여성들의 경우 과거에 비해 이혼에 더 허용적이고 남성보다 이혼에 더 적극적인 경향을 보이는 것도 보편적인 현상이다. 또한 젊은 세대는 기성세대에 비해 제도적인 결혼과 부모됨, 노부모 부양에 대해 가치를 적게 두어 독신주의, 만혼, 저출산, 노인 문제 등이 증가하고 있다.

(2) 부모-자녀 사이에 적절한 경계가 설정되지 못하고, 부모역할 준비가 미흡한 경우가 많다

현대 한국의 부모는 전통적 가족주의의 영향으로 자녀를 독립된 개체로 여기기보다는 가문의 영광을 위하고 부모의 체면을 위한 보상 수단으로서 종속적 존재로 간주한다. 그러므로 맹목적으로 자녀를 보호하고 간섭하며 자녀를 위해 희생하면서 훌륭한 교육을 받게 하는 데 열성적이다. 동시에 부모중심적으로 자녀의 장래를 계획하고 자녀의 결혼과 결혼생활까지 관여하는 등 통제적이고 권위주의적 태도를 가지면서 자녀가 순종적이고 효도하는 착한 사람이 되기를 기대한다.

그에 따라 자녀는 자율성과 독립성을 기르지 못하여 성인이 되어서도 부모의 희생과 간섭을 당연시하며 경제적 · 정서적 지원을 기대하는 경향이 있다. 그 결과 부모-자녀관계에서 호혜적 교환이 이루어진 경우는 원만한 관계를 유지하나 호혜적 교환이 되지 않고 불균형적이 될 때는 갈등이 발생하게 된다. 노부모-성인자녀관계에서도 부모의 노후 준비 부족과 상호 간 기대 수준의 차이로 인해 노부모는 자녀들의 공경과 부양에 불만과 소외감을 가지며, 자녀는 부모의 과도한 의존과 통제 간섭으로 부담을 느끼게 된다. 그 결과 부모-자녀 간의 갈등, 형제자매 간의 갈등이 발생하며 극단적으로는 노부모가 유기 및 방치되고, 학대받는 일이 일어나며 우울 문제, 자살이 발생하는 경우도 적지 않다.

부모역할은 과거 전통적으로 성별로 분리되어 수행되던 것에서 현재는 역할을 공유하는 것으로 변하고 있지만 여전히 남성들이 여성에 비해 변화 속도가 느린 경우가 많다. 그 결과 현대 사회에 적합한 아버지 역할 준비가 부족하여 자

녀양육과 지도에 무관심하고, 아내에게 위임하거나 자녀에 대한 관심을 자녀를 통제하고 속박하는 것으로 나타내어 부정적인 모습을 보여 주는 일이 적지 않다. 예를 들면, 폭군 같은 아버지, 존재하지만 실제 영향력은 부재한 힘 없는 아버지, 문제를 일으켜서 자녀들이 보호하고 뒤처리해야 하는 미숙한 아버지, 가족원에게 왕따당하는 아버지들이 증가하여 좋은 아버지 모델을 찾기 힘든 경우가 많다. 한편, 교육 수준이 향상됨에 따라 사회참여 의식이 높아진 데 비해 일자리가 부족하여 고용시장에서 좌절된 여성들과 결혼생활에서 갈등을 겪는 여성들의 경우 양육 스트레스를 경험하거나 자녀에게 과도하게 집착하여 건강하지 못한 모자관계를 형성함으로써 자녀의 신경증 문제와 고부 갈등, 사위와의 갈등 등을 겪는 경우가 증가하고 있다. 그에 따라 한국 가족의 경우 미국 가족의 경우보다 자녀의 아동기나 청소년기에 부모의 과잉개입이나 과잉보호 등의 문제가 현저하게 많이 나타나는 것으로 보고되었고, 그 결과 우리 자녀들에게 정신건강문제, 정서문제, 행동문제가 급증하고 있는 것이다.

(3) 가족 형태는 핵가족화되지만 확대가족의 영향력은 여전히 막강하다

전통적으로 조선 시대부터 가족 형태는 부자를 중심으로 가계가 계승되는 직계가족을 이상적으로 생각하였고, 결혼도 가계 계승을 위한 가문의 결합이라는 성격을 지녔다. 그러므로 시댁 위주의 혼인문화가 지배적이었고, 여성이 결혼하면 친정에서 떠나서 시부모를 모시고 살면서 시가에 대해 적응하고, 남편을 공경해야 했다. 그러나 평등문화가 확산된 현대 사회에서는 남성과 여성이 새로운 가족을 형성하는 것으로 결혼을 정의하고 부부 모두가 원가족에서 심리적·경제적으로 독립하여 서로에게 적응하고 새로운 가족 문화를 만들어 가야 하는 것으로 기대한다.

그러나 우리나라의 신혼부부들 대부분은 두 사람의 애정을 바탕으로 배우자를 선택하고 부모 집이 아닌 새로운 주거공간에서 결혼생활을 시작해도 그 경비가 상당하기 때문에 결국 양가의 부모가 결혼 비용과 집 마련 비용을 부담하는 경우가 많다. 그래서 신혼부부가 양가 부모와 따로 살기는 하지만 밀접한 관계를 유지하여 일상적인 교류와 행사 참여를 하게 된다. 따라서 부부가 확대가족으로부터 정서적·경제적 독립을 하는 것이 거의 불가능하며, 결혼생활과 자녀 출산, 자녀양육 등의 가정 내 모든 의사결정에서 확대가족의 영향을 받게 되고 만다. 경제적인 측면 외에도 기존 부모에게 의존적인 정서적 교류의 작용도 중요한 비중을 차지하는데, 근래에는 처가부모가 가사와 자녀양육을 지원하고 정서적 교류를 하는 경향이어서 부부가 양측 확대가족의 영향을 받는 일이 많아졌다. 그에 따라 양가 문화의 충돌과 권력 싸움의 여파가 부부 갈등과 인척관계 갈등으로 나타나는 일이 적지 않고 이에 따른 부부불화와 별거, 이혼도 발생하고 있다.

그 결과 한국 가족의 경우 미국 가족에 비해 가족 발달 단계 중 자녀 영유아기 단계에 나타나는 문제로 시부모와의 갈등 문제가 빈번하며, 중년기 부부들에게서 확대가족과의 갈등이나 대화 단절 문제가 두드러지게 나타나고, 노년기 가족에서 경제, 주거 관련 성인자녀와의 갈등 문제가 현저하게 많은 것으로 보고된다.

(4) 가족원 간 의사소통 방법이 간접적이고 비언어적이다

전통적으로 가족 내 의사결정 방법은 엄격한 위계구조에 의하여 권위자가 일방적으로 결정하고 아랫사람은 순종하는 형태였다. 또한 체면을 중시하는 유교의 영향으로 부부 사이에, 부모와 자녀 사이에 감정 표현이나 애정 표현이 억제되었기 때문에 의사를 정확하게 표현하지 못하고, 간접적으로 표현하거나 눈치껏 행동하는 법을 익혀야 했다. 또한 이들은 가족과의 대화만이 아니라 모든 사람에 대해서 핵심적인 내용을 직접적으로 솔직하게 표현하기보다는 간접적이고 모호한 방법으로 의사소통하거나 비언어적 의사소통을 많이 사용하는 경향이 있다.

그에 따라 우리나라 전통사회에서 아내가 남편에게, 자녀가 부모에게, 아랫사람이 윗사람에게 자신의 의견을 주장하거나 솔직하게 표현하는 일이 거의 불가능했고, 동시에 남편, 부모, 윗사람은 아내, 자녀, 아랫사람의 의견을 경청하고 존중하는 일이 필요하지 않았으며 모든 가족원이 자유롭게 의견을 나누고 함께 상의하거나 감정을 개방적으로 표현하는 일이 허용되지 않았다. 그 영향으로 현대 사회에서도 아내나 자녀, 아랫사람이 자신의 의견을 솔직하고 분명하게 말하는 것이 상대의 권위에 도전하는 것으로 해석되는 경우가 많고 또한 남성, 부모, 윗사람들은 상대방의 말을 무시하고 경청하지 않는 경우가 많아서 가족 간의 상호 이해와 친밀한 관계 유지에 장애물로 작용하고 갈등의 원인이 되고 있다. 또한 가족원 간에 감정 표현을 하지 않거나 표현 방법이 서툰 문제가 가족 간 오해와 갈등의 원인으로 작용하는 경우가 임상에서 많이 발견되고 있다.

(5) 가족 문제에 대한 인식과 대처 방법에서 가족주의 문화가 반영된다

우리나라 전통사회에서 가족주의라는 집단주의가 지배하였기 때문에 인간관계는 체면과 격식이 중요시되었고, 개인의 모든 행동은 소속된 가족이나 집안의 품격과 분위기를 반영하는 것으로 인식되었다. 그리고 주변의 중요한 사람과의 관계 속에서 자아개념이 설정되어 중요한 주변 사람의 기대와 인정을 받는 것과 조화롭고 원만한 관계를 위해 자기를 통제하여 양보하고 타협하는 것을 미덕으로 여겼다. 그에 따라 개인의 행복과 발전, 자아실현에 비중을 두기보다는 부모에게 자랑스러운 존재가 되고 가문을 빛내느냐 아니면 부모 얼굴에 먹칠하고 가문의 수치가 되느냐가 모든 가족원에게 중요한 가치기준이 되었다. 이처럼 집안의 조화와 화목이 주요 덕목이 되었기 때문에 갈등이나 흠, 근심, 걱정거리를 가족원 사이는 물론 집 밖에 노출하는 것을 '누워서 자기 얼굴에 침 뱉는 것'으로 묘사할 만큼 수치스럽게 여겼다. 그리고 가족원들 간에 충돌이 일어날 때 시시비비를 가리고 갈등을 직접 해결하는 방법을 사용하기보다는 인내와 끈기, 눈치로 견디고 자기 위치를 지키는 것을 중요하게 생각하였다.

그 영향으로 부부 갈등이나 자녀 문제, 고부 갈등 등의 가족 문제가 발생하였을 때 처음부터 전문가의 도움을 요청하는 경우는 극히 적고 참고 견디다가 문제가 만성화되고 심각해져서 오는 경우가 많다. 가족 문제 중 부부 문제는 자녀 문제보다 우선순위에서 밀려서 참고 싸우고 설득하고 모든 방법을 사용한 뒤에야 전문가에게 도움을 요청하는 일이 적지 않다.

그리고 가족주의와 성별 사회화 경험의 차이로 인하여 우리나라 남성과 여성의 문제인식과 대처 방법이 다른 경우가 많다. 대체로 남성들은 집안 문제가 발생하는 것은 가장이 무능하여 집안을 잘 다스리지 못하기 때문이라고 생각하고, 외부에 도움을 요청하는 것을 수치스럽게 여기며, 남성으로서 체면이 깎이는 행동으로 간주한다. 특히 내향적인 남성들의 경우엔 슬픔과 긴장, 두려움과 불안, 분노 등의 부정적 감정들을 음주나 흡연으로 해소하거나 회피하고 참는 방법을 많이 사용하고 때로는 분노를 폭발적으로 표현하기도 한다. 여성들도 역시 갈등이나 문제를 해결하려고 하기보다는 참거나 억누르고, 때로는 역술가에게 하소연하고 장래 일을 알아보거나 종교적인 방법으로 해결하고 또는 가무 활동 등으로 울분을 해소하여 왔다.

그 영향으로 오늘날에도 가족 문제가 발생하면 외부 도움을 요청하는 데 여성이 더 적극적인 경우가 많으며, 상담에 오는 상당수의 여성들도 오랜 기간 참고 지낸 경험이 있고, 이미 친정식구나 친구들, 종교인에게 문제를 의논한 경험이 있는 경우가 적지 않다. 그리고 대다수의 남성들은 아내나 어머니의 권유로 가족상담실에 오고 상담에서도 방어적이고 소극적인 모습을 보이는 경우가 많다. 또한 자녀 문제에 대해서 부모가 상담에 참가해야 하는 경우에도 아내가 혼자 가서 알아서 일처리하기를 기대하고, 자녀 앞에서 부모의 문제나 가족 문제를 함께 얘기하는 것을 권위와 체면이 손상되는 것으로 생각한다. 그러므로 저자를 포함한 가족상담자들은 가족원 중 남편이 상담에 참가하는 경우에 문제 해결이 더 희망적이라고 생각한다.

3) 한국의 문화적 특성을 고려한 가족상담 접근

우리나라 가족상담자들이 이론과 실무에서 문화적 요인을 얼마나 고려하고 있는가? 우리나라에서 가족상담이 본격적으로 시작된 것이 1990년대라 할 때 그동안 서구에서 개발된 상담 모델을 배우고 활용하는 데 급급하였을 뿐 우리나라 가족 문화에 적합한지에 대한 연구는 이제 초기 단계라 할 수 있다. 이에 관한 연구로 사례 연구와 문헌 연구가 있으나, 우리나라 가족 문화 특성과 가족상담 접근 방안을 이론적으로 서술한 연구들도 객관적이고 과학적 분석이 매우 미비한 형편이다(신혜종, 2007).

한국인들은 가족상담 및 상담자에 대한 기대에서 권위주의적 가족주의 문화가 반영된다. 오늘날에도 위계구조에 익숙한 한국인들은 가족상담자에 대해 권위자로서 조언하고 도움이 되는 좋은 이야기를 해 주어야 한다고 생각하여 의존하는 경향이 있다. 많은 한국 사람들은 상담실에 가서 시비를 가리고 문제를 직접 해결하기 위해 자기주장을 관철시키기보다는 상담자가 자신의 하소연을 들어주고 인정해 주며, 신속하게 문제를 진단하고 사람 사이를 화합시키고 조화로운 관계를 갖게 되기를 기대한다. 그리고 상담자는 전문지식과 경륜을 가져서 가족 문제를 잘 이해하고 공정하게 중재를 잘하여 문제 해결에 적극적인 역할을 하기를 기대한다. 이들은 상담자가 문제 해결을 주도적으로 해 줄 만한 권위 있는 사람인가를 확인하기 위하여 지명도, 학벌, 나이, 자격증 외에 결혼 여부, 자녀양육 경험, 가정생활 등을 알고 싶어 한다. 그리고 일단 상담자와의 신뢰관계가 형성되면 상담자에게 겸손한 태도를 보이며 상담자의 체면을 손상시키지 않으려 하고 의리와 도리를 다하며 인간적으로 의존하고 상담자의 보살핌을 받으려는 경향이 있다.

그러므로 이상의 한국의 문화적 특성을 고려하여 부부 및 가족 문제에 개입하는 상담자는 다음의 노력을 하여야 할 것이다(김영애, 1997; 김진숙, 1998; 송성자, 2001a; 최규련, 2012).

첫째, 내담자의 문제를 이해하고 상담 목표와 개입 전략을 수립할 때 상담자 자신의 문화와 내담자 및 내담자 가족의 문화적 가치체계의 일치 정도를 고려하고, 내담자의 확대가족, 친구 집단, 학교, 직장, 전체 사회의 가치관, 규범 등의 문화적 맥락을 고려한다. 즉, 관계성(연결성)과 자율성(개별화)의 두 가지 욕구에서 내담자 개인의 문화적 태도와 규범이 내담자 주변 환경의 문화적 맥락과 일치되고 지지되는 정도를 고려한다.

둘째, 서구의 이론적 관점으로 내담자와 내담자 가족에 결핍된 부분만 보는 편향성을 극복하여 그들의 강점을 평가하고 상담에 적극적으로 활용하여야 한다. 즉, 가까운 사람에 대한 높은 관심과 애정, 인간관계의 지속성과 관계를 중시하는 태도, 애착 욕구와 의존 욕구에 대한 수용적 태도, 주위 사람들의 욕구와 기분에 대한 민감성, 각 가족이 갖는 강점들이 스트레스원이 아닌 지지자원이 되도록 활성화시켜야 한다.

셋째, 내담자에게 온정적이고 친근하며 유능한 조력자로서의 상담자상을 보여 주고 내담자의 의존 욕구를 충분히 존중해 주면서 문제 해결 능력을 길러 주어야 한다. 첫 면접에서 상담자가 적극적으로 내담자의 문제와 상황을 이해하고 지지해 주며 문제 해결 방안을 모색함으로써 내담자가 상담을 통해 도움을 받을 수 있다는 희망과 노력하려는 의지를 갖도록 도와주어야 한다. 상담 초기부터 과거사 탐색이나 문제의 원인을 탐색하고, 부정적인 감정이나 과거의 상처, 문제 행동에 비중을 크게 두면 내담자에게 거부 반응이나 당혹감, 거부감을 불러일으킬 수 있다. 이보다는 공감적 이해를 기반으로 내담자와 가족의 욕구, 상담을 통해 얻고자 하는 바를 우선적으로 확인하고, 과거사 탐색을 할 경우에는 상담자의 의도를 사전에 설명하여 내담자의 이해와 협조를 구하는 것이 필요하다.

넷째, 내담자의 개인 내적 과정과 개인의 변화에만 초점을 두지 말고 상호의존적 · 공동체적 존재로서의 자아를 존중하여야 한다. 즉, 내담자의 개인적 욕구 충족만이 아니라 내담자의 행동 변화가 주변 사람에게 미칠 영향을 고려하여 주위 사람의 기대와 인정을 조화롭게 추구하도록 도와주는 것이 바람직하다. 따라서 깨어진 관계성을 회복시켜 자신의 본분을 다하면서 전체 집단의 일부로 조화를 이루도록 도와야 하고, 동시에 개인과 가족을 억압하는 가부장적 가족구조와 사회구조를 변화시키는 노력도 병행할 필요가 있다.

3. 다문화가족의 특성과 상담 접근

1) 다문화가족의 특성과 문제

(1) 다문화가족의 특성

20세기 후반 이후 한국 사회는 글로벌화로 인한 취업 관련 인구 이동이 증가하고, 혼인수급의 성별 불균형과 외국인에 대한 수용적 태도가 작용하여 국제결혼이 늘어나면서 다문화사회로 급속히 전환되고 있다. 통계청 보고에 의하면 한국인과 외국인의 결혼은 2010년까지 전체 혼인율의 10~11%를 차지하다가 2011년부터 감소하기 시작하여 2016년 7.3%로 나타났다. 2015년에 국제결혼한 외국여성의 국적은 베트남, 중국, 필리핀의 순으로 많고 외국남성의 국적은 중국, 미국, 베트남의 순으로 많았다. 국제결혼 중 한국인 남성과 외국여성, 즉 결혼이주여성과의 혼인이 70%대를 차지한다(통계청, 2016). 전국다문화가족실태조사에 의하면 결혼이민자가족은 전국에 278,036 가구가 있고, 이는 2012년에 비해 4.3% 증가한 것으로 전체 가구의 1.3%를 차지한다(여성가족부, 2015). 이같이 증가 추세를 보이고 있는 결혼이민자가족은 사회적으로는 국가 간·문화 간 이동의 결과이고, 개인적으로는 가족 간 이동이 되기에 가족 차원에서의 상호적응을 위한 노력과 동시에 다문화적인 이해가 수반되어야 하며, 결혼이민자가 한국 사회의 구성원으로 정착하도록 돕기 위한 다양한 지원이 뒷받침되어야 한다. 우리 사회는 2006년부터 다문화가족을 지원하는 정책 및 서비스를 시행하고 있다. 다문화가족이 다문화가족지원센터 등의 정부지원서비스를 이용하는 비율이 54.9%로 2012년에 비해 8.7% 포인트 증가하였고 결혼이주여성의 한국어능력이 향상되고, 문화적 차이와 차별로 인한 어려움이 감소된 것으로 나타났으나 외로움과 자녀양육문제, 가족과의 갈등이 증가하고(여성가족부, 2015). 여전히 가정폭력문제와 별거와 이혼에 이르는 가정해체문제는 해결되지 않고 있다(김승권 외, 2009: 여성가족부, 2010a; 이주여성긴급지원센터, 2011).

이와 같은 결혼이주여성과 한국인 남편으로 구성된 가족 외에도 다문화가족 유형에는 한국인 여성과 외국인 남성의 국제결혼으로 이루어진 가족과 외국인 근로자 가족, 그리고 북한 출신으로 탈북하여 남한에 정착한 사람들로서 이들은 탈북자 남성과 탈북자 여성, 탈북자와 한국 출신의 배우자, 또는 탈북자 독신으로 살거나 동료와 동거하는 가족 등이 있으며 새터민이라고 불리는 가족들이 있다(한재희, 2006b; 2010c). 지금까지 결혼이주여성에 대한 연구가 가장 많고, 한국인 남편에 관한 연구가 일부 실시되었을 뿐 그 밖의 유형의 다문화가족에 관한 연구는 부진하다.

결혼이주여성의 문화 적응에 대한 연구에서는 결혼이주여성의 특성별로 차별화된 개입 방안이 모색되어야 함을 시사한다. 즉, 결혼이주여성의 연령, 교육 수준, 한국어 수준, 한국과 출신 국가 간의 문화적 유사성, 배우자 유무 등에 따라 통합적 또는 동화적 문화 적응 유형을 보이고 문화 적응 스트레스도 달라진다는 것이다. 문화 적응 유형 중 주변화 유형을 보이는 결혼이주여성은 문화 적응 스트레스가 높고 결혼 적응도 낮은 것으로 나타나 문화 적응 스트레스 대처와 문화 정체성 수립을 돕는 프로그램이 필요한 것으로 밝혀졌다(임은미, 정성진, 이수진, 2010; 최혜지, 2009). 또한 결혼이주여성의 결혼 적응 능력에 유의한 영향을 미치는 주요 변수가 지각된 차별감, 편견, 문화충격 같은 문화 적응 스트레스와 한국인 배우자의 사회적 지지인 것으로 밝혀졌다(강유미, 신혜종, 2010; 오광실, 정혜정, 2012; 추현화, 박옥임, 김진희, 2008).

(2) 다문화가족의 문제

결혼이주여성과 한국인 남편으로 구성된 다문화가족이 안고 있는 문제는 경제적인 어려움, 사회문화적 적응, 부부 갈등, 확대가족과의 관계 문제, 자녀양육 문제, 합법적인 체류 문제, 심리적인 고통 등이 복합적으로 나타나고 있다(강복정, 2009; 김은미, 양옥경, 이해영, 2009; 여성가족부, 2015; 한재희, 2010a).

다문화가족이 지난 1년 동안 경험한 부부갈등의 이유로 성격차이문제가 가장 많은 비중을 차지하였고, 그다음으로 경제문제, 자녀양육 및 교육문제, 언어소통문제, 문화·종교적 차이 및 가치관 차이문제의 순서로 나타났다. 특히 결혼이주여성은 자녀양육 및 교육문제 때문에 부부갈등을 경험하고 그 다음으로 언어소통문제, 문화종교·가치관 차이문제, 배우자의 음주문제, 시가와의 갈등문제로 인해 부부갈등을 겪는 것으로 나타났다. 또한 결혼이주여성들 대부분은 언어소통의 어려움, 문화적 충격, 경제적 어려움, 남편의 극단적인 갈등 표출 등에서 비롯된 신체적·정서적·심리적·경제적 폭력과 사회적 고립의 현장에 놓여 있다. 결혼이주여성들은 어린 나이에 결혼에 대한 충분한 준비도 없이 코리안 드림을 안고 한국에 시집온 경우가 대다수이며, 한국 남성들도 자신의 생활 패턴에 오랫동안 길들여진 나이 많은 노총각이거나 경제적으로 어려움을 겪는 재혼 남성들이 대다수다. 따라서 이들의 가정은 주로 저소득층으로 생계에 어려움을 겪는 일이 많은 데다가 연령 차이, 문화 차이로 인한 갈등이 겹쳐 있다. 또한 결혼이주여성의 경제적 권한이 전혀 없거나 친정에 대한 경제적 지원 요구로 인한 갈등 문제를 안고 있는 경우도 있다.

또한 부부관계에서 여러 가지 갈등을 호소하고 있다. 한국 남성들 대부분은 아내의 나라 문화에 대한 지식과 경험이 없고 단기간에 외국인 아내를 만나 언어소통이 어려운 가운데 결혼생활을 시작하기 때문에 상대방에 대해 잘 알지도 못하고 유대감이나 친밀감을 쌓을 기회도 적어 서로 오해와 불신, 갈등이 발생할 수밖에 없다. 결혼이주여성이 부부관계의 고통으로 호소하는 내용은 '주로 도망갈 거라고 의심받거나 상품처럼 취급당하는 것, 시댁 가족들의 지나친 간섭, 고향이나 외부와의 전화통제, 생활비 안 주기, 한국어 교육에 참여시키지 않기, 자국민이 모이는 곳에 보내지 않기, 원하지 않는 성행위를 강요하는 것' 등이다. 한국인 남성은 가부장적이고 권위주의적 태도로 아내가 순종적이고 헌신적이기를 기대하고 결혼이주여성은 돈을 벌어 친정에 보내려 하는 등 부부가 서로 다른 결혼 동기를 가지고 출발하여 결혼생활에 대한 기대와 지향점에 차이가 있는 경우 갈등이 더 고조된다.

반면, 남편들이 호소하는 결혼이주여성에 대한 어려움은 '성생활과 임신 기피, 잦은 외출 또는 가출, 게으르거나 가사노동을 기피함, 가족에 대한 과도한

송금 및 부모형제 초청 요구' 등이다(강복정, 2009). 이외에도 고부 갈등, 자녀와의 의사소통 어려움, 자녀의 언어 및 인지 발달 지체와 학업 수행 능력 저조 등 자녀 지도 문제, 남편의 전처 자녀와의 문제, 자녀양육의 가치관 차이에서 발생하는 갈등 등의 어려움을 겪는 것으로 나타난다. 이는 사회경제적 요소와 가족 관계적 요소, 언어소통의 어려움, 사회적 이질감 등의 극심한 문화적 갈등이 복합적으로 작용하는 것이다.

성 문제에서 파생되는 내용으로 결혼이민자에 대한 배우자의 성적 학대 문제, 친인척의 결혼이주여성에 대한 성폭행 및 성추행 문제, 자녀 출산을 위한 강제적 성행위 및 배우자의 피임 거부, 기본적 성지식 부족 등이 호소되었다. 남편의 지나친 음주와 폭력 및 그에 따른 자녀의 정서불안 문제, 시아버지의 폭력, 배우자가 음주 후 성행위를 강요하는 문제, 의사소통 부족으로 인한 감정 교류 차단 및 폭력적 성생활, 그로 인한 임신 및 출산 강요, 과도한 성관계 요구 또는 성생활 거부 문제, 나이 차이와 문화적 차이에서 오는 성생활 불만 등으로 어려움을 호소하였다. 이외에 배우자의 알코올중독, 의처증, 정신장애 등으로 인해 자녀양육 및 전반적인 생활에서 겪는 어려움, 결혼이주여성의 우울증에 의한 자해 등을 호소하였다.

이처럼 다문화가족의 문제는 관계 갈등 문제와 문화적 차이 문제가 중첩되고, 또한 한국인 배우자의 고연령, 낮은 사회경제적 지위, 높은 재혼율 등의 구조적 문제와 겹쳐지는 특성이 있다. 그 결과 전체 이혼 건수 중 다문화가족의 이혼율은 2004년 이후 2010년까지 계속 증가하여 2010년 9.6%를 차지하다가 최근 5년간 연속 감소추세를 보여 2016년 7.1%를 차지하였다. 그리고 이혼 유형에서 국내인에 비해 재판 이혼 비율이 현저히 높아서 63%에 이르는 것이 특징이다(여성가족부, 2010a). 이혼했거나 별거중인 결혼이주여성이 응답한 사유 중 성격차이문제가 가장 많은 비중을 차지하였고, 다음으로 경제무능문제, 외도 등 애정문제, 배우자가족과의 갈등문제, 배우자의 음주, 도박문제, 학대 및 폭력문제의 순서로 나타났다. 이 중 성격차이문제와 경제무능문제는 3년 전에 비해 감소추세인 반면, 외도 등 애정문제, 배우자가족과의 갈등문제, 배우자의 음주, 도박, 폭력문제는 증가추세를 보였다(여성가족부, 2015). 그리고 이혼상담 통계를 통한 이혼사유로는 결혼이주여성의 경우 '폭력 등 배우자 및 직계존속의 심히 부당한 대우(3호)' '기타 혼인을 계속하기 어려운 중대한 사유(6호)' '배우자의 부정행위(1호)'의 순인데 반해 한국인 배우자의 경우는 '기타 혼인을 계속하기 어려운 중대한 사유(6호)' '폭력 등 배우자 및 직계존속의 심히 부당한 대우(3호)' '유기(2호)'로 대조를 보였다(한국가정법률상담소, 2009).

그 밖에 체류 및 국적 문제로 결혼이민자의 국적 취득을 위한 관련 서류, 국적 취득 방법 상담, 모국에 있는 결혼이민자의 친인척의 초청 및 기타 체류에 따르는 법적 절차 및 제반 서류 문제, 재혼으로 인한 전 남편과의 사이의 자녀 입적 문제, 이혼 후 결혼이민자의 한국 체류에 관한 문제가 호소되었다. 또한 외국인 등록증 연장 문제, 시댁 가족이나 남편이 여권이나 외국인등록증을 본인에게 주지 않고 가지고 있는 문제, 여성 결혼이민자의 국적 취득에 관해 남편이 동의하기를 기피하거나 불합리한 대우(외출 금지, 언어폭력, 신체학대 등)를 하는 경우도 있는 것으로 나타났다.

다문화가족지원센터 19개 기관 실무자들에게 '현장에서 다문화가족이 경험하는 어려움'에 대한 개방 질문을 통하여 알아본 결과 부부갈등(35.7%), 의사소통(32.1%), 취업 문제(17.9%), 자녀 출산 및 양육(14.3%) 순으로 파악되었다. 부부갈등의 주요 내용으로는 '남성의 권위적이고 가부장적인 태도' '부부 성관계 갈등' '아내와의 정서적 친밀감 부족' '가정에 대해 가지는 공동책임의식 부족' '아내의 가출' 등으로 나타났다(장진경, 2010). 결혼이주여성이 가정생활에서 경험하는 큰 어려움은 '한국어 의사소통'이며 가족과의 가치관이나 생활습관 차이도 어려움을 느끼게 하는 영역이었다. 이는 한국에 들어와 생활한 기간이 짧은 결혼이주여성일수록 더 어려움을 느끼는 부분이었다. 시부모와의 관계에서 겪는 문제로는 의사소통의 어려움, 생활습관과 생활 방식의 차이, 사고방식 및 가치관의 차이, 가사일을 처리하는 방식의 차이, 시부모 부양과 수발, 인격적 무시와 비난과 관련된 어려움을 경험한다.

다문화가정의 결혼생활 및 한국 생활 정착에 있어서 남편으로부터 받는 지지는 중간 이상의 수준으로 나타났으나 남편이 아내의 모국 문화를 이해하려는 노력, 즉 모국의 사회적 상황이나 전통 문화, 예술 문화 등에 대해 관심을 갖는 등 적극적 노력을 하는 것은 상대적으로 낮게 나타났다. 그러다 보니 부부간 서로에 대한 이해 수준이 달라 결혼이주여성은 폭력을 경험하기도 한다. 폭력을 경험한 적이 있는 비율은 19.7%였는데 유형별로는 언어적 폭력이 78.3%로 가장 높게 나왔고 신체적 폭력은 31.7%, 성적 폭력은 5%로 나타났다.

자녀양육의 면에서 보면 자녀양육에 대한 경험도 정보도 없으며 문화도 다른 결혼이주여성에게 자녀양육은 기쁨보다 부담이 더 크게 다가오는데, 가장 많은 어려움을 느끼는 영역은 '자녀에게 한국어 가르치기' '학습 지도와 관련한 어려움' '적절한 양육 및 교육법을 모름'이었는데, 이러한 어려움은 자녀가 성장하여 학령기로 접어들수록 더욱 증가할 수 있는 애로사항이다. '남편과의 양육 방식의 차이' '자녀와 의사소통이 어려움' '시부모의 자녀양육에 대한 간섭'도 어려움으로 호소되는데, 이는 남편과 시부모와 의견이 다를 때 가족 내 자녀양육에 관한 갈등이 야기될 수 있음을 시사하는 부분이다. 이외에도 자녀를 맡길 적절한 보육시설 부족, 자녀의 친구 및 교우관계 지도의 어려움, 자녀에 대한 사회적 편견과 차별, 자녀와의 사고방식 및 가치관의 차이, 자녀가 엄마로서 존중하지 않음, 남편의 전 배우자가 낳은 자녀가 엄마로 인정하지 않거나 나를 싫어하고 무시함 등을 호소하였다(양옥경, 김연수, 2007).

최근 결혼이주여성의 자녀가 학령기에 접어들면서 자녀양육과 지도 문제, 부모-자녀와의 관계 문제 그리고 자녀들이 학교의 또래 집단 가운데서 겪는 어려움이 추가되고 있다. 또한 결혼이주여성의 중도입국 자녀가 증가하면서 학교에서 일반 학생의 편견과 집단 괴롭힘, 따돌림 등으로 학교생활 부적응을 겪는 비율이 일반 학생들보다 높은 것으로 보고되고 있다. 2008년 국회 보고 자료에 따르면 다문화가정 초등학생의 약 17%, 중학생의 38%, 고등학생의 약 69%가 학업 중단 상태에 있는 것으로 나타났다.

2) 다문화가족에 대한 부부 및 가족상담

(1) 다문화가족상담의 정의

최근 다문화주의 관점은 가족상담자들이 가족체계를 평가하고 가족 문제에 개입할 때 자신에게 익숙한 문화적 배경이 영향을 미칠 수 있음을 인식하고 다양한 문화적 배경을 가진 가족에 대해 개방적이고 융통성 있는 태도를 지녀야 함을 강조한다. 그러므로 가족상담자들은 우선 같은 나라 국민이라 해도 사회계층, 종교, 지역이 차이 나는 가족에 대해 그들의 문화적 배경이 가족체계와 문제에 미치는 작용을 이해하여야 하고, 자신과 다른 그들의 문화를 배우려는 태도를 가지는 것이 필요하다.

다문화가족은 서로 언어적 · 문화적 배경이 다른 구성원들로 일반 가족이 갖는 어려움 외에 또 다른 어려움을 안고 살아가고 있다. 또한 문화적으로 다른 내담자나 다문화가족은 일반적으로 상담서비스를 적극적으로 활용하지 못하거나 초기에 상담을 그만두는 경향이 있다. 특히 문화적 인식이 부족한 상담자에게 이러한 현상이 더욱 심하게 나타난다.

따라서 다문화가족상담이란 상담의 효과를 증진시키기 위해 상담자와 내담자가 문화적 배경, 가치관, 그리고 생활양식에 대한 차이를 인식하고, 상담의 이론과 적용 기법에 있어서 문화적 유연성에 따른 특성을 적용하는 상담이라 할 수 있다(한재희, 2008: 59-60). 그러므로 다문화가족상담은 문화적 부적응으로 인한 결혼이민자 개인의 심리적 문제뿐만 아니라 가족을 매개로 한 다문화가족의 순기능을 돕기 위한 전반적인 활동이며, 다문화가족 내에 존재하는 문화적 차이에 대한 이해를 증진하고 이로 인한 갈등을 예방하고 문제를 해결하고자 하는 것이다(한재희, 2010c).

다문화가족상담의 대상은 다문화라는 주제를 공통적 특징으로 하여 두 가지 차원에서 접근할 수 있다. 첫째는 다문화가족을 이루는 가족원에 대한 상담으로서 개인의 문화적 차이 및 심리 내면적 갈등으로 인한 부적응을 돕는 개인상담적 차원이라 할 수 있다. 둘째는 다문화가족을 위한 가족상담으로서 이는 다문화가족이 지닌 가족구조 및 부부 또는 가족관계의 개선을 위한 가족상담적 차원이라 할 수 있다(한재희, 2010c). 이를 위해서는 다문화가족이 보이는 다양한 가족 형태와 가족생활주기에 따라 가족이 직면하는 문제를 다룰 수 있어야 한다.

다문화가족에 대한 부부 및 가족상담이 발전하기 위해서는 다문화가족을 이해하기 위한 실태조사와 아울러 상담 연구가 실시되어야 하고, 동시에 다문화가족상담 인력을 양성하고 효과적인 서비스 전달체계를 구축하여야 할 것이다. 그동안 많은 다문화가족 연구가 실태조사 중심으로 이루어졌고 그다음 정책연구와 교육연구가 이루어지고 있어서 다문화가족상담에 관한 연구가 차지하는 비중은 극히 미미하다(임은미, 정성진, 김은주, 2009). 그리고 실태조사도 정부와 지자체에서 결혼이주여성에 대한 정책 대안을 모색하기 위하여 실시되었고, 거의 대부분 미시적 시각에서 결혼이주여성을 중심으로 다문화가족이 경험하는 부부 갈등, 가족 갈등, 자녀의 언어 발달, 양육 스트레스 및 문화 스트레스 등의 문제에 집중되었다. 이는 다문화가족의 적응 문제에 초점을 두고 지원이 필요한 서비스 대상자 내지는 복지 의존적인 주변 집단으로 다문화가족을 조명하여 적극적인 행위 주체자라는 사실을 간과한 측면도 있다(신영화, 2010).

(2) 다문화가족상담자의 능력과 기술

다문화가족상담은 문화적 역동성을 이해하며 진행되어야 하고, 내담자에 대한 문화적 배경, 가치관, 가족제도 및 체계와 역사를 알지 못하면 상담의 효과가 없을 수 있다는 사실 등을 염두에 둘 필요가 있다. 다문화가족상담자가 갖추어야 할 능력과 방향성은 다음과 같다(김태호, 2010; 한재희, 2010c).

- 다문화가족상담자는 자신의 문화적 가치와 편견을 인식하는 능력을 갖춰야 한다. 상담자는 태도와 신념, 가치관 측면에서 자신의 문화적 가치와 다른 내담자의 문화적 가치를 민감하게 인식하고 존중하며, 상담 과정에서 자신의 문화가치가 내담자에게 영향을 미칠 수 있음을 인식할 수 있어야

한다. 즉, 상담자는 자신의 문화적 가치가 상담 과정에서 내담자에 관한 편견과 선입견, 정상과 비정상을 구분하는 데 어떻게 영향을 미치는지 알아야 한다. 그리고 상담자는 자신의 상담 역량의 한계를 인식하고 자문과 교육, 수퍼비전을 통해서 문화적 민감성을 향상시키기 위해 노력해야 한다.

• 다문화가족상담자는 내담자의 관점을 인식하는 능력을 갖춰야 한다. 상담자는 내담자의 문화 내적인 요인을 고려하기 위해 태도와 신념의 측면에서 특정의 인종과 민족에 따라 성격 형성, 진로 선택, 심리적 장애, 가족관계와 가족규칙, 가족의례 등이 어떻게 발생하고 각기 다를 수 있는지에 대하여 인식하고 존중하여야 한다.

• 다문화가족상담자는 문화적으로 적절한 상담서비스를 제공하기 위한 전략을 세우는 능력을 갖춰야 한다. 상담자는 내담자의 민족적·종교적·정신적 신념과 가치와 관련된 성격적 특성을 존중하며 그들 본래의 문화에서 사용된 상담 방법으로 내담자와 소통할 수 있는 언어적·비언어적 메시지들을 사용하여 소통하도록 노력해야 한다. 또한 내담자의 문제 해결에 활용 가능한 가족과 지역사회의 자원을 알아야 한다.

다문화가족상담자는 효과적이고 적절한 개입을 위해 다음의 방향을 설정하여 기술을 개발할 필요가 있다(Welfel & Patterson, 2009).

• 다문화가족상담자는 상담 회기에서 언어적 장벽을 해결하는 방안을 마련해야 한다. 언어적 장벽이 존재하는 경우 통역사를 활용하거나, 그림 그리기나 행동 기법 등을 통한 비언어적 의사소통을 늘이며, 경청 기술, 특히 요약하기 기법을 사용할 수 있어야 한다(최규련, 2011).

• 다문화가족상담자는 문화적으로 효율적이고 적절한 상담서비스를 제공하기 위하여 내담자에 대한 적절한 평가와 내담자의 문화적 특성에 적합한 상담환경을 제공하여야 하고, 문화적 가치를 고려하여 적합한 상담 기법을 적용할 수 있어야 한다. 예로 구조화 기법, 질문 기법을 더 많이 사용할 필

요가 있고, 구조적이고 지시적이며 행동에 초점을 둔 접근을 하는 것이 효
과적일 수 있다.

• 다문화가족상담자는 내담자가 표출하는 어려움을 심리적인 문제로 국한
하기보다는 체계론적 관점이나 생태체계론적 관점에서 볼 수 있어야 한다.
많은 경우 부부관계 문제는 심리 문제만이 아닌 부부를 둘러싼 경제 상황,
법률, 확대가족, 친척, 직장, 친구, 지역사회, 국가 등의 외부체계의 영향이
작용한다. 그러므로 다문화상담자는 내담자의 개인적 행동과 감정에 관련
된 것뿐 아니라 내담자의 행동과 상황에 영향을 주는 단체나 조직에 대한
개입전략을 포함하여야만 한다. 그러므로 다문화상담자는 내담자에 대한
정서적 지지 외에도 내담자를 위한 정부나 공공기관에서 제공하는 여러 공
식적인 자원들에 대한 정보에 밝아야 하며, 이를 적절히 연계하고 활용하
는 데 익숙해야 한다.

• 다문화가족상담자는 임파워먼트 관점을 갖고 개입하여야 한다. 내담자들
이 자신과 외부의 자원을 활용하여 자신의 역량을 강화하고, 자신의 삶의
불평등 요소에 이의를 제기하고 반응할 수 있는 개인적 능력에 대한 인식
과 기술을 개발하고 적응력과 잠재적 역량을 키워 성장하도록 도울 필요가
있다.

• 다문화가족상담자는 국내에 거주하는 타문화권 출신 내담자들이 속한 문
화공동체와 밀접한 관계를 유지할 수 있어야 한다. 그리고 공동체에서 조
력자로 활동하는 사람들과 협력하고 전통적인 지원자(종교 지도자나 가족의
가장, 자원봉사자 등)와 함께 작업할 수 있는 기술을 개발시켜야 한다.

3) 다문화가족상담자의 자질

다문화가족상담을 효율적으로 실시하기 위해서는 기본적인 상담자의 자질
외에 '문화적 감수성'과 '위기를 경험하는 내담자와 단시간에 신뢰적 관계를 형
성하는 능력' 및 '위기 개입 능력'을 갖춰야 한다. '문화적 감수성'은 상담자가 다

른 문화적 배경, 가치관, 생활양식의 차이를 보이는 내담자를 이해하고 문화적 차이가 미치는 영향을 인식하고 감지하는 능력이다. 예를 들어, 다문화가족을 상담하는 경우 남편과 아내, 시집 식구와 며느리 간에 겪는 갈등이 서로 다른 문화적 배경에 연유되는지, 아니면 세대 차이나 발달 배경의 차이 때문인지, 아니면 특수한 개인적·가족적 특성 때문인지를 우선적으로 파악하여야 한다. 만약 문화적 차이가 문제의 주된 이유로 작용하는 경우에는 가족원 상호 간에 차이나는 문화적 배경을 수용하고 이해하여 가족원들이 조화롭게 공존하는 방법을 찾도록 도와주어야 한다.

4) 다문화가족상담의 유용성

다문화가족상담자는 문화적 인식을 통해 상담의 효율성을 증진시킬 수 있다. 다문화가족상담의 유용성을 살펴보면 다음과 같다(한재희, 2010c).

첫째, 다문화가족상담은 상담 과정에서 다문화적 관점을 개발할 수 있도록 도움을 준다. 이는 상담자로 하여금 상담관계에서 자신의 특성에 대한 안목과 내담자를 이해하는 시각을 넓히고 내담자의 문화에 적합한 반응형태를 확장하는 것이다. 상담관계에 있어서의 문화적 차이에 대한 인식은 내담자의 행동과 내면을 가장 잘 이해하고 적절하게 반응하게 하는 기본적인 작업이 된다.

둘째, 다문화가족상담은 기존 상담 및 가족상담 이론의 통합적 적용에 대한 인식을 확장시키는 데 유용하다. 상담자는 다문화가족상담에서 내담자의 문화적 배경을 고려하여 개입 기술을 활용하고 통합하게 된다. 어떤 사람과 어떤 문제에도 동일하게 적용되는 상담 이론이나 상담 기법은 거의 찾기 어렵다. 다문화가족상담자들은 개인의 인지·정서·행동의 통합적 접근뿐만 아니라 체계론적 가족상담을 포괄하는 통합적인 접근이 필요함을 보여 준다. 그러므로 다문화가족상담자는 내담자의 문화적 특성과 가족 및 사회정치적인 요인에 따라 상담 유형과 상담 기법을 바꿀 수 있는 유연성만이 아니라 여러 이론을 통합하는 접근에 대한 인식을 넓히는 작용을 한다.

셋째, 다문화가족상담은 내담자의 전통문화적인 특성에 적합한 토착화 상담 이론과 방법을 개발할 수 있도록 도움을 준다. 기존의 전통적인 상담 이론과 방법은 대부분 서구 문화의 인간 이해와 가치관에 따라 형성된 것이다. 서구 문화에서 개인의 정신적 건강은 분화(differentiation)와 자기실현(self-actualization)을 이루는 데 있다. 또한 서구적 전통의 상담 이론은 객관성과 인과적이며 양적 연구에 대한 선호로 인해 주관적이며 심리 영적(psycho-spiritual)인 토착적 치유형태를 배제한다. 하지만 다문화가족상담 접근에서 상담자는 몸과 마음뿐만 아니라 영적 문제를 상담 장면에 도입한다. 즉, 내담자가 지니고 있는 종교적이고 영적인 시각으로 세계를 바라볼 수 있도록 안목을 확장하며 토착적인 상담 방식을 긍정적으로 받아들인다.

5) 다문화가족상담의 개입 모델

(1) 역량강화 모델

한국에서 다문화가족의 역량강화를 위한 개입 방향은 다음과 같다. 먼저, 다문화가족에 대해 '행복하기 위해 국제결혼을 선택한 사람들' '나름대로 살아 보려고 애쓰는 과정에 있는 가족' '결혼이주여성의 용기와 강점이 두드러진 부부' '자녀에 대한 애정이 강한 가족' '동질적인 한국 사회에 다문화라는 혁신적이고 새로운 가족자원을 가진 집단'으로 인식하는 것이다. 그리고 가족관계 역량강화 측면으로 '가족이 서로 이해하고 지지하기' '가족애의 향상' '안정된 가족' '당당하게 결혼이주여성의 강점을 인정하기' '서로 맞추어 살기, 함께 행복 추구하기'를 추구한다. 그리고 물리적 역량강화 측면으로 '경제적 자립'을 추구한다. 사회심리적 역량강화 측면으로 '자부심과 힘이 있는 가족'을 추구한다. 다문화 역량과 정보 역량강화 측면으로 '결혼이주여성의 강점 활용' '정보 접근성 강화'를 추구한다. 그리고 상담자는 다문화가족과 협력적이고 평등한 관계를 설정하여 다문화가족의 세계관·생활 방식·결정을 인정하고 수용하고, 다문화가족의 강점과 잠재력을 인정하면서 문제 해결의 열쇠를 가진 인격체이자 삶의 주체자로 대한다(신영화, 2010).

다문화가족 역량강화를 위한 실천 기술로는 '정서적 지지'를 중심으로 한 관계 형성 기술과 '강점을 찾아 활용하기' '권한 부여하기' '주체적 활동 부여하기' '자신의 글쓰기와 말하기' '의식 향상 교육' '취업 지원' '다양한 관계 경험 제공' '자조 집단 지원 및 조직화' '협력적인 원조관계' 등의 역량강화 기술 그리고 '다문화 집단에 대한 지역사회지도 그리기' '다문화 지역사회 네트워크' '다문화에 대한 인식과 의식 개선 사업' 등의 문화적 역량강화 기술을 활용할 수 있다.

(2) 통합적 모델(한재희, 2010c)

① 1단계: 상담관계 형성과 문화적 인식

다문화가족상담자는 무엇보다도 내담자와 신뢰적 관계 형성을 위해 수용적 존중의 태도를 갖고, 주의 기울이기(attending), 경청하기, 공감적 이해하기, 요약하기 등 내담자를 이해하기 위한 기법을 잘 활용하여야 한다. 이때 다문화가족 상담자는 내담자의 언어적 메시지뿐만 아니라 표정과 자세, 어조, 호흡 등의 비언어적 메시지를 이해하고 적절히 반응할 수 있어야 한다. 특히 다문화가족상담자는 내담자와의 상호작용에서 문화적 차이에 대한 인식을 할 수 있어야 한다.

② 2단계: 문화적 상황 속에서의 문제 파악 및 가설 설정

다문화가족상담자는 내담자의 문제를 정확하게 파악하고 가설을 설정하여야 한다. 문제 파악의 과정은 인지, 행동, 정서적 경험에 대한 의미 있는 패턴을 서술하며, 내담자의 특정한 패턴에 대해 인과적 또는 순환적 설명을 제공할 수 있어야 한다. 또한 내담자의 문제에 대한 가설은 내담자의 심리 내적인 차원, 가족 체계적 차원, 문화적 적응과 관련된 사회문화적 요소를 고려하여 다양한 차원에서 설정되어야 한다.

③ 3단계: 내담자의 문화적 틀에 적합한 교육상담과 다문화가족상담적 개입

다문화가족상담자는 문화적으로 다른 내담자와의 작업에서 전통적인 치료보다 좀 더 넓은 차원의 접근이 필요하다. 다문화가족상담자는 문화적으로 다른 내담자의 문제가 내담자의 심리 내적인 문제인지 가족체계와 외부의 상황적인 문제인지에 대한 명료한 인식이 있어야 하며, 또한 이러한 요인들이 어떻게 상호작용하는지 설명할 수 있어야 한다. 또한 다문화가족상담자는 내담자의 문화적 적응 수준을 파악해야만 한다. 이에 따라 상담자는 내담자 개인의 내면에 접근하는 것과 동시에 가족체계적 접근과 사회적 역량강화를 위한 통합적인 접근을 시도하여야 한다. 그리고 내담자로 하여금 문제 상황에 대처하는 방법을 적절히 선택하여 효과적인 방법을 실천하게 하는 적극적인 교육상담적 특징을 갖는다. 이는 내담자들이 문제를 해결할 뿐만 아니라 잠재적 문제를 예방하는 것을 돕는 것과 관련된다. 그리고 법률, 복지, 건강 전문가와도 협력하는 것이 매우 중요하다.

④ 4단계: 문화사회적 네트워크를 통한 역량강화

다문화가족의 문제는 많은 경우 내부적 병리보다는 문제 상황에 대한 대처 방법을 적절하게 찾지 못한 데서 비롯된다. 따라서 다문화가족상담자는 위기개입과 관계 치료의 측면 외에 문제 재발 방지와 다른 문제 예방적 측면에도 더 관심을 기울여야 한다. 이를 위해서 내담자의 문화공동체를 활용하여 정서적·교육적 지지체계를 구축하고 사회적 서비스 자원을 연결하여야 한다. 예를 들어, 정서적 지지와 정보 제공 및 프로그램과 전문기관 연계 등의 서비스를 다문화가족지원센터, 지자체주민센터, 복지관, 직업 훈련 및 취업지원센터, 쉼터, 병원, 이주여성긴급지원센터, 출입국 관리소 및 법무부, 어린이집, 각급 학교, 법원, 관련 단체 등과 협력하는 시스템을 구축하여야 한다.

[참고문헌]

강기정, 박혜성, 계선자(2005). 맞벌이 가족 남편의 역할 갈등 및 결혼만족도에 관한 연구. 한국가족복지학, 10(2), 5-25.

강문희, 박경, 강혜련, 김혜련(2006). 가족상담 및 심리치료. 서울: 신정.

강복정(2009). 다문화가족의 이해. 다문화사랑 나누미 워크숍자료집. 전국다문화가족사원지원단.

강유미, 신혜종(2010). 결혼이주여성의 성공적 적응과정에 관한 연구. 상담학연구, 11(4), 1393-1410.

강혜숙, 김영희(2008). 결혼초기 부부의 결혼만족도와 안정성에 관련된 요인. 한국가족치료학회지, 16(1), 135-156.

고미영(2000). 이야기치료의 한국적 적용에 관한 연구. 한국가족치료학회지, 8(2), 111-136.

고미영(2004). 이야기치료와 이야기의 세계. 서울: 청목출판사.

고미영(2010). 이야기치료의 변천과 발전. 한국가족치료학회지, 18(1), 83-106.

고정자, 김갑숙(1999) 부부의 심리적 복지와 삶의 질에 관한 연구. 대한가정학회지, 37(6), 57-76.

고현선, 지금수 (1995). 부부의 갈등대처유형이 부부만족도에 미치는 영향. 한국가정관리학회지, 13(4), 71-83.

공세권, 조애조(1985). 출산력 저하에 따른 여성의 가족생활주기 고찰. 보건사회연구, 5(1), 22-45.

구본진(2008). 중년여성의 극복력, 희망, 부부친밀감 및 가족지지가 삶의 질에 미치는 영향. 정신간호학회지, 17(4), 421-430.

권정혜(2000). 지각된 배우자 비판과 우울. 한국심리학회지, 19(4), 697-712.

권혁남(2010). 분노에 대한 인간학적 고찰. 인간연구, 19, 77-105.

김경신, 김오남(1996). 편모가족의 심리적 복지 고찰. 가정과학연구, 6, 97-110.

김길현, 하규수(2012). 노년기 부부관계 요인이 결혼만족과 이혼의도에 미치는 영향. 한국콘텐츠학회논문지, 12(5), 256-271.

김명희, 최연실(2007). 중년기 기혼남녀의 부부의사소통과 부부친밀감이 심리적 복지에 미치는 영향. 한국가정관리학회지, 25(3), 1-23.

김민녀, 채규만(2006). 가족생활주기에 따른 기혼자의 결혼만족도. 한국심리학회지 건강, 11(4), 655-617.

김선미(2005). 맞벌이가족의 자녀양육방식을 통해 본 아동양육지원의 정책적 함의. 한국가정관리학회지, 23(6), 105-116.

김성천(1993). 가족치료이론에 대한 양성평등주의자의 비판에 관한 연구. 한국가족치료학회지, 1(1), 89-104.

김수진, 김세영(2013). 중년여성의 부부친밀감, 우울과 갱년기 증상의 관계. 여성건강간호학회지, 19(3), 176-187.

김승권, 김유경, 조애저, 김혜련, 이혜경, 설동훈, 정기선, 심인선(2009). 2009년 전국다문화가족 실태조사연구. 한국보건사회연구원 정책보고서 2010-06.

김시업(2011). 결혼과 가정. 서울: 학지사.

김양희, 전세경, 문영소, 이영세, 김예리, 김진희, 장은정, 박정윤, 김효민, 안진경, 백선아, 최은주(2012). 결혼과 가족. 경기: 양서원.

김영애(1997). 한국적 심리치료 접근법에 관한 연구. 한국가족치료학회 제8회 학술대회자료집, 10-17.

김영화, 이진숙, 이옥희(2002). 성인지적 가족복지론. 서울: 양서원.

김영희, 정선영(2007). 부부갈등과 결혼만족도: 갈등대처방식의 조절효과. 한국가정관리학회지, 25(5), 65-82.

김용태(2000). 가족치료 이론. 서울: 학지사.

김용태(2009). 가족치료의 개념적, 철학적 변화. 상담학연구, 10(2), 1201-1215.

김유숙(2002). 가족치료: 이론과 실제. 서울: 학지사.

김유숙(2006). 가족상담(2판). 서울: 학지사.

김유숙(2012). 심리치료이론과 가족치료. 서울: 학지사.

김유숙(2015). 가족상담(3판). 서울: 학지사.

김유숙, 전영주, 김수연(2003). 가족평가 핸드북. 서울: 학지사.

김유순(2000). 여성주의 가족치료의 실천적 원리에 관한 연구. 한국가족치료학회지, 8(2),

23-44.

김은미, 양옥경, 이해영(2009). 다문화사회. 경기: 나남.

김정희(2004). 현대 심리치료. 서울: 학지사.

김주희, 오명희 (1998). 친족관계망 밀접도에 따른 부부 역할 구조에 관한 연구. 생활문화연구, 12, 129-149.

김진숙(1998). 가족치료이론에서 문화적 차원이 갖는 의미와 주요 쟁점. 한국가족치료학회지, 6(2), 131-150.

김창대, 박경애, 장미경, 홍경자(2009). 청소년 집단상담. 서울: 한국청소년상담원.

김태호(2010). 다문화정책과 다문화상담. 한국다문화상담학회 창립총회 및 학술대회 자료집.

김혜경, 도미향, 문혜숙, 박충선, 손홍숙, 오정옥, 홍달아기(2006). 가족복지론. 경기: 공동체.

김혜신, 김경신(2003). 맞벌이부부의 부모역할갈등과 심리적 복지. 한국가정관리학회지, 21(4), 117-131.

김혜숙(2008). 가족치료 이론과 기법. 서울: 학지사.

김혜숙(2016). 가족치료 이론과 기법(3판). 서울: 학지사.

남순현, 한성열(2003). 결혼 후 친밀감에 미치는 원가족의 영향. 한국심리학회지, 22(3), 505-523.

류시중(1973). 한국 도시가족의 역할: 실제와 기대를 중심으로. 경북대학교논문집, 17, 29-44.

문소현(2007). 청소년기 여성의 분노표현 유형. 고려대학교 박사학위논문.

민성길(2003). 분노에 대한 생행동적 연구. 간호학탐구, 12(2), 72-104.

박경애(1997). 인지·정서·행동치료(Rational Emotive Behavior Therapy). 서울: 학지사.

박만숙, 연문희(2002). 부부성장 집단상담 프로그램 개발. 상담학연구, 3(2), 111-118.

박봉순, 김영희(2010). 원가족 분화경험이 기혼남녀의 부부친밀감에 미치는 영향: 자아정체감과 자녀에 대한 태도를 매개로. 대한가정학회지, 48(9), 1-11.

박성덕, 이우경(2008). 정서중심적 부부치료-이론과 실제-. 서울: 학지사.

박수진, 이인수(2015). 부부의 원가족건강성이 부부친밀감에 미치는 영향: 자기효과와 상대방 효과, 가족과 가족치료, 23(2), 381-400.

박영화, 고재홍(2005). 부부의 자존감 의사소통방식 및 갈등대처 행동과 결혼만족도간의 관계: 자기효과와 상대방효과. 한국심리학회지, 19(1), 78.

박은옥(2001). 기혼여성의 결혼만족도. 여성건강간호학회지, 7(4), 508-517.

박태온(1983). 성역할태도와 결혼만족도간의 관계: 도시주부를 중심으로. 한국가정관리학회지, 12(1), 139-150.

보건복지가족부(2007). 행복한 한국생활 도우미. 중앙건강가정지원센터·전국다문화가족
　　　　사업지원단.

보건복지가족부(2008a). 다문화 가족상담가이드북. 중앙건강가정지원센터·전국다문화
　　　　가족사업지원단.

보건복지가족부(2008b). 다문화사회 전문강사 양성교육 자료집. 중앙건강가정지원센터·
　　　　전국다문화가족사업지원단.

선우현(2007). 예비부부의 개인 및 관계성장을 위한 이마고기법을 활용한 커플모래놀이
　　　　치료 프로그램 개발 및 효과. 한국가족치료학회지, 15(2), 389-406.

성정현, 여지영, 우국희, 최승희(2004). 가족복지론. 경기: 양서원.

송말희(1990). 기혼 남녀의 부부간 갈등정도와 대응행동에 관한 연구. 한국가족관리학회
　　　　지, 8(2), 31-47.

송미화, 전영주(2013). 가트먼 부부치료와 정서중심 부부치료에 대한 비교 및 이혼 전 상
　　　　담에서의 통합적 적용 가능성에 대한 연구. 한국가족치료학회지, 21(3), 307-330.

송성자(1998). 가족과 가족치료. 서울: 법문사.

송성자(2001a). 한국가족문화와 가족치료접근. 한국가족치료학회지, 9(1), 1-20.

송성자(2001b). 한국문화와 가족치료. 서울: 법문사.

송정아(2015). 가족치료 수퍼비전의 이론과 실제. 서울: 학지사.

송정아, 최규련(2002). 가족치료 이론과 기법. 서울: 하우.

신영화(2010). 다문화가족의 역량강화접근. 한국가족치료학회지, 18(2), 161-192.

신혜종(2007). 가족상담 효과성 연구 고찰. 한국상담학회 연차대회 가족상담분과학회
　　　　논문발표자료.

심수명(2004). 부부치료에 대한 통합적 접근의 한 모형으로서 심수명의 이마고 부부치
　　　　료 프로그램 효과 검증. 국제신학, 6, 267-299.

심수명(2009). 건강한 분노표현을 위한 길잡이 분노치료. 서울: 도서출판 다세움.

안종수(2002). 가족생활주기에 관한 연구. 호남대학교 학술논문집, 23(1), 275-287.

양옥경, 김연수(2007). 다문화가족 지역정착을 위한 사회적 지원방안 연구. 서울시정개발연
　　　　구원.

양유성(2004). 이야기치료. 서울: 학지사.

여성가족부(2008). 2007 여성정책 연차 보고서. 여성가족부.

여성가족부(2010a). 다문화가족의 해체 문제와 정책과제. 한국여성정책연구원보고서. 여
　　　　성가족부.

여성가족부(2010b). 다문화가족지원센터 상담체계 활성화를 위한 운영매뉴얼 개발 연구보고
　　　　서. 전국다문화가족사업지원단.

여성가족부(2015). 전국다문화가족실태조사. 여성가족부.

오광실, 정혜정(2012). 여성결혼이민자의 문화적응스트레스와 부부갈등에 관한 연구. 한국가족관계학회지, 17(3), 153-171.

오제은(2005). 커플관계 치료에 있어서 '어린 시절의 상처' 치료의 중요성: 이마고 커플관계치료와 내면아이치료 모델을 중심으로. 상담학연구, 6(3), 1055-1070.

원혜경(1984). Jay Haley의 전략적 가족치료에 관한 연구. 동광, 81, 40-62.

유영주(1980). 가족관계학. 서울: 교문사.

유영주(1984). 한국도시가족의 가족생활주기 모형 설정에 관한 연구. 한국가정관리학회지, 2(1), 111-129.

유영주(1993). 한국가족의 기능연구: 대내적 기능을 중심으로. 서울: 교문사.

유영주, 김순옥, 김경신(2008). 가족관계학(개정판). 서울: 교문사.

유홍식, 임성원, 김수정, 박원준, 김인경(2004). 폭력적 이종격투기 프로그램 시청이 수용자의 지각각성, 분노상태, 상태적대감 및 행위 의도에 미치는 영향. 한국언론학보, 48(4), 161-163.

윤경자(1997). 역할 태도가 부부의 결혼만족도에 미치는 영향. 한국가정관리학회지, 15(4), 222-234.

윤미혜, 신희천(2009). 일상사건의 공유를 통한 부부의 친밀감 발달과정: 지각된 배우자 반응의 매개효과. 한국심리학회지: 사회 및 성격, 23(1), 17-32.

이경아(1995). 가족주기의 이해. 가족과 한국사회(한국사회연구소 편, 개정판). 서울: 경문사.

이동원, 이근후, 박영숙(1998). 도시가족의 부부 역할 갈등과 가족의 안정성에 관한 연구. 가족과 문화, 10(1), 1-33.

이선혜(2009). 이야기치료 문화의 이해를 위한 모건서베이(Morgan Survey)의 적용. 한국가족치료학회지, 17(1), 1-30.

이여봉(1999). 부부간 평등 및 형평인식에 관한 연구. 가족과 문화, 11(1), 47-78.

이여봉(2010). 부부역할과 여성의 결혼만족도 연령범주별 분석. 한국인구학, 33(1), 103-131.

이영분, 김유순, 신영화, 최선령, 최현미(2015). 사례로 배우는 가족상담과 가족치료. 서울: 학지사.

이영분, 신영화, 권진숙, 박태영, 최선령, 최현미(2008). 가족치료: 모델과 사례. 서울: 학지사.

이영숙(1990). 부부간의 지위부조화와 갈등해결방법에 관한 연구. 한국가정관리학회지, 81(1), 49-66.

이영실, 윤대중, 강윤경, 임정문, 김성철, 김지철(2010). 가족복지론. 경기: 양서원.

이영호(2007). 부부친밀감 강화를 위한 교류분석의 적용 가능성 탐색. 한국가족복지학회지, 20(20), 287-318.

이영희, 이윤주(2011). 부모의 부부갈등과 원가족분화, 부부친밀감이 결혼안정성에 미치는 영향. 상담학연구, 12(1), 43-58.

이원숙(2004). 가족복지론. 서울: 양서원.

이은영, 장진경(2016). 부부 관계 향상 프로그램에 대한 연구: 참여 동기, 교육 만족도, 긍정적 행동의도를 중심으로. 대한가족학회, 54(2), 165-180.

이은영, 장진경(2017). 한국 부부교육 프로그램의 효과에 대한 메타분석. 2017 한국가족관계학회 추계학술대회 자료집, 84-103.

이은희(2002). 가족생활주기에 따른 맞벌이 남녀의 성역할 태도와 결혼만족도 연구. 한국가족복지학, 10(10), 99-118.

이정연(1987). 주부의 결혼만족도와 관련변인 고찰. 대한가정학회지, 25(1), 105-117.

이정은, 정남운(2014). 원가족 분화경험과 임신 중 우울의 관계: 부부친밀감의 매개효과. 가족과 상담, 4(1), 19-34.

이종선, 권정혜(2002) 부부의 대인관계, 의사소통 방식, 결혼만족도가 부부폭력에 미치는 영향. 한국심리학회, 21(2), 313-330.

이주여성긴급지원센터(2011). 2010년 상담실적 통계보고.

이지수(1993). 한국 빈곤가족문제에 대한 가족치료접근의 적용에 관한 연구: 미누친(S. Minuchin)의 구조적 가족치료를 중심으로. 서울대학교 대학원 석사학위논문.

이행옥, 박성연(1989). 가족생활주기와 결혼적응의 고찰: 가족 발달적 접근방법의 준거틀 적용. 연구논집, 17, 1-6.

이훈구(2004). 사회심리학적 안녕: 사회불안, 신뢰 그리고 행복. 서울: 법문사.

임승락, 권정혜(1998). 부부간 의사소통 행동과 결혼생활만족: 성차, 요구 입장 차이 및 성격 특성의 영향. 한국심리학회 학술발표 논문집, 109-123.

임윤희(2011). 공감의 확장적 이해. 신앙과 학문, 16(1), 157-180.

임은미, 정성진, 김은주(2009). 국내 다문화 연구와 다문화 상담연구의 현황. 상담학연구, 10(3), 1291-1304.

임은미, 정성진, 이수진(2010). 여성 결혼이민자의 문화적응 유형과 문화적응 스트레스. 상담학연구, 11(3), 957-973.

임태섭(1995). 정, 체면, 연줄 그리고 한국인의 인간관계. 서울: 도서출판 한나래.

장문선, 김영환(2003). 기혼여성 우울증 환자의 결혼만족도에서 역기능적 태도와 부부 의사소통패턴의 특성. 한국심리학회지, 22(2), 399-414.

장재윤, 김혜숙(2003). 직장-가정 간 갈등이 삶의 만족 및 직무 태도에 미치는 효과에

있어서의 성차: 우리나라 관리직 공무원들을 대상으로. 한국심리학회지: 문화 및 사회문제, 9(1), 23-42.

장진경(2010). 다문화가족 지원을 위한 상담자의 역할. 한국다문화상담학회 창립총회 및 학술대회 자료집.

장휘숙(2004). 청년심리학. 서울: 박영사.

전병재(1997). 인간과 사회-비판사회 심리학적 이해. 서울: 경문사.

전춘애, 박성연(1993). 결혼만족도와 결혼 안정성 간의 관계에 관한 일 연구. 대한가정학회지, 31(2), 81-86.

전현숙, 손정락(2011). 마음 챙김 기반 인지치료(MBCT)가 역기능적 분노에 미치는 효과. 한국심리학회지, 17(3), 589-608.

정문자(2001). 연구와 임상에서 살펴본 한국 가족문제와 관련변인. 한국가족치료학회지, 9(2), 1-34.

정문자(2003). 사티어 경험적 가족치료. 서울: 학지사.

정문자, 송성자, 이영분, 김유순, 김은영(2008). 해결중심 단기치료. 서울: 학지사.

정문자, 송성자, 이영분, 김유순, 김은영, 어주경(2006). 해결중심 가족치료 사례집. 서울: 학지사.

정문자, 이영분, 김유순, 김은영(2017). 해결중심 가족상담. 서울: 학지사.

정문자, 이현수, 김연희(2002). 가족생활주기별 내담자의 문제와 가족치료기법 분석. 생활과학논집, 16, 83-96.

정문자, 정혜정, 이선혜, 전영주(2012). 가족치료의 이해(2판). 서울: 학지사.

정은(2006). 가족치료 이론과 실제. 서울: 창지사.

정은(2009). 가족상담: 모델과 사례. 서울: 창지사.

정혜숙, 박은주, 김영희(2012). 부부의 애착과 부부친밀감 및 갈등대처행동이 결혼만족도에 미치는 영향. 한국가족관계학회지, 17(1), 225-239.

정혜정, 공미혜, 전영주, 정현숙(2009). 가족과 젠더. 서울: 신정.

조성연, 백경숙, 옥경희, 전효정, 전연진(2009). 가족관계. 경기: 양서원.

조성희, 김윤정(2011). 노년기 부부친밀감이 배우자 부양의식에 미치는 영향: 농촌지역의 노인부부를 중심으로. 한국농촌지도학회지, 18(4), 765-791.

조유리, 김경신(2000). 부부의 갈등대처행동과 결혼만족도: 광주지역 거주자를 중심으로. 한국가족관계학회지, 5(2), 1-21.

조정문(1995). 결혼생활의 공평성 인지와 결혼만족. 한국사회학, 29, 559-584.

조필교, 서영주(1976). 가족성원 간 가사노동 부담에 관한 연구. 대한가정학회지, 14(4), 1021-1033.

조현주(2016). 이야기치료의 상담과정과 특성에 관한 탐색적 연구. 복지상담교육연구, 5(1), 173-203.

주계영(1996). 기독교 상담과 실제. 서울: 베드로서원.

채로, 이기영(2004). 맞벌이 부부의 가사노동시간과 생활만족도에 관한 연구. 한국가정관리학회지, 22(5), 265-281.

천혜정, 최혜경, 강인(2006). 결혼지속 년수에 따른 부부갈등 및 갈등대처 방법의 차이와 결혼 불안정성에 미치는 영향. 한국가족관계학회지, 11(1), 179-202.

최규련(1988). 한국 도시부부의 결혼만족도 요인에 관한 연구. 고려대학교 박사학위논문.

최규련(1994). 가족체계유형과 부부간 갈등 및 대처방안에 관한 연구. 한국가정관리학회지, 12(2), 140-152.

최규련(1995). 가족체계의 기능성, 부부간 갈등 및 대처방안과 부부의 심리적 적응과의 관계. 대한가정학회지, 33(6), 99-113.

최규련(2004). 한국의 문제가족진단과 기능강화 방안. 수원대학교 논문집, 22, 543-555.

최규련(2005). 이혼의 심리사회적 원인과 상담적 함의. 상담학연구, 6(3), 1025-1040.

최규련(2008). 가족상담 및 치료. 경기: 공동체.

최규련(2009). 부부상담 프로그램 개발 및 효과성 연구: 부부갈등해결을 위한 통합적 접근 적용. 한국가정관리학회지, 27(3), 181-200.

최규련(2011). 다문화가족상담의 기초. 여성가족부 · 전국다문화가족사업지원단 다문화 언어발달지도사 양성교육교재 III, 135-146.

최규련(2012). 가족상담 및 치료(개정판). 경기: 공동체.

최규련, 한재희, 김영희, 장진경(2010). 다문화가족 방문상담 매뉴얼 연구. 여성가족부.

최민수(2011). 부재하지만 암시적인: 이야기치료를 통한 이야기의 반전. 한국기독교상담학회지, 21, 253-280.

최민수(2013). 미셸 푸코에서 마이클 화이트까지: 이야기치료의 담론에 관한 미셸 푸코의 영향과 평가. 한국기독교상담학회지, 24(3), 239-262.

최상진(2002). 한국인 심리학. 서울: 중앙대학교출판부.

최선희, 장신재(2002). 부부 의사소통이 부부폭력 및 결혼만족도에 미치는 영향. 가족과 문화, 14(2), 31-58.

최신덕(1973). 도시부부의 적응과정에 관한 연구. 한국문화연구원논총, 21, 73-107.

최연실(1994). 한국가족에서의 성불평등적 문제들과 여권론적 가족치료에 관한 고찰. 한국가족치료학회지, 32(2), 145-160.

최연실, 옥선화(1987). 사회경제적 지위에 따른 결혼만족도와 결혼안정성에 관한 연구. 한국가정관리학회지, 5(2), 83-97.

최재석(1969). 한국농촌가족의 역할구조. 진단학보, 32(32), 341-257.

최혜경, 노치영(1994). 기혼남녀의 부부간 문제해결 행동유형. 한국가정관리학회지, 12(2), 262-272.

최혜지(2009). 이주여성의 문화적응유형과 관련 특성에 관한 연구. 한국사회복지학, 61(1), 163-194.

추현화, 박옥임, 김진희(2008). 국제결혼 이주여성 배우자의 가족스트레스, 사회적 지지가 결혼 적응에 미치는 영향. 한국가정관리학회 학술대회 자료집, 285-298.

통계청(2016). 혼인이혼통계보고. 통계청.

하상희, 정혜정(2000). 신혼기 부부의 비합리적 신념과 결혼만족도의 관계. 한국생활과학회지, 3(2), 27-38.

하현숙, 김득성(1996). 맞벌이 부부의 역할갈등과 심리적 · 신체적 스트레스와의 관계. 대한가정학회지, 34(4), 309-326.

한국가정법률상담소(2009). 가정상담. 한국가정법률상담소.

한국가족학연구회(2003). 맞벌이 가정의 가족문제. 서울: 하우.

한남제(1984). 한국도시 가족연구. 서울: 일지사.

한성열, 한민(2011). 부부 의사소통 유형과 부부 성만족도의 관계. 한국심리학회지, 17(2), 119-218.

한유진, 오소정, 김연신(2015). 예비부부의 개인 및 관계성장을 위한 이마고기법을 활용한 커플모래놀이치료 프로그램 개발 및 효과. 한국아동심리치료학회지, 10(3), 61-86.

한재희(2006a). 상담 패러다임의 이론과 실제. 서울: 교육아카데미.

한재희(2006b). 한국의 가족문화와 다문화상담. 한국가족상담학회 · 한국가족치료학회 공동 학술 대회자료집, 1-15.

한재희(2008). 다문화가족상담의 이론과 실제. 보건복지가족부 다문화가족상담 가이드북. 중앙건강가정지원센터 · 전국다문화가족사업지원단.

한재희(2010a). 다문화가족과 방문상담에 대한 이해. 여성가족부 · 전국다문화가족사업지원단. 다문화가족지원센터 다문화가족상담 방문상담사 양성교육 교재.

한재희(2010b). 다문화상담의 이론과 방향성. 한국다문화상담학회 창립총회 및 학술대회 자료집.

한재희(2010c). 한국적 다문화상담. 서울: 학지사.

홍영택(1995). 한국가족의 문화지체현상과 가족치료적 접근. 한국가족치료학회지, 7(1), 53-74.

황경애(2001). 부부의 의사소통 관련 가족복지향상 대안에 관한 고찰. 진주산업대 논문집, 40, 91-105.

황민혜, 고재홍(2010). 부부간 결혼가치관 차이, 오해 및 부부갈등. 한국심리학회지, 15(4), 779-800.

Adams, B. N. (1980). *The family* (3rd ed.). Chicago: Rand Mcnally Colledge Publishing Company.

Amato, P. R., & Booth, A. (1995). Changes in gender Rde attitudes and perceived marital quality. *American Sociological Review, 60*(2), 58-66.

Anderson, S. A., & Sabatelli, R. M. (2016). 다세대 발달관점의 가족관계(정문자, 정현숙, 정혜정, 전영주, 정유찬 공역). 서울: 학지사. (원전은 2010년에 출판)

Allred, G. H., & Graff, T. T. (1979). *Couple's Handbook for Effective Communication.* Provo, UT: Brigham Young University Press.

Amato, P. R. (2000). The consequence of divorce for adults and children. *Journal of Marriage and the Family, 62*(4), 1269-1287.

Aponte, H. A. (1994). How personal can training get? *Journal of Marital and Family Therapy, 20*(1), 3-15.

Azrin, N. H., Naster, B. J., & Jones, R. (1973). Reciprocity counseling: A rapid learning-based procedure for marital counseling. *Behavior Research and Therapy, 11*(4), 365-382.

Banmen, J. (2002). Satir Model Workshop. Unpublished Manuscript. Seoul, Korea.

Barrow, J. C., & Moore, C. A. (1983). Group interventions with perfectionistic thinking. *Personal and Guidance Journal, 61*(10), 612-615.

Barry, R. A., Lakey, B., & Orehek, E. (2007). Links among attachment dimensions, affect, the self, and perceived support for broadly gemeralized attachment styles and specific bonds. *Personality and Social Psychology Bulletin, 33*(3), 340-353. doi:10.1177/0146167206296102

Bartholomew, K., & Horowitz, L. M. (1991). Attachment styles among young adults: A test of a four-category model. *Journal of Personality and Social Psychology, 61*(2), 226-244.

Bartholomew, K., & Moretti, M. (2002). The dynamics of measuring attachment. *Attachment&human Development, 4*(2), 162-165. doi:10.1080/1461673021015749

Beck, A. T. (2001). 사랑만으로는 살 수 없다(제석봉 역). 서울: 학지사. (원전은 1988년에 출판)

Becvar, D., & Becvar, R. (1997). 가족치료: 체계론적 통합(정혜정, 이형실 편역). 서울:

하우. (원전은 1988년에 출판)

Becvar, D., & Becvar, R. (1999). *Systems Theory and Family Therapy: A Primer* (2nd ed.). MD: University Press of America.

Benner, D. G., & Hill, P. C. (1999). *Baker Encyclopedia of Psychology and Counseling*. Grand Rapids, MI: Baker Books.

Berkowitz, L. (1990). On the information and regulation of anger and aggression: A cognitive-neoassociationistic analysis. *American Psychologist, 45*(4), 494–503.

Bienvenu, M. J. (1970). Measurement of marital communication. *The Family Coordination, 19*(1), 26–31.

Boden, J. S., Fischer, J. L., & Niehuis, S. (2010). Predicting marital adjustment from young adult initial levels and changes in emotional intimacy over time: A 25-year longitudinal study. *Journal of Adult Development, 17*(3), 21–134.

Bowlby, J. (1988). *A Secure Base: Clinical Applications of Attachment Theory*. London: Psychology Press.

Bowman, M. (1990). Coping efforts and marital satisfaction: Measuring marital coping and its correlates. *Journal of Marriage and the Family, 52*(2), 463–474.

Boy, A. V., & Pine, G. J. (1983). Counseling: Fundamentals of theoretical renewal. *Counseling and Values, 27*(4), 248–255.

Boyd, L. A., & Roach, A. J. (1977). Interpersonal communication skills differentiating more satisfying from less satisfying marital relationship. *Journal of Counseling Psychology, 24*(6), 540–542.

Bradley, B., & Furrow, J. L. (2004). Toward a mini-theory of the blamer softening event: Tracking the moment-by-moment process. *Journal of Marital and Family Therapy, 30*(2), 233–246.

Bradbury, T. N., & Fincham, F. D. (1993). Assessing dysfunctional cognition in marriage: A reconsideration of the relationship belief inventory. *Psychological Assessment, 5*(1), 92–101.

Brennan, K. A., Clark, C. L., & Shaver, P. R. (1998). Self-report measurement of adult romantic attachment: An integrative overview. In J. A. Simson & W. S. Rholes (Eds.), *Attachment Theory and Close Relationships* (pp. 46–76). New York: Guilford Press.

Breunlin, D. C. (1988). Oscillation theory and family development. In C. Falicov (Ed.), *Family Transitions: Continuity and Change Across the Family Life Cycle*.

New York: Guilford Press.

Broderick, C., & Smith, J. (1979). The general systems approach to the family. In W. R. Burr, R. Hill, F. I. Nye, & I. L. Reiss (Eds.), *Contemporary Theories About The Family; General Theories/Theoretical Orientations*. New York and London: The Free Press: A Division of Macmillan Publishing Co., Inc.

Bronfenbrenner, U. (1979). *The Ecology of Human Development: Experiment by Nature and Design*. Cambridge, MA: Harvard University Press.

Brown, J. H., & Brown, C. S. (2005). 부부치료-효과적 임상을 위한 개념과 기술(김영희, 최규련, 홍숙자 공역). 서울: 박학사. (원전은 2001년에 출판)

Brown, J. H., & Christensen, D. (1999). *Family Therapy: Theory and Practice* (2nd ed.). Pacific Grove, CA: Brooks/Cole.

Brown, R. (2009). 이마고 부부관계치료: 이론과 실제(오제은 역). 서울: 학지사. (원전은 1999년에 출판)

Brunell, A. B., Pilkington, C. J., & Webster, G. D. (2007). Perceptions of risk in intimacy in dating couples: Conversation and partner perceptions. *Journal of Social and Clinical Psychology, 26*(1), 92-118.

Brunworth, B. J. (1982). *The Efficacy of a Marriage Enrichment Weekend Only VS. A Marriage Enrichment Plus Follow-up Support*. NE: Nebraska-Lincoln University.

Burgess Moser, M., Johnson, S. M., Dalgleish, T. L., Tasca, G. A., & Lafontaine, M. F. (2016). Changes in relationship-specific attachment in emotionally focused couple therapy. *Journal of Marital and Family Therapy, 42*(2), 231-245.

Burgess Moser, M., Johnson, S. M., Dalgleish, T. L., Wiebe, S., & Tasca, G. (2017). The impact of blamer-softening on romantic attachment in emotionally focused couples therapy. *Journal of Marital and Family Therapy*. http://doi.org/10.1111/jmft.12284

Burggraf, C. S., & Sillars, A. L. (1987). A Critical examination of sex differences in marital communication. *Communication Monographs, 54*(3), 276-294.

Campbell, A. (1975). The American way of mating: Marriage si, children only maybe. *Psychology Today, 3*, 37-43.

Carlson, J., & Dinkmeyer, D. (2000). *Time for a Better Marriage*. CA: Impact.

Carter, E. A., & McGoldrick, M. (Eds.). (1989). *The Changing Family Life Cycle* (2nd ed.). Boston, MA: Allyn and Bacon.

Carter, E. A., & McGoldrick, M. (Eds.). (1999). *The Expanded Family Life Cycle: Individual, Family, and Social Perspectives* (3rd ed.). Needham Heights, MA: Allyn & Bacon.

Caughlin, J. P. (2002). The demand/withdraw pattern of communication as a predictor of marital satisfaction over time: Unresolved issues and future directions. *Human Communication Research*, *28*(1), 49-85.

Chelune, G. J., Waring, E. M., Vosk, B. N., Sultan, F. E., & Ogden, J. K. (1984). Self-disclosure and its relationship to marital intimacy. *Journal of Clinical Psychology*, *40*(1), 216-219.

Cheung, M. (1997). Social construction theory and Satir model: Toward a synthesis. *The American Journal of Family Therapy*, *25*(4), 331-343.

Christensen, A., & Shenk, J. (1991). Communication, conflict and psychological distance in nondistressed, clinic and divorcing couples. *Journal of Consulting and Clinical Psychology*, *59*(3), 458-463.

Christensen, A., & Sullaway, M. (1984). *Communication Pattern Questionnaire*. Unpublished manuscript, LA: California University.

Christopher D. Schmidt, & Nathan C. Gellhert. (2017). Couples therapy and empathy: An evaluation of the impact of imago relationship therapy on partner empathy levels. *The Family Journal: Counseling and Therapy for Couples and Families*, *25*(1), 23-30.

Clement, M. L., Cordova, A. D., Markman, H. J., & Laurenceau, J. (1997). The erosion of marital satisfaction over time and how to prevent it. In R. J. Sternberg & M. Hojjat (Eds.), *Satisfaction in Close Relationships*. New York: Guilford Press.

Cloutier, P., Manion, I., Gordon Walker, J., & Johnson, S. M. (2002). Emotionally focused interventions for couples with chronically ill children: A two year follow-up. *Journal of Marital and Family Therapy*, *28*(4), 391-398. doi: 10.1111/j. 1752-0606.2002.tb00364.x

Colapinto, J. (1983). Beyond technique: Teaching how to think structurally. *Journal of Strategic and Systemic Therapies*, *2*, 12-21.

Collins, D., Jordan, C., & Coleman, H. (1999). *An Introduction to Family Social Work*. New York, NY: F. E. Peacock Publishers, Inc.

Collins, N. L., & Feeney, B. C. (2000). A Safe haven: An Attachment theory perspective on support seeking and caregiving in intimate relationships. *Journal of Personality and Social Psychology, 78*(6), 1053-1073.

Collins, N. L., & Feeney, B. C. (2004). Working models of attachment shape perceptions of social support: Evidence from experimental and observational studies. *Journal of Personality and Social Psychology, 87*(3), 363-383.

Collins, N. L., Kane, H. S., Metz, M. A., Cleveland, C., Khan, C., Winczewski, L., Bowen, J., & Prok, T. (2014). Psychological, physiological, and behavioral responses to a partner in need: The role of compassionate love. *Journal of Social and Personal Relationships, 31*(5), 601-629.

Collins, N. L., & Read, S. J. (1990). Adult attachment models and relationship quality in dating couples. *Journal of Personality and Social Psychology, 58*, 644-663.

Cosgrove, M. P (2002). 분노와 적대감(김만풍 역). 서울: 프리셉트. (원전은 1996년에 출판)

Cowan, P. A., & Cowan, C. P. (2002). Interventions as tests of family systems theories: Marital and family relationships in children's development and psychopathology. *Development and Psychopathology, 14*(4), 731-759.

Cramer, D., & Jowett, S. (2010). Perceived empathy, accurate empathy and relationship satisfaction in heterosexual couples. *Journal of Social and Personal Relationships, 27*(3), 327-349.

Crapuchettes, B., & Beauvoir, F. C. (2011). Relational meditation. *Psychotherapy Networker*, September-October issue.

Csikszentmihalyi, M. (2008). *Flow: The Psychology of Optimal Experience*. New York: Harper & Row.

Cummings, E. M., & Davies, P. T. (2002). Effect of marital conflict on children: Recent advances and emerging themes in process-oriented research. *The Journal of Child Psychology and Psychiatry, 43*(1), 31-63

Dandeneau, M. L., & Johnson, S. M. (1994). Facilitating intimacy: Interventions and effects. *Journal of Marital and Family Therapy, 20*(1), 17-33.

Dattilio, F. M., & Padesky, C. A. (2010). 부부를 위한 인지치료(곽욱환, 김영란, 김윤정, 남주영, 박영애 공역). 서울: 학지사. (원전은 2007년에 출판)

Davila, J., & Kashy, D. A. (2009). Secure base processes in couples: Daily associations between support experiences and attachment security. *Journal of Family Psychology, 23*(1), 76-88.

de Shazer, S., Dolan, Y., Korman,, H., Trepper, T., McCollum, E., & Berg, I. K. (2011). 해결중심 가족치료의 오늘(한국단기가족치료연구소 역). 서울: 학지사. (원전은 2007년에 출판)

Deal, S. L., & Williams, J. E. (1988). Cognitive distortions as mediators between life stress and depression in adolescents. *Adolescence, 23*(90), 477-490.

Deffenbacher, J. L., & Mckey, M. (2000). *Overcoming Situational and General Oakland.* CA: New Harbinger Publications.

Denborough, D. (2017). 우리 삶의 이야기, 다시 쓰기(허남순, 양준석, 이정은 공역). 서울: 학지사. (원전은 2014년에 출판)

Denton, W., Burleson, B., Clark, T., Rodriguez, C., & Hobbs, B. (2000). A randomized trial of emotionally focused therapy for couples in a training clinic. *Journal of Marital and Family Therapy, 26*(1), 65-78.

Dijkstra, P., Barelds, D. P., Groothof, H. A., & Van Bruggen, M. (2014). Empathy in intimate relationship: The role of positive illusions. *Scandinavian Journal of Psychology, 55*(5), 477-482.

Doherty, W. J. (1981). Cognitive processes in intimacy conflict II: Efficacy and learned helplessness. *American Journal of Family Therapy, 9*(2), 35-44.

Donovan, M. (2003). Family therapy beyond postmodernism: Some considerations on the ethical orientation of contemporary practice. *Journal of Family Therapy, 25*(3), 285-306.

Duvall, E. (1957). *Family Development.* Philadelphia, PA: Lippincott.

Duvall, E. (1977). *Marriage and Family Development* (5th ed.). Philadelphia, PA: Lippincott.

Dwight, L. C. (1986). 상처와 분노의 극복(편집부 역). 서울: 보이스사. (원전은 1981년에 출판)

Eidelson, R. J., & Epstein, N. (1982). Cognition and relationship maladjustment: Development of a measure of dysfunctional relationship beliefs. *Journal of Consulting and Clinical Psychology, 50*(5), 715-720.

Ellis, A. (1986). Rational-emotive therapy applied to relationship therapy. *Journal of Rational-Emotive Therapy, 4*(1), 4-21.

Ellis, A., & Harper, R. (1979). *A New Guide to Rational Living.* Hollywood, CA: Wilshire Brooks.

Emmelkamp, P. M. G., Krol, B., Sanderman, R., & Ruphan, M. (1987). The assessment of relationship beliefs in a marital context. *Personality and Individual Differences, 8*(6), 775-780.

Epstein, N., & Baucom, D. H. (2002). *Enhanced Cognitive-Behavioral Therapy for Couples: A Contextual Approach.* WA: American Psychology Association.

Epstein, N., & Eidelson, R. J. (1981). Unrealistic beliefs of clinical couples: Their relationship to expectations, goals and satisfaction. *The American Journal of Family Therapy. 9*(4), 13-22.

Epstein, N., Pretzer, J., & Fleming, B. (1983). The role of cognitive appraisal in self-reports of marital communication. *Behavior Therapy, 18*(1), 51-69.

Erel, O., & Burman, B. (1995). Interrelatedness of marital relations and parent-child relations: A meta-analytic review. *Psychological Bulletin, 118*(1), 108-132.

Erikson, E. (1950). *Childhood and Society.* New York: Norton.

Fairbairn, R. D., & Guntrip, H. (1976). An Analyst an Analyzes an Analyst. In G. Schoenewolf (Ed.), *Turning Points in Analytic Therapy* (pp. 117-134). Northvale, NJ: Jason Aronson, Inc.

Farthing, E. D. (1984). A course of study in marriage enrichment for couple in a local church. Doctorial dissertation, Drew University.

Feeney, B. C., Collins, N. L., Van Vleet, M., & Tomlinson, J. M. (2013). Motivations for providing a secure base: Links with attachment orientation and secure base support behavior. *Attachment and Human Development, 15*(3), 261-280.

Feeney, J. A. (1995). Adult attachment and emotional control. *Personal Relationships, 2*(2), 143-159.

Feeney, J. A. (1999). Adult romantic attachment and couple relationships. In J. Cassidy & P. R. Shaver (Eds.), *Handbook of Attachment: Theory, Research, and Clinical Applications* (pp. 355-377). New York: Guilford.

Fernando, D. M. (2007). Existential theory and Solution-focused strategies: Integration and application. *Journal of Mental Health Counseling, 29*(3), 226-241.

Fincham, F. D., & Bradbury, T. N. (1987). The assessment of marital quality: A reevaluation. *Journal of Marriage and the Family, 49*(4), 797-809.

Flaskas, C. (2004). Thinking about the therapeutic relationship: Emerging themes in family therapy. *Australian & New Zealand Journal of Family Therapy, 25*(1), 13-20.

Framo, J. I. (1976). Chronicle of a struggle to establish a family unit within a community mental health center. In P. Guerin (Ed.), *Family Therapy: Theory and Practice*. New York: Garder Press.

Freedman, J., & Comb, G. (2009). 이야기치료: 선호하는 이야기의 사회적 구성(김유숙, 전영주, 정혜정 공역). 서울: 학지사. (원전은 1996년에 출판)

Freedman, S. A. (1994). Forgiveness education with incest survivors, Unpublished doctoral dissertation, University of Wisconsin-Madison.

Friedman, E. H. (1991). Bowen theory and therapy. In A. S. Gurman & D. P. Kniskern (Eds.), *Handbook of Family Therapy* (Vol. 2, pp. 134-170). New York: Brunner/Mazel.

Galvin, K. M., & Brommel, B. J. (1982). *Family Communication: Cohesion and Change*. IL: Scott Foresman and Company.

Gehart, D. R., & Tuttle, A. R. (2008). 가족치료이론과 실제(유채영, 김연옥, 김연희, 윤혜미, 조성희, 최해경 공역). 서울: 시그마프레스. (원전은 2002년에 출판)

Gehlert, N. C., Schmidt, C. D., Giegerich, V., & Luquet, W. (2017). Randomized controlled trial of Imago relationship therapy: Exploring statistical and clinical significance. *Journal of Couple & Relationship Therapy, 16*(3), 188-209.

Geisler, N. L. (1999). *Baker Encyclopedia of Christian Apologetics*. Grand Rapids, MI: BakerBooks.

Gilligan, C. (1982). *In a Different Voice*. Cambridge, MA: Harvard University Press.

Glenn, N. D., Nock, S., Waite, L., Doherty, W., & Goleman, D. (2002). Twenty-one conclusion from the social science. *American Experiment Quarterly, 5*, 34-44.

Glick, P. (1977). Updating the Life Cycle of the Family. *Journal of Marriage and the Family, 39*(1), 5-13.

Goldenberg, L., & Goldenberg, H. (2000). *Family Therapy: An Overview*. Pacific Grove, CA: Brooks/Cole.

Goldenberg, I., & Goldenberg, H. (2003). 가족치료(2판)(김득성, 윤경자, 전영자, 전영주, 조명희, 현은민 공역). 서울: 시그마프레스. (원전은 2000년에 출판)

Goldstein, E. G. (2001). *Object Relations Theory and Self Psychology in Social Work Practice*. New York: Free Press.

Goldstein, M. A., Kilroy, M. C., & Van de Voort, D. (1976). Gaze as a function of conversation and degree of love. *Journal of Psychology, 92*(2), 227-234.

Goleman, D. (2012). *Emotional Intelligence* (2nd ed.). New York: Random House.

Gordon, L., & Frandsen, J. (2001). *Passage to Intimacy*. New York: Fireside Books.

Gottman, J. M. (1993). The roles of conflict engagement, escalation, and avoidance in marital interaction. *Journal of Consulting and Clinical Psychology, 61*(1), 6-15.

Gottman, J. M. (1999). *The Marriage Clinic: A Scientifically Based Marital Therapy*. New York: Norton.

Gottman, J. M. (2002). *The Seven Principles of Making Marriage Work*. New York: Random House.

Gottman, J. M. (2004). *Clinical Handbook of Couple Therapy* (5th ed.). New York: Guilford Press.

Gottman, J. M. (2006). *Marital Therapy-A Research-Based Approach-. Introduction to Gottman Method Couples Therapy*. WA: The Gottman Institute.

Gottman, J. M., & Gottman, J, S. (2008). Gottman method couple therapy. In A. S. Gurman (Ed.), *Clinical Handbook of Couple Therapy* (3rd ed.) (pp. 138-164). New York: Guilford Press.

Gottman, J. M., Notarius, C., Gonso, J., & Markman, H. (1976). *A Couple's Guide to Communication*. IL : Research Press.

Gottman, J. M., & Silver, N. (1999). *The Seven Principles for Making Marriage Work*. New York: Three Revers Press.

Gould, R. (1972). The phases of adult life: A study in developmental psychology. *American Journal of Psychiatry, 129*(5), 521-531.

Greenberg, J. R., & Mitchell, S. A. (1983). *Object Relations in Psychoanalytic Theory*. Cambridge, MA: Harvard University Press.

Greenberg, L. S., & Johnson, S. M. (1986). Affect in marital therapy. *Journal of Marital and Family Therapy*, 12(1), 1-10.

Greenman, P. S., & Johnson, S. M. (2013). Process research on emotionally focused therapy(EFT) for couples: Linking theory to practice. *Family Process*, *52*(1), 46-61. doi:10.1111/famp.12015

Gross. (1980). *Management for Modern Families*. New York: Prentice Hall.

Grych, J. H., Seid, M., & Fincham, F. D. (1992). Assessing marital conflict from the child's perspective: The children's perception of interparental conflict scale. *Child Development*, *63*(3), 558-572.

Guerney, G. B., Jr. (1977). *Relationship Enhancement: Skill-Training Programs for*

Therapy, Problem Prevention, and Enrichment. San Francisco, CA: Jossey-Bass.

Guntrip, H. (1973). *Psychoanalytic Theory, Therapy, and the Self*. New York: Basic Boooks, Inc.

Hahlweg, K., Revenstorf, D., & Schindler, L. (1984). Effects of behavioral marital theory on couples' communication and problem-solving skills. *Journal of Consulting and Clinical Psychology, 52*(4), 553-566.

Halchuk, R. E., Makinen, J. A., & Johnson, S. M. (2010). Resolving attachment injuries in couples using emotionally focused therapy: A three-year follow-up. *Journal of Couple & Relationship Therapy, 9*(1), 31-47

Haley, J. (1975). Why a mental health clinic should avoid doing family therapy. *Journal of Marriage and Family Counseling, 1*(1), 3-13.

Haley, J. (1976). *Problem Solving Therapy: New Strategies for Effective Family Therapy*. New York and San Francisco: Harper & Row Publishers.

Haley, J. (1986). *Uncommon Therapy: The Psychiatric Techniques of Milton H. Erickson*. New York: W.W. Norton & Co.

Halford, K. W. (2011). *Marriage and Relationship Education: What Works and How to Provide It*. New York: Guilford Press.

Hamilton, N. G. (2007). 대상관계 이론과 실제: 자기와 타자(김진숙, 김창대, 이지연 공역). 서울: 학지사. (원전은 1996년에 출판)

Hanna, S. M., & Brown, J. H. (1999). *The Practice of Family Therapy: Key Elements Across Models*(2nd ed.). Belmont, CA: Wadsworth.

Hanna, S. M., & Brown, J. H. (2004). *The Practice of Family Therapy: Key Elements Across Models*(3rd ed.). Nelson, Canada: Thomson/Brooks/Cole.

Hannah, M. T., & Luquet, W. J. (1997). Compass as a measure of efficacy of couples therapy. *American Journal of Family Therapy, 25*(1), 76-90.

Hannah, M. T., Luquet, W., McCormick, J., Galvin, K., Ketterer, K., May, K., & Kot, L. (1997). Brief report: Short-term Imago therapy and changes in personal and relationship distress. *The Journal of Imago Relationship Therapy, 2*, 55-65.

Hansen, J. C., Warner, R. W., & Stevic, R. R. (1986). *Counseling: Theory and Process*. MA: Allyn & Bacon.

Harville, H., Hunt, H. L., Luquet, W., & Carlson, J. (2015). Using the Imago dialogue to deepen couples therapy. *The Journal of Individual Psychology, 71*(3),

253-272.

Hatfield, E., & Rapson, R. L. (1993). *Love, Sex, and Intimacy: Their Psychology, Biology, and History.* New York: Harper Collins.

Heavey, C. L., Layne, C., & Christensen, A. (1993). Gender and conflict structure in marital interaction: A replication and extension. *Journal of Consulting and Clinical Psychology, 61*(1), 16-27.

Hendrix, H. (1988). *Getting the Love You Want: A Guide for Couples.* New York: H. Holt.

Hendrix, H. (2008). *Getting the Love You Want: A Guide for Couples.* New York: H. Holt and Company. (Original work published 1988)

Hendrix, H., Hunt, H., Hannah, M. T., & Luquet, W. (2005). *Imago Relationship Therapy: Perspectives on Theory.* CA: Jossey-Bass.

Herrington, R. L., Mitchell, A. E., Castellani, A. M., Joseph, J. I., & Snyder D. K. (2008). Assessing disharmony and disaffection in intimate relationships: Revision of the marital satisfaction inventory factor scales. *Psychological Assessment, 20*(4), 341-350.

Holliman, R., Muro, L., & Luquet, W. (2016). Common factors between couples therapists and Imago relationship therapy: A survey of shared beliefs, values, and intervention strategies. *The Family Journal: Counseling and Therapy for Couples and Families, 24*(3), 230-238.

Holt-Lunstad, J., & Smith, T. B. (2012). Social relationships and mortality. *Social and Personality Psychology Compass, 6*(1), 41-53.

Jacob, T., Richey, D., Cvitkovic, J., & Blane, H. (1981). Communication styles of alcoholic and nonalcoholic families when drinking and not drinking. *Journal of Studies on Alcohol, 42*(5), 466-482.

Jacobson, N., & Margolin, G. (1979). *Marital Therapy: Strategies Based on Social Learning and Behavior Enhancing Principle.* New York: Brenner.

Johnson, S. M. (2004). *The Practice of Emotionally Focused Couple Therapy* (1st/2nd ed). New York: Brunner-Routledge.

Johnson, S. M. (2006). 정서중심적 부부치료-부부관계의 회복-(박성덕 역). 서울: 학지사. (원전은 2004년에 출판)

Johnson, S. M. (2013). *Love Sense: The Revolutionary New Science of Romantic Relationships.* New York: Little Brown.

Johnson, S. M., & Best, M. (2002). A systemic approach to restructuring adult attachment: The EFT model of couples therapy. In P. Erdman & T. Caffery (Eds.), *Attacment and Family Systems: Conceptual, Empirical and Therapeutic Relatedness* (pp. 165–192). New York: Springer.

Johnson, S. M., & Greenberg, L. S. (1988). Relating process to outcome in marital therapy. *Journal of Marital and Family Therapy, 14*(2), 175–183.

Johnson, S. M., Hunsley, J., Greenberg, L., & Schindler, D. (1999). Emotionally focused couples therapy: Status and challenges. *Clinical Psychology: Science and Practice, 6*(1), 67–79.

Johnson, S. M., & Talitman, E. (1997). Predictors of success in emotionally focused marital therapy. *Journal of Marital and Family Therapy, 23*(2), 135–152.

Jones, C., & Lindbald-Goldberg, M. (2002). Contemporary Structural Family Therapy: Elaborations of Theory and Practice. In R. Massey & S. Massey (Eds.), *Comprehensive Handbook of Psychotherapy, Vol. III, Interpersonal, Humanitic, and Existential.* New York, NY: John Wiley and Sons.

Jones, J. T., & Cunningham, J. D. (1996). Attachment styles and other predictors of relationship satisfaction in dating couples. *Personal Relationships, 3*(4), 387–399.

Karney, B. R., & Bradbury, T. N. (1995). The longitudinal course of marital quality and stability: A review of theory, method and research. *Psychological Bulletin, 118*(1), 3–34.

Karpel, K. M. (1994). *Evaluating Couples: A Handbook for Practitioners.* New York: Norton.

Katz, J., Joiner, T., & Kwon, P. (2002). Membership in a devalued social group and emotional well-being: Testing a model of personal self-esteem, collective self-esteem, and group socialization. *Sex Roles, 47*(9–10), 419–431.

Kenny, D. A. (1996). Models of non-independence in dyadic research. *Journal of Social and Personal Relationships, 13*(2), 279–294.

Kenny, D. A., & Cook, W. (1998). Partner effect in relationship research: Conceptual issues, analytic difficulties, and illustrations. Unpublished manuscript, University of Connecticut.

Kernberg, O. (1990). Dealing with the Borderline Patient. In G. Schoenewolf (Ed.), *Turning Points in Analytic Therapy* (pp. 197–216). Northvale, NJ: Jason

참고문헌 페이지 상단 표시

Aronson, Inc.

Kerr, M. E. (2008). Why do siblings often turn out very differently? In A. Fogel, B. J. King, & S. Shanker (Eds.), *Human Development in the Twenty-First Century: Visionary Ideas from Systems Scientist* (pp. 206-215). London: Cambridge University Press.

Kerr, M. E., & Bowen, M. (2005). 보웬의 가족치료이론(남순현, 전영주, 황영훈 공역). 서울: 학지사. (원전은 1988년에 출판).

Kimble, G. A., Garmezy. N., & Zigler. E. (1997). 現代心理學原論(김경린, 김영환 공역). 서울: 중앙적성출판사. (원전은 1986년에 출판)

Kirby, J. S., Baucom, D. H., & Peterman M. A. (2005). An investigation of unmet intimacy needs in marital relationships. *Journal of Marital and Family Therapy, 31*(4), 313-325.

Kitzman, K. M. (2000). Effects of marital conflict on subsequent triadic family interactions and parenting. *Developmental Psychology, 36*(1), 3-13.

Klein, M. (1975). *Envy and Gratitude and Other Works, vol. 4.* New York: Delacorte.

Klein, M. (1986). A Conribution to the Psychogenesis of Manic-Depressive States. In P. Buckly (Ed.), *Essential Papers on Object Relations* (pp. 40-70). New York: New York University Press.

Kohut, H. (2010). On Empathy: Heinz Kohut (1981). *International Journal of Psychoanalytic Self Psychology, 5*(2), 122-131.

Krishnakumar, A., & Buehler, C. (2000). Inter-parental conflict and parenting behaviors: A meta-analytic review. *Family Relations: Interdisciplinary Journal of Applied Family Science, 49*(1), 25-44.

Lakey, B., & Orehek, E. (2011). Relational regulation theory: A new approach to explain the link between perceived social support and mental health. *Psychological Review, 118*(3), 482-495.

Larner, G. (2000). Towards a common ground in psychoanalysis and family therapy: On knowing not to know. *Journal of Family Therapy, 22*(1), 61-82.

Larson, J. H. (1998). The marriage quiz: College students' beliefs in selected myths about marriage. *Family Relations, 37*(1), 3-11.

Laurenceau, J. P., Barrett, L. F., & Pietromonaco, P. R. (1988). Intimacy as an interpersonal process: The importance of self-disclosure, partner disclosure, and perceived partner responsiveness in interpersonal exchanges. *Journal of*

Personality and Social Psychology, 74(5), 1238-1251.

Lavee, Y., & Olson, D. H. (1993). Seven types of marriage: Empirical typology based on ENRICH. *Journal of Marital and Family Therapy, 19*(4), 325-340.

Lebow, J. L., Chambers, A. L., Christensen, A., & Johnson, S. M. (2012). Research on the treatment of couple distress. *Journal of Marital and Family Therapy, 38*(1), 145-168.

Levinson, D. (1978). *The Seasons of a Man's Life.* New York: Knopt.

Lewis, R. S., & Spanier, G. B. (1979). Theorizing about the quality and stability of marriage. In W. R. Burr, R. Hill, R. I. Nye, & I. L. Reiss (Eds.), *Contemporary Theories about the Family* (pp. 268-294). New York: Free Press.

Liddle, H. A. (1985a). Beyond family therapy: Challenging the boundaries, roles, and mission of a field. *Journal of Strategic and Systemic Therapies, 4*(2), 4-14.

Liddle, H. A., & Saba, G. (1983). The isomorphic nature of training and therapy: Epistemologic foundations for a structural-strategic family therapy. In J. Schwartzman (Ed.), *Families and Other Systems.* New York: Guilford Press.

Linares, J. L. (2001). Does history end with postmodernism? Toward an ultramodern family therapy. *Family Process, 40*(4), 401-412.

Linehan, M. M. (1993). *Cognitive-Behavioral Treatment of Borderline Personality Disorder.* New York: Guilford Press.

Linton, R. (1936) *The Study of Man: An Introduction.* New York: Appleton-Century.

Lippert, T., & Prager, K. J. (2001). Daily experiences of intimacy: A study of couples. *Personal Relationships, 8*(3), 283-298.

Love, P., & Shulkin, S. (2001). Imago theory and the psychology of attraction. *The Family Journal, 9*(3), 246-249.

Luquet, W. (2004). 이마고 부부치료(송정아 역). 서울: 학지사. (원전은 1996년에 출판)

Luquet, W., & Hannah, M. T. (1996). The efficacy of short-term Imago therapy: Preliminary findings. *The Journal of Imago Relationship Therapy, 1*(1), 67-74.

Mace, D. R., & Mace, V. (1976). Marriage enrichment: A preventive group approach for couples. In D. H. Olson (Ed.), *Treating Relationship* (pp. 321-338). IO: Graphic Publishing Company.

Mahler, M. S. (1986). The First Three Subphases of the Separation and Individuation Process. In P. Buckly (Ed.), *Essential Papers on Object Relations* (pp. 222-232). New York: New York University Press.

Markman, H. J. (1981). Prediction of marital distress: A 5-year follow-up. *Journal of Consulting and Clinical Psychology, 49*(5), 760-762.

Markman, H. J., & Hahlweg, K. (1993). The prediction and prevention of marital distress: An international perspective. *Clinical Psychology Review, 13*(1), 29-43.

Markman, H. J., Rhoades, G. K., Stanley, S. M., Ragan, E. P., & Whitton, S. W. (2010). The premarital communication roots of marital distress: The first five years of marriage. *Journal of Family Psychology, 24*(3), 289-298.

Marks, S. R. (1977). Multiple roles and role strain: Some notes on human energy, time and commitment. *American Sociological Review, 42*(6), 921-936.

Marmarosh, C. L. (2014). Fostering new relational experience: Clinical process in couple psychotherapy. *Psychotherapy, 51*(1), 1-6.

Marshall, A. J., & Harper-Jaques, S. (2008). Depression and family relationships ideas for healing. *Journal of Family Nursing, 14*(1), 56-73.

Martin, T. L., & Bielawski, D. M. (2011). What is the African American's experience following imago education? *Journal of Humanistic Psychology, 51*(2), 216-228.

Mason, R. C. (2005). Imago, relationship and empathy. In H. Hendrix, H. L. Hunt, M. T. Hannah, & W. Luquet (Eds.), *Imago Relationship Therapy: Perspectives on Theory* (pp. 139-161). CA: Jossey-Bass.

McAdams, D. P. (1985). Motivation and friendship. In S. Duck & D. Perlman (Eds.), *Understanding Personal Relationship: An Interdisciplinary Approach* (pp. 85-105). Thousand Oaks, CA: Sage Publications, Inc.

McCrady, B. S., & Hay, W. (1987). Coping with problem drinking in the family. In J. Orford (Ed.), *Coping with Disorder in the Family*. London: Croom Helm.

McCurdy, K. G. (2006). Adlerian supervision: A new perspective with a solution focus. *Journal of Individual Psychology, 62*(2), 141-153.

McGoldrick, M., Gerson, R., & Petry, S. (2011). 가계도 사정과 개입(이영분, 김유숙, 정혜정, 최선령, 박정희 공역). 서울: 학지사. (원전은 2008년에 출판)

McGoldrick, M., Gerson, R., & Shellenberger, S. (1999). *Genograms: Assessment and Intervention* (2nd ed.). New York: W. W. Norton & Company.

McLean, P. D. (1964). Man and his animal brains. *Modern Medicine, 32*, 95-106.

McNamee, S. K., & Gergen, J. (2004). 심리치료와 사회구성주의(김유숙 역). 서울: 학지사. (원전은 1992년에 출판)

Mead, G. H. (1934). *Mind, Self, and Society*. IL: Chicago University Press.

Miermont, J., & Jenkins, H. (1995). *The Dictionary of Family Therapy*. Cambridge, MA: Blackwell Publishers, Inc.

Mikulincer, M., & Shaver, P. R. (2007). *Attachment in Adulthood: Structure, Dynamics, and Change*. New York: Guilford Press.

Minuchin, P., Colapinto, J., & Minuchin, S. (1998). *Working with Families of the Poor* (2nd ed.). New York, NY: The Guilford Press.

Minuchin, S. (1974). *Families & Family Therapy*. Cambridge, MA: Harvard University Press.

Minuchin, S. (1988). 구조적 가족 치료의 실제(김종옥 역). 서울: 법문사. (원전은 1978년에 출판)

Minuchin, S., & Fishman, C. (1981). *Family Therapy Techniques*. Cambridge, MA: Harvard University Press.

Minuchin, S., & Nichols, M. P. (1993). *Family Healing: Strategies for Hope and Understanding*. New York: The Free Press.

Minuchin, S., Reiter, M., & Borda, C. (2014). *The Craft of Family Therapy: Challenging Certainties*. New York: Routledge.

Möller, A. T., & Van Zyl, P. D. (1991). Relationship beliefs, interpersonal perception, and marital adjustment. *Journal of Clinical Psychology, 47*(1), 28–33.

Mondor, J., McDuff, P., Lussier, Y., & Wright, J. (2011). Couples in therapy: Action-partner analyses of the relationships between adult romantic attachment and marital satisfaction. *The American Journal of Family Therapy, 39*(2), 112–123.

Moss, B., & Schwebel, A. (1993). Defining intimacy in romantic relationship. *Family Relations, 42*(1), 31–37.

Muro, L., & Holliman, R. (2014). Relationship workshop with high-risk, Hispanic couples. *North Carolina Perspectives, 9*, 51–62.

Nadelson, C., Polonsky, D. C., & Mathews, M. A. (1984). Marriage as a developmental process. In C. C. Nadelson & D. C. Polonsky (Eds.), *Marriage and Divorce: A contemporary Perspective* (pp. 127–141). New York: Guilford Press.

Nay, F. I. (1976). *Role Structure and Analysis of the Family*. CA: SAGE.

Nelson, R. E. (1997). Irrational beliefs in depression. *Journal of Consulting and Clinical Psychology, 45*(6), 1190–1191.

Nichols, M. P. (1984). *Family Therapy: Concepts and Methods*. New York, NY: Gardner Press, Inc.

Nichols, M. P. (2011). 가족치료: 개념과 방법(9판, 김영애, 김정택, 송성자, 심혜숙, 정문자, 제석봉 공역). 서울: 시그마프레스. (원전은 2009년에 출판)

Nichols, M. P., & Schwartz, R. C. (1998). *Family Therapy: Concepts and Methods* (4th ed.). Boston and London: Allyn and Bacon.

Nichols, M. P., & Schwartz, R. C. (2002). 가족치료: 개념과 방법(5판, 김영애, 정문자, 송성자, 제석봉, 심혜숙, 김정택, 정석환, 김계현, 이관직 공역). 서울: 시그마프레스. (원전은 2000년에 출판)

Nichols, M. P., & Schwartz, R. C. (2006). *Family Therapy: Concepts and Methods* (7th ed.). Boston, MA: Allyn and Bacon.

Nichols, M. P., & Schwartz, R. C. (2009). *Family Therapy: Concepts and Methods* (9th ed.). Boston, MA: Allyn and Bacon.

Nichols, M. P., & Schwartz, R. C. (2011). 가족치료: 핵심개념과 실제적용(김영애, 김정택, 심혜숙, 제석봉 공역). 서울: 시그마프레스. (원전은 2009년에 출판)

Nichols, W. C., & Everett, C. (1986). *Systemic Family Therapy: An Integrative Approach*. New York & London: The Guildford Press.

Noller, P., & Feeney, J. (2002). *Understanding Marriage: Developments in the Study of Couple*. Cambridgeshire, UK: Cambridge University Press.

Noller, P., Feeney, J. A., Bonnell, D., & Callan, V. (1994). A longitudinal study of conflict in early marriage. *Journal of Social and Personal Relationships*, *11*(2), 233-252.

Noller, P., & Fitzpatrick, M. (1990). Marital communication in the eighties. *Journal of Marriage and Family*, *52*(4), 832-843.

Notarius, C., & Markman, H. (1993). *We Can Work It Out: Making Sense of Marital Conflict*. New York: Putnam.

O'Hanlon, W. H., O'Hanlon B., & Weiner-Davis, M. (1989). *In Search of Solutions: A New Direction in Psychotherapy*. New York: Norton.

O'Leary, K. D., Heyman, R. E., & Jongsma Jr., A. E. (2007). 부부를 위한 심리치료계획서 (박현민 역). 서울: 시그마프레스. (원전은 1998년에 출판)

Olson, D., & Larson, P. (2011). 커플 체크업(김덕일, 나희수 공역). 서울: 학지사. (원전은 2008년에 출판)

Paolucci, B., Hall, O. A., & Axinn, N. W. (1977). *Family Decision Making: An Ecosystem Approach*. New York: John Wiley and Sons.

Papero, D. V. (1995). Bowen family systems and marriage. In N. S. Jacobson & A. S.

Gurman (Eds.), *Clinical Handbook of Couple Therapy* (2nd ed., pp. 11-30). New York: The Guilford Press.

Papero, D. V. (2012). 보웬가족치료를 위한 짧은 이론서(남순현 역). 서울: 시그마프레스. (원전은 1990년에 출판)

Parrott III, L., & Parrott, L. (1995). *Saving Your Marriage before It Starts: Seven Questions to Ask before (and after) You Marry.* MI: Zondervan Publishing House Grand Rapids.

Pasch, L. A., & Bradbury, T. N. (1998). Social support, conflict, and the development of marital dysfunction. *Journal of Consulting and Clinical Psychology, 66*(2), 219-230.

Patterson, C. H. (1980). *Theories of Counseling and Psychotherapy* (3rd ed.). New York: Harper & Row.

Piercy, F., Sprenkle, D., & Wetchler, J. (1986). *Family Therapy Sourcebook.* New York, NY: The Guilford Press.

Pilgrim, D. (2000). The real problem for postmodernism. *Journal of Family Therapy, 22*(1), 6-23.

Pleck, J. H. (1985). *Working Wives, Working Husbands.* CA: Sage.

Prager, K. J. (1995). *The Psychology of Intimacy.* New York: Guilford Press.

Prager, K. J., & Roberts, L. J. (2004). Deep intimate connection: Self and intimacy in couple relationships. In D. J. Mashek & A. Aron (Eds.), *Handbook of Closeness and Intimacy* (pp. 43-60). London: Psychology Press.

Proulx, C. M., Helms, H. M., & Buehler, C. (2007). Marital quality and personal well-being: A meta-analysis. *Journal of Marriage and Family, 69*(3), 576-593.

Register, L. M., & Henley, T. B. (1992). The Phenomenology of intimacy. *Journal of Social & Personal Relationships, 9*(4), 467-481.

Reis, H. T., & Shaver, P. (1988). Intimacy as an interpersonal process. In S. W. Duck & D. F. Hay (Eds.), *Handbook of Personal Relationships: Theory, Research, and Interventions* (pp. 367-389). New York: John Wiley & Sons.

Reiter, M. D. (2016). 가족치료 사례개념화(정혜정 역). 서울: 학지사. (원전은 2014년에 출판)

Reivich, K., & Shatté, A. (2012). 절대회복력(우문식, 윤상운 공역). 경기: 물푸레. (원전은 2002년에 출판)

Resnikoff, R. (1981). Teaching family therapy: Ten key questions for understanding the family as patient. *Journal of Marital and Family Therapy, 7*(2), 135-142.

Ritter, K. Y. (1985). The Cognitive Therapies: An Overview for Counselors. *Journal of Counseling and Development, 64*(1), 42-46.

Rowntree, B. R. (1902). *Poverty: A Study of Town Life.* Hampshire, UK: Macmillan.

Rubin, V. (1970). Measurement of romantic love. *Journal of Personal and Social Psychology, 16*(2), 265-273.

Rusbult, C. E., Johnson, D. J., & Morrow, G. D. (1986). Impact of couple patterns of problem-solving on distress and non distress in dating relationships. *Journal of Personality and Social Psychology, 50*(4), 744-753.

Saba, G. W., & Liddle, H. A. (1986). Perceptions of professional needs, practice patterns, and critical issues facing family therapy trainers and supervisors. *The American Journal of Family Therapy, 14*(2), 109-122.

Satir, V. (1975). *Self-Esteem.* CA: Celestial Arts.

Satir, V. (1988). *The New Peoplemaking.* Palo Alto, CA: Science & Behavior Books, Inc.

Satir, V. (1995). 가족치료의 이론과 기술(김만두 역). 서울: 홍익재. (원전은 1977년에 출판)

Satir, V., Banmen, J., Gerber, J., & Gomori, M. (1991). *The Satir Model: Family Therapy and Beyond.* Palo Alto, CA: Science & Behavior Books, Inc.

Scharff, E. D., & Scharff, J. S. (1991). *Object Relations Family Therapy.* Northvale, NJ: Jason Aronson, Inc.

Sharp, E. A., & Ganong, L. H. (2000). Raising awareness about marital expectations: Are unrealistic beliefs changed by integrative teaching?. *Family Relations, 49*(1), 71-76.

Shaver, P. R., & Hazan, C. (1988). A biased overview of the study of love. *Journal of Social and Personal Relationships, 5*(4), 473-501.

Shaver, P. R., & Mikulincer, M. (2002). Attachment-related psychodynamics. *Attachment & Human Development, 4*(2), 133-162. doi:10.1080/141673021015417

Sherman, R. (1993). The intimacy genogram. *The Family Journal: Counseling and Therapy for Couples and Families, 1*(1), 91-93.

Siegel, D. (1999). *The Developing Mind: Toward a Neurobiology of Inter-Personal Experience.* New York: Guildford.

Simpson, J. A. (1990). Influence of attachment styles on romantic relationships.

Journal of Personality and Social Psychology, 59(5), 971-980.

Slipp, S. (1991). *Object Relations: A Dynamic Bridge between Individual and Family Treatment*. Northvale, NJ: Jason Aronson, Inc.

Smith, D. (1982). Trends in Counseling and Psychotherapy. *American Psychologist, 37*(7), 802-902.

Snell, W. E., Jr., Miller, R. S., & Belk, S. S. (1988). Development of the emotional self-disclosure scale. *Sex Roles, 18*(1-2), 59-73.

Snyder, D. K. (1979). *Marital Satisfaction Inventory*. Los Angeles, CA: Western Psychological Services.

Snyder, D. K., & Halford, W. K. (2012). Evidence-based couple therapy: Current status and future directions. *Journal of Family Therapy, 34*(3), 229-249.

Solomon, M. (1973). A development, conceptual premise for family therapy. *Family Process, 12*(2), 179-188.

Spanier, G. (1976). Measuring dyadic adjustment: New scales for assessing the quality of marriage and similar dyads. *Journal of Marriage and the Family, 38*(1), 15-28.

Sparrevohn, R. M., & Rapee, R. M. (2009). Self-disclosure, emotional expression and intimacy within romantic relationships of people with social phobia. *Behaviour Research and Therapy, 47*(12), 1074-1078.

Spielberger, C. D. (1985). The experience and expression of anger: Construction and validation of an anger expression scale. In M. A. Chesney, & R. H. Rosenman (Eds.), *Anger and Hostility in Cardiovascular and Behavioral Disorders* (pp. 5-30). New York: Hemisphere/McGraw-Hill.

Spielberger, C. D., Jacobs, G. A., Russell, S., & Crane, R. S. (1983). Assessment of anger: The state-trait anger scale. In J. N. Butcher & C. D. Spielberger (Eds.), *Advances in Personality Assessment* (Vol. 2, pp. 159-187). NJ: LEA.

Spielberger, C. D., Krasner, S. S., & Solomon, E. P. (1988). The experience, expression, and control of anger. In M. P. Janisse (Ed.), *Health Psychology: Individual Differences and Stress*. New York: Springer-verlag.

Spitze, G. (1988). Women's employment and family relations: A review. *Journal of Marriage and the Family, 50*(3), 595-618.

Sprecher, S., & Metts, S. (1999). Romantic beliefs: Their influence on relationships and patterns of change over time. *Journal of Social and Personal*

Relationship, *16*(6), 834-851.

Stanley, S., Blumberg, S. L., & Markman, H. J. (2001). *Fighting for Your Marriage*. New York: Jossey-Bass.

Statistics Canada. (2011). *Marital Status: Overview*.

Sternberg, R. J. (1986). A Triangular theory of love. *Psychological Review*, *93*(2), 119-135.

Sternberg, R. J. & Grajek, S. (1984). The nature of love. *Journal of Personality and Social Psychology*, *47*(2), 312-329.

Stierlin, H. (1981). *Separating Parents and Adolescents: Individuation in the Family*. New York: Jason Aronson.

Straus, M. A. (1979). Measuring intrafamily conflict and violence: The conflict tactics (CT) scale. *Journal of Marriage and Family*, *41*(1), 75-88.

Tedeschi, J. T,, Gaes, G. G., & Rivera, A. N. (1997). Aggression and the use coercive power. *Journal of Social Issues*, *33*(1), 101-125.

Titelman, P. (2014). The concept of differentiation of self in Bowen theory. In P. Titelman (Ed.), *Differentiation of Self: Bowen Family Systems Theory Perspectives* (pp. 3-64). New York: Routledge.

Todd, T. C., & Storm, C. L. (2008). 가족치료 슈퍼비전의 이론과 실제(한국가족치료학회 역). 서울: 학지사. (원전은 2002년에 출판)

Treadway, D. (1989). *Before It's Too Late: Working with Substance Abuse in the Family*. New York: W.W. Norton.

Uchino, B. N. (2009). Understanding the links between social support and physical health: A life-span perspective with emphasis on the separability of perceived and received support. *Perspectives on Psychological Science*, *4*(3), 236-255.

Urban, D. (1980). The Short-term effects of a martial enrichment program on couple communication. Doctorial dissertation, Brigham Young University.

Veer, l. M., Oei, N., Spionhoven, P., van Buchem, M. A., Elzinga, B. M., & Rombouts, S. (2012). Endogenous cortisol is associated with functional connectivity between the amygdala and medial prefrontal cortex. *Psychoneuroendocrinology*, *37*(7), 1039-1047.

Voydanoff, P. (1988). Work role characteristics, family structure demands and work/ family conflict. *Journal of Marriage and Family*, *50*(3), 749-761.

Waite, L., & Gallagher, M. (2000). *The Case for Marriage*. New York: Double day.

Walsh, F., & Anderson, C. (1987). Chronic Disorders and the Family. *Journal of Psychotherapy and the Family, 3*, 3.

Walter, J., & Peller, J. (1996). 단기가족치료: 해결중심으로 되어가기(가족치료 연구모임 역). 서울: 하나의학사. (원전은 1992년에 출판)

Waring, E. M., & Chelune, G. J. (1983). Marital intimacy and self-disclosure. *Journal of Clinical Psychology, 39*(2), 183-190.

Waring, E. M., Tillmann, M. P., Frelick, L., Russell, L. & Weisz. G. (1980). Concepts of intimacy in the general population. *Journal of Nervous and Mental Disease, 168*(8), 471-474.

Welfel, E. R., & Patterson, L. E. (2009). 상담과정의 통합적 모델(한재희 역). 서울: 시그 마프레스. (원전은 2005년에 출판)

West, M., Sheldon, A., & Reiffer, L. (1987). An approach to the delineation of adult attachment: Scale development and reliability. *Journal of Nervous and Mental Disease, 175*(12), 738-741.

Westheafer, C. (2004). Wilber's 'Broad Science': A cure for postmodernism? *Australian and New Zealand Journal of Family Therapy, 25*(2), 106-112.

Witteman, H. (1988). Interpersonal problem solving: Problem conceptualization and communication use. *Communication Monographs, 55*(4), 336-359.

Wiebe, S. A., Johnson, S. M., Burgess Moser, M., Dalgleish, T. L., & Tasca, G. A. (2016). Predicting follow-up outcomes in emotionally focused couple therapy: The role of change in trust, relationship-specific attachment and emotional engagement. *Journal of Marital and Family Therapy, 43*(2), 213-226.

White, M. (2010). 이야기치료의 지도(이선혜, 정슬기, 허남순 공역). 서울: 학지사. (원전 은 2007년에 출판)

White, M., & Epston, D. (1990). *Narrative Means to Therapeutic Ends.* New York: W. W. Norton & Company.

White, M., & Russell, C. (1995). The essential elements of supervisory system: A modified Delphi study. *Journal of Marital and Family Therapy, 21*(1), 33-53.

Winnicut, D. W. (1986). Object relations and the development of the child. In P. Buckly (Ed.), *Essential Papers on Object Relations* (pp. 233-253). New York: New York University Press.

Winslade, J., & Monk, G. (1999). *Narrative Counseling in Schools.* Thousand Oaks, CA: Corwin Press.

Young, M. E., & Long, L. L. (2004). 부부상담과 치료(이정연 역). 서울: 시그마프레스. (원전은 1997년에 출판)

Zielinski, J. J. (1999). Discovering Imago relationship therapy. *Psychotherapy: Theory, Research, Practice, Training, 36*(1), 91-101.

Zvonkovicm A. M., Schmiege C. J., & Hall L. D. (1994). Influence strategies used when couples make work-family decisions and their importance for marital satisfaction. *Family Issues, 43*(20), 182-188.

[찾아보기]

내용

[저자 소개]

한재희
미국 베일러 대학교 철학박사(상담심리학 전공)
현 백석대학교 상담대학원장

김영희
미국 플로리다 주립대학교 철학박사(아동가족학 전공)
현 충북대학교 아동복지학과 교수

김용태
미국 풀러 신학대학교 철학박사(결혼과 가족치료학 전공)
현 초월상담연구소 소장

서진숙
미국 플로리다 주립대학교 철학박사(아동가족학 전공)
현 단국대학교, 건국대학교 외래강사

송정아
미국 캔자스 주립대학교 철학박사(가족상담학 전공)
현 한국가족상담코칭센터 원장

신혜종
미국 플로리다 주립대학교 철학박사(사회복지실천 전공)
현 순천향대학교 사회복지학과 교수

양유성
미국 보스턴 대학교 신학박사(목회상담학 전공)
현 평택대학교 신학전문대학원 교수

임윤희
미국 사우스웨스턴 침례신학대학원 철학박사(심리학과 상담 전공)
현 아가페심리상담센터 원장

장진경
미국 플로리다 주립대학교 철학박사(가족상담 전공)
현 숙명여자대학교 가족자원경영학과 교수

최규련
고려대학교 대학원 이학박사(가족학 전공)
현 수원대학교 아동가족복지학과 명예교수

최은영
서울대학교 대학원 철학박사(상담 전공)
현 햇불트리니티 신학대학원대학교 기독교상담학과 교수

한국상담학회 상담학 총서 편집위원

양명숙 ◆ 한남대학교 일반대학원 상담학과
고홍월 ◆ 충남대학교 자유전공학부
김규식 ◆ 영남신학대학교 기독교교육학과
김동민 ◆ 중앙대학교 교육학과
김봉환 ◆ 숙명여자대학교 교육학부
김현아 ◆ 서울사이버대학교 상담심리학과
유영권 ◆ 연세대학교 연합신학대학원 상담학과
이동훈 ◆ 성균관대학교 사범대학 교육학과
이수연 ◆ 대구한의대학교 청소년교육상담학과
이재규 ◆ 공주대학교 교육학과
임은미 ◆ 전북대학교 교육학과
정성란 ◆ 계명문화대학교 사회복지상담과
한재희 ◆ 백석대학교 상담대학원
신성만 ◆ 한동대학교 상담심리학과

KCA 한국상담학회 상담학 총서 05

부부 및 가족 상담 (2판)
Marriage and Family Counseling (2nd ed.)

2013년 2월 20일   1판   1쇄 발행
2018년 3월 15일   1판   6쇄 발행
2018년 9월 20일   2판   1쇄 발행
2023년 1월 20일   2판   5쇄 발행

지은이 • 한재희 · 김영희 · 김용태 · 서진숙 · 송정아 · 신혜종
　　　　양유성 · 임윤희 · 장진경 · 최규련 · 최은영
펴낸이 • 김진환
펴낸곳 • (주) **학지사**

　　　　04031 서울특별시 마포구 양화로 15길 20 마인드월드빌딩
대표전화 • 02)330-5114　　　　팩스 • 02)324-2345
등록번호 • 제313-2006-000265호

홈페이지 • http://www.hakjisa.co.kr
페이스북 • https://www.facebook.com/hakjisabook

ISBN 978-89-997-1613-3 93180

정가 22,000원

저자와의 협약으로 인지는 생략합니다.
파본은 구입처에서 교환해 드립니다.

이 책을 무단으로 전재하거나 복제할 경우 저작권법에 따라 처벌을 받게 됩니다.

이 도서의 국립중앙도서관 출판시도서목록(CIP)은 서지정보유통지
원시스템 홈페이지(http://seoji.nl.go.kr)와 국가자료공동목록시스템
(http://www.nl.go.kr/kolisnet)에서 이용하실 수 있습니다.
(CIP 제어번호: CIP2018026309)

출판미디어기업 학지사

간호보건의학출판 **학지사메디컬** www.hakjisamd.co.kr
심리검사연구소 **인싸이트** www.inpsyt.co.kr
학술논문서비스 **뉴논문** www.newnonmun.com
교육연수원 **카운피아** www.counpia.com